精品课程配套教材
21世纪应用型人才培养规划教材
“双创”型人才培养优秀教材

KUAIJI
DIANSUANHUA

# 会计电算化

主　编　孙　燕　张华英　李天霞
副主编　谭选娥　李怀宝　马一宁
李坤润　徐良果　郑　洁
谭　丹　谌文敏　吴寒梅
林怡胜　高彩翠　张建华

山东大学出版社

**图书在版编目（CIP）数据**

会计电算化/孙燕，张华英，李天霞主编. —济南：山东大学出版社，2019.9

ISBN 978-7-5607-6442-9

Ⅰ. ①会… Ⅱ. ①孙…②张…③李… Ⅲ. ①会计电算化 Ⅳ. ①F232

中国版本图书馆 CIP 数据核字(2019)第 220263 号

责任编辑：陈佳意
美术编辑：张　荔
封面设计：尤　岛

---

出版发行：山东大学出版社
社　址　山东省济南市山大南路 20 号
邮　编　250100
电　话　市场部（0531）88363008
经　　销：新华书店
印　　刷：北京俊林印刷有限公司
规　　格：787 毫米×1092 毫米　1/16
17.5 印张　　476 千字
版　　次：2019 年 9 月第 1 版
印　　次：2019 年 9 月第 1 次印刷
定　　价：42.00 元

---

# 精品课程配套教材 “双创”型人才培养优秀教材 编审委员会

# 前　言

为了满足学生学习会计电算化知识的需要，本编写组结合“理实交替，分段教学”的人才培养目标要求和“任务驱动教学”模式编写了本书。

本书是会计专业的一门核心课程，编写目的在于通过学习，让学生了解会计电算化的基本理论知识，掌握用友财务软件操作方法，具备会计电算化的基本职业能力。同时，通过探索并实施“理实一体化”的教学方法，切实解决理论与实践脱节的问题。使学生的综合技能水平与岗位能力要求相适应，为会计专业学生将来的就业、发展和提升打下坚实的基础。

本书总体设计思路是，以会计专业的职业能力要求和学生的就业发展为出发点，确定课程目标，设计课程内容，以实训任务为线索，构建企业基本业务核算任务引领的、以会计电算化基本操作能力为核心的任务引领型教材。

本书共分为三篇：基础知识篇、单项实训篇、综合实训篇。基础知识篇主要介绍会计电算化基本理论与财务软件相关知识以及财务管理软件安装要求和步骤，旨在要求学习者掌握基本会计电算化知识。单项实训篇详细介绍财务软件各个环节的操作目标、任务和步骤，旨在要求学习者明确操作软件的目标和方法，以及操作过程中的注意事项。综合实训篇则模拟工商各类企业财务设计相应案例的实训资料，旨在要求学习者熟练掌握财务软件操作。

会计电算化是一门操作性很强的课程，常言道：“眼过千遍，不如手过一遍。”本书最大特点是注重基本技能操作，寓理论于实践之中，操作方便，简单易学。教材以模拟企业的某一个会计期间（月）的基本经济业务为基础，以仿真的会计核算资料为内容，进行系统的会计业务处理，注重职业技能的训练，强调理论在实践操作中的应用。教材以学生为本，突出实用性，内容设计是仿真的企业经济业务与会计实务，而且图文并茂，具有可操作性。教材针对一些重要的业务和操作程序，配以业务操作图例，以便学生顺利地进行操作训练。对于容易出错的地方，通过任务小提示予以提醒。

本书由孙燕、张华英、李天霞担任主编，谭选娥、李怀宝、马一宁、李坤润、徐良果、罗金刚、郑洁、谭丹、谌文敏、吴寒梅、林怡胜、高彩犟、张建华担任副主编。各项目编写分工如下：项目 1 由谭选娥编写，项目 2 至项目 5 由孙燕编写，项目 6 由马一宁、李坤润、谌文敏编写，项目 7 由郑洁、吴寒梅、高彩犟编写，项目 8 由李怀宝编写，项目 9 由王斌科、徐良果、张建华编写，项目 10 由唐黎黎、林怡胜编写，项目 11 由李天霞、谭丹编写，项目 12 由张华英、罗金刚编写。最后由孙燕、谭选娥负责了本书的总体设计和主审工作。

由于编写时间仓促，编者水平所限，书中错误在所难免，敬请各位批评指正。

# 目　录

## 上篇　基础知识



## 中篇　单项实训

## 下篇 综合实训

# 上篇

## 基础知识

# 项目一 认识会计电算化

## 系统认知

会计电算化基础包括会计电算化的概念、内容、作用、目标、岗位分工及其权限系统等内容，本项目简单介绍会计电算化软件类型，详细介绍用友 ERP-U8 V11.1 软件安装过程。

## 知识目标

1. 理解会计电算化的概念。
2. 了解会计电算化的内容构成。
3. 理解会计电算化的作用。
4. 理解会计电算化的目标。
5. 理解会计电算化的岗位分工。
6. 认识会计软件的分类。
7. 理解并掌握会计软件的实施。

## 能力目标

1. 能够理解会计电算化的岗位职责与分工。
2. 能够安装用友 ERP-U8 V11.1 软件。

## 任务内容

任务一 会计电算化概述

任务二 认识会计电算化软件

任务三 会计电算化软件的实施

任务四 用友 ERP-U8 V11.1 软件安装

# 任务一 会计电算化概述

## 一、会计电算化的概念

一般而言，会计电算化的含义有狭义和广义之分。

狭义的会计电算化，是指以电子计算机为主体的当代电子信息技术在会计工作中的应用。具体来说，就是利用计算机代替人工记账、算账、报账，以及替代部分由人脑完成的对会计信息的处理、分析和判断的过程，简单地说就是计算机技术在会计工作中的应用。

广义的会计电算化，是指与实现会计工作电算化有关的所有工作，包括会计电算化软件的开发和应用、会计电算化人才的培养、会计电算化的宏观规划、会计电算化的制度建设、会计电算化软件市场的培育与发展等。

随着计算机领域中数据库、网络、人工智能、决策支持系统等的发展，会计电算化将向网络化、智能化及决策型方向发展，其内涵也将进一步丰富和完善。

20世纪90年代，美国Cartner Group咨询公司提出ERP（Enterprise Resource Planning，企业资源计划）的概念。ERP是针对物资资源管理（物流）、人力资源管理（人流）、财务资源管理（财流）、信息资源管理（信息流）集成一体化的企业管理系统。在ERP的环境下，会计电算化成为ERP系统的一个重要组成部分，具有系统高度集成和企业综合资源管理的含义。

## 二、会计电算化的内容

会计电算化的内容比较广泛，可以从不同的角度进行归纳。按照会计电算化的服务层次和提供信息的深度，可以分为三个不同的发展阶段：会计核算电算化、会计管理电算化和会计决策电算化。

### （一）会计核算电算化

会计核算电算化是会计电算化的初级阶段，主要是运用计算机代替手工核算，完成初始化和日常的会计核算业务。这一阶段的主要工作内容包括：设置会计科目、填制会计凭证、登记会计账簿、结账、成本核算、编制会计报表的电算化等。会计电算化主要是在这几个方面运用会计核算软件，实现会计数据处理电算化。

1. 设置会计科目电算化

设置会计科目是通过会计核算软件的初始化功能实现的。初始化功能是供软件开始正式投入使用时运用的功能，除了输入一级会计科目和明细会计科目名称及编码外，还要输入会计核算所必需的期初数据及有关资料，包括年初数、累计发生额、往来款项、工资、固定资产、存货、成本费用、营业收入核算必需的期初数据等；以及计算有关指标需要的各种公式。同时，选择会计核算方法，包括固定资产折旧方法、存货计价方法、成本核算方法等；定义自动转账凭证；输入操作人员岗位分工情况，包括操作人员姓名、操作许可权、操作密码等。

2. 填制会计凭证电算化

会计凭证包括原始凭证和记账凭证，对这两类凭证的处理方法，在各个会计核算软件中有所不同。记账凭证是根据审核无误的原始凭证编制或填制的，有的会计核算软件是要求财会人员手工填制好记账凭证，再由操作人员输入计算机；有的会计核算软件是要求财会人员根据原始凭证，直接在计算机屏幕上填制记账凭证；有的会计软件是要求财会人员直接将原始凭证输入计算机，由计算机根据输入的原始凭证数据自动编制记账凭证。前两种方法比较接近，区别在于一个是输入已经手工写好的记账凭证，一个是边输入边做记账凭证，但都是把所有的记账凭证输入计算机。而最后一种方法与前两种有很大的区别，其主要是由计算机来做记账凭证。

3. 登记会计账簿电算化

会计电算化后，登记会计账簿一般分两个步骤进行：首先是由计算机根据会计凭证自动登记机内账簿，其次是把机内会计账簿打印输出。

4. 成本费用计算电算化

根据账簿记录，对经营过程中发生的采购费用、生产费用、销售费用和管理费用，进行成本费用核算，是会计核算的一项重要任务。在会计软件中，成本计算是由电脑根据机内上述费用，按照会计制度规定的方法自动进行的。许多通用会计软件提供了多种成本计算的方法，供用户选用。

5. 编制会计报表电算化

编制会计报表工作，在通用会计软件中都是由电脑自动进行的，一般都有一个可由用户自定义报表的报表生成功能模块，它可以定义报表的格式和数据来源等内容，这样无论报表如何变化也都可以适应。

会计核算电算化的主要特点是：

（1）数据处理一体化。在手工方式下，从编制原始凭证、记账凭证到登账、结账、编制会计报表，要经过很多人的手才能完成，增加了数据处理差错的可能性；而电脑则不同，数据一旦进入系统，记账、对账、汇总编制会计报表等，都是在一个一体化处理过程中。

（2）信息存放移动化。在手工方式下，一切信息都记录在会计凭证、账簿、报表等媒介上；而在电脑方式下，除原始凭证，其他所有信息都能存放在电脑的移动介质（硬盘、U盘）中，同时，随时可以根据需要，将信息打印到纸上。

（3）查询高速自动化。在手工方式下，要查询一个数据，特别是收集某一汇总或加总数据时速度很慢；而用电脑查询，可以设定查询的条件，很快地查到所需要的数据。另外，在查询时，还可以归类打印查询结果。

### （二）会计管理电算化

会计管理电算化是在会计核算电算化的基础上，利用会计核算系统提供的数据和其他有关信息，借助计算机会计管理软件提供的功能和其他信息，帮助财会人员合理地规划和运用资金，以达到节约生产成本和费用开支的目的，最终提高经济效益。会计管理电算化的主要任务是进行会计预测、编制财务计划、进行财务控制和开展会计分析等。

1. 进行会计预测

根据计算机内存储的会计核算历史数据，并按照现有条件和要求，在会计管理软件的指挥下，补充输入计算机一部分数据，并选定预测方法后，由计算机进行预测和输出预测结果。

2. 编制财务计划

财务计划是会计预测的系统化和具体化，可由计算机自动完成，编制计划的方法需要事先在会计管理软件中加以定义。

3. 进行会计控制

主要通过预算控制软件和责任会计软件来实现，这两个软件是会计管理软件的两个部分，都需要会计核算软件提供详细的数据。

4. 开展会计分析

根据会计管理软件分析和评价计划的完成情况，找出差异和努力的方向。

### （三）会计决策电算化

会计决策电算化是会计电算化的高级阶段，它是在为会计管理电算化系统提供信息的基础上，结合其他的数据和信息，借助决策支持系统的理论和方法，帮助决策者制定科学的决策方案。例如，生产决策、销售决策和财务决策等。所谓决策支持系统是一种辅助人员进行决策的人机会话系统，它不是代替人决策，而是以现代信息技术为手段，为决策者提供所需的各类信息，提供相应的科学方法和数学模型，帮助决策者选择最佳方案，以减少或避免决策失误，降低决策风险。

## 三、会计电算化的作用

### （一）提高会计核算的水平和质量

会计电算化的首要目标是实现会计核算工作的电算化。会计电算化系统极大地提高了会计核算工作的水平和质量，主要有以下几个方面的表现：

1. 减轻了会计人员的劳动强度，提高了工作效率。在会计电算化环境下，除会计凭证由人工录入和审核外，其余各项工作都由计算机自动完成。会计人员可以从繁重的记账、算账、报账任务中解脱出来，凭借计算机的自动化处理，及时完成各项会计核算和管理任务，会计人员的工作效率大大提高。

2. 缩短了会计数据处理的周期，提高了会计信息的时效性。在会计电算化环境下，只要会计凭证录入计算机，并审核、入账，即可自动生成最新的账户余额和发生额资料，包括账簿和报表信息都能同时同步生成。手工操作环境下需要一个会计周期（月、季、年）的会计循环才能输出的会计信息在会计电算化环境下能以实时方式输出，极大地满足了会计信息及时性的要求。

3. 提高了会计数据处理的正确性和规范性。在手工操作环境下，会计核算不规范、有误差是不可避免的现象。在会计电算化环境下，由于数据处理工作由计算机根据合法、规范的会计软件自动处理，只要保证会计数据输入的正确性与合法性，就能保证整个会计数据处理过程及其输出结果的合法性、正确性和规范性。

### （二）提高了企业现代化经营管理水平

实现会计核算电算化是会计电算化的基础，全面提高企业现代化管理水平则是会计电算化的主要目的。实现会计电算化，提高企业现代化管理水平主要体现在以下几个方面：

1. 为从经验管理向科学化管理转变创造了条件。在手工操作环境下，受人工处理信息能力的限制，企业的日常管理很难建立在科学及时的定量决策基础上，管理和决策的随意性很大。会计电算化的出现，使准确及时地提供各类管理所需信息成为可能，这为实现科学化管理创造了条件。

2. 为从事后管理向事中控制、事先预测转变创造了条件。在手工操作环境下，受人工处理信息能力的限制，会计信息往往以会计周期为固定时点来输出，因此企业的日常管理是建立在事后定期核算的基础上，管理的实时性和有效性都大打折扣。实现会计电算化后，可以借助软件功能实现对经营管理过程的事中控制、反馈和管理，还可以通过计算机管理决策模型对各项管理活动进行事先预测和决策，企业管理的现代化水平大大提高。

3. 为企业全面管理现代化奠定了基础。财务信息是对企业整个经营活动全面、系统的反映，在企业管理信息系统中，会计信息系统是其中最重要的一个子集，而会计电算化的实现，将为企业建立全面的管理信息系统奠定坚实的基础。在集成化的企业信息系统中，企业组织的各个部门均可参与会计数据的产生，各管理部门均可在一定程度上利用会计信息。在实际工作中，企业管理信息系统往往是从会计信息系统开始并以会计信息系统为核心建立起来。

### （三）推动会计技术、方法、理论创新和观念更新

会计发展到一定程度必然会出现会计电算化，而反过来，会计电算化的产生和发展，又促使传统会计学理论和实践发生极大的变化和进步。电算化会计不仅使传统会计使用的介质、工具、簿记格式等形式发生了变化，而且对会计核算的方式、程序、内容和方法以及控制、管理的理论和实践都提出了新的要求，并进一步涉及会计学科的基础理论问题。因此，会计电算化的产生和发展，不仅是记账工具的变化，更是一场涉及会计理论和实务在内的深刻变革，是会计学发展史上的一次革命。会计电算化的发展，必将对会计理论和会计实践提出许多新的问题和新的要求，从而促进会计理论与实践的进一步发展和提高。

## 四、会计电算化目标

会计电算化目标也称会计电算化目的，是要求会计电算化工作完成的任务或达到的标准。会计电算化目标是关于会计电算化系统所应达到境界的抽象范畴，是沟通会计信息系统与会计环境的桥梁，是连接会计电算化理论与会计电算化实践的纽带。会计电算化目标是会计目标的具体体现，它是会计电算化工作所要完成的任务，即通过现代化的手段，提高会计工作的地位，提高会计工作的效率和质量，促进管理的现代化，提高经济效益。具体包括如下内容：

### （一）提高财会工作效率

利用计算机技术的特点，把繁杂的记账、结账、报账工作交给高速的计算机处理，以减轻财会人员的劳动强度；并且由于计算机的精确性和确定性，可以避免手工操作产生的误差，以提高财会工作效率。

### （二）促进会计职能的转变

手工条件下，财会人员被繁重的手工核算工作包围，没有时间和精力来更好地发挥会计参与管理、决策的职能。通过电算化，财会人员摆脱了繁重的手工操作，有时间和精力，也就有条件参与企业管理与决策，为提高企业现代化管理水平和提高经济效益服务。

### （三）准确、及时地提供会计信息

手工条件下，由于大量会计信息需要进行记录、加工、整理，使得信息需求者不能及时得到财会信息，这不利于企业经营者掌握经济活动的最新情况和存在的问题。电算化后，大量的信息都可以及时记录、汇总、分析、传送，保证向企业管理者准确、及时地提供会计信息。

### （四）提高人员素质，促进会计工作规范化

会计电算化给会计工作增添了新内容，从各方面要求会计人员提高自身素质，更新知识结构。一方面，为了参与企业管理，他们要更多地学习经营管理知识；另一方面，他们还必

须掌握电子计算机的有关知识。好的会计基础工作和规范的业务处理程序，是实现会计电算化的前提条件，所以会计电算化也要求促进会计工作的规范化。

### （五）实现企业管理现代化，提高企业经济效益

会计电算化是企业管理信息电算化的重要组成部分，企业管理信息电算化的目标及任务，就是要以现代化的方法去管理企业，提高经济效益。因而，会计电算化要使会计工作本身现代化，其最终目标是要使企业管理现代化，提高企业的经济效益。

会计电算化是利用现代电子计算机技术、网络技术、信息技术对传统手工会计的根本性改进和流程再造。它不仅改变了传统会计核算方法、数据存储形式、账务处理流程，而且扩大了会计数据领域，提高了会计信息质量，改变了会计内部控制与审计的方法和技术，推动了会计理论与会计技术的进一步发展，促进了会计管理制度的创新，是整个会计理论与实务的根本性变革。

## 五、会计电算化岗位分工及其权限

实现会计电算化后，单位要按照会计电算化的特点和要求，加强对会计电算化系统的使用人员和维护人员的管理，按照“责、权、利相结合”的原则，明确系统内各类人员的职责、权限并使之与利益挂钩，建立和健全岗位责任制。

《会计电算化工作规范》中提出了建立会计电算化岗位责任制的原则：实行会计电算化的单位，要建立会计电算化岗位责任制，要明确每个工作岗位的职责范围，切实做到事事有人管，人人有专责，办事有要求，工作有检查等。会计电算化后的工作岗位可分为基本会计岗位和电算化会计岗位。

### （一）基本会计岗位

基本会计岗位可分为：会计主管、出纳、会计核算各岗、稽核、会计档案管理等。各基本会计岗位与手工会计的各会计岗位相对应。基本会计工作岗位，既可以一人一岗，也可以一人多岗或者一岗多人，但应当符合内部牵制制度的要求，如出纳人员不得兼管稽核，会计档案保管和收入、费用、债权债务账目的登记工作。基本会计岗位的会计工作人员还应有计划地进行轮换，以促进会计人员全面熟悉业务，不断提高业务素质。国家机关、国有企业、事业单位任用会计人员应当实行回避制度。单位领导人的直系亲属不得担任本单位的会计机构负责人、会计主管人员。会计机构负责人、会计主管人员的直系亲属不得在本单位会计机构中担任出纳工作。

### （二）电算化会计岗位

电算化会计岗位是指直接管理、操作、维护计算机及会计核算软件的工作岗位。实行会计电算化的单位要根据计算机系统操作、维护、开发的特点，结合会计工作要求，划分电算化会计岗位。大中型企业和使用大规模会计电算化系统的单位，可以考虑设立如下电算化会计岗位：

1. 电算主管

负责协调计算机及会计软件系统的运行工作，要求具备会计和计算机知识以及相关的会计电算化组织管理工作经验。电算化主管可由会计主管兼任，采用中小型计算机和计算机网

络会计软件的单位，应设立此岗位。具体职责如下：

（1）负责电算化系统的日常管理工作，监督并保证电算化系统的正常运行，达到合法、安全、可靠、可审计的要求。在系统发生故障时，应及时组织有关人员尽快恢复系统的正常运行。

（2）协调电算化系统各类人员之间的工作关系，制定岗位责任与经济责任的考核制度，负责对电算化系统各类人员的工作质量进行考评以及提出任免意见。

（3）负责计算机输出账表、凭证的数据正确性和及时性检查工作。

（4）建立电算化系统各种资源（硬件资源和软件资源）的调用、修改和更新的审批制度并监督执行。

（5）完善企业现有的管理制度，充分发挥电算化优势，提出单位会计工作的改进意见。

2. 软件操作

负责输入记账凭证和原始凭证等会计数据，输出记账凭证、会计账簿、报表和进行部分会计数据的处理工作，要求具备会计软件操作知识，达到会计电算化初级知识培训水平。各单位应鼓励基本会计岗位的会计人员兼任软件操作岗位的工作。具体职责如下：

（1）负责所分管业务的数据输入、数据处理、数据备份和输出会计数据（包括打印输出凭证、账簿、报表）的工作。

（2）严格按照操作程序使用计算机和会计软件。

（3）数据输入完后，应进行自检核对工作，核对无误后交审核记账员复核记账。对审核员提出的会计数据输入错误，应及时修改。

（4）每天操作结束后，应及时做好数据备份并妥善保管。

（5）注意安全保密，各自的操作口令不得随意泄露，定期更换自己的密码。

（6）离开机房前，应执行相应命令退出会计软件。

（7）操作过程中发现问题，应记录故障情况并及时向系统管理员报告。

（8）每次操作软件后，应按照有关规定填写上机记录。

（9）出纳人员应做到“日清月结”，现金出纳每天都必须将现金日记账的余额与库存现金进行核对；银行出纳每月都必须将银行存款账户的余额与银行对账单进行核对。

（10）在由原始凭证直接录入计算机并打印输出的情况下，记账凭证上应有录入员的签名或盖章；收付款记账凭证还应由出纳人员签名和盖章。

3. 审核记账

负责对输入计算机的会计数据（记账凭证和原始凭证等）进行审核，以保证凭证的合法性、正确性和完整性，操作会计软件登记机内账簿，对打印输出的账簿和报表进行确认。该岗位要求具备会计和计算机知识，达到会计电算化初级知识培训水平，可由主管会计兼任。具体职责如下：

（1）审核原始凭证的真实性、正确性，不符合规定的原始单据不作为记账凭证依据。

（2）将不真实、不合法、不完整、不规范的凭证退还给各有关人员更正修改后，再进行审核。

（3）对操作员输入的凭证进行审核并及时记账，打印输出有关的账表。

（4）负责凭证的审核工作，包括各类代码的合法性、摘要的规范性、会计科目和会计数据的正确性以及附件的完整性等。

（5）对不符合要求的凭证和输出的账表不予签章确认。

（6）审核记账人员不得兼任出纳工作。

（7）结账前，检查已审核签字的记账凭证是否全部记账。

4. 电算维护

负责保证计算机硬件、软件的正常运行，管理机内会计数据。该岗位要求具备计算机和会计知识，经过会计电算化中级知识培训。采用大型、小型计算机和计算机网络会计软件的单位，应设立此岗位。在大中型企业中，该岗位应由专职人员担任。维护员一般不进行会计数据的实际操作。具体职责如下：

（1）定期检查电算化系统的软件、硬件运行情况。

（2）及时排除电算化系统运行中出现的软件或硬件故障。

（3）负责电算化系统升级换版的调试工作。

（4）会计电算化系统人员变动或会计科目调整时，负责电算化系统的维护。

（5）会计软件不能满足单位需要时，与本单位软件开发人员或商品化会计软件开发商联系，进行软件功能的改进。

5. 电算审查

负责监督计算机及会计软件系统的运行，防止利用计算机进行舞弊。审查人员要求具备会计和计算机知识，达到会计电算化中级知识培训的水平，该岗位可由会计稽核人员兼任。采用大型、小型计算机和计算机网络会计软件的单位，可设立此岗位。具体职责如下：

（1）负责监督计算机及会计软件系统的运行，防止利用计算机进行舞弊。

（2）审查电算化系统各类人员工作岗位的设置是否合理，制定的内部牵制制度是否合理，各类人员是否越权使用软件，防止利用计算机进行舞弊。

（3）发现系统问题或隐患时，应及时向会计主管反映，尽快提出处理意见。

6. 数据分析

负责对计算机内的会计数据进行分析，要求具备计算机和会计知识，达到会计电算化中级知识培训水平。采用大型、小型计算机和计算机网络会计软件的单位，可设立此岗位，该岗位也可由主管会计兼任。具体职责如下：

（1）负责对计算机内的会计数据进行分析。

（2）制定适合本单位实际情况的会计数据分析方法、分析模型和分析时间，为企业经营管理及时提供信息。

（3）每日、旬、月、季、年，都要对企业的各种报表、账簿进行分析，为单位领导提供必要的信息。

（4）企业的重大项目实施前，应通过历史会计数据的分析，为决策者提供详实、准确、有根有据的事前预测分析报告；企业的重大项目实施过程中，应通过对有关会计数据的分析，提供项目实施情况（如进度、成本、费用等）分析报告；企业的重大项目实施后，应通过对会计数据的分析，提供有关项目总结的分析报告。

（5）根据单位领导随时提出的分析要求，及时利用会计数据进行分析，以满足单位经营管理的需要。

7. 会计档案保管

负责存档数据软盘、程序软盘、输出的账表、凭证和各种会计档案资料的保管工作，做好软盘、数据及资料的安全保密工作。具体职责如下：

（1）按会计档案管理有关规定行使职权。

（2）负责本系统各类数据软盘、系统软盘及各类账表、凭证、资料的存档保管工作。

（3）做好各类数据、资料、凭证的安全保密工作，不得擅自出借。经批准允许借阅的会计资料，应认真进行借阅登记。

（4）按规定期限，向各类电算化岗位人员催交各种有关的软盘资料和账表凭证等会计档案。

8. 软件开发

由本单位人员进行会计软件开发的单位，还可设立软件开发岗位，主要负责本单位会计软件的开发和软件维护工作。具体职责如下：

（1）负责本单位会计软件的开发和软件维护工作。

（2）按规定的程序进行软件的完善性、适应性和正确性维护。

（3）软件开发人员不得操作会计软件进行会计业务的处理。

（4）按电算主管的要求，及时完成对本单位会计软件的修改和更新，并建立相关的文档资料。

小型企事业单位设立电算化会计岗位，应根据实际需要对上文给出的岗位进行适当合并。电算化会计岗位中，软件操作岗位与审核记账、电算维护、电算审查岗位为不相容岗位。

会计电算化岗位及其权限设置一般在系统初始化时完成，平时根据人员的变动可进行相应调整。电算主管负责定义各操作人员的权限。具体操作人员只有修改自己口令的权限，无权更改自己和他人的操作权限。

# 任务二　认识会计电算化软件

## 一、会计电算化软件

### （一）单用户和多用户会计核算软件

按硬件结构划分，会计核算软件可分为单用户会计核算软件和多用户（网络）会计核算软件。

单用户会计核算软件是指将会计核算软件安装在一台或几台计算机上，每台计算机的会计核算软件单独运行，生成的数据只存储在各自的计算机中，计算机之间不能直接实现数据交换和共享。

多用户（网络）会计核算软件是指将会计核算软件安装在一个多用户系统的主机（或计算机网络的服务器）上，该系统中各个终端（工作站）可以同时运行软件，且不同终端（工作站）上的会计操作人员能够共享会计信息。目前多数大中型企业使用的是多用户会计核算软件。

### （二）通用和专用会计核算软件

按会计核算软件的通用范围划分，会计核算软件可分为专用会计核算软件和通用会计核算软件。

1. 专用会计核算软件

专用会计核算软件，也称定点开发会计核算软件，一般是指由使用单位根据自身会计核算与管理的需要，自行开发或委托其他单位开发，专供本单位使用的会计核算软件。

专用会计核算软件的特点是把使用单位的会计核算规则，如会计科目、报表格式、工资项目、固定资产项目等编入会计软件，非常适合本单位的会计核算，不需要做复杂的初始化设置，使用起来简便易行。但其缺点是，由于会计核算规则固化，软件受使用范围和时间限制，系统只适用于个别单位、在特定时间的应用，一旦更换单位或者因为政策等原因造成会计核算环境发生变化，软件将无法继续使用。

由于专用软件是根据使用单位的核算规则开发与设计的，在某些业务比较特殊的行业和单位中，专用会计核算软件往往比通用会计核算软件更适合企业的个性化需要，也更能发挥出更大的作用。当然，企业也可以选择在通用会计核算软件的基础之上，开发某些专用模块以适应某些特殊的行业和企业的核算需求。

按软件开发者的主体不同，定点开发会计核算软件又可分为本单位自行开发的会计核算软件、委托其他单位开发的会计核算软件及与其他单位联合开发的会计核算软件三种类型。

2. 通用会计核算软件

通用会计核算软件一般是指由专业软件公司研制，公开在市场上销售，能适应不同行业、不同单位会计核算与管理基本需要的会计核算软件。目前，我国的通用会计核算软件以商品化软件为主，软件的通用化是商品化的前提和基础。例如，用友 U8 系列、金蝶初级会计电算化 K/3 系列通用企业会计软件可适用于工业、商品流通、交通运输、农业、外资、股份制、新会计制度、新会计准则等各种类型的企业。通用会计核算软件按适用范围又可分为全国通用的会计核算软件和行业通用的会计核算软件。

### （三）会计软件产业

1988 年，商品化会计软件出现。

1989 年，财政部组织通过了我国第一个商品化会计软件“先锋 CP-800 通用会计核算软件”的评审，拉开了我国商品化通用软件发展的序幕，以后通用会计软件迅速成为我国会计软件发展的主流。

1996 年 4 月，在北京召开的“第二届全国会计电算化发展学术研讨会”上提出了会计软件应由核算型向管理型转变的观点。

1988~1998 年主要是核算型商品化会计软件；1998 年以后主要是管理型商品化会计软件；进入 2000 年以后，会计软件的功能得到迅速提升，逐步实现财务与业务的一体化处理、远程处理、在线实时监控、集团财务集中管理等功能。

随着商品化会计软件数量的增加，质量的提高，软件功能的逐步完善，软件企业不断发展壮大，会计软件产业的雏形已基本形成。

## 二、会计电算化软件的选择

选用商品化会计软件是企事业单位实现会计电算化的一条主要途径。由于商品化会计软件比较多，分别适用于不同的行业和运行环境，其功能和性能也各具特色，在选择商品化会计软件时应进行全面的考察，主要包括以下几个方面：

1. 满足会计制度的要求。会计软件一般按行业分为不同的版本，如工业版、商品流通版、行政事业版等，应选择适合本行业特点的会计软件。同时，应充分考虑软件是否满足会计制度的要求。

2. 满足会计核算与会计管理的需要。企事业单位的规模、管理模式和业务处理的程序不同，对会计软件的要求也不相同。会计软件所提供的功能必须满足本单位具体会计业务和管理的需要，特别是一些特殊的业务要求，例如，外币核算、自动汇兑损益、部门管理、项目管理、预算管理等。

3. 满足会计业务变化和发展的需要。单位经济业务的发展可能引起会计业务的变化，例如，业务量的增加、业务处理流程的调整等。会计软件应当能够根据经济业务的变化进行灵活的设置和扩充，适应经济发展的需要。

4. 会计软件的易用性、稳定性和安全可靠性。会计软件的易用性是指软件是否操作方便，界面是否友好，是否符合会计人员的习惯等，直接影响会计软件的使用。会计软件的安全可靠性是指会计软件防止会计信息被泄漏和破坏的能力，以及会计软件防错、查错和纠错的能力。稳定性也是评价会计软件的一项重要指标，指软件运行过程中是否意外中断等。

5. 会计软件需要的计算机硬件和软件环境。包括计算机硬件、网络体系结构以及操作系统和数据库等，不同的软件有不同的要求，应在保证软件要求的基础上充分利用现有的条件，减少投资。

6. 会计软件售后服务。会计软件售后服务对用户来说至关重要，会计信息系统是一个连续运行的系统，不能间断，一旦系统中断正常运行，会给用户带来重大的损失。因此，应认真考察会计软件售后服务情况，包括技术力量、反应时间等。

## 三、常用的商品化会计电算化软件

目前市场上占有率较高的商品化会计软件，国外的有德国的 SAP、美国的 Oracle ERP 等，国内的有用友、金蝶、管家婆、速达、金算盘等。

本书选择以用友 ERP-U8 V11.1 为例进行操作演示讲解。

# 任务三　会计电算化软件的实施

## 一、会计电算化软件实施步骤

会计电算化的组织工作涉及单位内部的各个方面，需要单位的人力、物力、财力等多项资源。因此，必须由单位领导或总会计师亲自抓，建立一个会计电算化组织策划机构具体负责组织实施。具体步骤如下：

1. 制定本单位会计电算化工作实施计划；
2. 配备硬件设备；
3. 购置会计软件；
4. 配备会计电算化人员；
5. 建立会计电算化内部管理制度；

6. 替代手工记账审核；
7. 替代手工记账。

## 二、替代手工记账

### （一）整理手工会计业务数据

1. 重新核对各项凭证和账簿，做到账证、账账、账实相符。手工会计核算最大的问题就是，由于处理程序和岗位的繁琐，会计数据被大量重复地转载，同时由于手工传递数据较慢，造成会计记录数出多门，部门和岗位之间的数据不一致，误差较多，而计算机系统要求数据高度集成和统一。因此，在将基础数据移入计算机之前，需对会计数据按会计软件的要求进行整理和分类。

2. 整理各账户余额。在初次使用电算化系统的时候，软件内部是不会有任何期初业务数据的，为了保证手工数据与计算机数据的前后衔接，必须按照账户体系和会计软件对期初余额的要求整理出各账户的期初余额并输入系统。在整理账户余额的时候需要注意：如果是在年初建账，只需整理各账户期初余额；如果是在年中某月建账，需整理出以前各月各账户的发生额。

3. 清理往来账户和银行账户。往来账户和银行账户是企业会计管理的重要内容，这两类资产是企业流动性很强、业务发生又非常频繁的资产。在手工方式下，由于管理不善，账户混乱，经常会出现往来账户不能及时核销、银行对账数据不清等现象，造成管理者对企业真实资产不清楚，影响对企业经营状况的客观判断。

### （二）建立会计账户体系并确定编码

会计账户体系是会计核算的基础，是最重要的会计信息的载体，整个会计核算系统都是以会计账户体系为基础建立的。由于电算化会计核算对会计科目的要求与手工有很大的差异，因此必须在输入计算机之前，对会计账户体系进行统一的设计和规划，建立符合电算化系统特点和要求的会计账户体系。

建立会计账户体系从一级会计科目开始，逐级设置明细科目。设置会计科目时应遵循以下原则：

1. 符合财政部和有关管理部门的规定。对于一级科目必须按照财政部颁布的会计制度或准则进行统一设置。

2. 满足本单位会计核算与管理的要求。对于明细科目要根据企业具体的核算要求进行设置。

3. 满足会计报表的要求。凡是报表所用的数据，如果需要从账务处理系统中取数，必须设立相应的科目。

4. 要保持体系完整，不能只有下级科目而没有上级科目。

5. 要保持科目的相对稳定性。会计科目是电算化系统最重要的基础数据，为了保持系统数据和流程的稳定，一般要求会计科目在年内要保持相对稳定。

6. 要考虑与子系统的衔接。会计科目是各个子系统之间传递数据的重要载体，凡是与其他各子系统有关的科目，在整理时应将各子系统中的核算大类在账务处理系统中设为最底层科目。

### （三）规范各类账证表格式及会计核算方法与过程

手工方式下，会计人员按会计制度或者准则要求，设置总账、明细账、日记账等账簿体系，根据原始单据填制记账凭证，并据以登记明细账、日记账、总账等。在电算化方式下，虽然这种账务处理过程仍然保留着，但部分会计资料的格式要重新设计或部分修改，以适应电算化环境的要求。因此，在开始电算化之前，单位要全面考虑各类会计资料的规范性格式，分清必须修改与必须保留的内容，重新确认会计证、账、表的格式。例如记账凭证的格式是否适用将会影响系统的使用效果，因此需要按会计软件的要求统一规定和设置。记账凭证的主要信息有：日期、凭证类别、凭证号、摘要、会计科目代码、借贷金额等。在电算化环境下，为了强化对凭证的管理，有时还要增加一些辅助核算的信息，如数量、单价、外币、汇率、支票号、发票号、个人、客户等。

在电算化方式下，会计核算过程自动化程度很高，会计数据和信息往往按照设定的流程在系统内部以及功能模块之间进行流转和传递，这就要求会计部门预先确定各项工作的数据传递次序，以满足计算机流程化处理的要求。同一模块要事先确定录入、审核、修改、记账的次序，包括对时间与责任应作出明确规定。不同模块间也需要预先确定数据传递的次序，如材料核算——成本核算——账务处理等模块的处理顺序。

### （四）计算机与手工并行

计算机与手工并行是指在会计软件使用的最初阶段，人工与计算机同时进行会计处理的过程。在此阶段的主要任务是：检查已建立的会计电算化核算系统是否充分满足要求、使用人员对软件的操作是否存在问题、对运行中发现的问题是否还应进行修改，并逐步建立比较完善的电算化内部管理制度等。

在试运行阶段，应以会计人员为主，计算机人员为辅。会计人员要同时利用手工和电算化软件两种工具进行会计业务处理，需要付出双重劳动，但这是十分必要的。试运行的时间应该在3个月以上，一般不超过6个月，初始时间最好放在年初、年末、季初、季末等特殊的会计时期，时间跨度最好能跨年，这样才能更全面地比较手工数据和电算化数据。

## 三、会计核算软件与手工会计核算的异同

会计核算软件主要替代了手工会计的记账、算账、报表生成等工作，其会计数据处理主要由计算机系统来完成。会计核算软件的会计核算方法与手工会计在原理上一致，但由于会计核算软件的会计数据处理工具和方式与手工核算存在一定的区别，从而造成会计核算软件与手工会计核算在处理会计数据具体方法等方面既有相同也有不同。

### （一）会计核算软件与手工会计核算的相同点

1. 目标一致。无论是手工会计核算还是会计核算软件，其最终目标都是为了提供准确及时的与决策相关的会计信息，参与企业经营决策，加强经营管理，提高经济效益。

2. 遵守共同的会计准则和会计制度。会计法规是进行会计工作的法律依据，会计准则和会计制度是指导会计工作的规范。会计法规不能因为约束对象所使用的操作工具或操作手段的改变而改变，因此两者均须遵守会计法、会计准则、会计制度及其他相关的法规和政策。

3. 遵守共同的基本会计理论和会计方法。会计核算软件是依据现代信息技术开发而成，

并极大地改变了会计数据处理的方式。尽管会计核算软件的发展必然会引起会计理论和会计方法上的某些变化，但其与手工会计核算所遵循的基本会计理论和方法是一致的，如复式记账的原理、计提固定资产折旧的方法等。

4. 会计数据处理流程大体一致。实现会计电算化以后，会计核算软件对会计处理流程进行了优化甚至简化，使之更加符合计算机处理的特点，比如在手工环境下的重复登账和账账及账证核对工作就已经弱化或者取消了，但不管是手工会计核算还是会计核算软件，在会计数据的处理流程上大体一致。具体体现在：

（1）都必须严格审核原始单据的客观、真实以及合法性。目前，会计核算软件不能完全取代手工原始单据，即便有一部分原始单据被电子化，也必须按照会计制度的要求，保证原始单据的客观、真实以及合法，这是保证会计信息质量的基本条件。

（2）都需要依据正确、合法的原始单据，按照借贷记账法的规则和国家会计制度的要求编制记账凭证并进行审核。记账凭证是对经济业务的确认，是登记账簿的直接依据，记账凭证的编制必须根据借贷记账法的规则并按照会计制度和准则的确认要求进行编制，并在会计凭证上签名盖章，以对会计凭证的真实性和正确性负责任。一切会计凭证都必须经过有关人员的严格审核，只有经过审核无误的会计凭证才能作为登记账簿的依据。

（3）都需要根据审核合法后的记账凭证登记相关会计账簿并定期结账。手工和计算机登记账簿时，均根据输入并审核过后的凭证生成账簿，均需要根据会计分期的要求，按期进行结账处理。

（4）都需要根据国家会计制度的统一规定编制相关的报表。会计报表是企业向外传递会计信息的主要手段，是根据日常会计核算资料定期编制的，综合反映企业某一特定日期财务状况和某一会计期间经营成果、现金流量的总结性书面文件。不管是手工会计核算还是会计核算软件，都必须按照国家会计制度统一规定按照固定的格式和要求编制会计报表。

### （二）会计核算软件与手工会计核算的区别

1. 会计核算工具不同。手工会计核算使用的运算工具主要是算盘、计算器、纸、笔等，需要人工操作才能完成计算工作。会计核算软件是一个人机结合的系统，其最大的特点是会计人员使用电子计算机借助会计软件来处理会计数据。计算机按预先设置的会计软件，自动完成会计数据处理工作。数据处理过程一般不需要人工干预，特别是在手工操作过程中必须人工操作的记账、结账及搬表生成等工作，完全可以由系统自动实现。

2. 会计信息载体不同。手工会计核算处理的所有数据和信息都是以纸张为载体，存在占用空间大、保管不易、信息查找困难的缺点。而在会计核算软件环境下，会计数据和信息的存储方式由纸张介质转变为以磁介质存储的电子数据文件为主，以计算机输出的纸介质凭证、账簿、报表为辅的形式。一方面，磁介质存储信息具有存储、传递速度快，占用空间小、成本低，复制、检索、传递及再处理方便，可以保留更丰富、完整的会计信息等优点；另一方面，由于磁介质存储的数据文件容易复制、篡改与删除，并且不留痕迹，为使用者无意或不法分子的有意破坏创造了条件。因此，在会计核算软件环境下，会计信息的安全问题必须引起广大会计人员的高度重视。

3. 记账规则不完全相同。在手工会计核算下，要为会计六大要素分别设置六大类账户，并开设总账和各种明细账来反映经济业务。而在会计核算软件环境下，所有账户均用科目代码加以标识，其一级科目（由财政部门统一规定）第一位代表了该科目的类别，具有自动汇总下级科目发生额的作用，通过输入最底层明细科目的发生额，可以很方便地计算出总账和相关明细账的汇总金额。这里所说的记账是根据凭证去更新对应科目的发生额和余额，并对该凭证作已记账标志，需要“账簿”时通过保留的记账凭证及明细科目的期初余额可以随时方便地生成所需要的总账与明细账，消除了信息处理过程中诸多分类与再分类的技术环节。电算化环境下的账簿只是已记账数据的不同的输出形式而已，手工核算方式条件下的所谓日记账、总账、明细账、辅助账等，已失去实际的意义，那些根据记账凭证汇总表、科目汇总表等登记总账、平行登记、错账更正（划线更正法、红字更正法）、对账等记账规则（技术方法）已经消失或者被弱化。比如对账的操作，在电算化方式下，账账、账证、账表的核对基本不需要了，往往只保留账实核对。

4. 账务处理流程类型存在差别。手工会计核算的账务处理流程类型有：记账凭证核算形式、科目汇总表核算形式、汇总记账核算形式、日记账核算形式、日记总账核算形式等。这些核算类型本质上是为了简化会计核算手续而产生的。但无论采取何种方式，都避免不了重复转抄的根本弱点，随之而来的是人员与环节的增多和差错的增多。在会计核算软件环境下，整个账务处理流程分为输入、处理、输出三个环节，其控制的重点是在输入这个环节，从输入会计凭证到输出会计账表，大部分处理过程由计算机按照程序自动完成，手工方式下的账务处理流程在会计核算软件中已经没有存在的必要了。

5. 内部控制方式不同。在手工会计核算中，会计工作的分工以会计业务的不同性质为依据，各业务责任人之间通过传递票据、凭证来建立联系，实现控制，实现整体的会计职能。其内部控制主要包括：钱账分离，并通过对账检查是否账证相符、账账相符和账实相符，以及利用会计凭证、账簿、报表数据间的勾稽关系等，保证会计数据的正确性与合法性。在会计核算软件环境下，会计数据进入系统后，在程序的控制下连续自动进行处理，中间一般无需人工干预，许多传统的内部控制方式失去了作用，由人工控制变为人机共同控制。因此，其内部控制不但要遵循手工情况下的会计准则和会计制度，还要遵循针对会计电算化环境的一些特殊制度，如组织控制、硬件控制、软件维护控制、文档控制等。在会计核算软件环境下，内部控制的重点是控制好原始会计数据的录入，以便把非法数据排除在系统之外。此外，主要通过操作员授权、预留审计线索、软件上采用检错和纠错技术、重新处理前自动保留副本、数据定期备份、设置并控制运行状态等手段来加强内部控制，从而保证系统的安全与可靠。

# 任务四　用友 ERP-U8 V11.1 软件安装

## 一、安装用友 ERP-U8 V11.1 全产品软件环境要求（单机版）

### （一）操作系统

1. Windows XP（SP2 及更高版本补丁）
2. Vista（SP1 及更高版本补丁）
3. Windows 7（SP1 及更高版本补丁）
4. Windows 8

5. Windows 10

注意：

如果在 Vista、Windows 7、Windows Server 2008、Windows Server 2008 R2、Windows 8、Windows Server 2012 等操作系统上安装运行 U8 产品，建议至少配置 2G 以上内存。

### （二）数据库

1. SQL Server 2000（SP4 及更高版本补丁）
2. SQL Server 2005（SP2 及更高版本补丁）
3. SQL Server 2008（SP1 及更高版本补丁）
4. SQL Server 2008R2（SP1 及更高版本补丁）
5. SQL Server 2012（SP1 及更高版本补丁）

注意：

1. 简体中文数据库采用默认安装即可，不需要修改语言设置。
2. 支持数据库的多实例使用，但前提条件为必须有默认实例（包括对应的关键补丁）存在，否则将导致安装 U8 数据库服务器失败。

### （三）互联网信息

IIS 5.1 或更高版本

### （四）浏览器

Internet Explorer 6.0 或更高版本

注意：

在选择安装单机应用或安装应用服务器，请先安装 IIS。IIS 组件可以通过操作系统安装盘获取。如果是 Vista、Windows 7、Windows Server 2008、Windows Server 2008R2、Windows 8、Windows Server 2012，请务必手工安装 IIS。

### （五）NET 运行环境

NET Framework 3.5+SP1

## 二、安装步骤

### （一）操作系统

确保计算机上所安装的操作系统满足上述要求，本书选用 Windows XP+ SP3。

### （二）SQL Server 2000 安装过程

第一步：确保计算机上所安装的操作系统满足上面的要求（一般用 Windows XP+SP2 或 SP3，可通过“系统属性”查看是否满足要求）。

第二步：安装 IIS（Internet 信息服务），可通过“控制面板——添加/删除程序——Windows 组件”，添加 IIS 组件来安装。安装过程中需要用到 Windows XP 安装盘。

第三步：安装 Microsoft SQL Server，一般安装 SQL Server 2000+SP4 即可。相应的补丁程序可通过网上免费下载。

SQL Server 2000（个人版）安装过程按照提示安装即可（见图 1-1 至图 1-11）。

注意：

如果用户之前安装过 SQL Server，再次安装时可能会出现“从前的安装程序操作使安装程序操作挂起，需要重新启动计算机”提示，可选择“开始”——“运行”，在“运行”对话框中输入“regedit”，打开注册表，找到如下目录：HKEY_ LOCAL_ MACHINE \ SYSTEM \ CurrentControlSet \ Control \ SessionManager，删除 PendingFileRenameOperations 项，就可以正常安装了。若根据提示重新启动计算机，结果还是没用的。

**图 1-1　安装 SQL server 2000 组件界面**

**图 1-2　安装数据库服务器**

图 1-3　**SQL server 2000** 安装向导

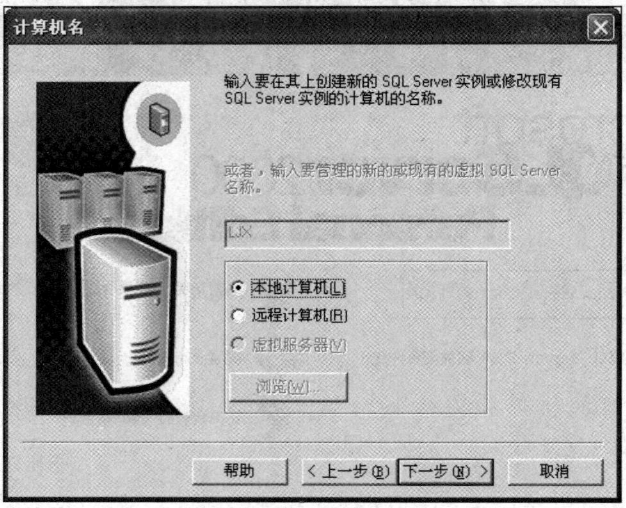


图 1-4　计算机名对话框

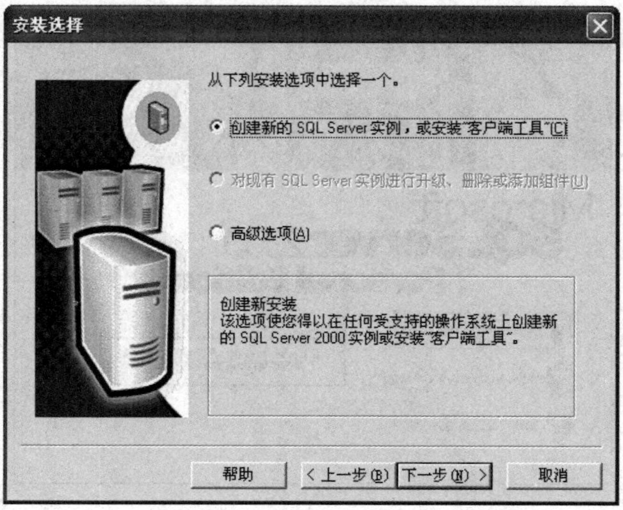


图 1-5　安装选项选择对话框

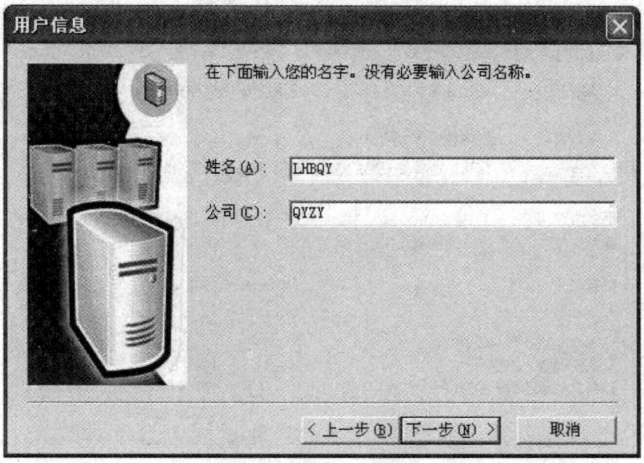


图 1–6　用户信息设置对话框

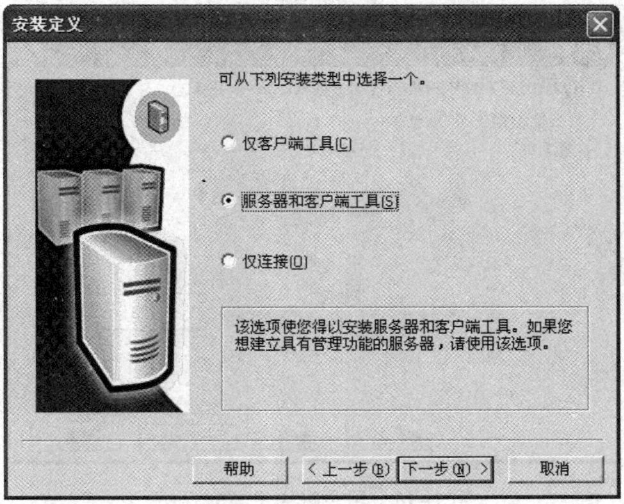


图 1–7　安装选项选择对话框

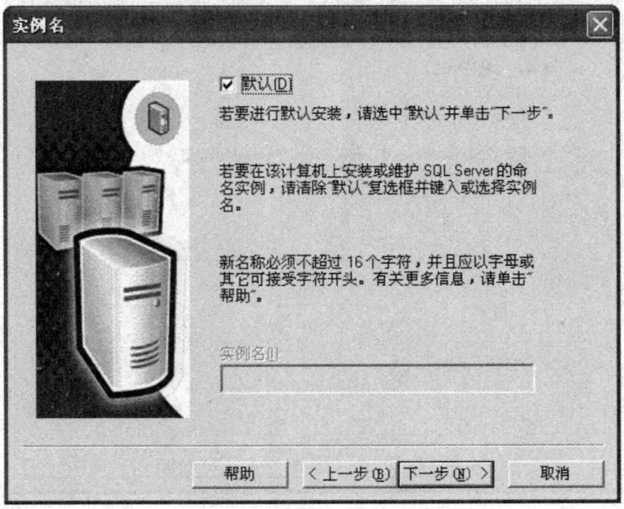


图 1–8　实例名设置对话框

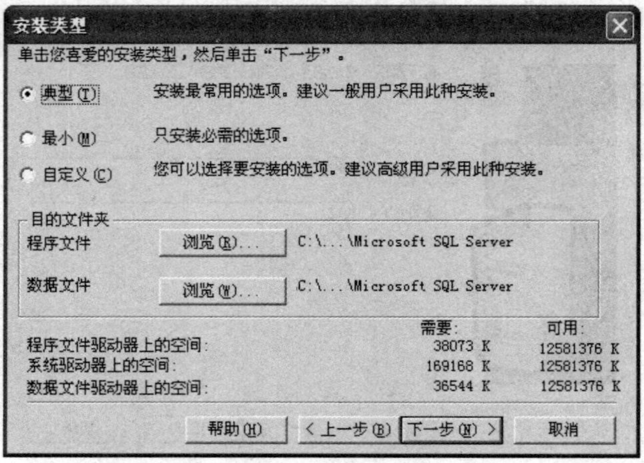


图 1-9　安装类型选择对话框

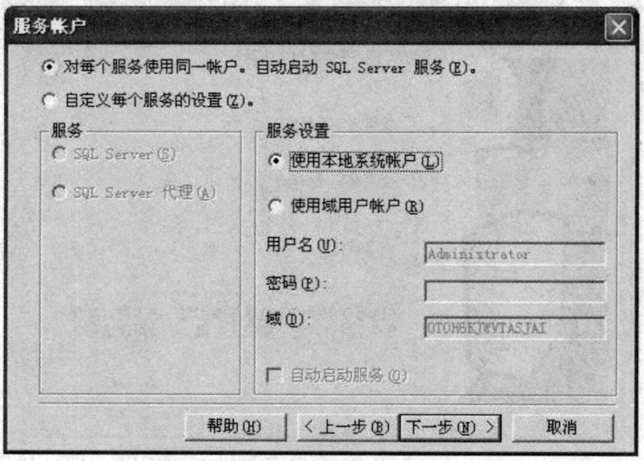


图 1-10　用户账户设置对话框

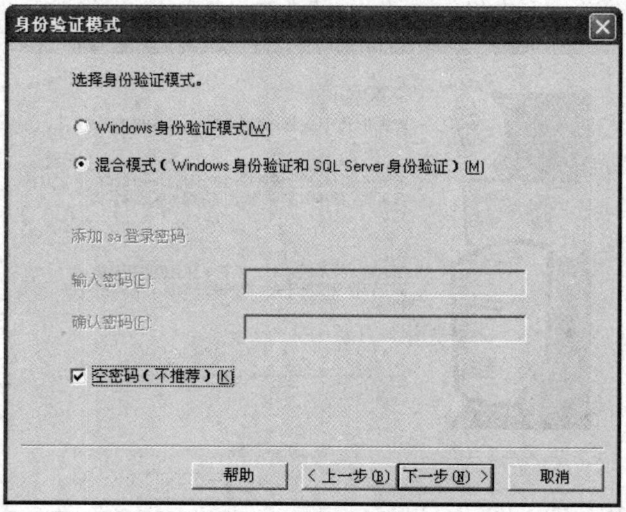


图 1-11　身份验证模式设置对话框

接下来选择“下一步”，直至安装完成。

安装完成 SQL Server 2000 后，双击下载到的 SP4 补丁，将其解压缩，然后双击解压缩文件夹中的 setup 批处理文件，安装 SP4 补丁程序。安装过程中可保留 SA 密码为空。

注意：SQL Server 2000 SP4 的安装过程分两步：先解压缩，再双击安装。

第四步：安装 Internet Explorer 6. 0 + SP1 或更高版本（见图 1-12）。此步骤一般可以省略，Windows XP +SP2（或更高版本）自带 Internet Explorer 6. 0。

**图 1-12　安装 ISS 对话框**

第五步：安装 . NET 运行环境：. NET Framework 2. 0 Service Pack 1。安装文件位于光盘 \ 用友 ERP-U8 V11. 1 \ U8 V11. 1SETUP \ 3rdProgram \ NetFx20SP1_ x86. exe（见图 1-13）。

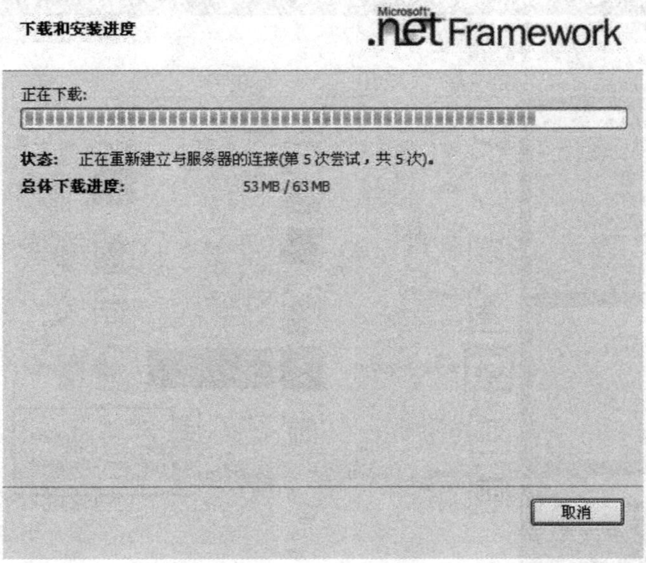


**图 1-13　安装 . net Framework 进程对话框**

第六步：需要安装的缺省组件如下：可在安装用友 ERP-U8 V11. 1 的过程中点击界面上的“安装缺省组件”进行安装或到以下目录自行安装：

光盘（硬盘、U 盘）\ 用友 ERP-U8 V11. 1 \ U8 V11. 1SETUP \ 3rdProgram \ iewebcontrols. msi（见图 1-14）。

上述步骤完成后，接下来就可以安装用友 ERP-U8 V11. 1 系统了。

**图 1-14　安装 iewebcontrols 进程对话框**

## （三）安装用友 ERP-U8 V11. 1 系统

第一步：双击光盘（硬盘、U 盘）\ 用友 ERP-U8 V11. 1 \ U8 V11. 1SETUP \ setup. exe 文件（标志为一个 U8 图标），运行安装程序（见图 1-15、图 1-16）。

**图 1-15　选择安装程序界面**

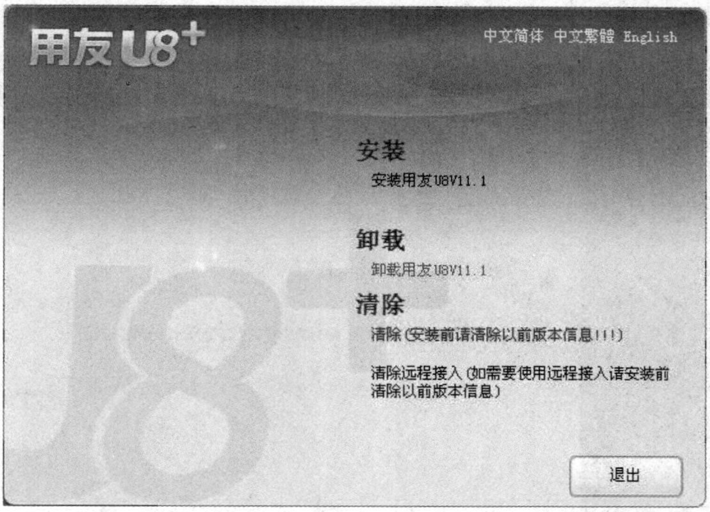


图 1-16　安装界面

第二步：根据提示单击“下一步”进行操作（见图 1-17 至图 1-20）。

图 1-17　提示关闭杀毒软件对话框

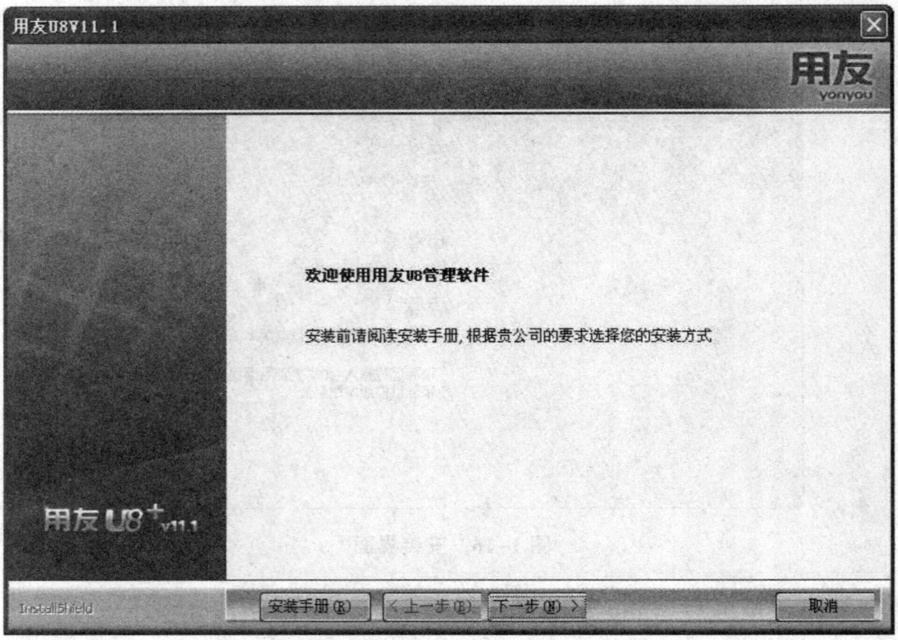


图 1–18　提示阅读安装手册对话框

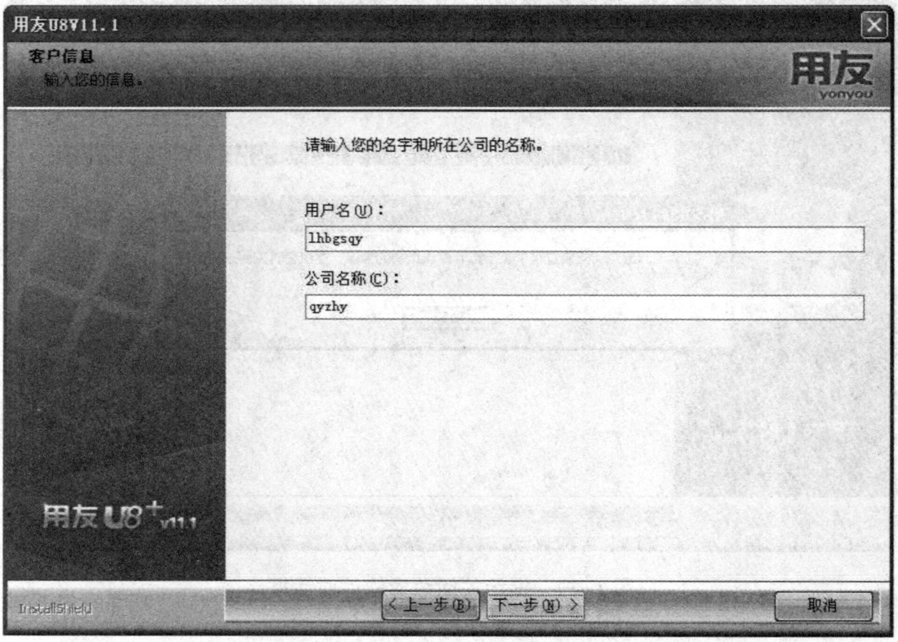


图 1–19　提示输入客户信息对话框

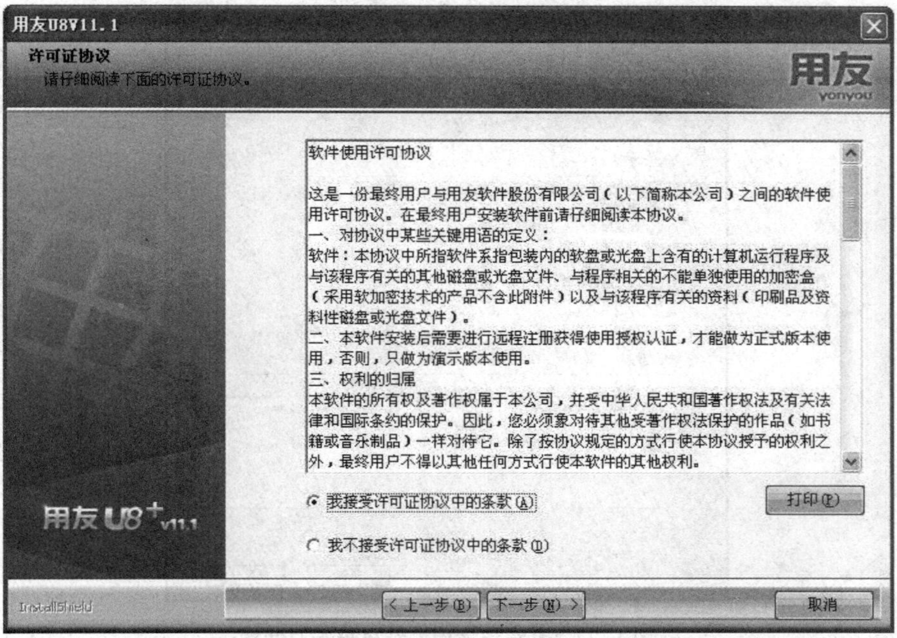
用友U8V11.1
许可证协议
请仔细阅读下面的许可证协议。
用友
yonyou
软件使用许可协议
这是一份最终用户与用友软件股份有限公司（以下简称本公司）之间的软件使用许可协议。在最终用户安装软件前请仔细阅读本协议。
一、对协议中某些关键用语的定义：
软件：本协议中所指软件系指包装内的软盘或光盘上含有的计算机运行程序及与该程序有关的其他磁盘或光盘文件、与程序相关的不能单独使用的加密盒（采用软加密技术的产品不含此附件）以及与该程序有关的资料（印刷品及资料性磁盘或光盘文件）。
二、本软件安装后需要进行远程注册获得使用授权认证，才能做为正式版本使用，否则，只做为演示版本使用。
三、权利的归属
本软件的所有权及著作权属于本公司，并受中华人民共和国著作权法及有关法律和国际条约的保护。因此，您必须象对待其他受著作权法保护的作品（如书籍或音乐制品）一样对待它。除了按协议规定的方式行使本协议授予的权利之外，最终用户不得以其他任何方式行使本软件的其他权利。
我接受许可证协议中的条款(A)
打印(P)
我不接受许可证协议中的条款(D)
用友U8+v11.1
InstallShield
<上一步(B)
下一步(N)>
取消

**图 1-20　提示阅读软件许可证协议条款对话框**

若将 SQL Server 数据库和用友 ERP-U8 V11.1 安装到一台计算机上（也是大家通常选择的安装模式），可选择“经典模式”安装类型，或“全产品”安装类型（见图 1-21）。

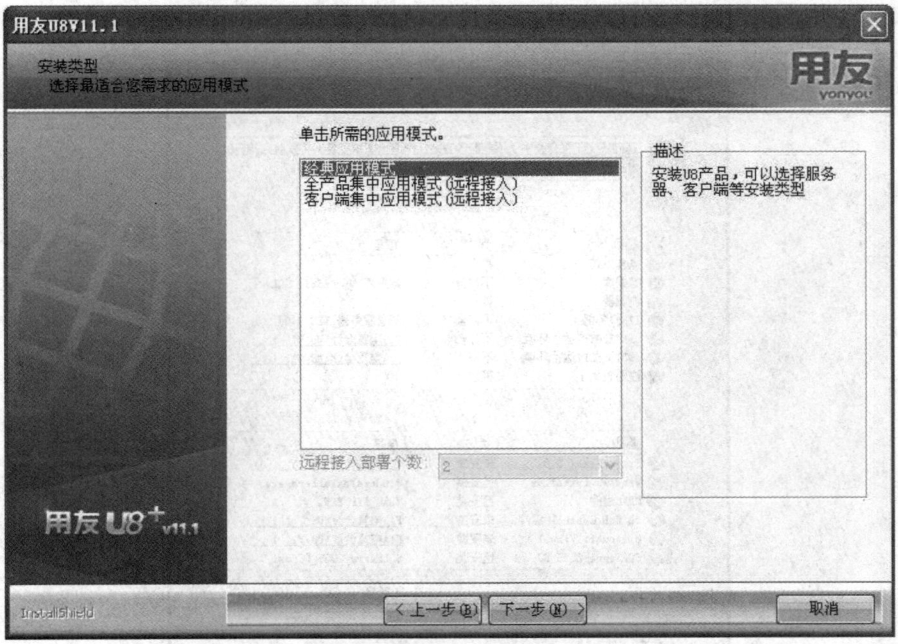
用友U8V11.1
安装类型
选择最适合您需求的应用模式
用友
yonyou
单击所需的应用模式。
经典应用模式
全产品集中应用模式(远程接入)
客户端集中应用模式(远程接入)
描述
安装U8产品，可以选择服务器、客户端等安装类型
远程接入部署个数
2
用友U8+v11.1
InstallShield
<上一步(B)
下一步(N)>
取消

**图 1-21　安装类型选择对话框**

第三步：单击“下一步”按钮，进行系统环境检测，看系统配置是否已经满足所需条件，并出现如下界面（见图 1-22）。

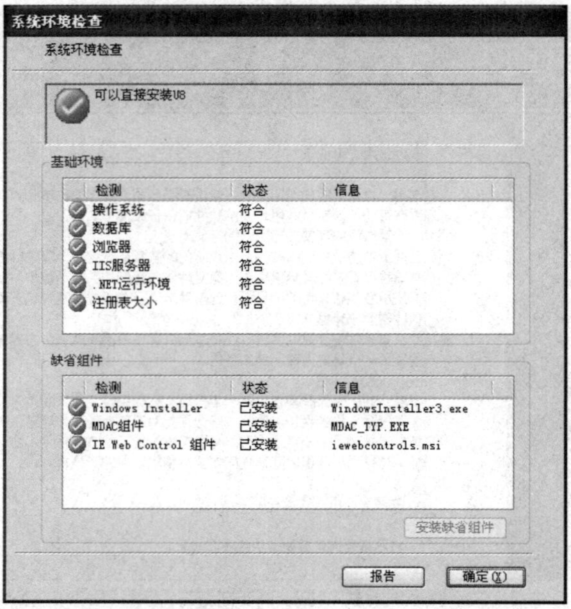


**图 1-22　系统环境检测结果报告对话框**

图 1-22 所示为所需环境已经满足。若有未满足的条件，则安装不能向下进行，并在图中给出未满足的项目，此时可单击未满足的项目链接，系统会自动定位到组件所在位置，让用户手动安装（见图 1-23）。如：“. NET Framework 2. 0 SP1 未安装”，请手工安装“F：移动硬盘（V11. 1）\ 用友 ERP-U8 V11. 1 \ U8 V11. 1SETUP \ 3rdProgram \ NetFx20SP1_ x86. exe”。

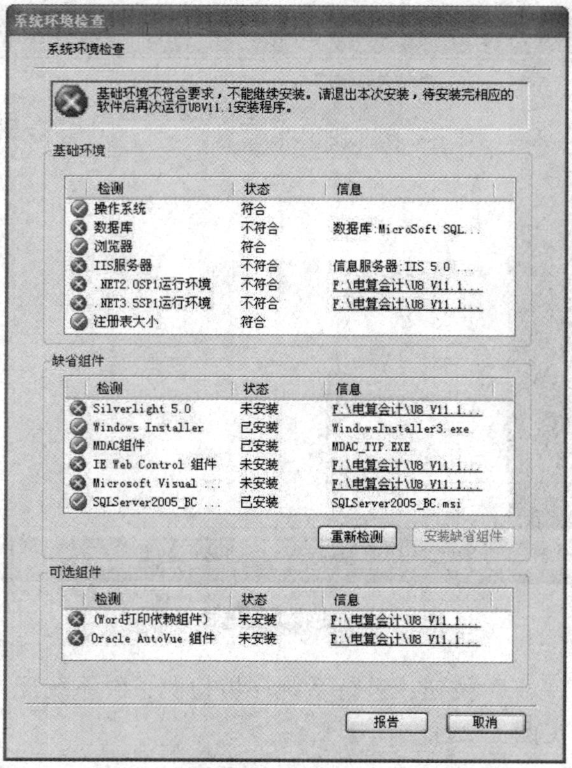


**图 1-23　系统环境检测结果不符合要求对话框**

第四步：接下来单击“安装”按钮，即可进行安装了（见图1-24、图1-25）。此安装过程较长，请耐心等待。

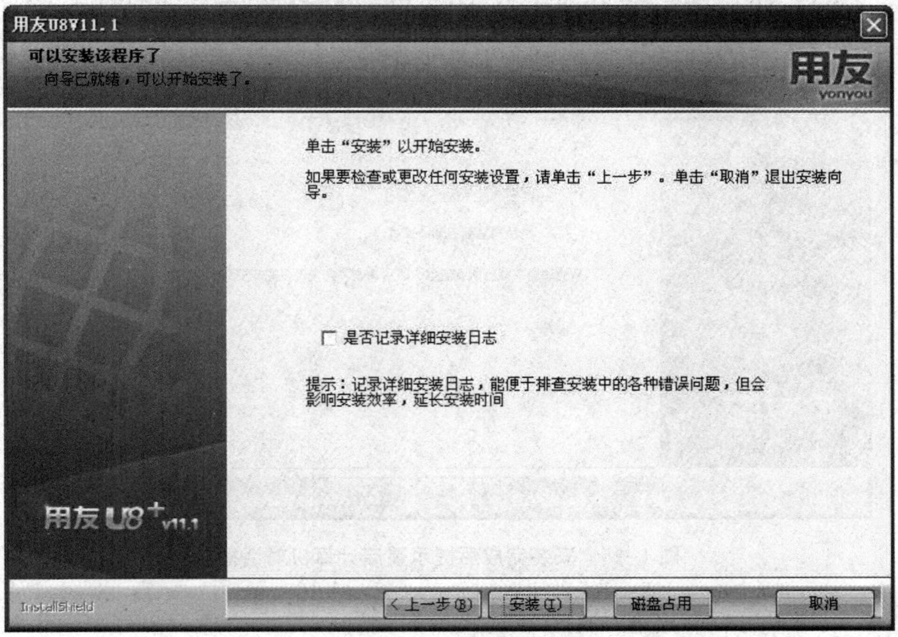


图1-24　正式开始安装对话框

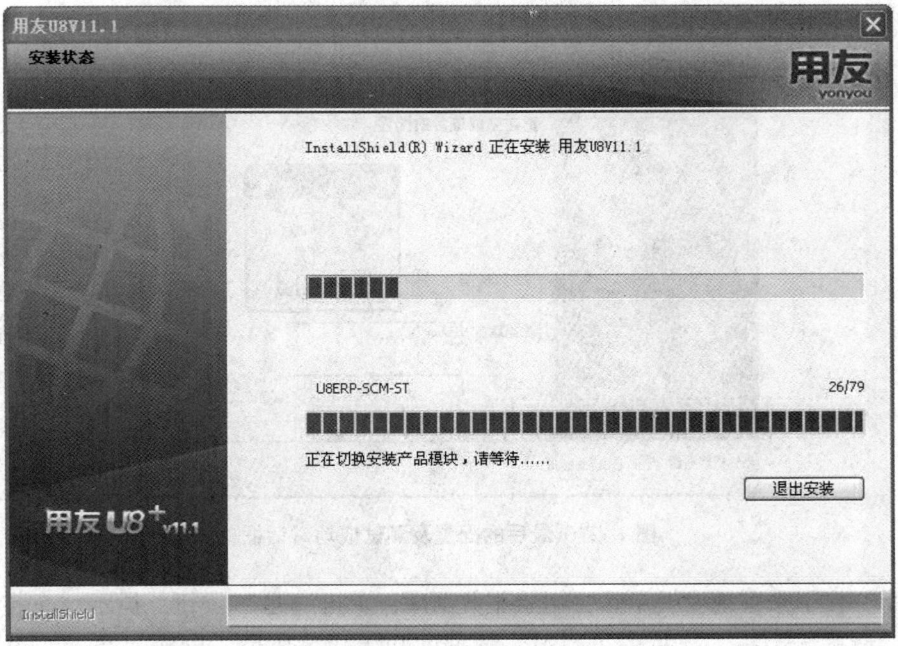


图1-25　正在安装进程对话框

第五步：安装完成后，单击“完成”按钮，重新启动计算机（见图1-26）。

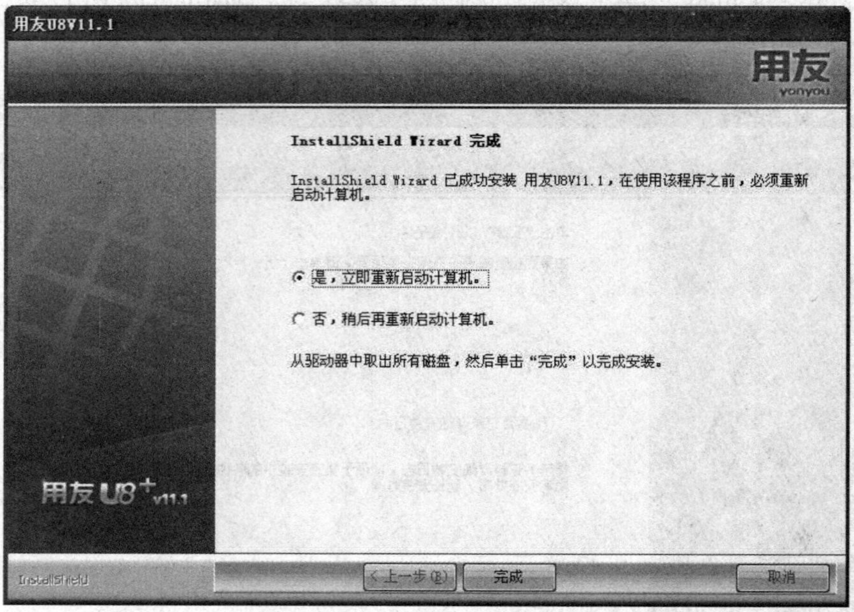


图 1-26　安装完成后提示重启计算机对话框

第六步：系统重启后，出现“正在完成最后的配置”提示信息。在其中输入数据库名称（即为本地计算机名称，可通过“系统属性”中的计算机名查看），SA 口令为空（安装 SQL Server 时设置为空），单击“测试连接”按钮，测试数据库连接。若一切正常，则会出现连接成功的提示信息（见图 1-27）。

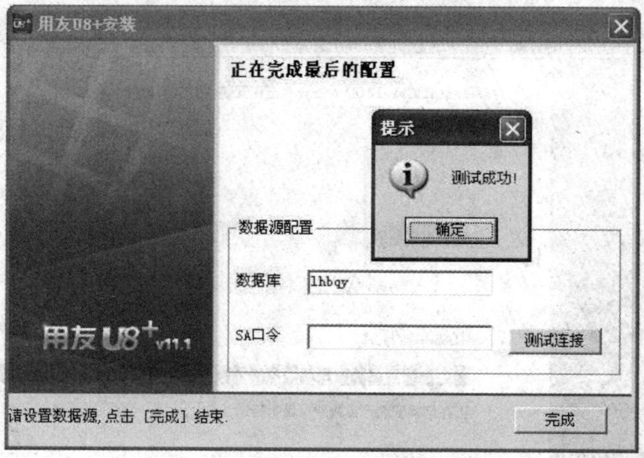


图 1-27　最后的配置及测试成功对话框

第七步：接下来系统会提示是否初始化数据库，单击“是”按钮，提示“正在初始化数据库实例，请稍候……”（见图 1-28）。数据库初始化完成后，出现“登录”窗口（见图 1-29）。

图 1-28　数据库初始化对话框

图 1-29　初次登陆窗口对话框

第八步：在“登录”窗口中，“登录到”选择本地计算机，“操作员”输入“admin”，密码为空，账套选择“（default）”（U8 V11.1 系统默认）；单击“确定”按钮。

第九步：系统提示创建账套（见图 1-30）。至此，软件安装全部步骤完成。

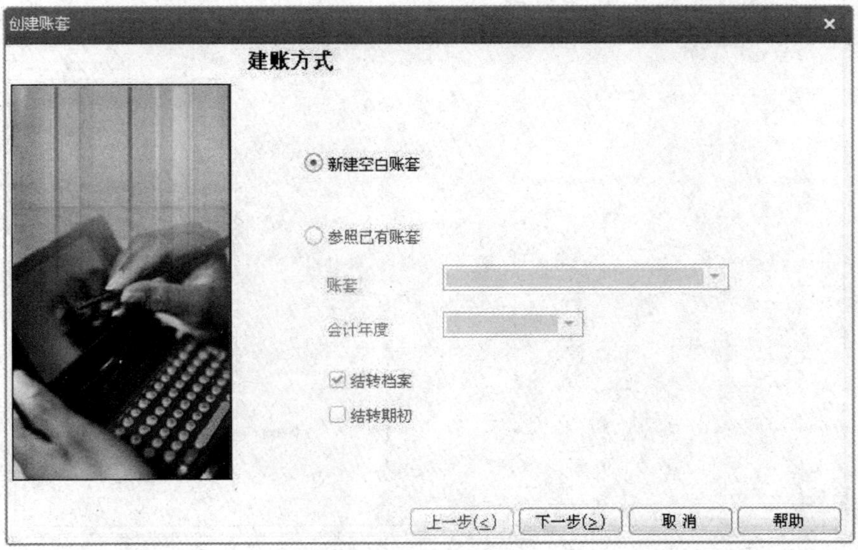


图 1-30　提示创建账套对话框

# 中篇

## 单项实训

# 项目二　系统管理

## 系统认知

用友 ERP U8 V11.1 软件产品是由多个产品组成，各个产品之间相互联系、数据共享，完全实现财务业务一体化的管理。为企业资金流、物流、信息流的统一管理提供了有效的方法和工具。

系统管理包括新建账套、新建账套库、账套修改和删除、账套备份、根据企业经营管理中的不同岗位职能建立不同角色、新建操作员和权限的分配等功能。

系统管理的使用者为企业的信息管理人员：系统管理员（admin）、安全管理员（sadmin）、管理员用户和账套主管。

系统管理主要功能：

1. 对账套的统一管理，包括建立、修改、引入和输出（恢复备份和备份）。
2. 对操作员及其功能权限实行统一管理，设立统一的安全机制，包括用户、角色和权限设置。
3. 允许设置自动备份计划，系统根据这些设置定期进行自动备份处理，实现账套的自动备份。
4. 对账套库的管理，包括建立、引入、输出、备份账套库，重新初始化，清空账套库数据。
5. 对系统任务的管理，包括查看当前运行任务、清除指定任务、清退站点等。

## 知识目标

1. 了解系统管理模块的主要功能
2. 掌握账套建立和修改的相关知识。
3. 掌握操作员的权限分配的相关知识。
4. 掌握账套输出和引入的操作方法。
5. 掌握设置自动备份计划的操作方法。

## 能力目标

1. 能够根据企业背景信息建立核算账套。
2. 能够修改账套。
3. 能够新增操作员并为操作员赋权限。
4. 能够备份输出和引入账套。

## 任务内容

任务一　软件启动

任务二 增加角色
任务三 增加操作员
任务四 建立单位账套
任务五 操作员权限设置
任务六 修改账套数据
任务七 备份计划与视图
任务八 备份和恢复账套数据

# 任务一 软件启动

## 任务情景资料

启动、登陆 U8 V11.1 系统管理。

## 任务操作要求

以系统管理员 admin 的身份注册系统管理。

## 任务操作指导

1. 启动系统管理

执行"开始→所有程序→用友 U8+V11.1→系统服务→系统管理"命令，进入"用友 ERP-U8［系统管理］"窗口（见图 2-1）。

图 2-1 启动系统管理对话框

2. 登录系统管理

（1）在“用友［系统管理］”窗口中，执行“系统→注册”命令，打开“注册”对话框（见图 2-2）。

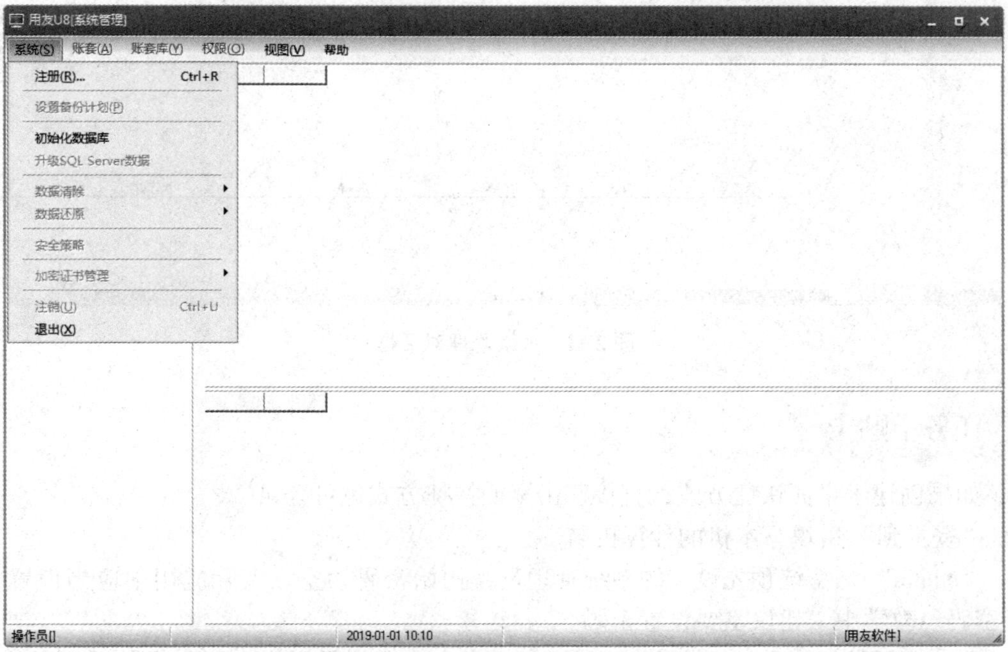


**图 2-2　注册系统管理对话框**

（2）输入数据。用户名：admin；密码：（空）（见图 2-3）。

**图 2-3　登录对话框**

（3）单击“确定”按钮，以系统管理员身份注册进入系统管理（见图 2-4）。

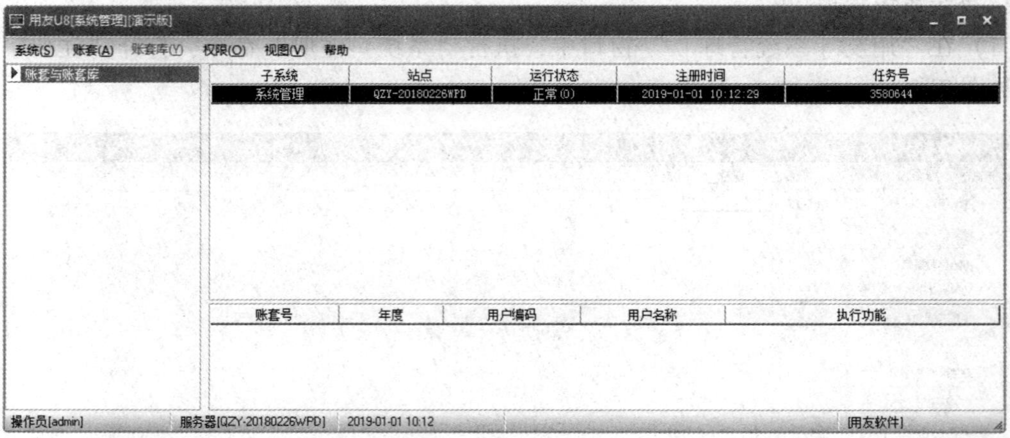


**图 2-4　系统管理对话框**

### 任务小贴士

1. 如果创建了桌面快捷方式，直接双击桌面快捷方式也可登录。

2. “登录到”后填写本机的计算机名。

3. “admin”是系统预先设定的系统管理员，初始密码为空。实际应用中应当设置“admin”密码。教学中，建议不要设置密码。

4. 系统管理员（admin）、安全管理员（sadmin）、管理员用户和账套主管看到的登录对话框是有差异的，系统管理员、安全管理员登录对话框只包括服务器、操作员、密码、语言区域；而管理员用户、账套主管则包括服务器、操作员、密码、账套、操作日期、语言区域。

## 任务二　增加角色

### 任务情景资料

1. 增加角色（见表 2-1）。

**表 2-1　角色**

| 角色编码 | 角色名称 |
|---|---|
| 001 | 总账会计 |
| 002 | 出纳 |
| 003 | 应收账款会计 |
| 004 | 应付账款会计 |

2. 查看角色定位修改功能。

3. 了解角色删除功能。

## 任务操作要求

以系统管理员 admin 的身份注册系统管理。

## 任务操作指导

1. 在“系统管理”主对话框，选择“权限”菜单中的“角色”，点击进入角色管理功能对话框（见图 2–5）。

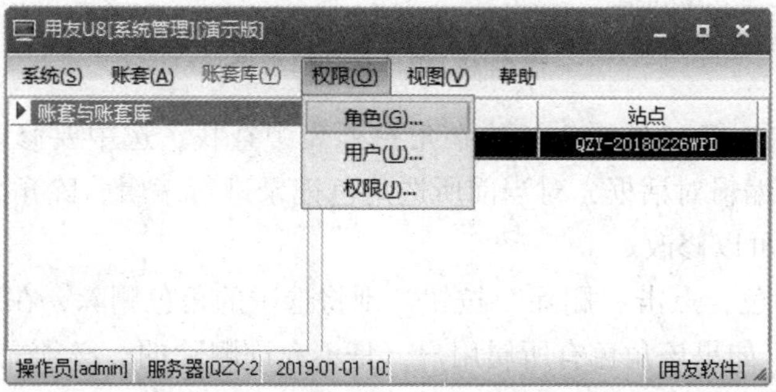


图 2–5　角色管理功能对话框

2. 在角色管理对话框，点击“增加”按钮，显示“增加角色”对话框，输入角色编码“001”（可以录入 12 位字符）；输入角色名称“总账会计”（可以是 40 位字符），备注为空（备注是对角色的注释，可以录入 119 位字符）。点击“增加”按钮，保存新增设置（见图 2–6）。其他依次增加（见图 2–7）。

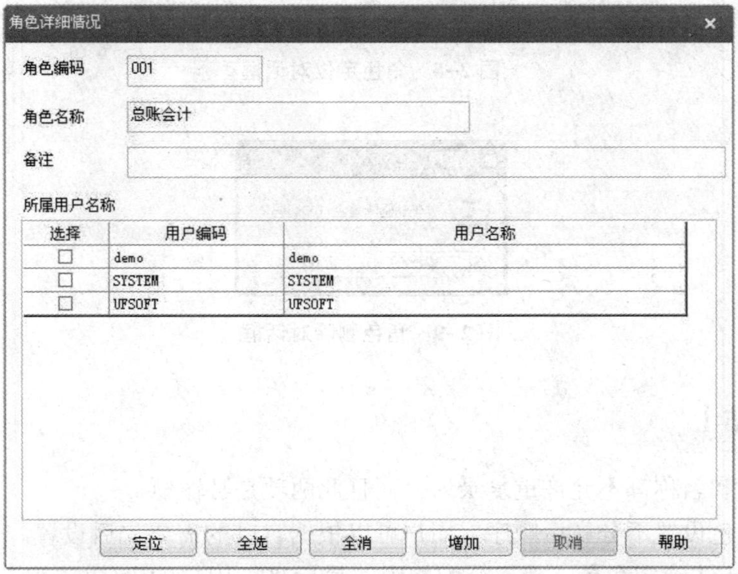


图 2–6　增加角色对话框

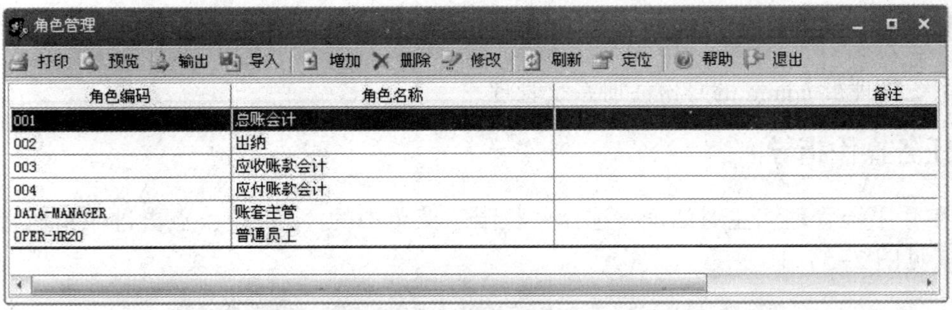


图 2-7 角色管理对话框

3. 使用“定位”功能（见图 2-8）在角色列表中查找，选中要修改的角色，点击“修改”按钮，进入角色编辑对话框，对当前所选角色记录进行编辑，除角色编号不能进行修改之外，其他的信息均可以修改。

4. 删除当前的角色，点击“删除”按钮，则将选中的角色删除，在删除前系统会让您进行确认（见图 2-9）。如果该角色有所属用户，是不允许删除的。必须先进行“修改”，将所属用户置于非选中状态，然后才能进行角色的删除。

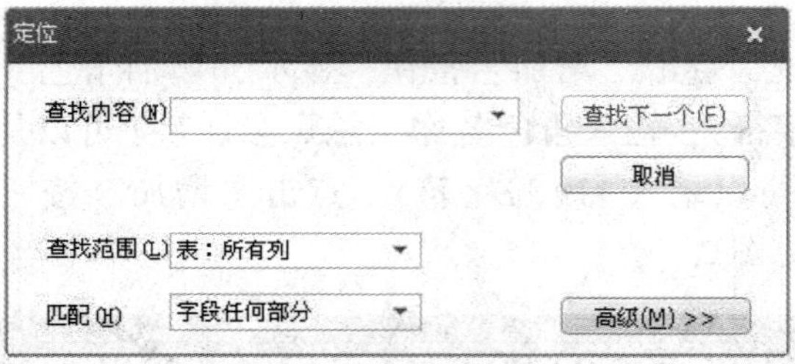


图 2-8 角色定位对话框

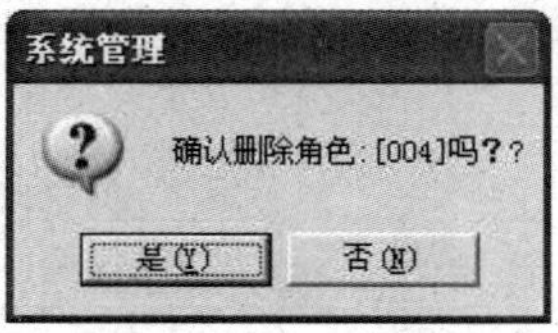


图 2-9 角色删除对话框

## 任务小贴士

1. 角色编码和名称都不允许重复录入，而且此两项是必输项。

2. 用户和角色设置不分先后顺序，用户可以根据自己的需要先后设置。但对于自动传递权限来说，应该首先设定角色，然后分配权限，最后进行用户的设置。这样在设置用户的时候，如果选择其归属某一个角色，则其自动具有该角色的权限。

3. 一个角色可以拥有多个用户，一个用户也可以分属于多个不同的角色。

4. 若角色已经在用户设置中被选择过，系统则会将这些用户名称自动显示在角色设置中的所属用户名称的列表中。

5. 系统管理员或有权限的管理员用户可以进行本功能的设置。

6. 可以导入 U8 预制的一些角色，使用这些角色快速建立不同职责的操作员。

# 任务三　增加操作员

## 任务情景资料

1. 增加操作员（见表 2-2）。

**表 2-2　操作员**

| 编号 | 姓名 | 口令 | 所属部门 | 角色名称 |
|---|---|---|---|---|
| 11 | 成名 | 1 | 财务部 | 账套主管 |
| 22 | 李颖 | 2 | 财务部 | 总账会计 |
| 33 | 王良 | 3 | 财务部 | 出纳 |
| 44 | 张帅 | 4 | 财务部 | 应收账款会计 |

2. 注销当前用户“张帅”。

## 任务操作要求

以系统管理员 admin 的身份注册系统管理。

## 任务操作指导

1. 在“系统管理”主对话框，选择“权限”菜单中的“用户”，点击进入用户管理功能对话框（见图 2-10）。

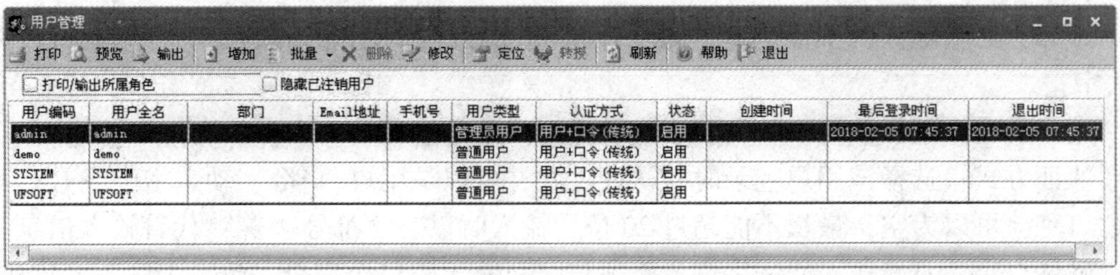


**图 2-10　用户管理功能对话框**

2. 在用户管理对话框，点击“增加”按钮，显示“增加用户”对话框。此时录入编号、姓名、用户类型、认证方式、口令、所属部门、E-mail、手机号、默认语言等内容，并在所属角色中选中归属的内容。然后点击“增加”按钮，保存新增用户信息（见图 2-11）。

3. 也可以修改用户的状态，系统会在“姓名”后出现“注销当前用户”的按钮，如果需要暂时停止使用该用户，则点击此按钮。此按钮会变为“启用当前用户”，可以点击继续启用该用户（见图 2-12）。

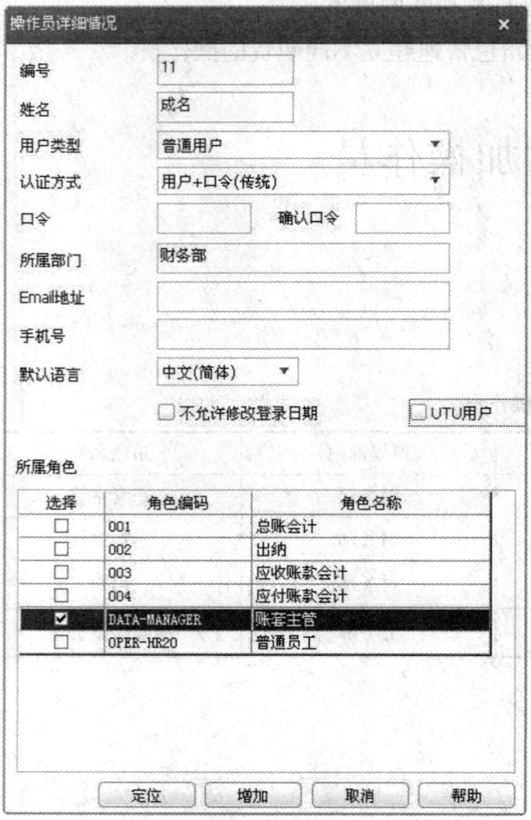


图 2-11　新增用户对话框

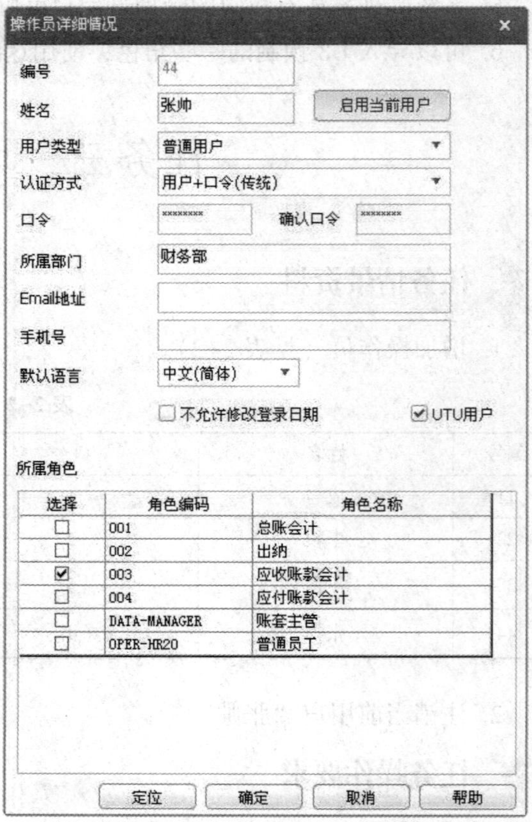


图 2-12　注销当前用户对话框

## 任务小贴士

1. 编号：必须输入，不能为空，最大不能超过 20 位，不能输入数字、字母、汉字之外的非法字符。

2. 姓名：必输输入，不能为空，最大不能超过 20 位，不能输入数字、字母、汉字之外的非法字符。

3. 用户类型：选择该用户的类型，是普通用户还是管理员用户，默认为“普通用户”。

4. 认证方式：选择该用户登录时的认证方式，可以是用户+口令、动态密码或 CA 认证。

5. 口令：可以为空，最长不能超过 20 位，输入时以隐含符号“ * ”代替输入信息。

6. 确认口令：不能输入非法字符。必须与前面输入的口令完全一致，否则不允许进行下一项内容的输入，也不允许保存该用户信息。

7. 所属部门：可以为空，最大不能超过 20 位，不能输入非法字符。

8. E-mail 地址：可以为空，最大不能超过 100 位，不能输入非法字符。

9. 手机号：可以为空，最大不能超过 20 位，不能输入非法字符。

10. 默认语言：为用户选择合适的语言，U8 系统中的一些功能以此处设置的语种给用户发送通知。可以选择中文（简体）、中文（繁体）、英文。

11. 不允许修改登录日期：设置用户登录门户时是否可以修改登录日期。勾选此项后，该用户登录门户时不能修改日期，强制要求操作员以正常时间处理业务，从而规避一些风险，比如，通过滞后制单享受已过期的价格优惠。

12. UTU 用户：设置是否可以使用即时通信工具 UTU。勾选此项，该用户可以登录使用 UTU，UTU 中的其他用户可以看到该用户并与之发起会话进行沟通。

13. 所属角色：选择用户所属的角色名称和 ID 号。

14. 退出时间：在此处可以查看每个用户最后一次登 U8 的退出时间。

15. 若角色已经设置过，系统则会将所有的角色名称自动显示在角色设置中的所属角色名称的列表中。用户自动拥有所属角色所拥有的所有权限，同时可以额外增加角色中没有包含的权限。

16. 若修改了用户的所属角色，则该用户对应的权限也跟着角色的改变而相应改变。

17. 当 U8 应用服务器正确配置了邮件服务器、用户配置了邮件地址时，如果管理员在此修改了用户的密码，将同时给该用户发送邮件通知。

18. 对于已经登录门户、正在使用产品的用户，不能删除，也不能修改任何信息。

19. 勾选列表上方的"隐藏已注销用户"，可以把当前处于注销状态的用户信息隐藏起来，以便更清晰地管理启用的用户。

20. 系统管理员或有权限的管理员用户可以进行本功能的设置。

# 任务四　建立单位账套

## 任务情景资料

1. 账套信息。账套号：333；账套名称：甘肃通达科技有限责任公司；账套路径 D：/通达科技；启用会计期：2019 年 1 月；会计期间设置：1 月 1 日至 12 月 31 日。

2. 单位信息。单位名称：甘肃通达科技有限责任公司；单位简称：通达科技；机构代码：622801093401234567；单位地址：甘肃省庆阳市西峰区岐黄大道 999 号；法人代表：赵振华；邮政编码：745000；联系电话：0934-0934111；税号：622801093401234567。

3. 核算类型。该企业的记账本位币为人民币（RMB）；企业类型为工业；行业性质为新会计制度；账套主管为成名；按行业性质预置科目。

4. 基础信息。该企业有外币核算，进行经济业务处理时，需要对存货、客户、供应商进行分类。

5. 分类编码方案。科目编码级次：42222；其他：默认。

6. 数据精度。该企业对存货数量、单价小数位定为 2。

7. 系统启用。"总账"模块的启用日期为"2019 年 1 月 1 日"。

## 任务操作要求

以系统管理员 admin 的身份注册系统管理。

## 任务操作指导

1. 在系统管理对话框单击"账套"菜单选择"建立"，则进入建立单位新账套的功能（见图 2-13）。

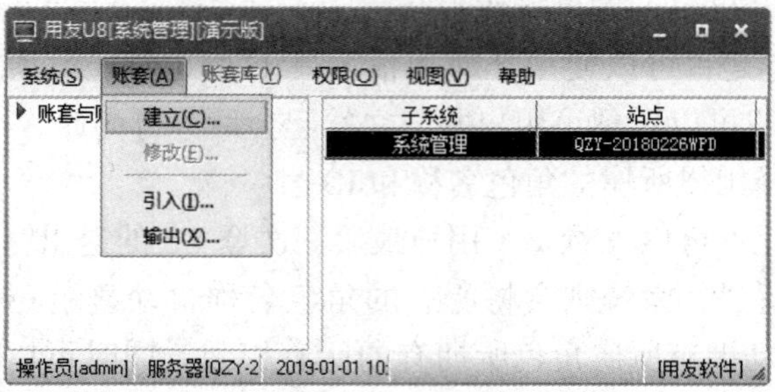


图 2-13　账套管理功能对话框

2. 建账方式。选择“新建空白账套”方式建账，单击“下一步”（见图 2-14）。

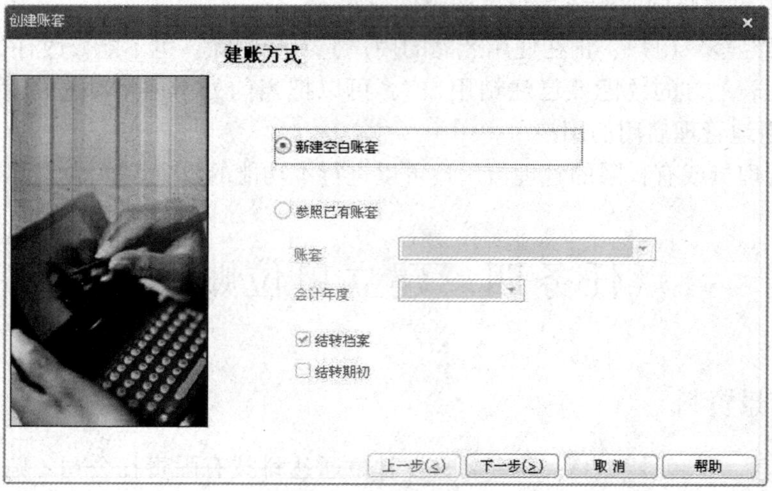


图 2-14　选择建账方式对话框

3. 账套信息。输入用于记录新建账套的基本信息，输入完成后，单击“下一步”（见图 2-15）。

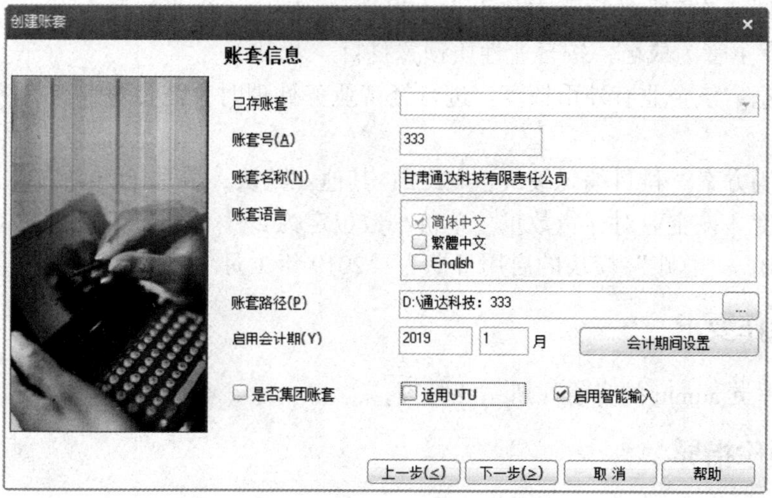


图 2-15　输入账套信息对话框

4. 输入单位信息，输入完成后，单击“下一步”（见图 2-16）。

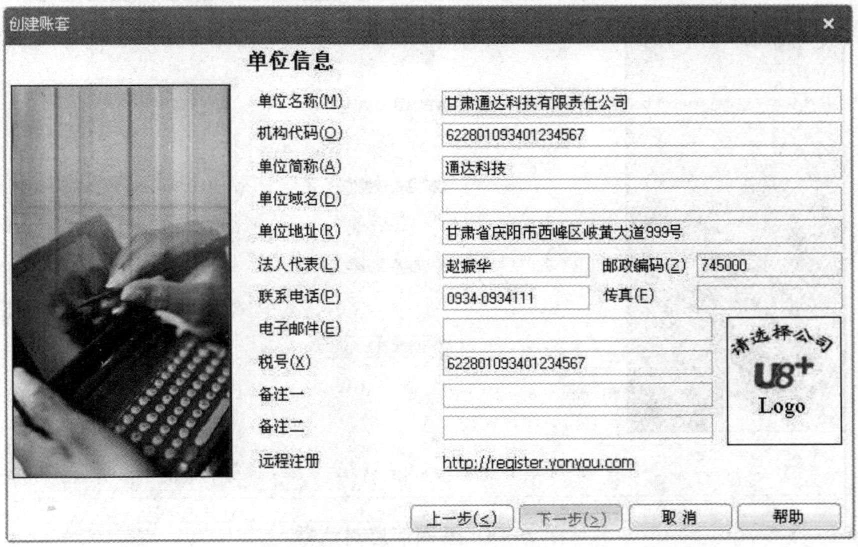


图 2-16　输入单位信息对话框

5. 核算类型设置。用于记录本单位的基本核算信息，输入完成后，单击“下一步”按钮（见图 2-17）。

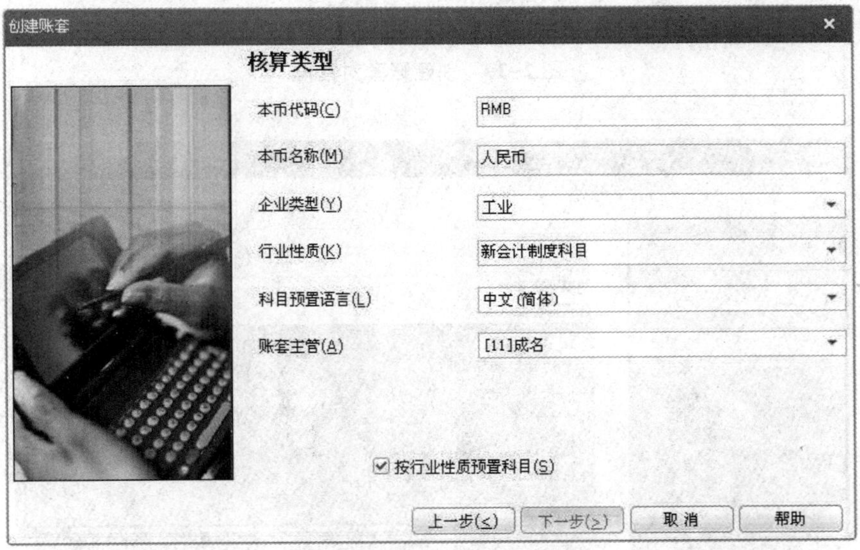


图 2-17　设置核算类型对话框

6. 基础信息设置，输入完成后，单击“下一步”（见图 2-18），系统显示建账的主要步骤的执行进度，如初始化环境、创建新账套库等，单击“完成”按钮，提示“可以创建账套了么?”（见图 2-19），点击“是”完成上述信息设置，开始建账（见图 2-20）。在此过程中设置编码方案（见图 2-21），设置数据精度（见图 2-22），启用总账（见图 2-23 至图 2-27）。

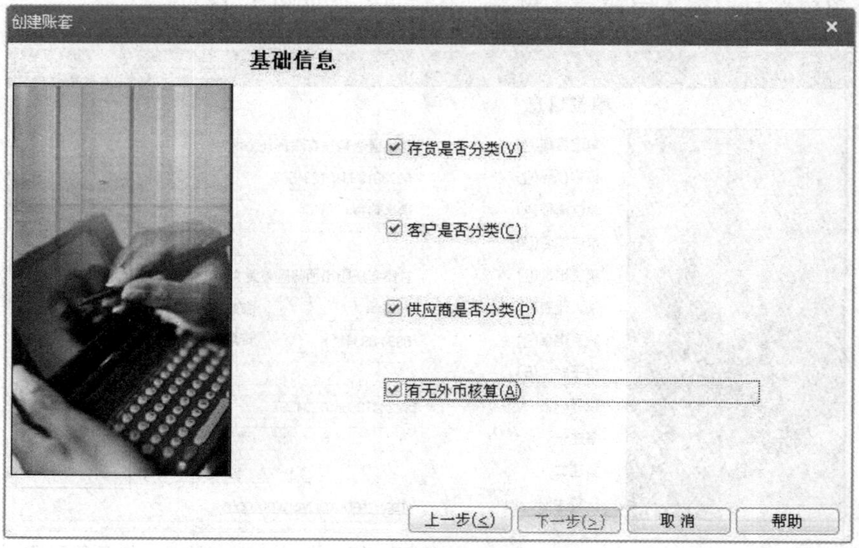


图 2-18　基础信息对话框

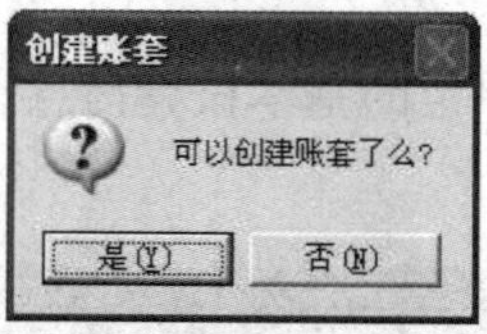


图 2-19　创建账套对话框

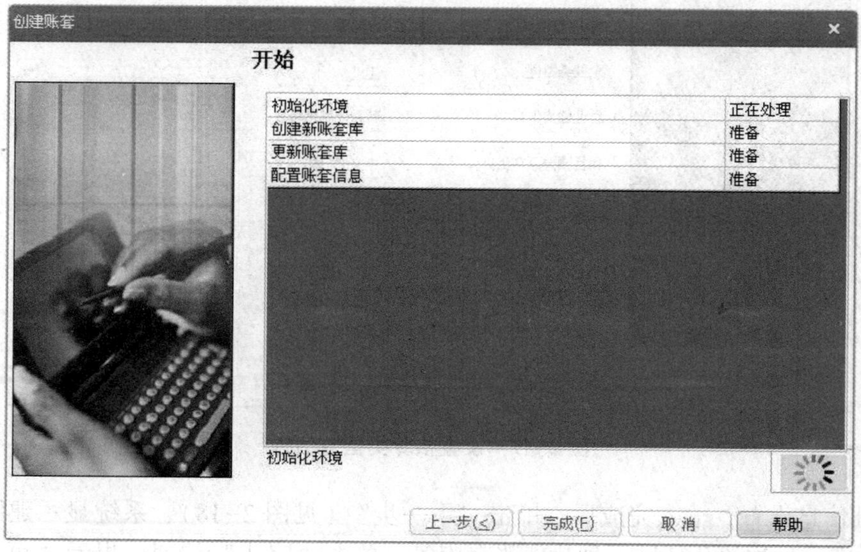


图 2-20　初始化环境对话框

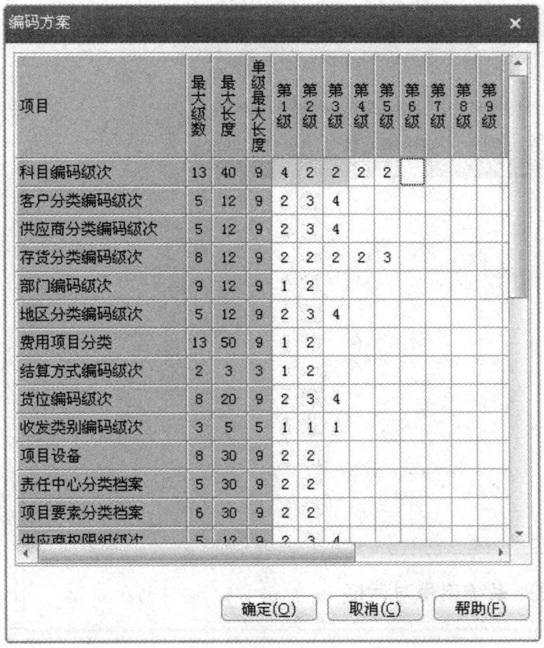


图 2-21　编码方案对话框

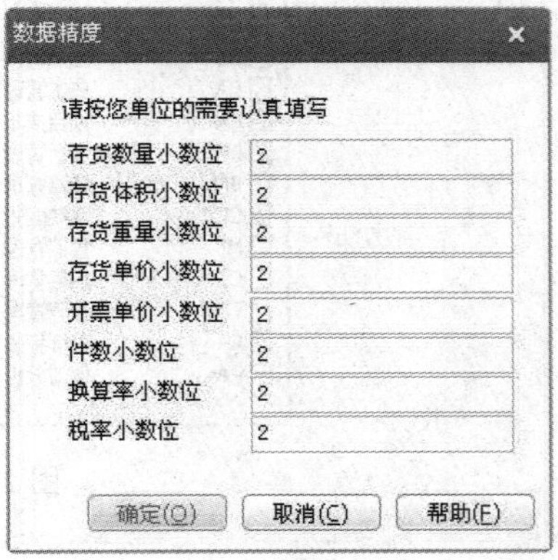


图 2-22　数据精度对话框

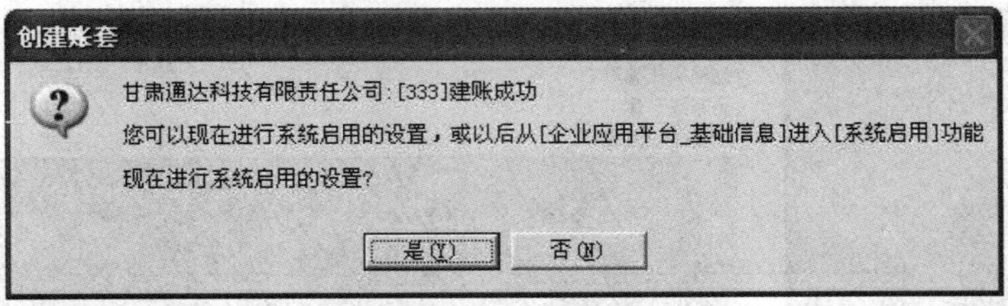


图 2-23　建账成功对话框

图 2-24　账套启用日期选择对话框

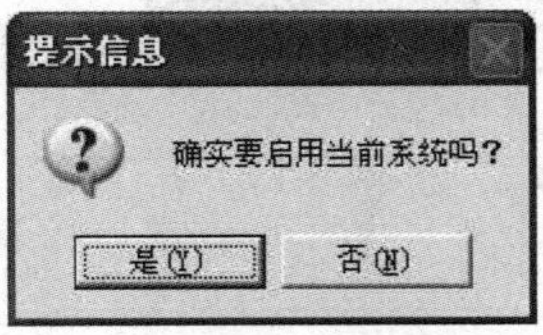


图 2-25　启用总账系统对话框

图 2-26　总账系统启用对话框

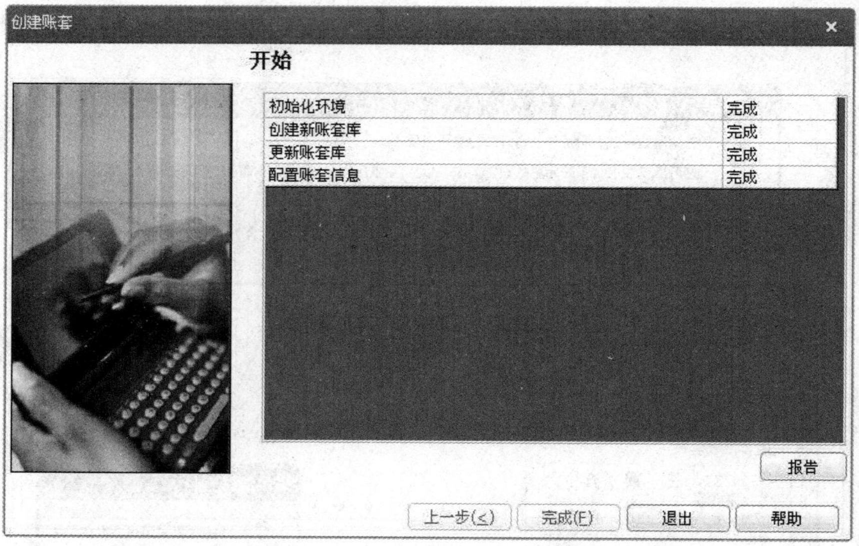


图 2-27　建账完成对话框

7. 建账完成后，要求进入企业门户中进行业务操作设置（见图 2-28）。

图 2-28　建账完成对话框

## 任务小贴士

1. 只有系统管理员用户才有权限创建新账套。

2. 系统提供建立全新空白账套和参照已有账套建账两种方式，满足新用户全新使用和老用户扩展使用的要求。如果您是U8老用户，由于扩展分支机构等其他原因，需要建立一个与已有账套相似的账套，包含相同的基础档案和某些期初数据，可以选择“参照已有账套”方式建账。

3. 账套号是用来输入新建账套的编号，用户必须输入，可输入3个字符（只能是001～999之间的数字，而且不能是已存账套中的账套号）。

4. 账套名称是用来输入新建账套的名称，作用是标识新账套的信息，用户必须输入，可以输入40个字符。

5. 账套路径是用来输入新建账套所要被保存的路径，用户必须输入，可以参照输入，但不能是网络路径中的磁盘。

6. 企业由于需要，每月25日结账，那么可以在“会计日历——建账”对话框双击可修改日期部分（白色部分），在显示的会计日历上输入每月结账日期，下月的开始日期为上月截止日期+1（26日），年末12月份以12月31日为截止日期。设置完成后，企业每月25日为结账日，25日以后的业务记入下个月。每月的结账日期可以不同，但其开始日期为上一个截止日期的下一天。输入完成后，点击“下一步”按钮，进行第二步设置；点击“取消”按钮，取消此次建账操作。

7. 用友产品提供行政、工业企业、商品流通、旅游饮食、施工企业、外商投资、铁路运输、对外合作、房地产、交通运输、民航运输、金融企业、保险企业、邮电通信、农业企业、股份制、科学事业、医院、建设单位、种子、国家物资储备、中小学校、高校、新会计制度科目、社会保险-医疗、社会保险-失业、社会保险-养老、社会保险-其他、律师行业、中国铁路等不同性质的行业。请您选择适用于您企业的行业性质。这为下一步“按行业预置科目”确定科目范围，并且系统会根据企业所选行业（工业和商业）预制一些行业的特定报表。

8. 如果您选择了存货要分类，那么在进行基础信息设置时，必须先设置存货分类，然后才能设置存货档案。

9. 如果您选择了客户要分类，那么在进行基础信息设置时，必须先设置客户分类，然后才能设置客户档案。

10. 如果您选择了供应商要分类，那么在进行基础信息设置时，必须先设置供应商分类，然后才能设置供应商档案。

11. 系统可以现在启用，也可以在日后启用（“企业应用平台→基础设置→基本信息→系统启用”）。

# 任务五　操作员权限设置

## 任务情景资料

1. 成名——账套主管。负责财务软件运行环境的建立，以及各项初始设置工作；负责财务软件的日常运行管理工作，监督并保证系统的有效、安全、正常运行；负责总账系统的凭证审核、记账、账簿查询、月末结账工作；负责报表管理及其财务分析工作。具有系统所有模块的全部权限。

2. 李颖——会计。负责总账系统的凭证管理工作、客户往来和供应商往来管理工作及报表管理工作。具有除“基本信息”“总账——出纳签字”“总账——审核凭证”“出纳”权限外的所有“总账”权限及其他模块的全部权限。

3. 王良——出纳。负责现金、银行账管理工作。具有“总账——出纳签字”权限，具有“出纳”的全部操作权限。

## 任务操作要求

以系统管理员 admin 的身份注册系统管理。

## 任务操作指导

1. 执行“权限→权限”命令（见图 2-29），进入“操作员权限”窗口。

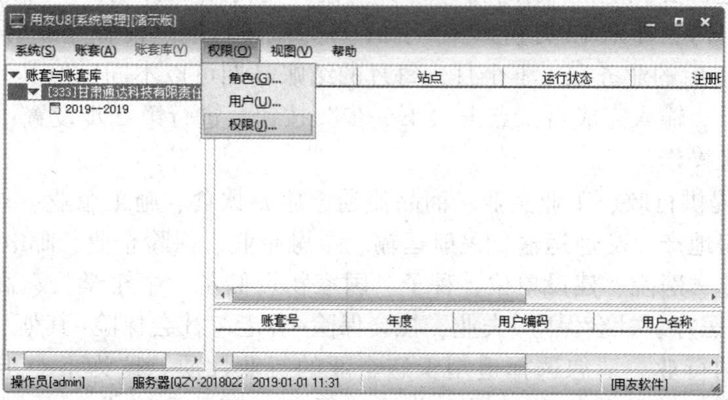


图 2-29　进入权限分配选择对话框图

2. 选择“[333] 甘肃通达科技有限责任公司”账套，“2019-2019 年度”。

3. 从操作员列表中选择“成名”，“账套主管”复选框已被选中，确定成名已具有账套主管权限（见图 2-30），由于在建立账套时已指定“成名”为账套主管，此处无需再设置。

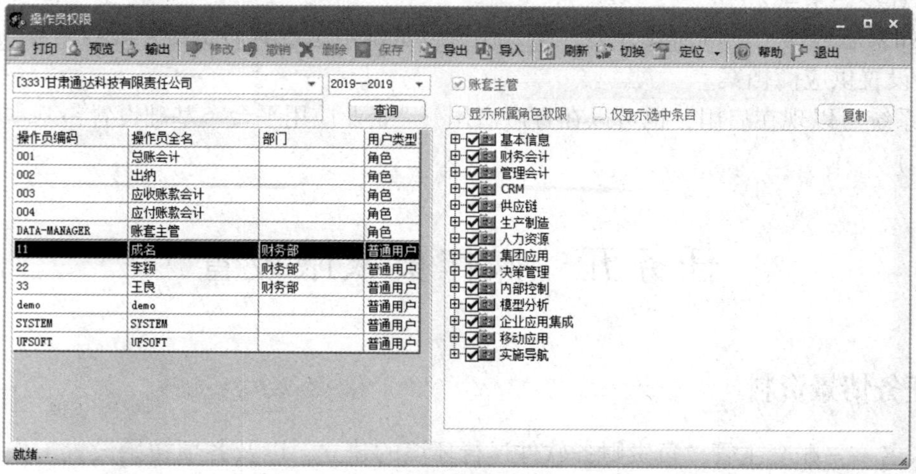


图 2-30　账套主管权限

4. 选择“李颖”，单击工具栏中的“修改”按钮，选择“总账”中的“凭证→出纳签字”；打开“权限增加”对话框，双击“总账”下的“出纳签字”“审核凭证”权限，单击“保存”按钮（见图 2-31）。

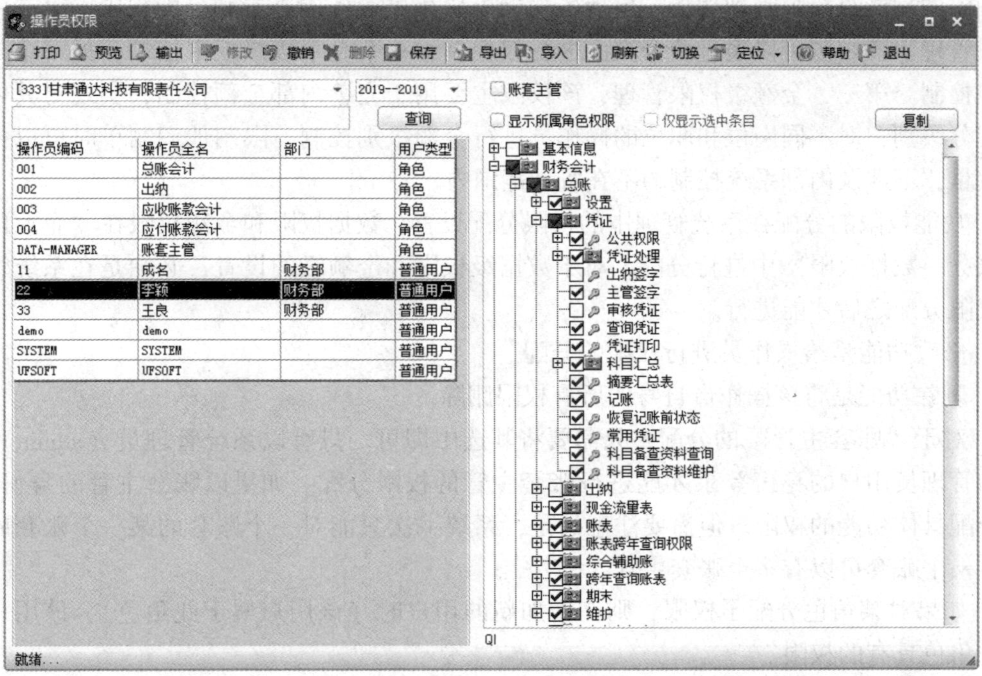


图 2-31　总账会计权限

5. 同理，设置操作员“王良”的“出纳签字”“出纳”的权限（见图 2-32）。

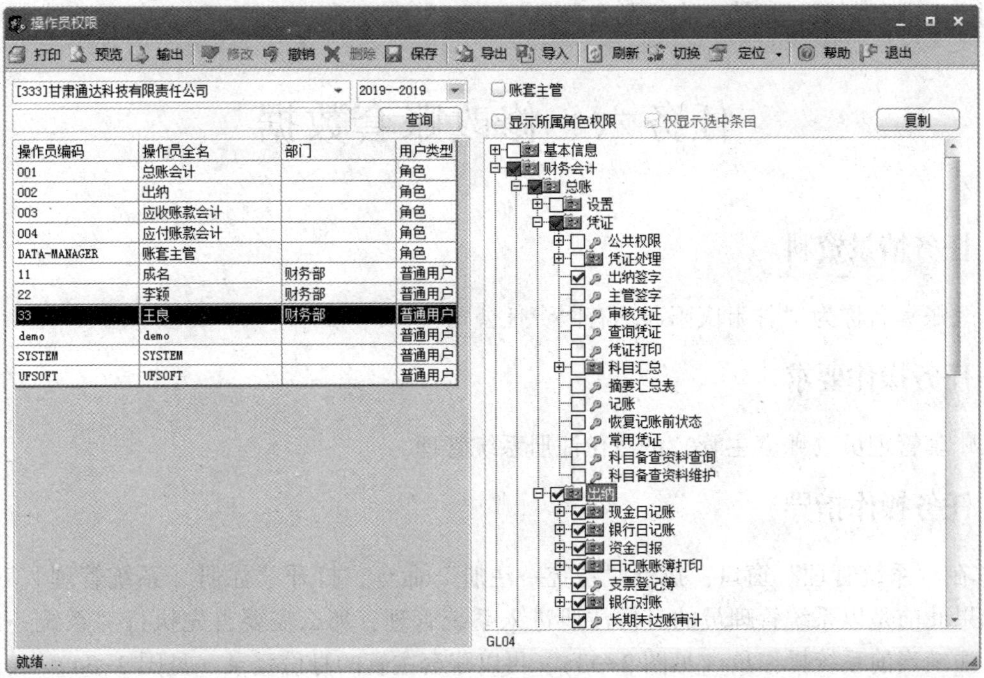


图 2-32　出纳权限

### 任务小贴士

1. 用友 U8 可以实现三个层次的权限管理。第一，功能级权限管理，该权限将提供划分更为细致的功能级权限管理功能，包括各功能模块相关业务的查看和分配权限。第二，数据级权限管理，该权限可以通过两个方面进行权控制，一个是字段级权限控制，另一个是记录级权限控制。第三，金额级权限管理，该权限主要用于完善内部金额控制，实现对具体金额数量划分级别，对不同岗位和职位的操作员进行金额级别控制，限制他们制单时可以使用的金额数量，不涉及内部系统控制的不在管理范围内。

2. 功能权限的分配在系统管理中的权限分配设置，数据权限和金额权限在“企业门户→系统服务→数据权限”中进行分配。对于数据级权限和金额级的设置，必须是在系统管理的功能权限分配之后才能进行。

3. 修改功能是给操作员进行权限的分配。

4. 删除功能是将该操作员自身的所有权限删除。

5. 对于“账套主管”的分配，只需要将其选中即可。只有以系统管理员（admin）或有权限的管理员用户的身份登录才能进行账套主管的权限分配。如果以账套主管的身份注册，只能分配具体功能的权限。但需要注意的是，系统一次只能对一个账套的某一个账套库进行分配，一个账套可以有多个账套主管。

6. 如果对某角色分配了权限，则在增加新的用户时（该用户属于此角色），该用户自动拥有此角色具有的权限。

7. 如果操作员只有我的账表权限，而没有此产品的任何其他功能权限，则企业应用平台中业务列表不显示此产品。

8. 数据权限控制设置中，选择按字段级控制时，没有启用的产品不显示。如果有多个系统使用一个业务对象，按第一个产品名称排列。

## 任务六　修改账套数据

### 任务情景资料

修改账套名称为“甘肃庆阳通达有限责任公司”。

### 任务操作要求

以账套管理员（账套主管）的身份注册系统管理。

### 任务操作指导

1. 在“系统管理”窗口，执行“系统→注册”命令，打开“注册［系统管理］”对话框。如果此前是以系统管理员的身份注册进入系统管理，那么需要首先执行“系统→注销”命令，注销当前系统操作员（见图 2-33），再以账套主管的身份登录（见图 2-34）。

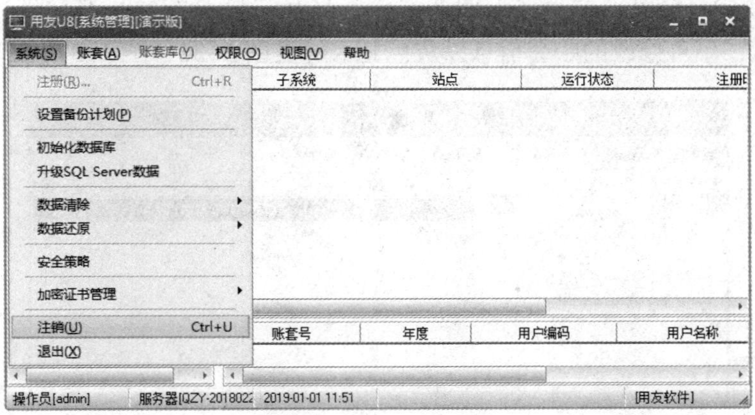


图 2-33　注销当前用户对话框

图 2-34　账套主管登录对话框

2. 单击“登录”按钮，进入“系统管理”窗口，菜单中显示为黑色字体的部分为账套主管可以操作的内容（见图 2-35）。

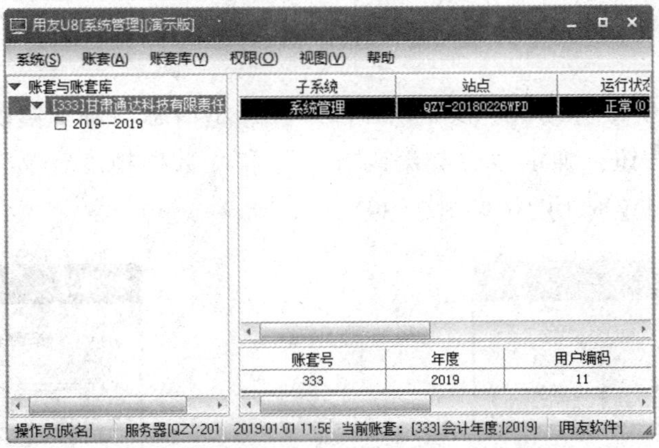


图 2-35　账套主管可操作的系统管理对话框

3. 执行“账套→修改”命令（见图 2–36），打开“修改账套”对话框，可修改的账套信息以白色显示，不可修改的账套信息以灰色显示（见图 2–36、图 2–37）。

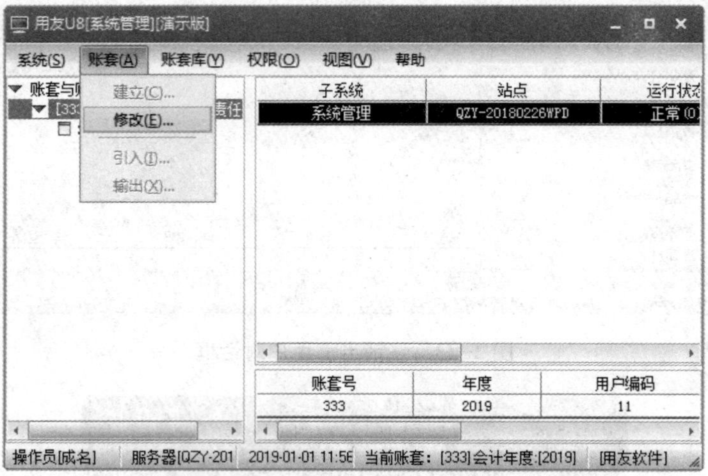


图 2–36　执行修改命令对话框

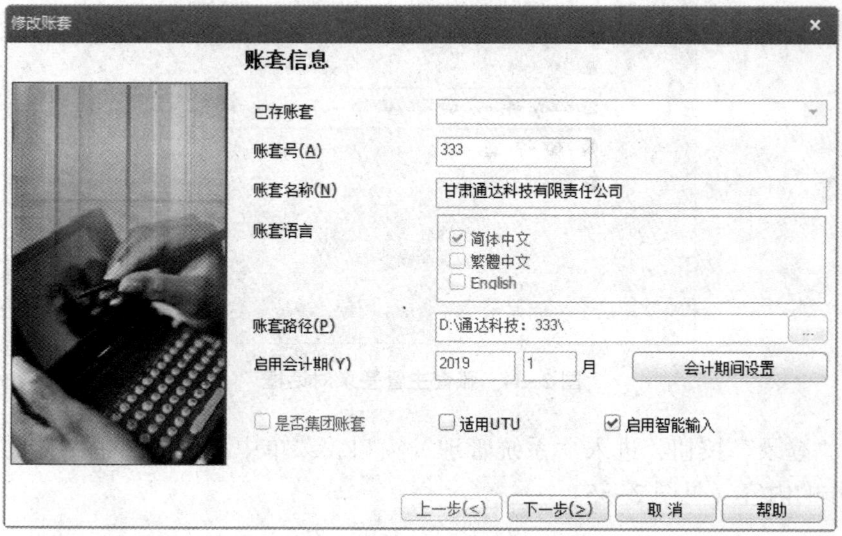


图 2–37　账套修改对话框

4. 修改完成后，单击“完成”按钮，弹出系统提示信息“确认修改账套了么?”（见图 2–38），单击“是”按钮，确定“分类编码方案”和“数据精度定义”，单击“是”按钮，弹出系统提示“修改账套成功”（见图 2–39）。

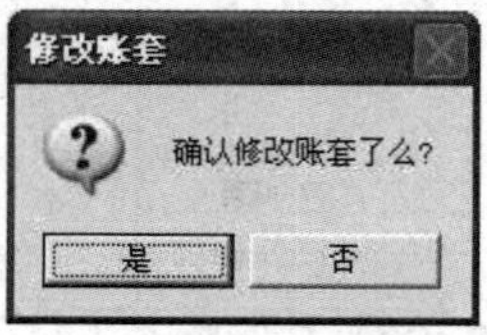


图 2–38　确认修改账套对话框

图 2–39　修改账套成功对话框

### 任务小贴士

1. 账套中的很多参数都不能修改，若不能修改的账套参数输错，则只能删除此账套再重新建立。因此，建立账套，确定账套参数时要小心谨慎。可以修改的参数如下：

账套信息：账套名称。

单位信息：所有信息。

核算信息：除企业类型外，其他不允许修改（企业类型只能由商业企业改为医药流通企业，其他类型不允许修改）。

基础设置信息：不允许修改。

对于账套分类信息和数据精度信息：可以修改全部信息。

2. 在账套的使用中，可以对本年未启用的会计期间修改其开始日期和终止日期。只有没有业务数据的会计期间可以修改其开始日期和终止日期。使用该会计期间的模块均需要根据修改后的会计期间来确认业务所在的正确期间。只有账套主管才能进行账套修改。

## 任务七　备份计划与视图

### 任务情景资料

1. 设置“［333］甘肃通达科技有限责任公司”周备份计划：

计划名称：333 甘肃通达周备份。

备份类型：账套备份。

发生频率：每天。

开始时间：00：00：00。

有效触发：2 小时。

备份路径：D：/ 333 甘肃通达周备份。

2. 查看“视图”功能，了解功能操作步骤及使用方法：

清除异常任务；

清除选定任务；

清除所有任务；

清除单据锁定；

清退站点；

上机日志。

### 任务操作要求

以系统管理员 admin 或账套主管的身份注册系统管理。

### 任务操作指导

1. 在“系统”菜单下选择“设置备份计划”（见图 2-40），弹出“备份计划设置”功能对话框，根据资料设置并保存（见图 2-41 至图 2-44）。

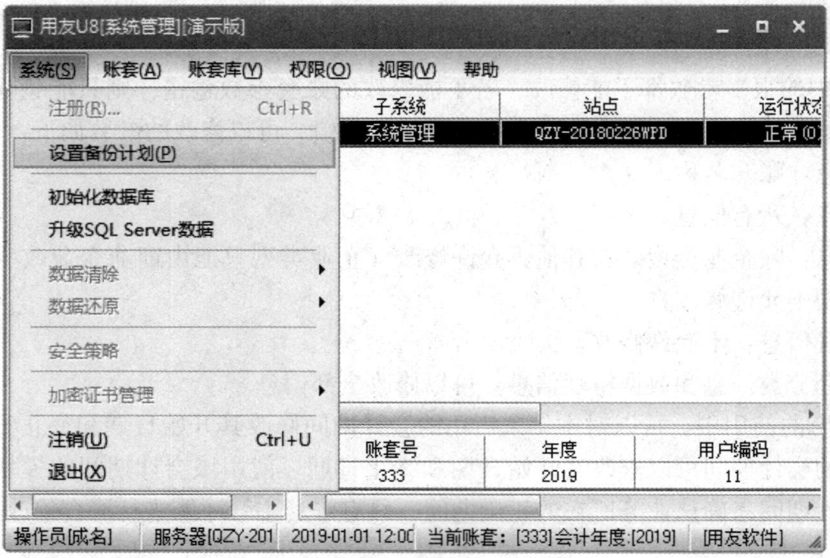


图 2-40　进入设置备份计划对话框

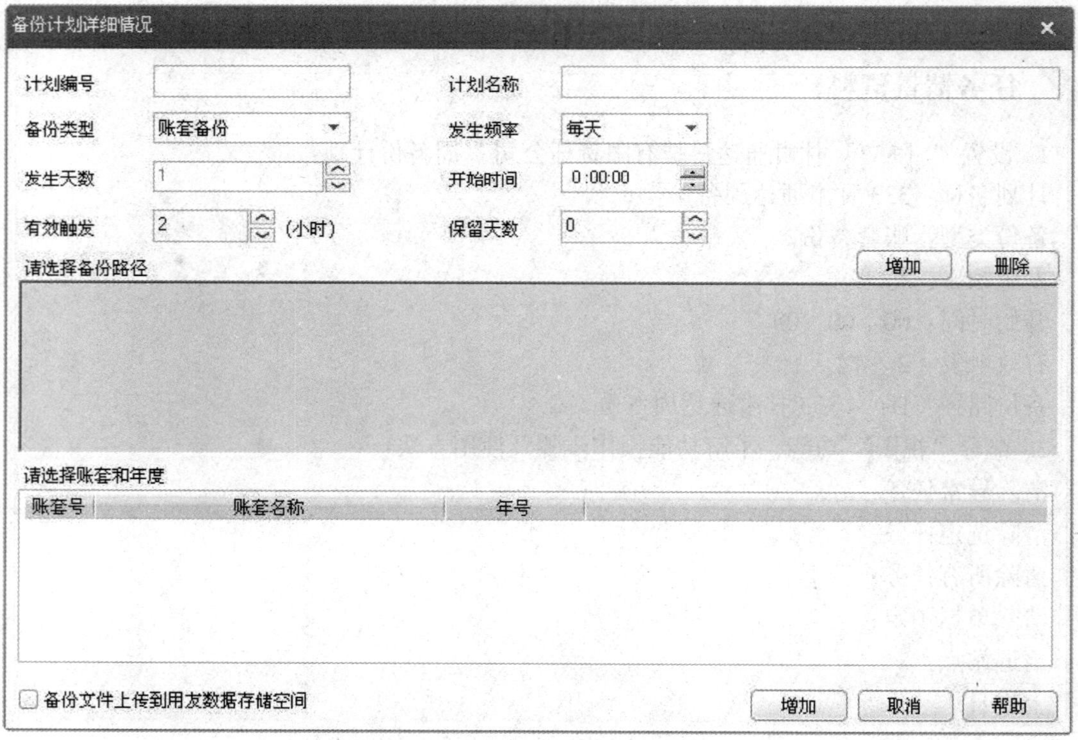


图 2-41　备份计划详细情况对话框

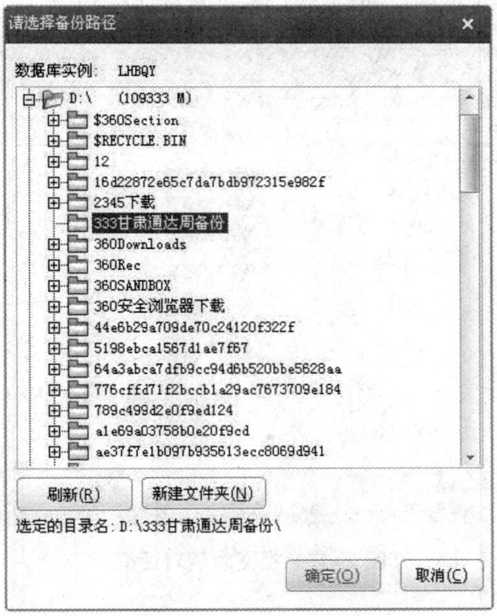


图 2-42　设置备份计划路径

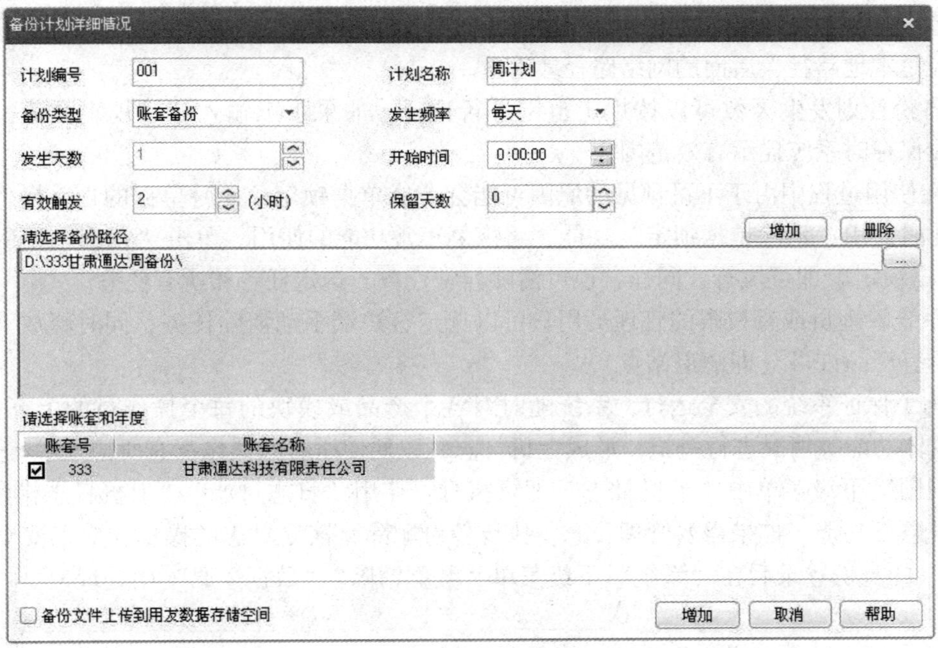


图 2-43　设置备份计划

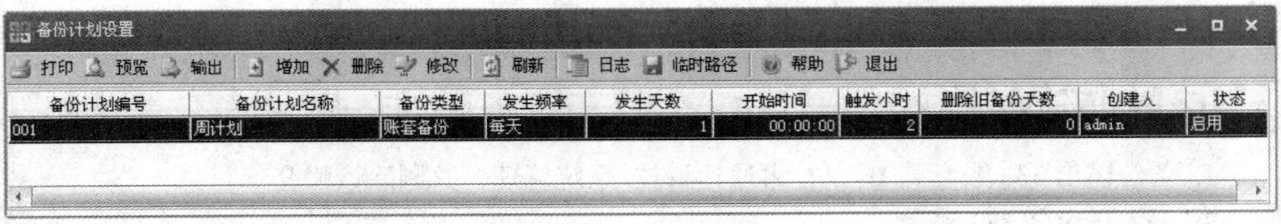


图 2-44　备份计划设置完成对话框

2. 点击“视图”菜单（见图 2-45），了解视图对话框功能。

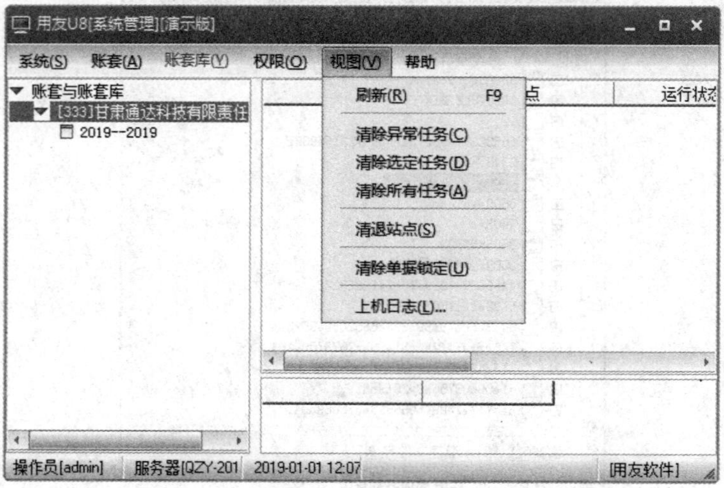


**图 2-45　视图功能对话框**

## 任务小贴士

1. 系统备份计划输出路径，可以是本地磁盘，也可以是可连通的网络路径，但要保证第一个路径是本地路径，后面的网络路径才有效。

2. 备份计划发生天数可以按规定范围进行选择，如果手工输入超过规定数值，则在增加、修改保存时系统提示有效范围。

3. 在使用过程中由于不可预见的原因可能会造成单据锁定，此时单据的正常操作将不能使用，此时使用“清除单据锁定”功能，将恢复正常功能的使用。单击“视图”下级菜单中“清除单据锁定”即可执行。同样，也可清除异常任务、选定任务和所有任务。

4. 系统管理员或有权限的管理员用户可以选定客户端手动清除任务，同时释放该客户端所占的所有产品许可（即清退站点）。

5. 为了保证系统的安全运行，系统随时对各个产品或模块的每个操作员的上下机时间、操作的具体功能等情况进行登记，形成上机日志，以便使所有的操作都有所记录、有迹可寻。单击“视图”下级菜单中“上机日志”即可执行：使用“日志过滤”“上机日志排序”“实时刷新日志”功能。如果需要管理日志，执行备份删除、恢复日志的操作，应以安全管理员“sadmin”的身份登录后在“系统”下级菜单“数据清除”“数据还原”中处理。

# 任务八　备份和恢复账套数据

## 任务情景资料

1. 备份输出 333 账套到 D：/甘肃通达科技/系统管理，并删除该账套。

2. 引入备份的 333 账套。

## 任务操作要求

以系统管理员 admin 的身份注册系统管理。

## 任务操作指导

1. 执行“账套→输出”命令（见图 2-46），打开“账套输出”对话框，选择需要输出的账套 333，单击“确定”按钮（见图 2-47、图 2-48、图 2-49）。

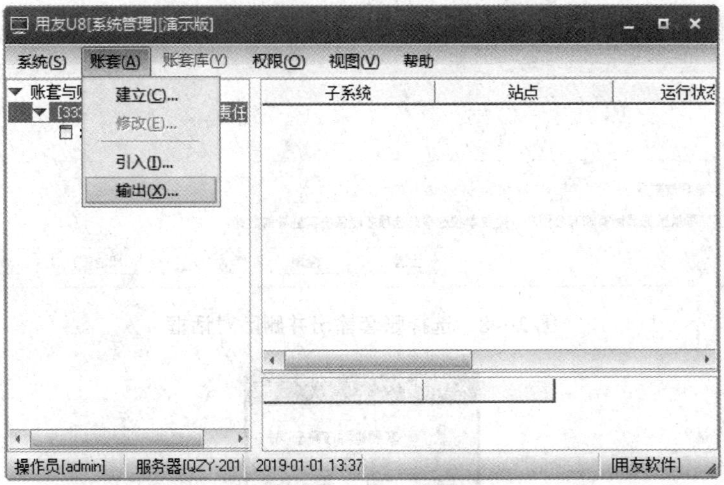


图 2-46　执行账套输出命令对话框

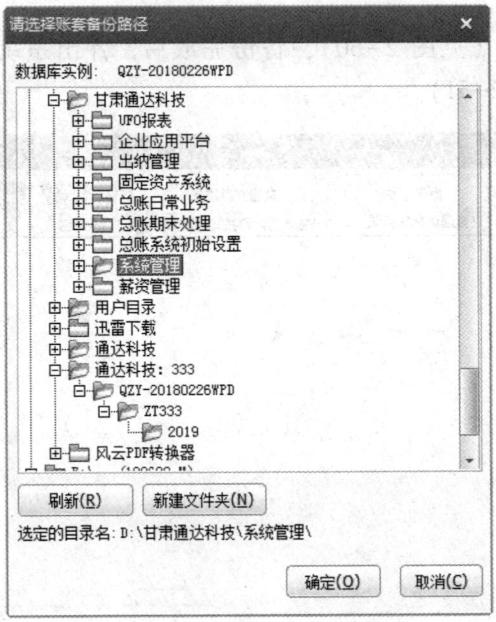


图 2-47　选择输出路径对话框

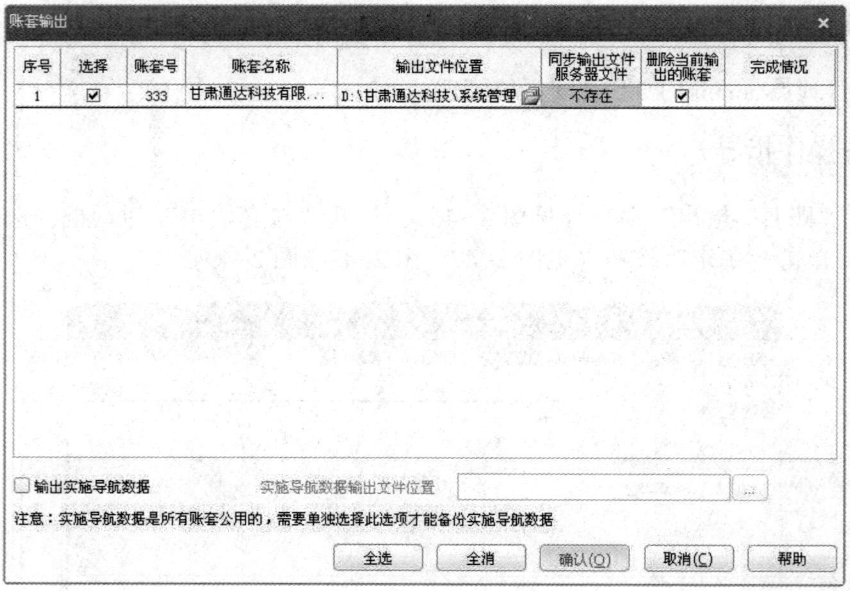


图 2-48　选择账套输出并删除对话框

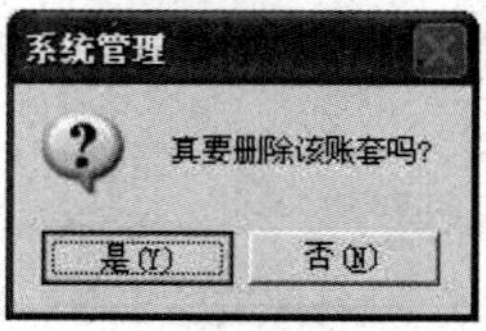


图 2-49　删除账套对话框

2. 系统开始进行备份（见图 2-50），备份完成后，弹出系统提示“输出成功”，单击“确定”按钮返回（见图 2-51）。

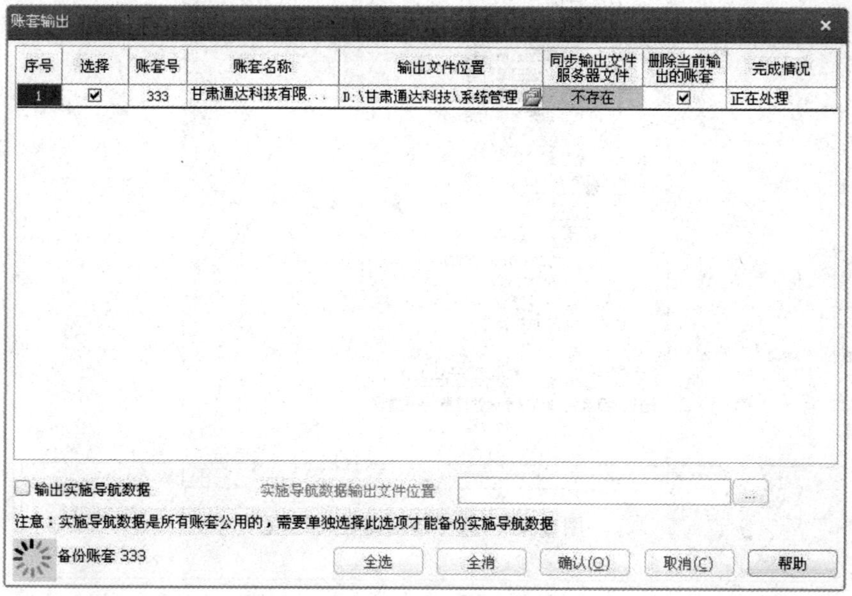


图 2-50　系统开始进行备份对话框

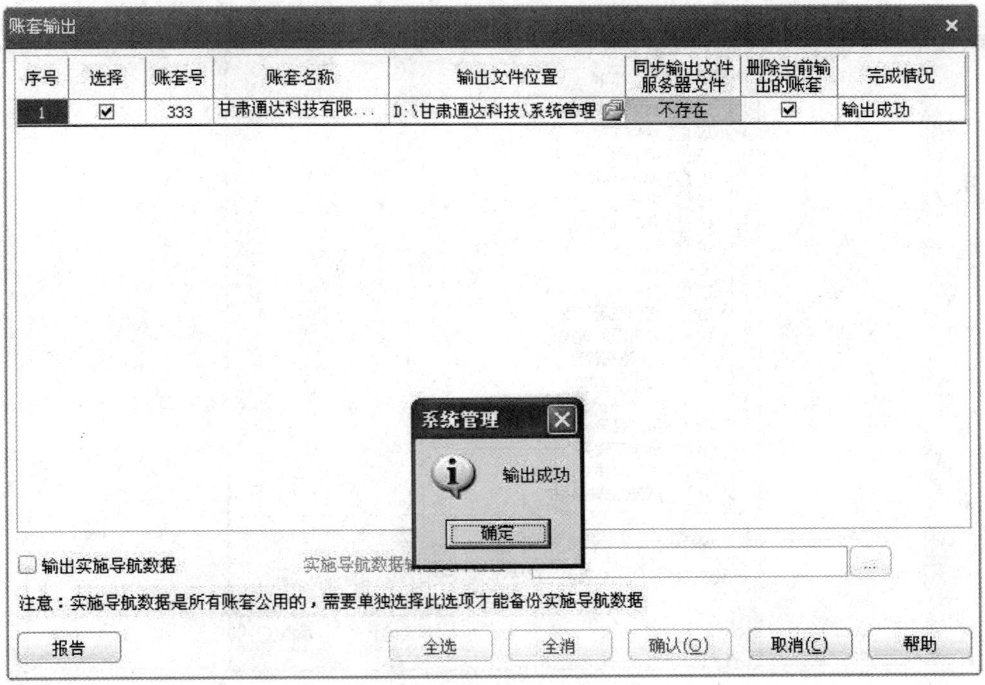


图 2-51　输出成功对话框

3. 执行"账套→引入"命令（见图 2-52），打开"引入账套数据"对话框，选择需要引入的账套路径，单击"确定"按钮（见图 2-53）。

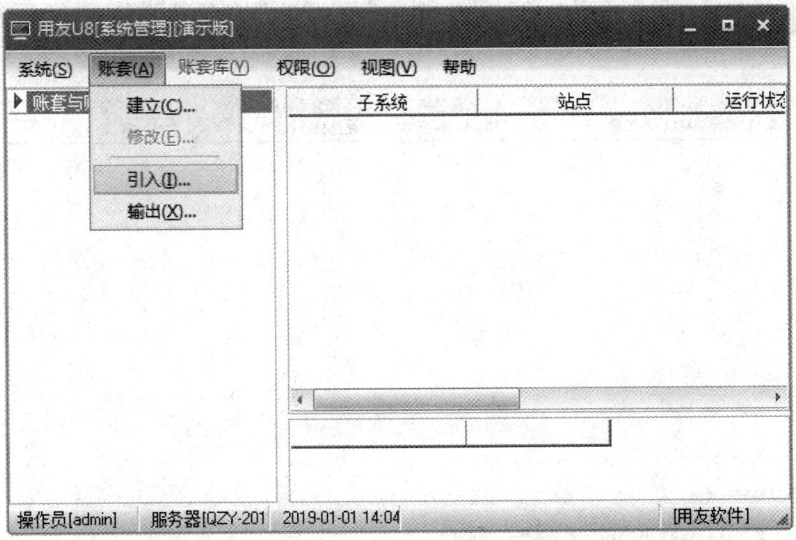


图 2-52　执行账套引入命令对话框

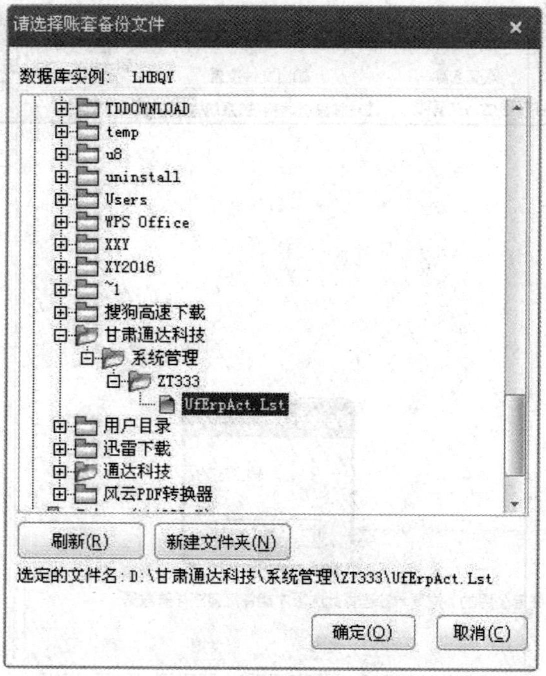


**图 2-53　选择需要引入的账套文件对话框**

4. 单击“确认”按钮，则系统提示“正在引入账套库，请等待……”（见图 2-54），最后提示账套“引入成功”（见图 2-55），单击“确认”按钮。

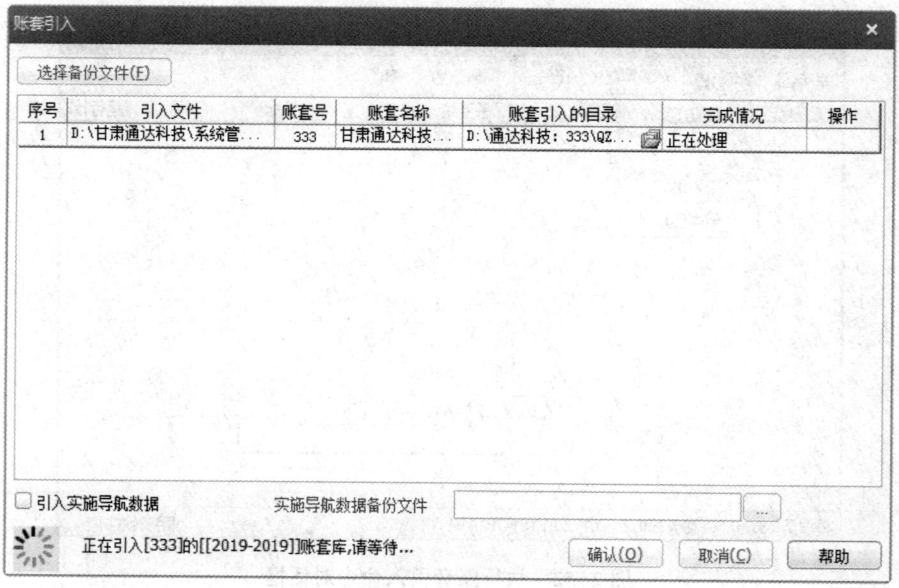


**图 2-54　正在引入账套对话框**

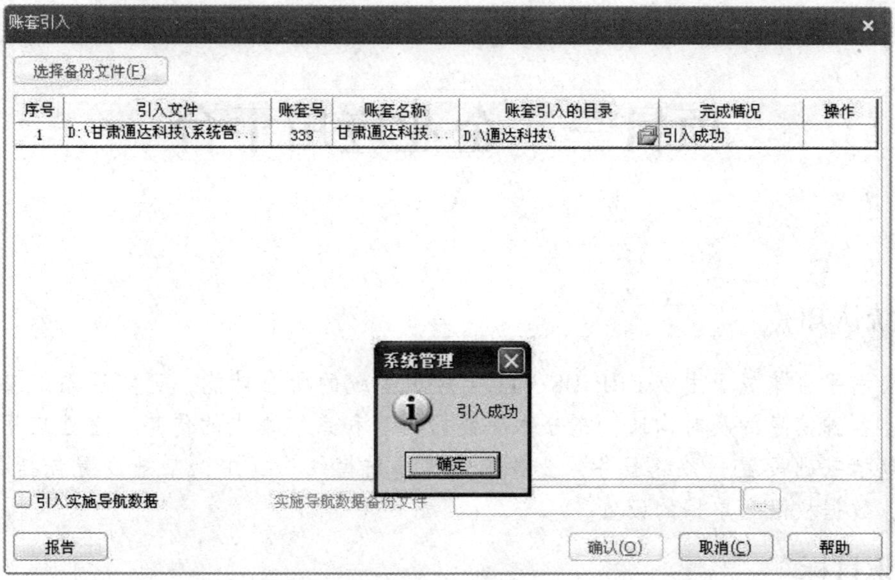


图 2-55　引入账套成功对话框

## 任务小贴士

1. 只有系统管理员（admin）才能进行账套备份输出和账套引入。

2. 备份时，应当先在 D 盘建立备份账套的文件夹。

3. 若要删除选中账套数据，则在输出账套时，选中“删除当前输出账套”即可。

4. 正在使用的账套是不允许删除的。

5. 在实际工作中，因各种原因为防止系统数据丢失，需定期对账套数据做备份，备份好的账套数据文件最好存放于移动硬盘中，存放在更为安全的地方。

6. 在实际工作中，若系统中的账套数据受损，可引入备份好的账套数据，以继续工作。

7. 由于学校实训室学生上机人较多且计算机有还原设置，建议学生每次下课前做好输出工作。

# 项目三　企业应用平台

## 系统认知

企业应用平台集成了用友 ERP U8 V11.1 应用系统的所有功能，可实现系统基础数据的集中维护、各种信息的及时沟通，充分体现数据共享和系统集成的优势。企业应用平台的导航区主要包括基础设置、系统服务、业务工作等导航模块。其中，基础设置包括基本信息、基础档案、数据权限和单据的设置。

## 知识目标

1. 理解企业应用平台在用友 ERP U8 V11.1 软件中的地位和作用。
2. 掌握机构人员、客商信息、财务信息、存货、收付结算和其他功能的内容和操作方法。

## 能力目标

1. 能够增加和修改部门档案、人员档案、客户和供应商档案。
2. 能够进行数据权限设置。
3. 能够进行单据设置。

## 任务内容

任务一　启动注册企业应用平台

任务二　机构人员设置

任务三　客商信息设置

任务四　外币及汇率设置

任务五　结算方式设置

任务六　设置数据权限

任务七　单据设置

## 任务操作要求

1. 实训开始前，修改系统时间为 2019 年 1 月 1 日。
2. 以系统管理员 admin 身份登录系统管理并引入备份的 333 账套数据（D：/甘肃通达科技/系统管理）。
3. 以账套主管成名身份登录企业应用平台进行基础档案设置。
4. 本项目实训结束后，以系统管理员 admin 身份登录系统管理并备份输出 333 账套数据到 D：/甘肃通达科技/基础设置，并删除该账套。

# 任务一　启动注册企业应用平台

## 任务情景资料

1. 注册登录企业应用平台。用户名“11”；密码“1”；账套“333 甘肃通达科技有限责任公司”；会计年度“2019”；日期“2019-01-01”。

2. 查看总账是否启用。

## 任务操作指导

启动并注册用友

1. 单击“开始”按钮，执行“所有程序→用友 ERP-U8+V11.1→企业应用平台”命令，打开“注册［总账］”对话框（见图 3-1）。

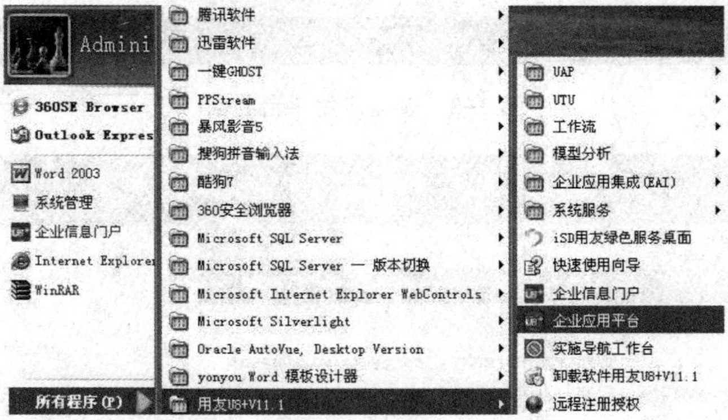


图 3-1　登录企业应用平台路径

2. 输入并选择数据（见图 3-2、图 3-3、图 3-4）。

图 3-2　登录企业应用平台对话框

图 3-3 企业应用平台界面

图 3-4 系统启用对话框

## 任务小贴士

1. 除可以从“开始”菜单登录外，还可以双击桌面“企业应用平台”快捷方式登录。

2. 选择本机，如果首次登陆，输入操作员代码和密码。若忘记密码，需要系统管理员 admin 在系统管理中更改。

3. 如果总账等系统未启用，则根据需要启用。
4. 只有账套主管才有权在企业应用平台中进行系统启用。
5. 各系统的启用时间必须大于或等于账套的启用时间。

# 任务二　机构人员设置

## 任务情景资料

1. 甘肃通达科技有限责任公司部门档案资料（见表 3-1）

**表 3-1　部门档案**

| 部门编码 | 部门名称 | 部门编码 | 部门名称 |
|---|---|---|---|
| 1 | 综合部 | 203 | 销售三部 |
| 101 | 总经理办公室 | 204 | 销售四部 |
| 102 | 财务部 | 3 | 供应部 |
| 2 | 销售部 | 4 | 制造部 |
| 201 | 销售一部 | 401 | 产品研发 |
| 202 | 销售二部 | 402 | 制造车间 |

2. 甘肃通达科技有限责任公司职员档案资料（见表 3-2）

**表 3-2　职员档案**

| 职员编号 | 职员名称 | 性别 | 雇用状态 | 人员类别 | 行政部门 |
|---|---|---|---|---|---|
| 101 | 李强 | 男 | 在职 | 企业管理人员 | 总经理办公室 |
| 102 | 成名 | 男 | 在职 | 企业管理人员 | 财务部 |
| 103 | 李颖 | 女 | 在职 | 企业管理人员 | 财务部 |
| 104 | 王良 | 男 | 在职 | 企业管理人员 | 财务部 |
| 201 | 刘冰 | 女 | 在职 | 销售人员 | 销售一部 |
| 202 | 刘佳 | 女 | 在职 | 销售人员 | 销售二部 |
| 203 | 孙杰 | 男 | 在职 | 销售人员 | 销售三部 |
| 204 | 王婧 | 女 | 在职 | 销售人员 | 销售四部 |
| 301 | 康柏 | 男 | 在职 | 采购人员 | 供应部 |
| 401 | 杨戬 | 男 | 在职 | 生产人员 | 产品研发 |
| 402 | 张仪 | 男 | 在职 | 生产人员 | 制造车间 |

## 任务操作指导

## 一、部门档案

1. 在“基础设置”导航区，执行“基础档案→机构人员→部门档案”命令（见图 3-5），弹出增加常用功能对话框，直接点击取消或根据企业情况选择填入（见图 3-6），单击“确定”，进入“部门档案”窗口。

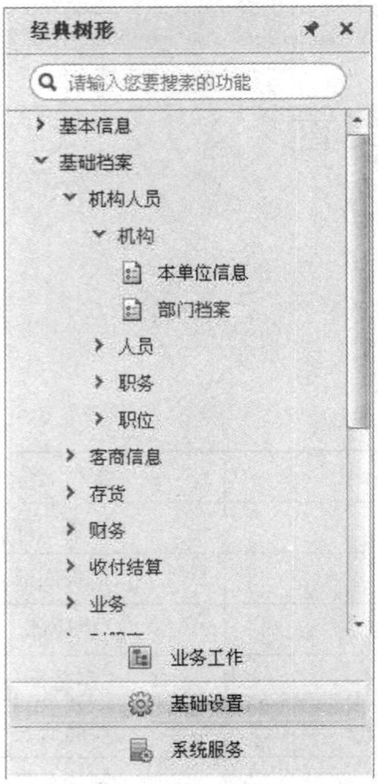


图 3-5　部门档案在导航区位置界面

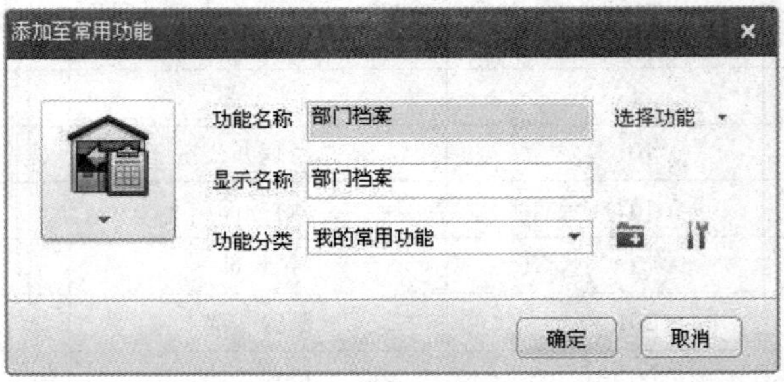


图 3-6　增加常用功能对话框

2. 单击“增加”按钮或按 F5，输入数据。部门编码：1；部门名称：综合部。单击“保存”按钮或按 F6（见图 3-7）。

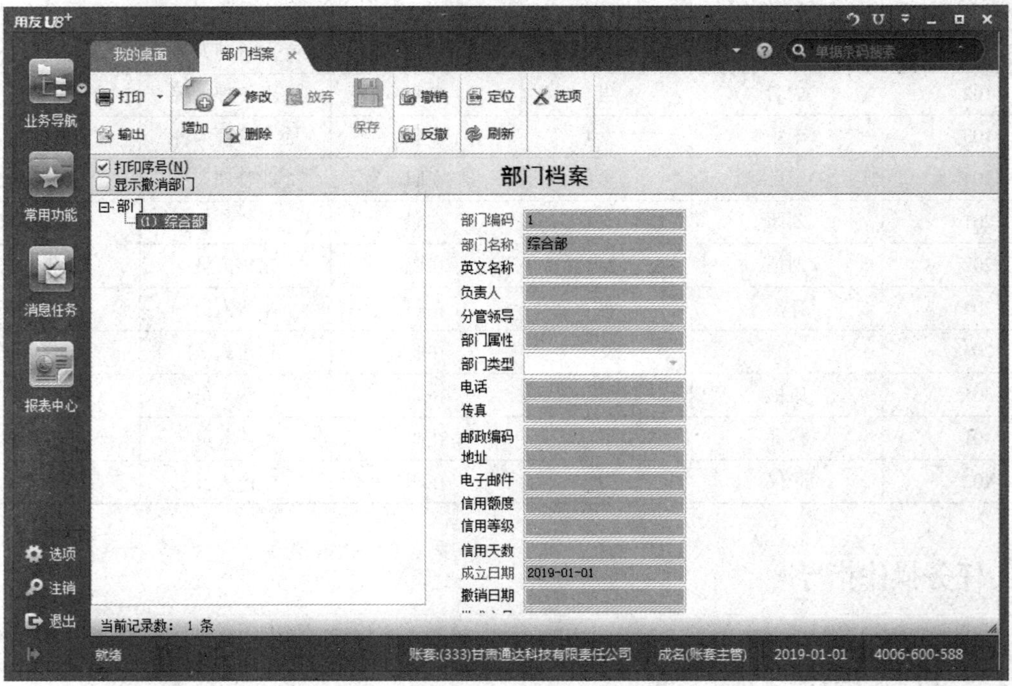


图 3-7　部门档案对话框

3. 以此方法，依次录入其他部门档案（见图 3-8）。

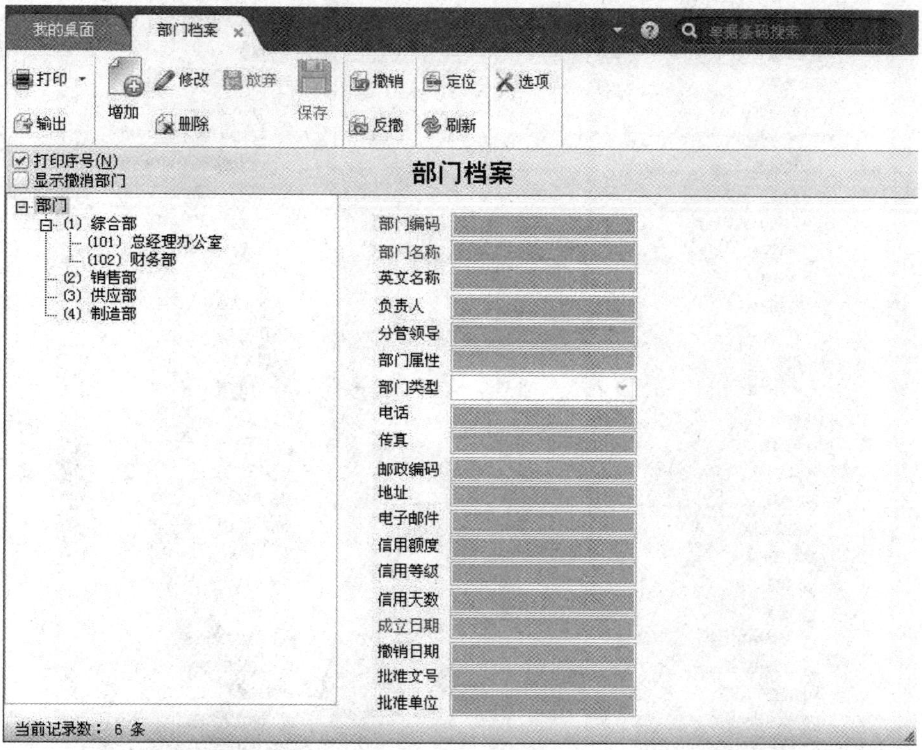


**图 3-8　部门档案界面**

4. 部门档案录入完毕后，单击“关闭”按钮，退出“部门档案”。

## 二、人员类别

1. 在“基础设置”导航区，执行“基础档案→机构人员→人员→人员类别”命令（见图 3-9），根据本企业实际情况增加录入人员类别（见图 3-11），输入完毕，保存，退出。

2. 在“基础设置”导航区，执行“基础档案→机构人员→人员→人员档案”命令（见图 3-10），根据本企业实际情况增加录入人员类别（见图 3-12），依次输入其他人员档案。

3. 以此方法，依次录入其他人员档案。

4. 人员档案录入完毕后（见图 3-13），单击“关闭”按钮，退出“人员档案”。

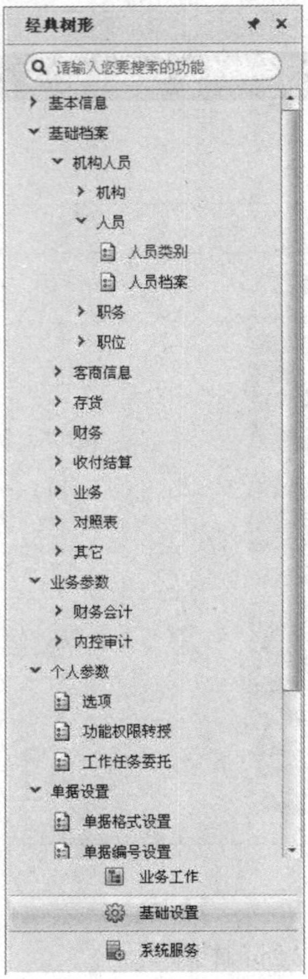


图 3-9　人员类别导航界面

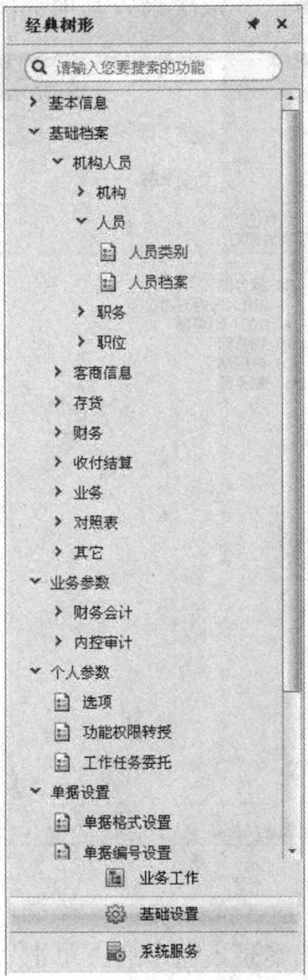


图 3-10　人员档案导航界面

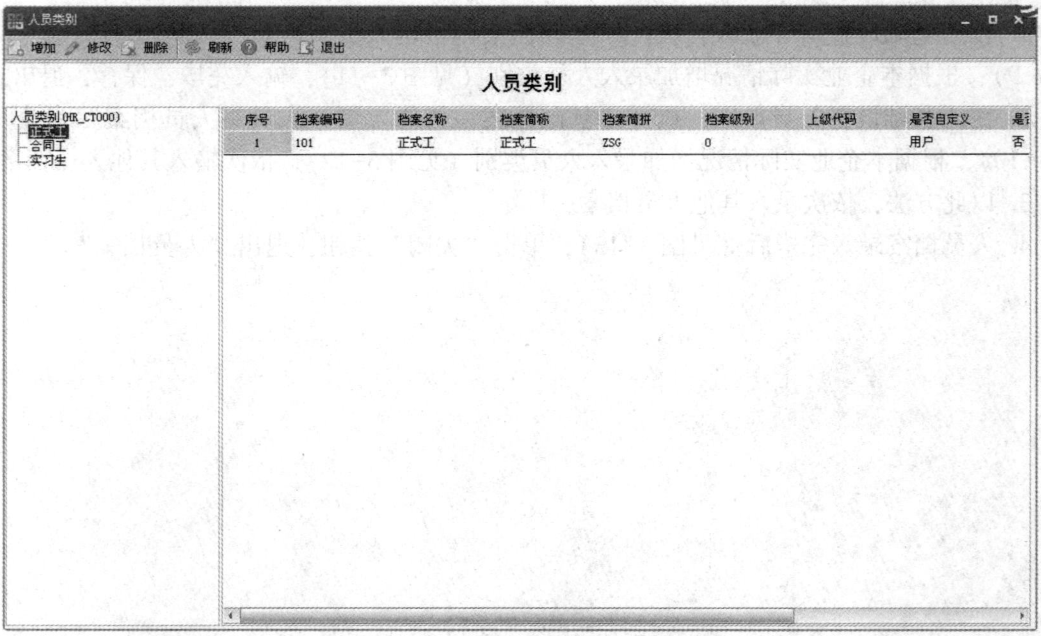


图 3-11　人员类别增加界面

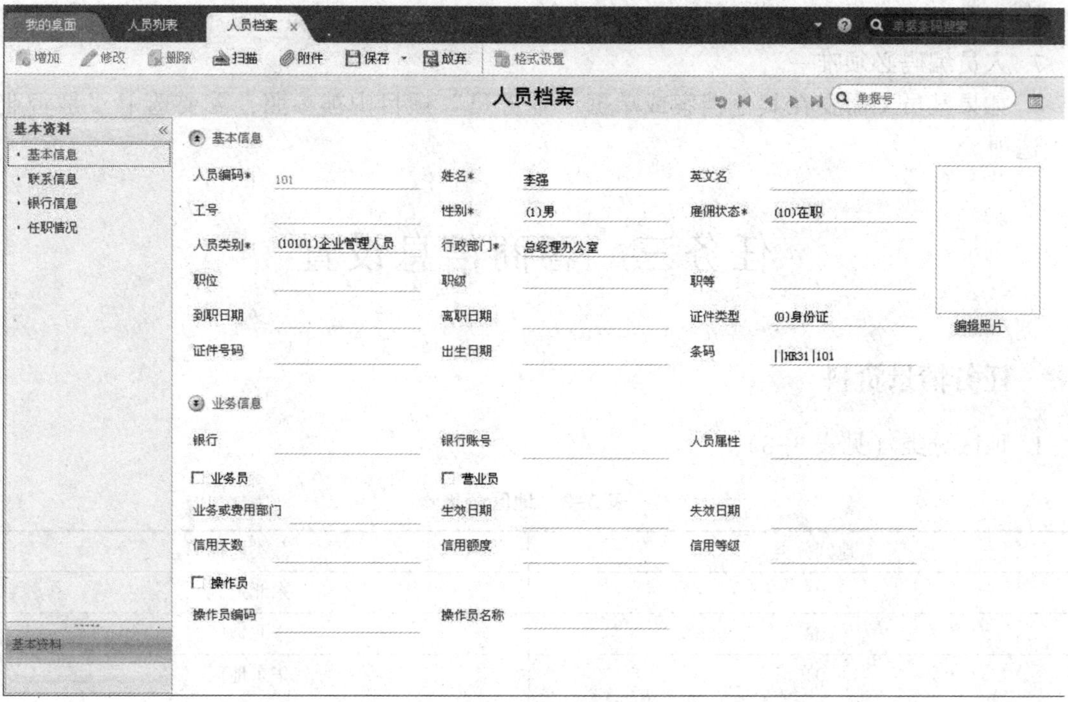


图 3-12　人员档案增加界面

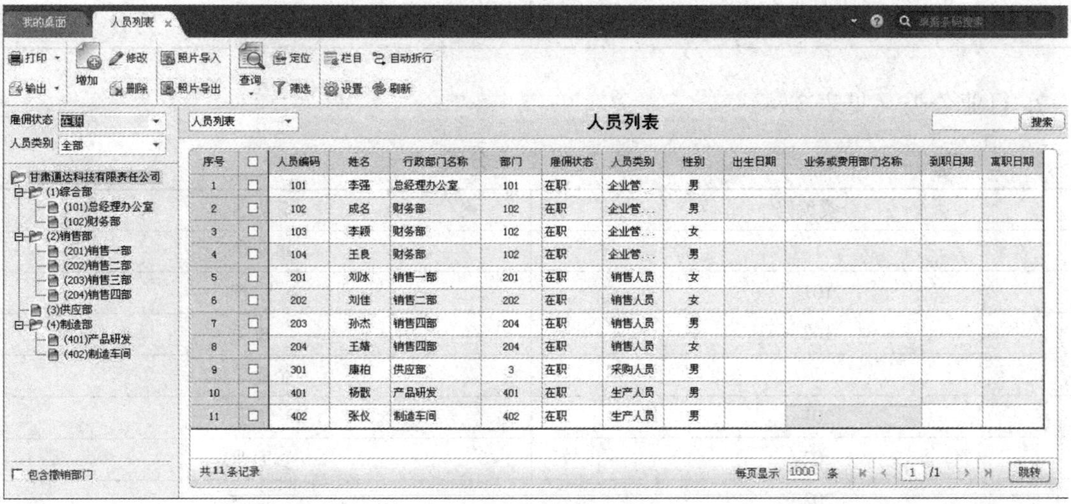


图 3-13　全部人员档案界面

## 任务小贴士

1. 部门编码必须符合在分类编码方案中定义的编码规则。

2. 由于还未设置“人员档案”，故“负责人”暂时不可设置；如需设置，则必须在“人员档案”设置后，再次进入“部门档案”，通过修改（F7）来补充设置即可。

3. 快捷键应适当使用，以求输入效率：F5 增加，F6 保存，F7 修改，F9 刷新。

4. 人员类别与工资费用的分配、分摊有关，可以按不同入账科目需要设置不同人员类别。

5. 人员类别是人员档案中的必选项目，需要在人员档案建立之前设置。

6. 人员类别名称可以修改，但已使用的人员类别名称不可删除。

7. 人员编码必须唯一。

8. 如果某员工需要在其他档案或单据“业务员”项目中被参照，需要选中“是否业务员”选项。

# 任务三　客商信息设置

## 任务情景资料

1. 地区分类（见表 3-3）

**表 3-3　地区分类**

| 地区分类 | 分类名称 |
|---|---|
| 01 | 东北地区 |
| 02 | 华北地区 |
| 03 | 华东地区 |
| 04 | 华南地区 |
| 05 | 西北地区 |
| 06 | 西南地区 |

2. 行业分类（见表 3-4）

**表 3-4　行业分类**

| 分类编码 | 分类名称 |
|---|---|
| 1 | 事业单位 |
| 101 | 学校 |
| 102 | 机关 |
| 2 | 企业单位 |
| 201 | 工业 |
| 202 | 商业 |
| 203 | 金融 |
| 3 | 其他 |

3. 供应商分类（见表 3-5）

**表 3-5　供应商分类**

| 分类编码 | 分类名称 |
|---|---|
| 01 | 硬件供应商 |
| 02 | 软件供应商 |
| 03 | 材料供应商 |
| 04 | 其他 |

4. 供应商档案（见表 3-6）

**表 3-6　供应商档案**

| 供应商编号 | 供应商名称 | 供应商简称 | 所属分类码 | 所属地区 | 地址 | 邮政编码 |
|---|---|---|---|---|---|---|
| 001 | 兰州万佳有限公司 | 兰州万佳 | 02 | 05 | 兰州市七里河区十里堡 8 号 | 730045 |
| 002 | 北京联想分公司 | 北京联想 | 01 | 02 | 北京市海淀区开拓路 108 号 | 100036 |
| 003 | 南京多媒体教学研究所 | 南京多媒体 | 04 | 03 | 南京市沿江区湖北路 100 号 | 230187 |
| 004 | 上海信息记录纸厂 | 上海纸厂 | 03 | 03 | 上海市浦东新区东方路 1 号 | 200332 |

5. 客户分类（见表 3-7）

**表 3-7　客户分类**

| 分类编码 | 分类名称 |
|---|---|
| 01 | 直销 |
| 02 | 批发 |
| 03 | 网销 |
| 04 | 其他 |

6. 客户档案（见表 3-8）

**表 3-8　客户档案**

| 客户编号 | 客户名称 | 客户简称 | 所属分类码 | 所属地区 | 地址 | 邮政编码 |
|---|---|---|---|---|---|---|
| 001 | 甘肃新世纪学校 | 新世纪学校 | 01 | 05 | 兰州市城关区 11 号 | 730001 |
| 002 | 宁夏吴忠海达公司 | 海达公司 | 02 | 05 | 吴忠市南开区临华路 1 号 | 751100 |
| 003 | 上海万邦证券公司 | 万邦证券 | 03 | 03 | 上海市徐汇区天平路 8 号 | 200032 |
| 004 | 西安市飞机制造厂 | 西飞 | 02 | 05 | 西安市新开区科技路 116 号 | 710001 |

7. 物流公司档案（见表 3-9）

**表 3-9　物流公司档案**

| 物流公司编码 | 物流公司名称 | 对应供应商 | 快递单起始单号 | 启用 | 标准物流公司代码 | 电话 | 线下发货 |
|---|---|---|---|---|---|---|---|
| 001 | 顺丰 | 兰州万佳有限公司 | sf2018000001 | 是 | SF | 0934-666999 | 是 |
| 002 | 宅急送 | 南京多媒体教学研究所 | zjs201800001 | 是 | ZJS | 0934-7777777 | 是 |

## 任务操作指导

# 一、地区分类

1. 在“基础设置”导航区，执行“基础档案→客商信息→地区分类”命令（见图

3-14）。

2. 单击“增加”按钮，输入类别编码“01”和类别名称“东北地区”（见图 3-15），点击“保存”，保存此次增加的地区分类。

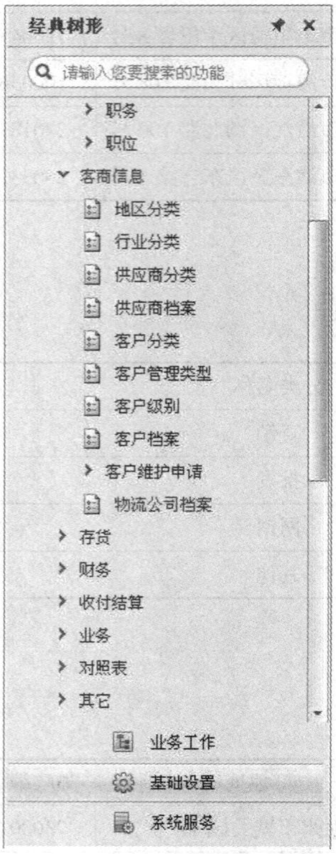


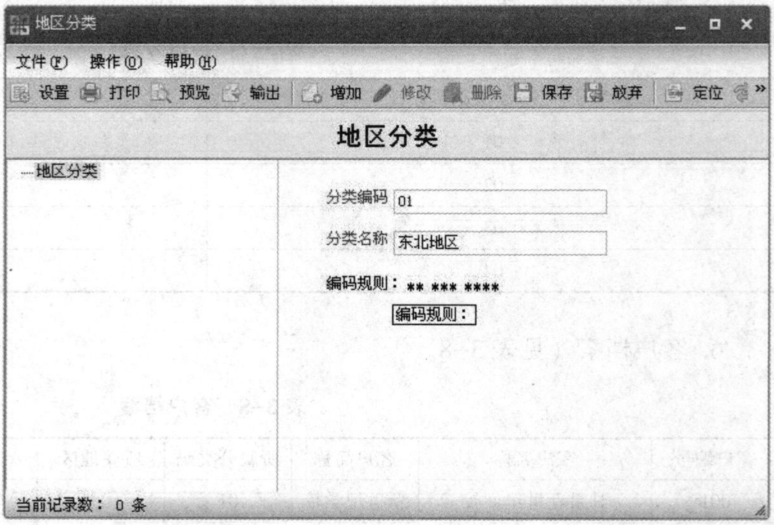


图 3-14 地区分类导航界面　　图 3-15 增加地区分类界面

3. 以此方法，依次录入其他地区分类。

4. 地区分类档案录入完毕后（见图 3-16），单击“关闭”按钮，退出“地区分类档案”。

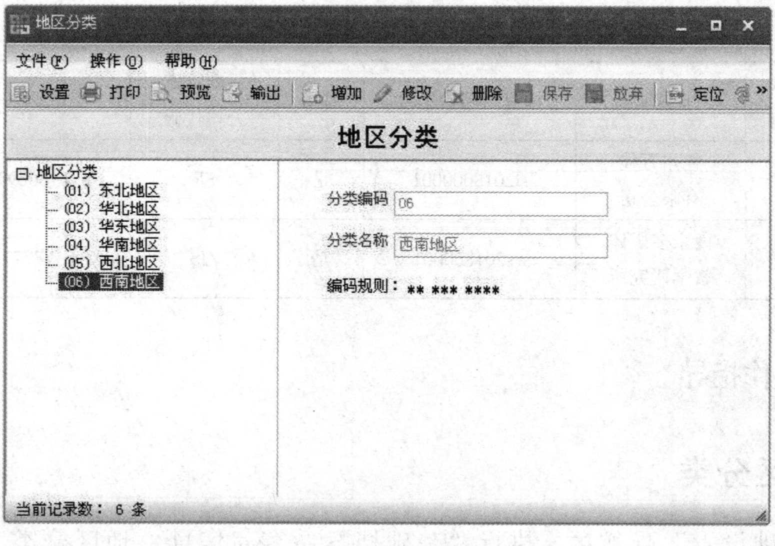


图 3-16 地区分类界面

## 二、行业分类

1. 在“基础设置”导航区，执行“基础档案→客商信息→行业分类”命令。

2. 单击“增加”按钮，输入类别编码“1”和类别名称“事业”（见图 3-17），点击“保存”，保存此次增加的行业分类。

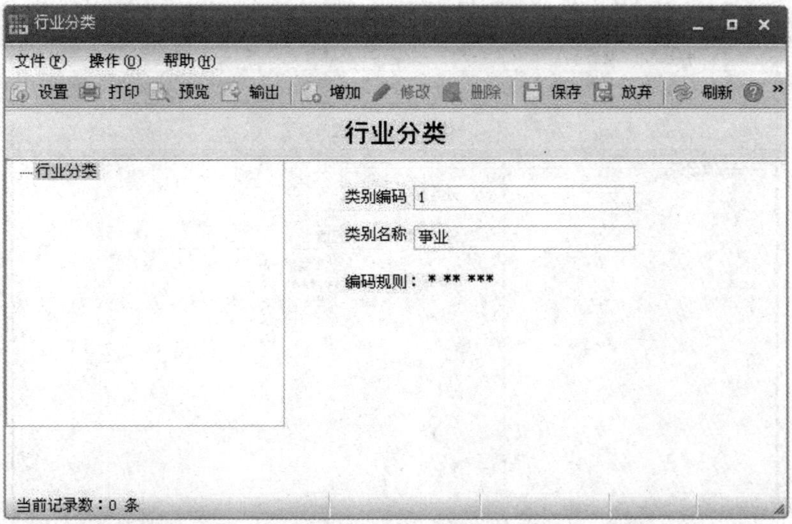


图 3-17　增加行业分类界面

3. 以此方法，依次录入其他行业分类。

4. 行业分类档案录入完毕后（见图 3-18），单击“关闭”按钮，退出“行业分类档案”。

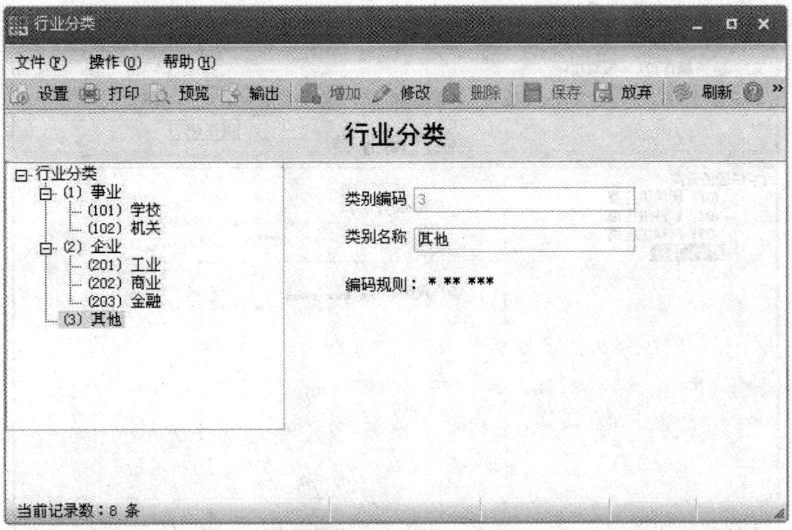


图 3-18　行业分类界面

## 三、供应商分类

1. 在“基础设置”导航区，执行“基础档案→客商信息→供应商分类”命令。

2. 单击“增加”按钮，输入类别编码“01”和类别名称“硬件供应商”（见图 3-19），点击“保存”按钮，保存此次增加的供应商分类。

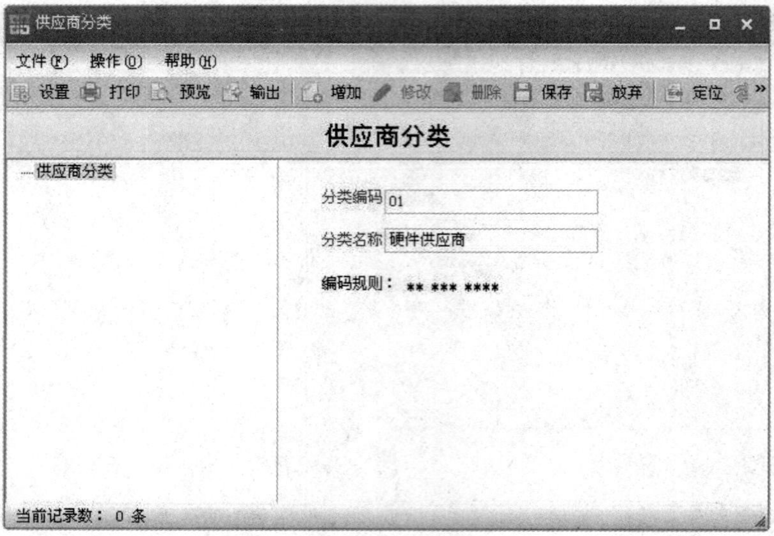


图 3-19　增加供应商分类界面

3. 以此方法，依次录入其他供应商分类。

4. 供应商分类档案录入完毕后（见图 3-20），单击“关闭”按钮，退出“供应商分类档案”。

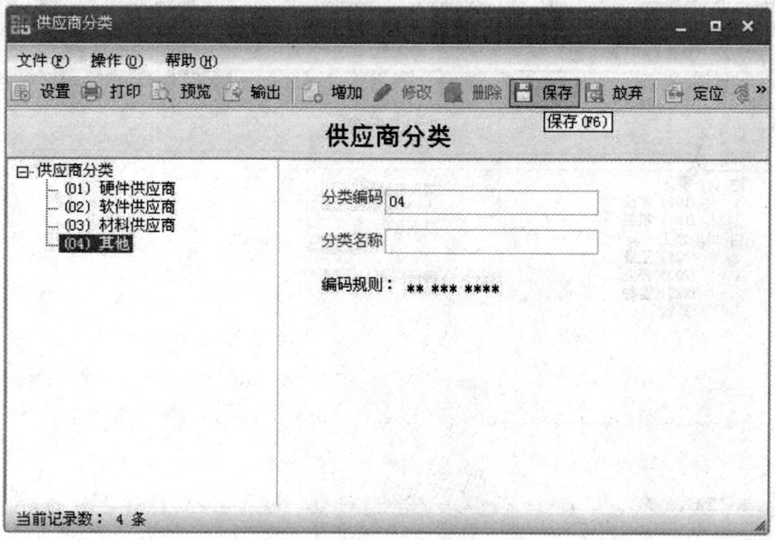


图 3-20　供应商分类界面

## 四、供应商档案

1. 执行“基础档案→客商信息→供应商档案”命令，进入“供应商档案”窗口。

2. 单击选择“02 软件供应商”。

3. 单击“增加”按钮，进入“供应商档案卡片”对话框。分别在“基本”“联系”页签中输入相应数据。供应商编码：001；供应商名称：兰州万佳有限公司；供应商简称：万佳；所属地区：05-西北地区；地址：兰州市市七里河区十里堡 8 号；邮政编码：730045（见图 3-21、图 3-22）。

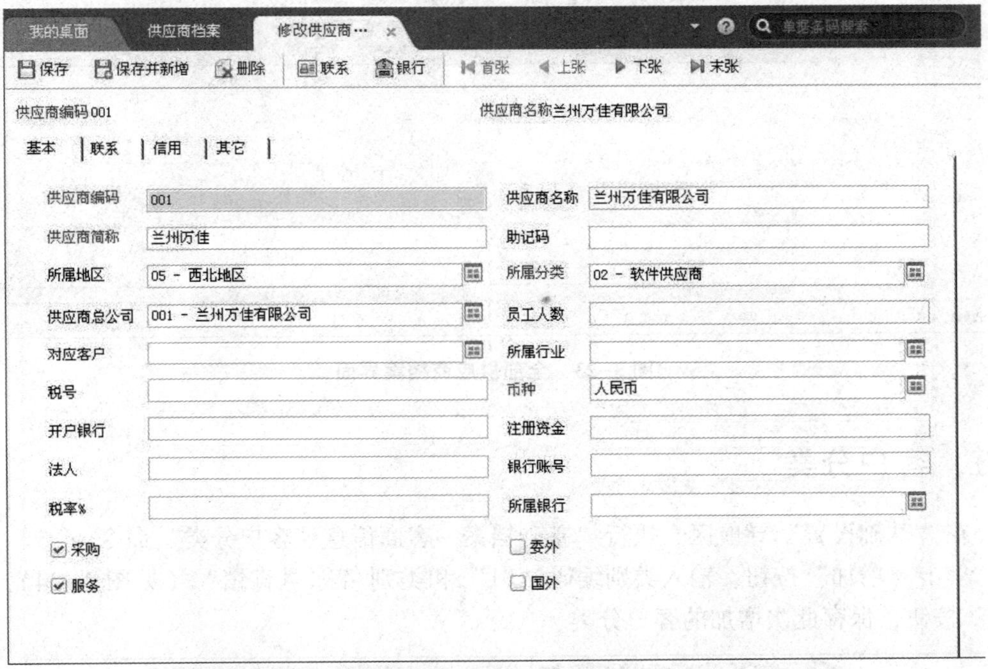


图 3-21　供应商基本信息界面

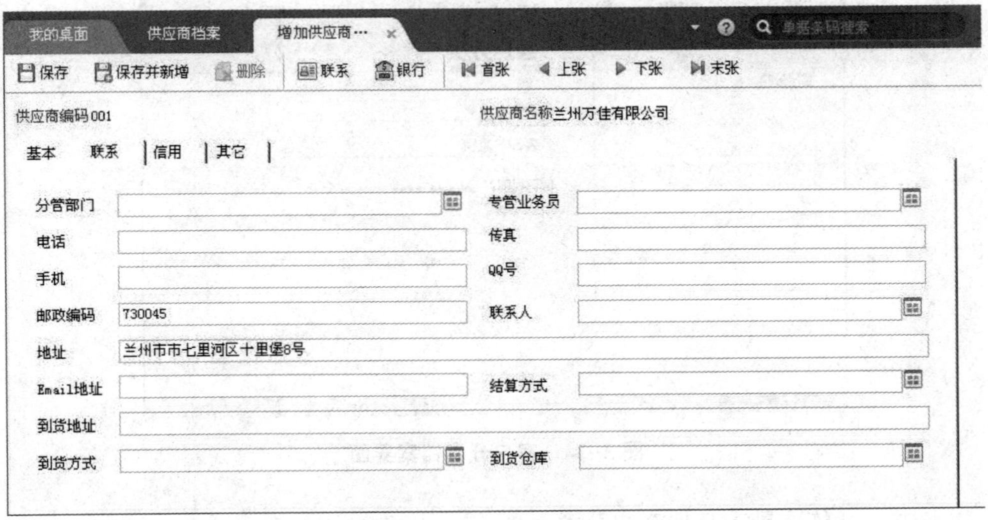


图 3-22　供应商联系方式界面

4. 以此方法，依次录入其他供应商信息。

5. 全部供应商档案录入完毕后（见图 3-23），单击“关闭”按钮，退出“供应商档案”。

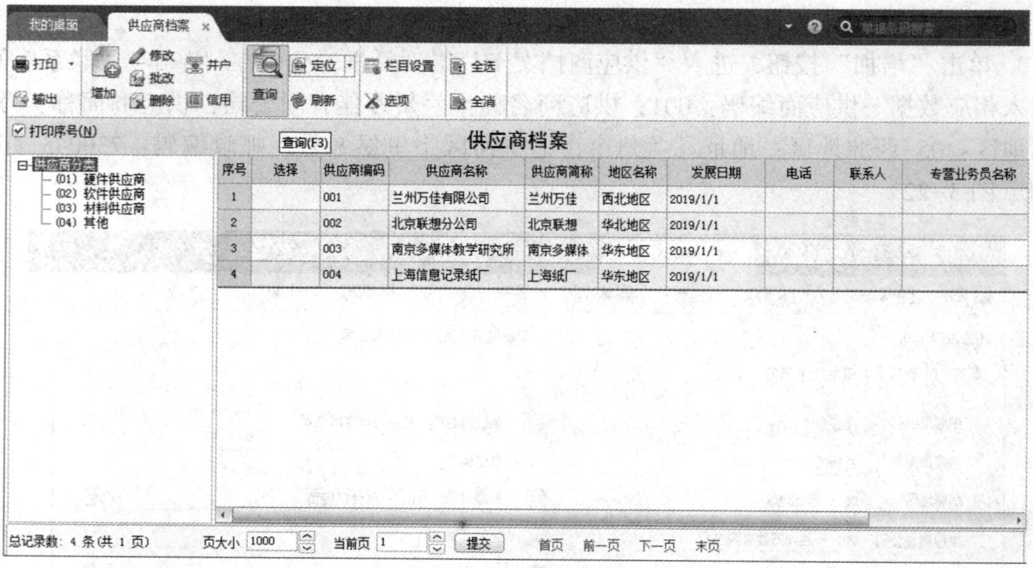


**图 3-23　全部供应商档案界面**

## 五、客户分类

1. 在“基础设置”导航区，执行“基础档案→客商信息→客户分类”命令。

2. 单击“增加”按钮，输入类别编码“01”和类别名称“直销”（见图 3-24），点击“保存”按钮，保存此次增加的客户分类。

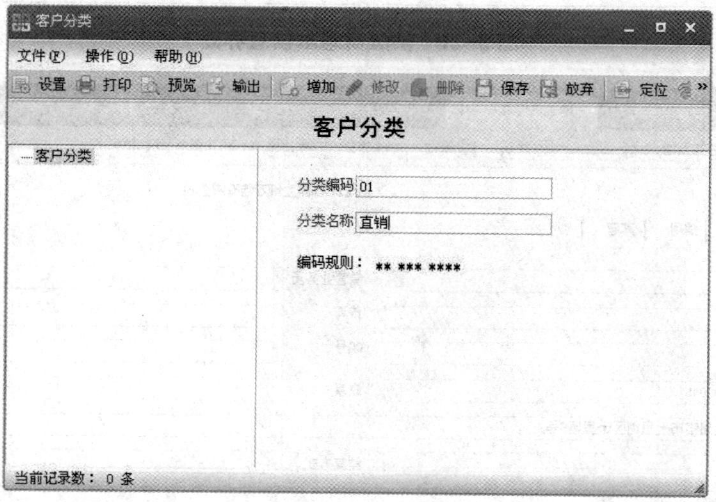


**图 3-24　客户分类档案界面**

3. 以此方法，依次录入其他客户分类。

4. 全部客户分类档案录入完毕后（见图 3-25），单击“关闭”按钮，退出“客户分类档案”。

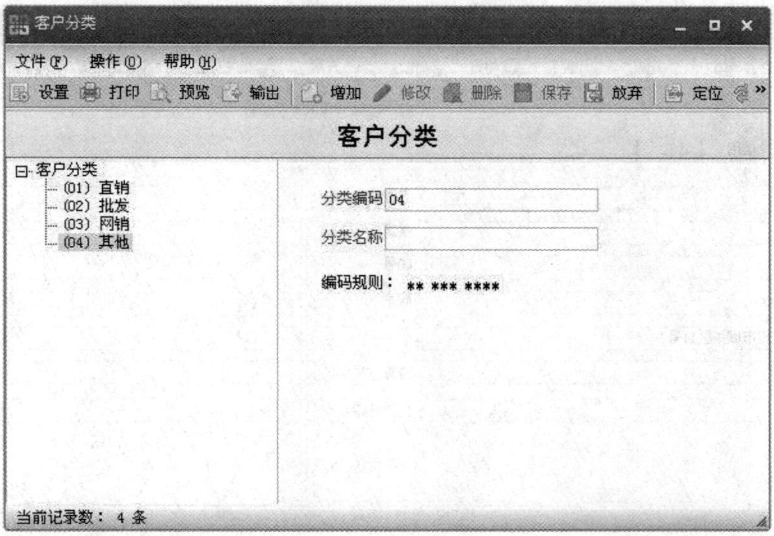


图 3-25　全部客户分类档案界面

## 六、客户档案

1. 执行“基础档案→客商信息→客户档案”命令，进入“客户档案”窗口。

2. 单击“增加”按钮，进入“客户档案卡片”对话框。

3. 分别在“基本”“联系”页签中输入如下数据：

客户编码：001；客户名称：甘肃新世纪学校；客户简称：新世纪学校；所属地区：05-西北地区；地址：兰州市城关区11号；邮政编码：730001（见图3-26、图3-27）。

4. 单击“保存”按钮，单击“退出”按钮。

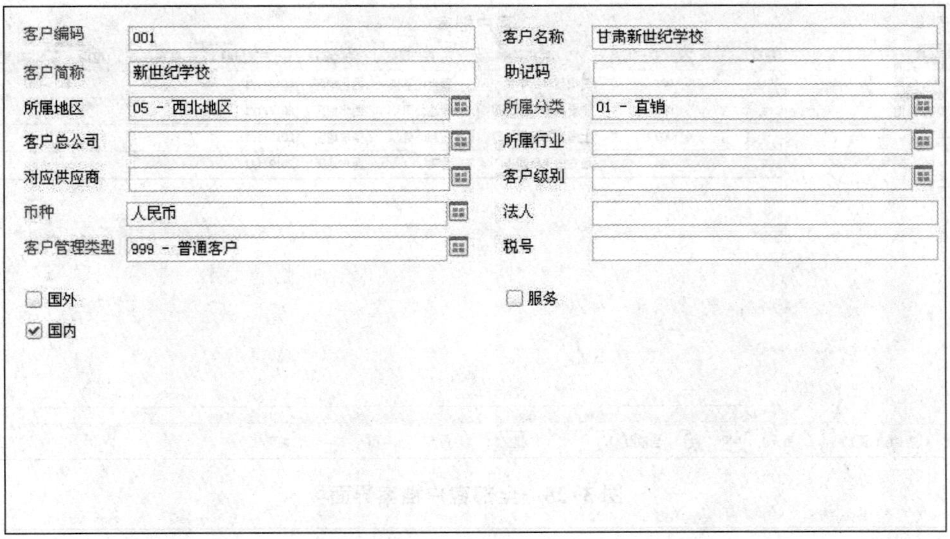


图 3-26　客户档案卡片基本信息界面

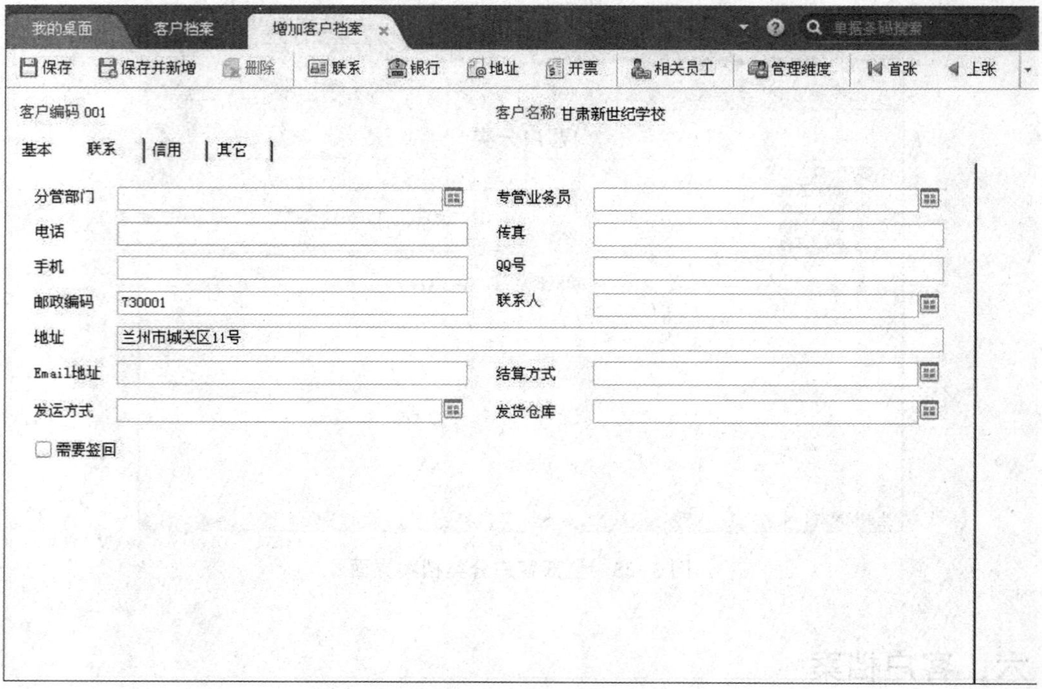


图 3-27　客户档案卡片联系方式界面

5. 以此方法，依次录入其他客户档案信息，完善客户档案卡片。

6. 全部客户档案录入完毕后（见图 3-28），单击“关闭”按钮，退出“客户档案”。

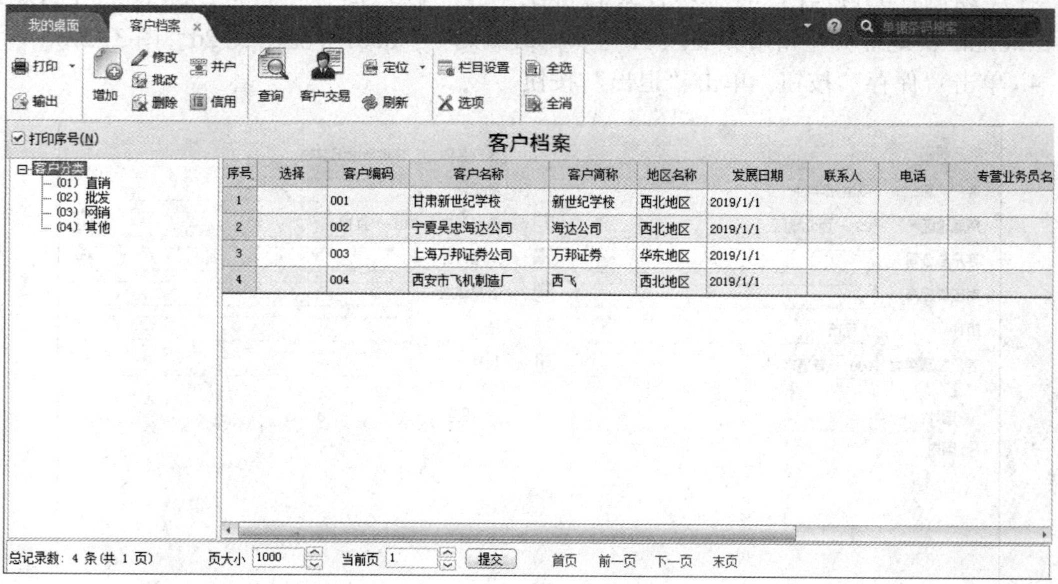


图 3-28　全部客户档案界面

## 七、物流公司档案

1. 执行“基础档案→客商信息→物流公司档案”命令，进入“物流公司档案”窗口。

2. 单击“增加”按钮，进入“物流公司档案”对话框。

3. 输入并保存如下数据：

物流公司编码：001；物流公司名称：顺丰；对应供应商：兰州万佳有限公司；快递单起始号：sf20180000001；标准物理公司代码：sf；联系电话：0934-666666，选择“启用”及“线下发货”（见图3-29）。

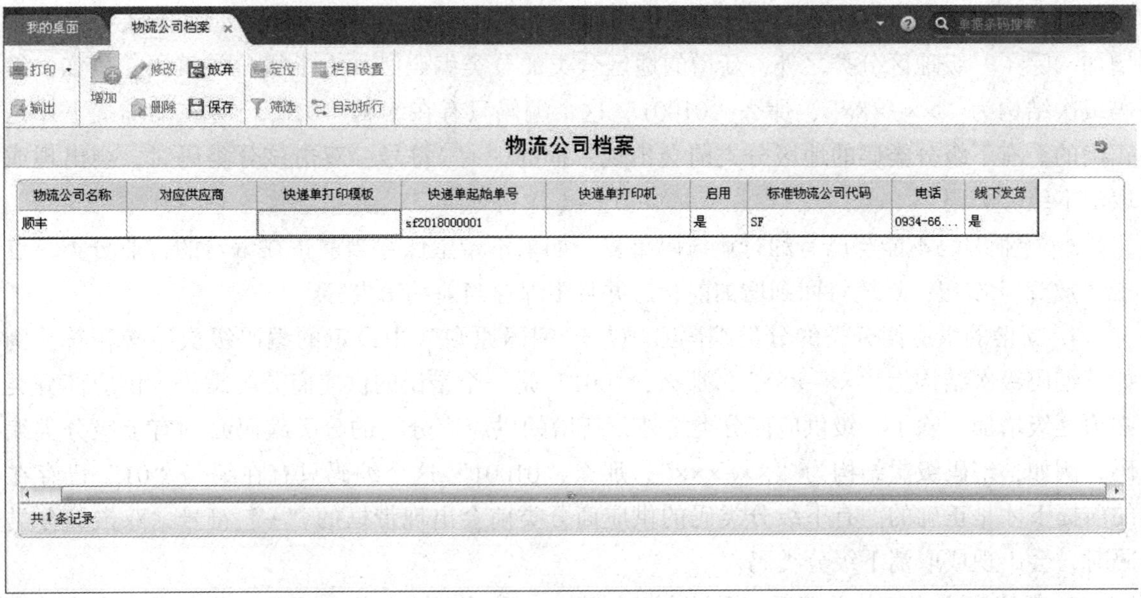


**图3-29　增加物流公司档案界面**

4. 以此方法，依次录入其他物流公司档案信息，完善物流公司档案。

5. 全部物流公司档案录入完毕后（见图3-30），单击“关闭”按钮，退出“物流公司档案”。

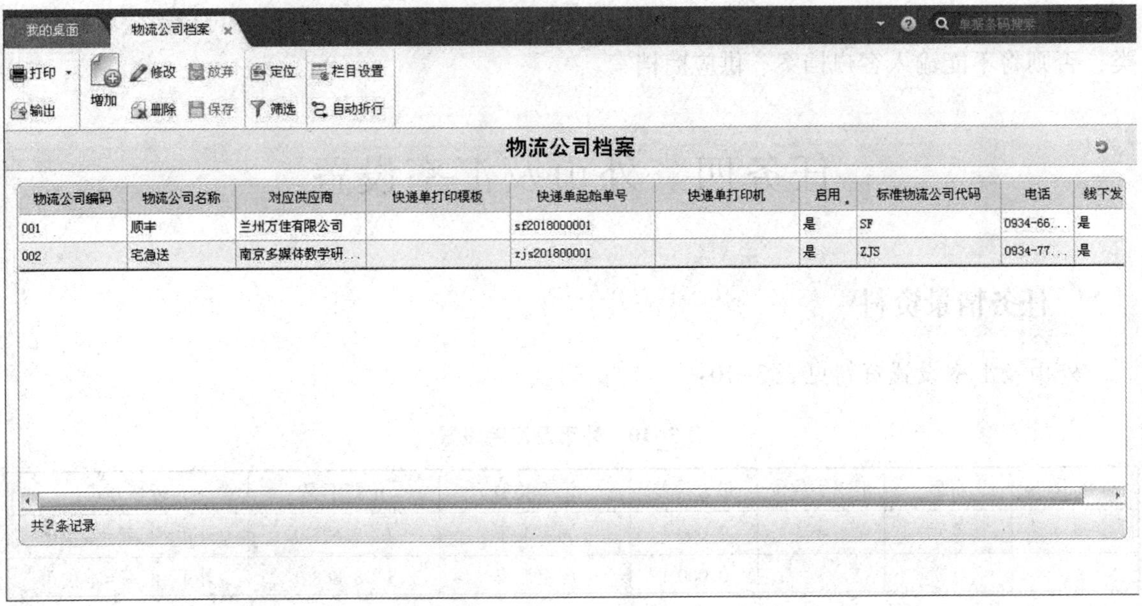


**图3-30　全部物流公司档案界面**

### 任务小贴士

1. 类别编码要符合编码级次原则。必须录入，必须唯一，不允许重复，并要注意分类编码字母的大小写，不可修改。类别名称可以是汉字或英文字母，不能空，可以修改。

2. 新增的地区分类的分类编码必须与“编码原则”中设定的编码级次结构相符。例如，编码级次结构为“××-×××”，那么，“001”是一个错误的地区分类编码。地区分类必须逐级增加。除了一级地区分类之外，新增的地区分类的分类编码必须有上级分类编码。例如，编码级次结构为“××-×××”，那么“01001”这个编码只有在编码“01”已存在的前提下才是正确的。有下级分类码的地区分类前会出现带框的“+”符号，双击该分类码时，会出现或取消下级分类码。

3. 行业编码不能与已有的行业编码重复。如果不希望保存当前正在编辑的行业分类，点击“放弃”按钮，系统将回到增加前状态并且不保存当前编辑内容。

4. 新增的供应商分类的分类编码必须与“编码原则”中设定的编码级次结构相符。例如，编码级次结构为“××-×××”，那么，“001”是一个错误的供应商分类编码。供应商分类必须逐级增加。除了一级供应商分类之外，新增的供应商分类的分类编码必须有上级分类编码。例如，编码级次结构为“××-×××”，那么“01001”这个编码只有在编码“01”已存在的前提下才是正确的。有下级分类码的供应商分类前会出现带框的“+”符号，双击该分类码时，会出现或取消下级分类码。

5. 新建客户档案并保存后，系统自动创建一个默认开票单位，开票单位编码即为当前客户编码。用户可以根据需要增加或删除，并可指定是否为默认开票单位。一个客户必须且只能有一个默认开票单位。在开具销售发票时，默认开票单位被带入，可修改。销售发票生单时，开票单位不同的发货单/出库单，不能生成同一发票。客户并户时，仅保留目的客户的开票单位。

6. 在建账时如果选择了进行客户分类、供应商分类，在此必须进行客户分类、供应商分类，否则将不能输入客户档案、供应商档案。

## 任务四　外币及汇率设置

### 任务情景资料

外币及汇率设置资料见表 3-10：

**表 3-10　外币及汇率设置**

| 外币币符 | 币名 | 汇率小数位 | 最大误差 | 汇率类型 | 记账汇率 | 折算方式 |
|---|---|---|---|---|---|---|
| $ | 美元 | 4 | 0.000 1 | 固定汇率 | 1：8.625 0 | 外币×汇率＝本位币 |
| £ | 英镑 | 4 | 0.000 1 | 固定汇率 | 1：8.868 9 | 外币×汇率＝本位币 |

## 任务操作指导

1. 执行“基础档案→财务→外币设置”命令，进入“外币设置”窗口。

2. 输入数据。币符：$；币名：美元；汇率小数位：4，最大误差：0.000 1。单击“确认”按钮。

3. 选择“固定汇率”，在“2019 年 1 月的记账汇率”栏中输入“8.625 0”（见图 3-31）。

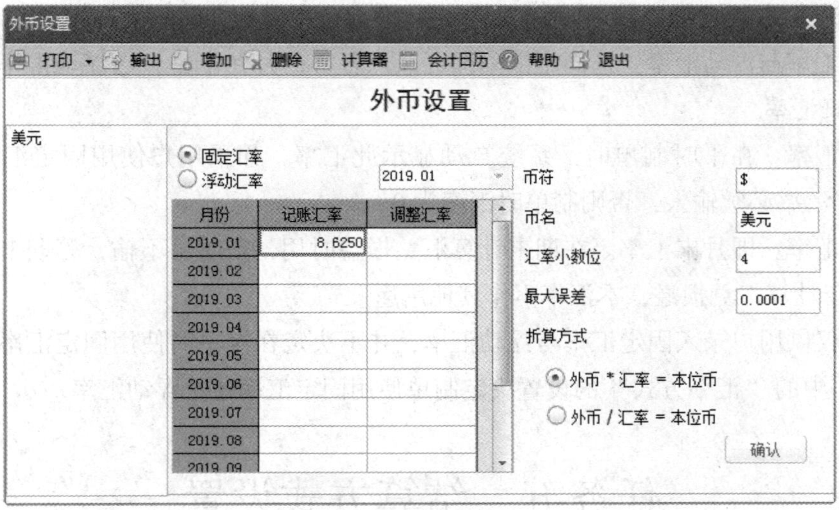


**图 3-31　外币美元设置界面**

4. 同样，设置英镑外币（见图 3-32）。单击“退出”按钮。

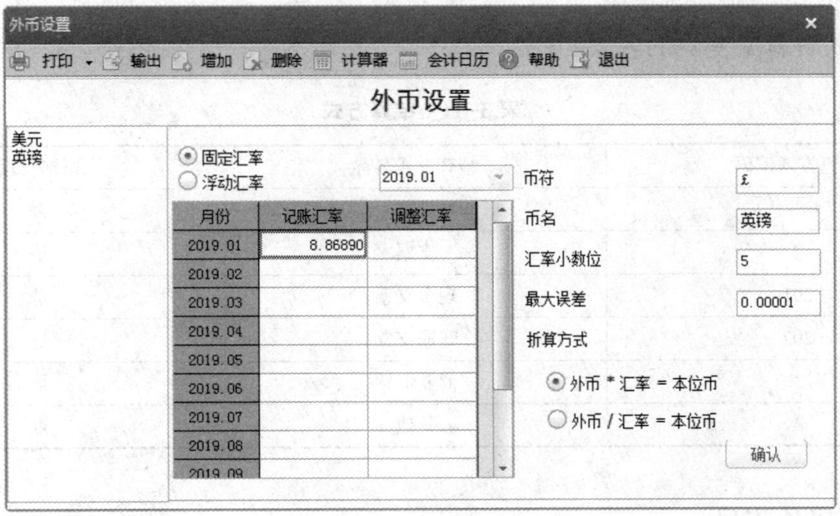


**图 3-32　外币英镑设置界面**

## 任务小贴士

1. 币符及币名：所定义外币的符号及其名称，如美元，其币符可以定义为 $，名称定义为美元，币符为必输项。

2. 汇率小数位：定义外币的汇率小数位数，系统默认为 5 位。

3. 折算方式：分为直接汇率与间接汇率两种，用户可以根据外币的使用情况选定汇率的折算方式。直接汇率即“外币×汇率=本位币”，间接汇率即“外币/汇率=本位币”。

4. 外币最大误差：在记账时，如果外币×（或/）汇率-本位币>最大折算误差，则系统给予提示，系统默认最大折算误差为 0. 000 01，即不相等时就提示。如果用户希望在制单时不提供最大折算误差提示，可以将最大折算误差设为一个比较大的数值，如 1 000 000 即可。

5. 固定汇率与浮动汇率：选固定汇率即可录入各月的月初汇率，选浮动汇率即可录入所选月份的各日汇率。

6. 记账汇率：在平时制单时，系统自动显示此汇率，如果用户使用固定汇率（月初汇率），则记账汇率必须输入，否则制单时汇率为 0。

7. 调整汇率：即月末汇率。在期末计算汇兑损益时用，平时可不输，等期末可输入期末时汇率，用于计算汇兑损溢，本汇率不作其他用途。

8. 此处仅供用户录入固定汇率与浮动汇率，并不决定在制单时使用固定汇率还是浮动汇率，“选项”中的“汇率方式”的设置决定制单使用固定汇率还是浮动汇率。

# 任务五　结算方式设置

## 任务情景资料

结算方式资料见表 3-11：

**表 3-11　结算方式**

| 结算方式编码 | 结算方式名称 | 票据管理 |
|---|---|---|
| 1 | 现金 | 否 |
| 2 | 支票 | 是 |
| 201 | 现金支票 | 是 |
| 202 | 转账支票 | 是 |
| 3 | 商业汇票 | 是 |
| 4 | 其他 | 否 |

## 任务操作指导

1. 执行“基础档案→收付结算→结算方式”命令，进入在“结算方式”窗口。

2. 单击“增加”按钮。

3. 输入数据。结算方式编码：1；结算方式名称：现金（见图 3-33）。

4. 单击“保存”按钮。

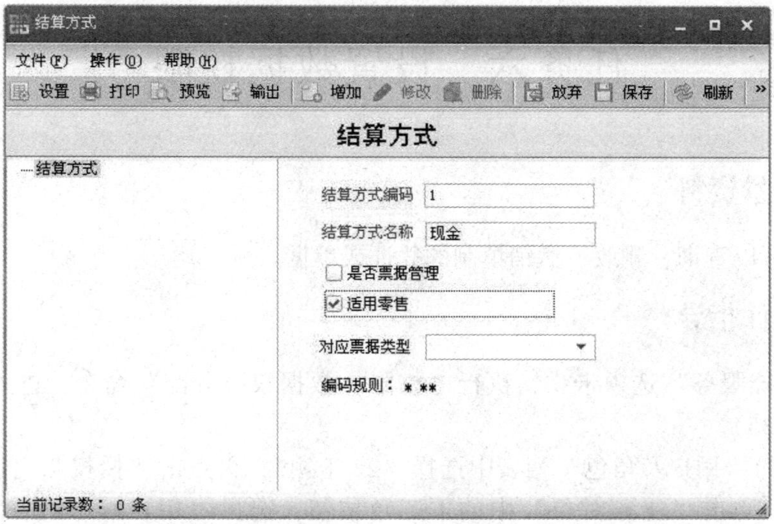


图 3-33　增加现金结算方式界面

5. 根据资料输入其他结算方式（见图 3-34）。

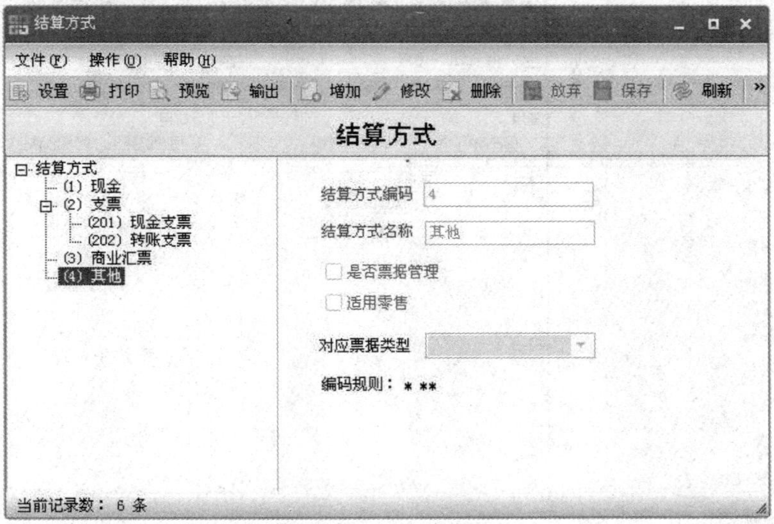


图 3-34　增加其他结算方式

## 任务小贴士

1. 结算方式编码是用以标识某结算方式。用户必须按照结算方式编码级次的先后顺序来进行录入，录入值必须唯一。

2. 结算方式名称是用户根据企业的实际情况，必须录入所用结算方式的名称，录入值必须唯一。结算方式名称最多可写 12 个字。

3. 若某种结算方式需进行票据管理，用户可通过单击“票据管理标志”复选框来选择该结算方式下的票据是否要进行票据管理。

4. 适用零售：“适用零售”值为“是”的结算方式才下发给零售系统。

# 任务六　设置数据权限

## 任务情景资料

设置李颖可以查询、删改、撤销填制的凭证或单据。

## 任务操作指导

1. 在“系统服务”选项卡中，执行“权限→数据权限分配”命令，进入“权限浏览”窗口（见图3-35）。

2. 在左侧的“用户及角色”列表中选择“22 李颖”，再点击“授权”，打开“记录权限设置”对话框。点击“业务对象”中的下三角按钮，选择“用户”。点击“>”按钮，将“11 成名”从“禁用”列表中选择到“可用”列表中（见图3-36）。

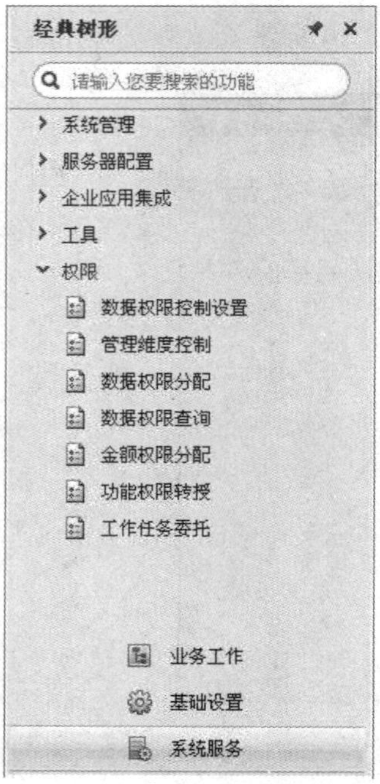


图 3-35　权限浏览窗口

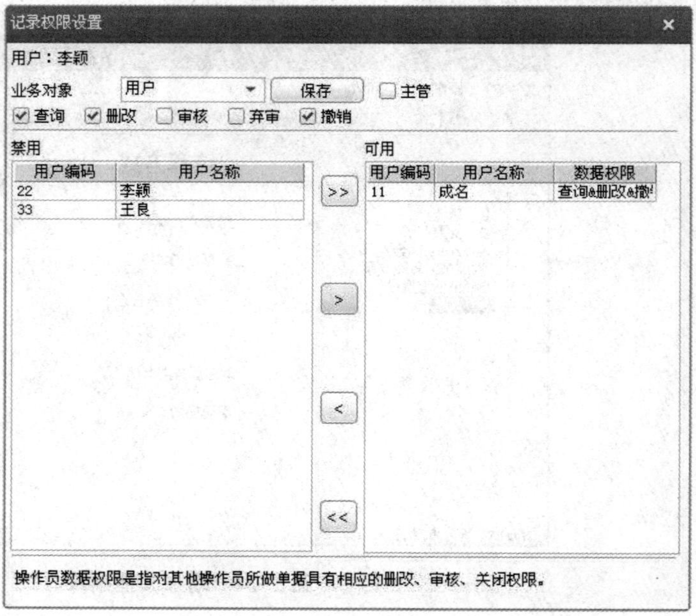


图 3-36　记录权限设置对话框

3. 点击保存，出现“保存成功对话框”，点击确定（见图3-37）。

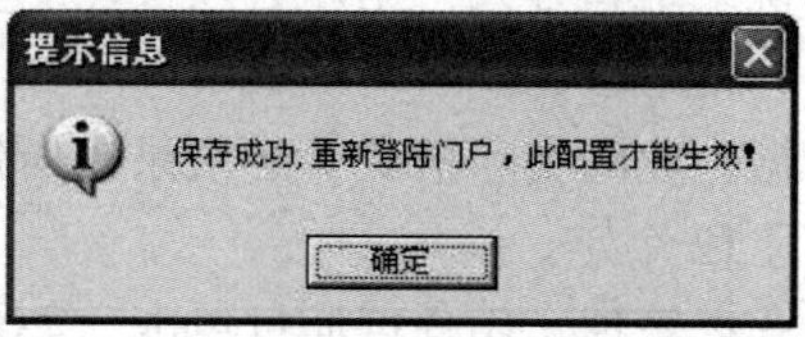


图 3-37　保存成功对话框

## 任务小贴士

1. 必须在系统管理中定义角色或用户，并分配完功能级权限后才能进行数据权限分配。
2. 数据权限包括记录级权限和字段级权限，可以分别进行授权。
3. 可以在“数据权限控制设置”中选择需要设置的数据权限。

# 任务七　单据设置

## 任务情景资料

利用单据设计功能将“应收单”中的“币种”和“汇率”删除。

## 任务操作指导

1. 在“基础设置”中，执行“单据设置→单据格式设置”命令，进入“单据格式设置”窗口（见图 3-38）。

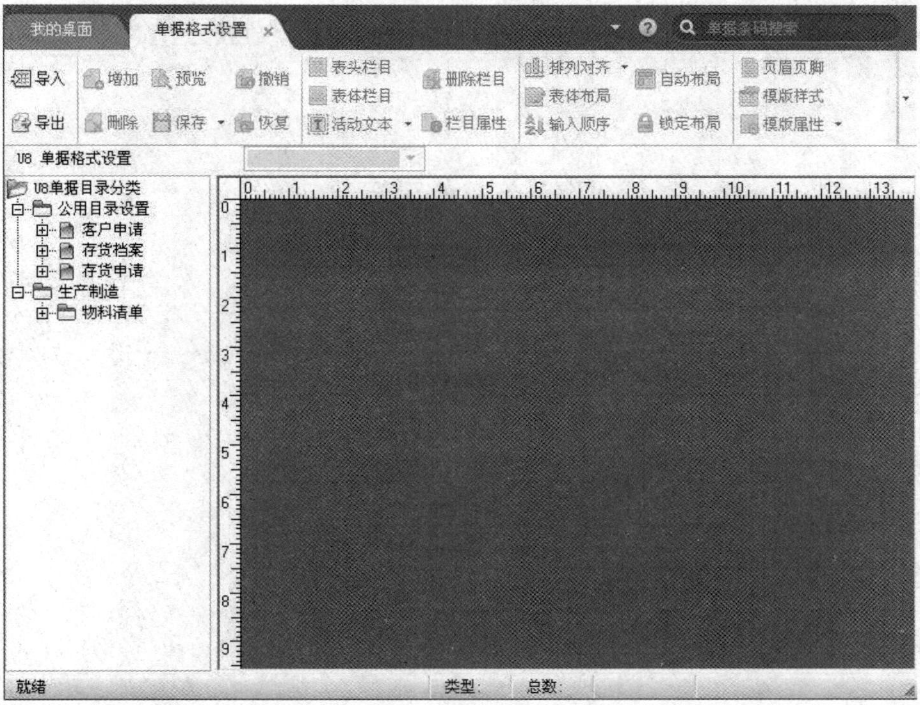


图 3-38　单据格式设置窗口

2. 在左侧的窗口中点击“应收款管理→应收单→显示→应收单显示模板”，进入“应收单”格式设置窗口。

3. 点击“表头项目”，取消“表头”中的“汇率”前的复选框，再保存。

## 任务小贴士

1. 单据设置只能在“企业应用平台”中进行。

2. 只有启用了“应收”“应付”等系统时，在“企业应用平台”的单据分类中才会列出与启用系统相对应的单据分类及内容。

# 项目四　总账系统初始设置

## 系统认知

总账系统初始化就是本着理实结合的实训目的，根据企业的实际情况，将一个通用的总账系统改造为适合本企业实际核算要求的“专用总账系统”，也是保证会计核算及各种专项辅助核算等一系列财务工作顺利开展的重要环节。总账初始化包括设置系统参数、建立会计科目体系、录入期初余额、设置凭证类别、设置项目目录等内容。

## 知识目标

1. 理解总账参数设置的内容和意义。
2. 掌握设置会计科目、录入期初余额、设置凭证类别的内容和操作方法。
3. 掌握指定会计科目的操作方法。
4. 理解项目目录设置的操作方法和步骤。

## 能力目标

1. 能够根据企业的实际情况进行总账系统的初始工作。
2. 能够增加、修改、指定会计科目。
3. 能够正确录入期初余额。

## 任务内容

任务一　总账系统控制参数设置

任务二　会计科目

任务三　设置凭证类别

任务四　设置项目目录

任务五　期初余额录入

## 任务操作要求

1. 实训开始前，修改系统时间为 2019 年 1 月 1 日。
2. 以系统管理员 admin 身份登录系统管理并引入备份的 333 账套数据（D：/甘肃通达科技/基础设置）。
3. 以账套主管成名身份登录企业应用平台进行基础档案设置。
4. 本项目实训结束后，以系统管理员 admin 身份登录系统管理并备份输出 333 账套数据到 D：/甘肃通达科技/总账系统初始设置，并删除该账套。

# 任务一 总账系统控制参数设置

## 任务情景资料

1. 凭证

制单序时控制；

支票控制；

可使用应收、应付、存货受控科目；

凭证编号方式采用系统编号；

现金流量科目必录现金流量；

批量审核凭证进行合法性校验。

2. 权限

凭证审核控制到操作员；

出纳凭证必须经由出纳签字；

不允许修改、作废他人填制的凭证；

可查询他人凭证。

3. 会计日历

数量小数位：2。

单价小数位：2。

本位币精度：2。

## 任务操作指导

1. 执行"总账→设置→选项"命令，打开"选项"对话框（见图 4-1）。

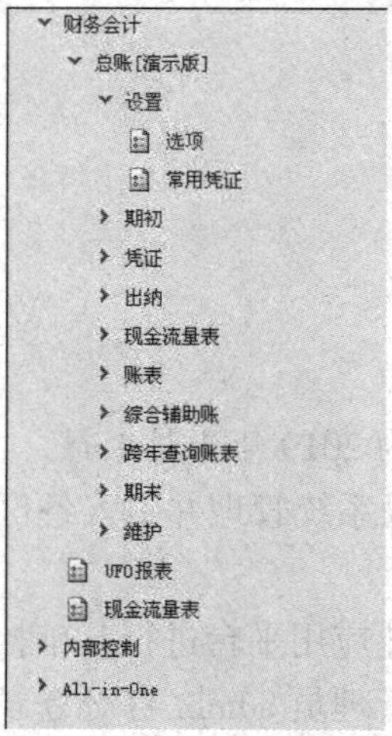


图 4-1 打开选项界面

2. 单击“凭证”选项卡，选择“制单序时控制”“ 支票控制”“ 可使用应收、应付、存货受控科目”“ 凭证编号方式采用系统编号”“ 现金流量科目必录现金流量”“ 批量审核凭证进行合法性校验”参数（见图 4–2）。

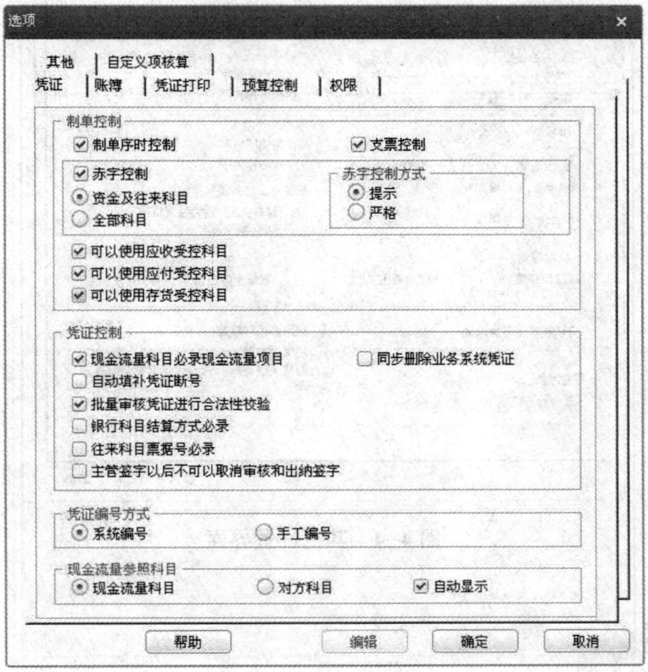


**图 4–2　凭证设置界面**

3. 其他依此法设置（见图 4–3、图 4–4），设置完成后，单击“确定”按钮。

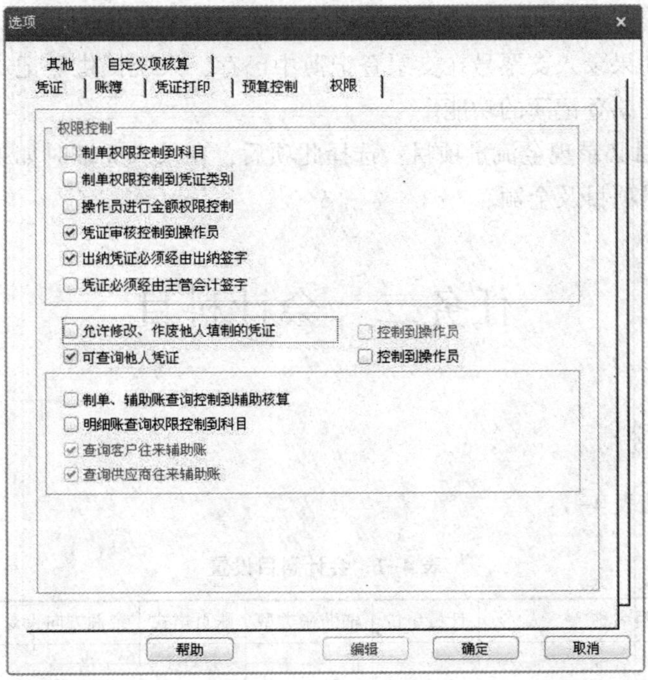


**图 4–3　权限设置界面**

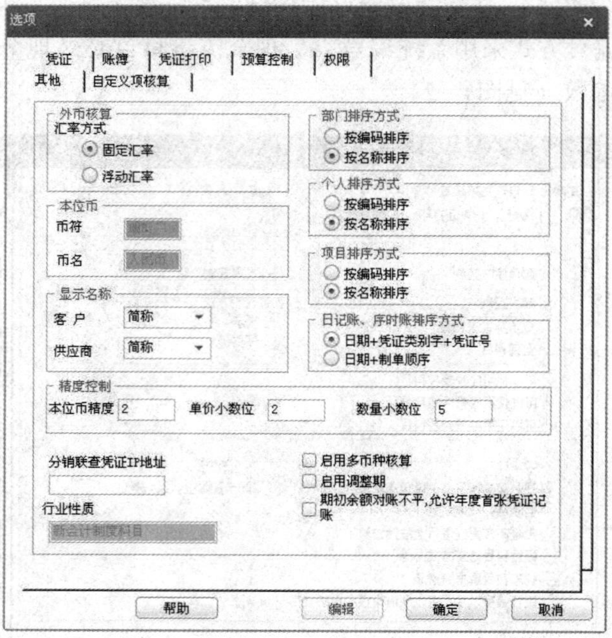


**图 4-4　其他设置界面**

## 任务小贴士

1. 制单序时控制：此项和“系统编号”选项联用，制单时凭证编号必须按日期顺序排列，10 月 25 日编制 25 号凭证，则 10 月 26 日只能开始编制 26 号凭证，即制单序时，如果有特殊需要可以将其改为不序时制单。

2. 支票控制：若选择此项，在制单时使用银行科目编制凭证时，系统针对票据管理的结算方式进行登记，如果录入支票号在支票登记薄中已存，系统提供登记支票报销的功能；否则，系统提供登记支票登记簿的功能。

3. 现金流量科目必录现金流量项目：选择此项后，在录入凭证时如果使用现金流量科目则必须输入现金流量项目及金额。

# 任务二　会计科目

## 任务情景资料

会计科目设置见表 4-1：

**表 4-1　会计科目设置**

| 科目编码 | 科目名称 | 计量单位 | 辅助账类型 | 账页格式 | 余额方向 | 受控系统 | 银行账 | 日记账 |
|---|---|---|---|---|---|---|---|---|
| 1001 | 库存现金 | | | 金额式 | 借 | | | Y |
| 1002 | 银行存款 | | | 金额式 | 借 | | Y | Y |

续表

| 科目编码 | 科目名称 | 计量单位 | 辅助账类型 | 账页格式 | 余额方向 | 受控系统 | 银行账 | 日记账 |
|---|---|---|---|---|---|---|---|---|
| 100201 | 工行存款 | | | 金额式 | 借 | | Y | Y |
| 100202 | 中行存款 | | 美元 | 金额式 | 借 | | Y | Y |
| 1009 | 其他货币资金 | | | 金额式 | 借 | | | |
| 100901 | 外埠存款 | | | 金额式 | 借 | | | |
| 100902 | 银行本票 | | | 金额式 | 借 | | | |
| 100903 | 银行汇票 | | | 金额式 | 借 | | | |
| 100904 | 信用卡 | | | 金额式 | 借 | | | |
| 100905 | 信用证保证金 | | | 金额式 | 借 | | | |
| 100906 | 存出投资款 | | | 金额式 | 借 | | | |
| 1101 | 交易性金融资产 | | | 金额式 | 借 | | | |
| 110101 | 股票 | | | 金额式 | 借 | | | |
| 110102 | 债券 | | | 金额式 | 借 | | | |
| 110103 | 基金 | | | 金额式 | 借 | | | |
| 110110 | 其他 | | | 金额式 | 借 | | | |
| 1102 | 交易性金融资产跌价准备 | | | 金额式 | 贷 | | | |
| 1111 | 应收票据 | | | 金额式 | 借 | | | |
| 1121 | 应收股利 | | | 金额式 | 借 | | | |
| 1122 | 应收利息 | | | 金额式 | 借 | | | |
| 1131 | 应收账款 | | 客户往来 | 金额式 | 借 | 应收系统 | | |
| 1133 | 其他应收款 | | 个人往来 | 金额式 | 借 | | | |
| 1141 | 坏账准备 | | | 金额式 | 贷 | | | |
| 1151 | 预付账款 | | 供应商往来 | 金额式 | 借 | 应付系统 | | |
| 1161 | 应收补贴款 | | | 金额式 | 借 | | | |
| 1201 | 在途物资 | | | 金额式 | 借 | | | |
| 1211 | 原材料 | | | 金额式 | 借 | | | |
| 121101 | 生产用原材料 | 张 | | 数量金额式 | 借 | | | |
| 121102 | 其他原材料 | | | 金额式 | 借 | | | |
| 1221 | 包装物 | | | 金额式 | 借 | | | |
| 1231 | 低值易耗品 | | | 金额式 | 借 | | | |
| 1232 | 材料成本差异 | | | 金额式 | 借 | | | |
| 1241 | 自制半成品 | | | 金额式 | 借 | | | |
| 1243 | 库存商品 | | | 金额式 | 借 | | | |
| 1244 | 商品进销差价 | | | 金额式 | 借 | | | |
| 1251 | 委托加工物资 | | | 金额式 | 借 | | | |
| 1261 | 委托代销商品 | | | 金额式 | 借 | | | |
| 1271 | 受托代销商品 | | | 金额式 | 借 | | | |
| 1281 | 存货跌价准备 | | | 金额式 | 贷 | | | |

续表

| 科目编码 | 科目名称 | 计量单位 | 辅助账类型 | 账页格式 | 余额方向 | 受控系统 | 银行账 | 日记账 |
|---|---|---|---|---|---|---|---|---|
| 1291 | 分期收款发出商品 | | | 金额式 | 借 | | | |
| 1301 | 待摊费用 | | | 金额式 | 借 | | | |
| 1401 | 长期股权投资 | | | 金额式 | 借 | | | |
| 140101 | 股票投资 | | | 金额式 | 借 | | | |
| 140102 | 其他股权投资 | | | 金额式 | 借 | | | |
| 1402 | 长期债权投资 | | | 金额式 | 借 | | | |
| 140201 | 债券投资 | | | 金额式 | 借 | | | |
| 140202 | 其他债权投资 | | | 金额式 | 借 | | | |
| 1421 | 长期投资减值准备 | | | 金额式 | 贷 | | | |
| 1431 | 委托贷款 | | | 金额式 | 借 | | | |
| 143101 | 本金 | | | 金额式 | 借 | | | |
| 143102 | 利息 | | | 金额式 | 借 | | | |
| 143103 | 减值准备 | | | 金额式 | 借 | | | |
| 1501 | 固定资产 | | | 金额式 | 借 | | | |
| 1502 | 累计折旧 | | | 金额式 | 贷 | | | |
| 1505 | 固定资产减值准备 | | | 金额式 | 贷 | | | |
| 1601 | 工程物资 | | | 金额式 | 借 | | | |
| 160101 | 专用材料 | | | 金额式 | 借 | | | |
| 160102 | 专用设备 | | | 金额式 | 借 | | | |
| 160103 | 预付大型设备款 | | | 金额式 | 借 | | | |
| 160104 | 为生产准备的工具及器具 | | | 金额式 | 借 | | | |
| 1603 | 在建工程 | | | 金额式 | 借 | | | |
| 1605 | 在建工程减值准备 | | | 金额式 | 贷 | | | |
| 1701 | 固定资产清理 | | | 金额式 | 借 | | | |
| 1801 | 无形资产 | | | 金额式 | 借 | | | |
| 1805 | 无形资产减值准备 | | | 金额式 | 贷 | | | |
| 1815 | 未确认融资费用 | | | 金额式 | 借 | | | |
| 1901 | 长期待摊费用 | | | 金额式 | 借 | | | |
| 1911 | 待处理财产损溢 | | | 金额式 | 借 | | | |
| 191101 | 待处理流动资产损溢 | | | 金额式 | 借 | | | |
| 191102 | 待处理固定资产损溢 | | | 金额式 | 借 | | | |
| 2101 | 短期借款 | | | 金额式 | 贷 | | | |
| 2111 | 应付票据 | | | 金额式 | 贷 | | | |
| 2121 | 应付账款 | | 供应商往来 | 金额式 | 贷 | 应付系统 | | |
| 2131 | 预收账款 | | 客户往来 | 金额式 | 贷 | 应收系统 | | |
| 2141 | 代销商品款 | | | 金额式 | 贷 | | | |
| 2151 | 应付工资 | | | 金额式 | 贷 | | | |

续表

| 科目编码 | 科目名称 | 计量单位 | 辅助账类型 | 账页格式 | 余额方向 | 受控系统 | 银行账 | 日记账 |
|---|---|---|---|---|---|---|---|---|
| 2153 | 应付福利费 | | | 金额式 | 贷 | | | |
| 2161 | 应付股利 | | | 金额式 | 贷 | | | |
| 2171 | 应交税金 | | | 金额式 | 贷 | | | |
| 217101 | 应交增值税 | | | 金额式 | 贷 | | | |
| 21710101 | 进项税额 | | | 金额式 | 贷 | | | |
| 21710102 | 已交税金 | | | 金额式 | 贷 | | | |
| 21710103 | 转出未交增值税 | | | 金额式 | 贷 | | | |
| 21710104 | 减免税款 | | | 金额式 | 贷 | | | |
| 21710105 | 销项税额 | | | 金额式 | 贷 | | | |
| 21710106 | 出口退税 | | | 金额式 | 贷 | | | |
| 21710107 | 进项税额转出 | | | 金额式 | 贷 | | | |
| 21710108 | 出口抵减内销产品应纳税额 | | | 金额式 | 贷 | | | |
| 21710109 | 转出多交增值税 | | | 金额式 | 贷 | | | |
| 217102 | 未交增值税 | | | 金额式 | 贷 | | | |
| 217103 | 应交营业税 | | | 金额式 | 贷 | | | |
| 217104 | 应交消费税 | | | 金额式 | 贷 | | | |
| 217105 | 应交资源税 | | | 金额式 | 贷 | | | |
| 217106 | 应交所得税 | | | 金额式 | 贷 | | | |
| 217107 | 应交土地增值税 | | | 金额式 | 贷 | | | |
| 217108 | 应交城市维护建设税 | | | 金额式 | 贷 | | | |
| 217109 | 应交房产税 | | | 金额式 | 贷 | | | |
| 217110 | 应交土地使用税 | | | 金额式 | 贷 | | | |
| 217111 | 应交车船使用税 | | | 金额式 | 贷 | | | |
| 217112 | 应交个人所得税 | | | 金额式 | 贷 | | | |
| 2176 | 其他应交款 | | | 金额式 | 贷 | | | |
| 2181 | 其他应付款 | | | 金额式 | 贷 | | | |
| 2191 | 预提费用 | | | 金额式 | 贷 | | | |
| 2201 | 待转资产价值 | | | 金额式 | 贷 | | | |
| 2211 | 预计负债 | | | 金额式 | 贷 | | | |
| 2301 | 长期借款 | | | 金额式 | 贷 | | | |
| 2311 | 应付债券 | | | 金额式 | 贷 | | | |
| 231101 | 债券面值 | | | 金额式 | 贷 | | | |
| 231102 | 债券溢价 | | | 金额式 | 贷 | | | |
| 231103 | 债券折价 | | | 金额式 | 贷 | | | |
| 231104 | 应计利息 | | | 金额式 | 贷 | | | |
| 2321 | 长期应付款 | | | 金额式 | 贷 | | | |

续表

| 科目编码 | 科目名称 | 计量单位 | 辅助账类型 | 账页格式 | 余额方向 | 受控系统 | 银行账 | 日记账 |
|---|---|---|---|---|---|---|---|---|
| 2331 | 专项应付款 | | | 金额式 | 贷 | | | |
| 2341 | 递延税款 | | | 金额式 | 贷 | | | |
| 3101 | 实收资本（或股本） | | | 金额式 | 贷 | | | |
| 3103 | 已归还投资 | | | 金额式 | 借 | | | |
| 3111 | 资本公积 | | | 金额式 | 贷 | | | |
| 311101 | 资本（或股本）溢价 | | | 金额式 | 贷 | | | |
| 311102 | 接受捐赠非现金资产准备 | | | 金额式 | 贷 | | | |
| 311103 | 接受现金捐赠 | | | 金额式 | 贷 | | | |
| 311104 | 股权投资准备 | | | 金额式 | 贷 | | | |
| 311105 | 拨款转入 | | | 金额式 | 贷 | | | |
| 311106 | 外币资本折算差额 | | | 金额式 | 贷 | | | |
| 311107 | 其他资本公积 | | | 金额式 | 贷 | | | |
| 3121 | 盈余公积 | | | 金额式 | 贷 | | | |
| 312101 | 法定盈余公积 | | | 金额式 | 贷 | | | |
| 312102 | 任意盈余公积 | | | 金额式 | 贷 | | | |
| 312103 | 法定公益金 | | | 金额式 | 贷 | | | |
| 312104 | 储备基金 | | | 金额式 | 贷 | | | |
| 312105 | 企业发展基金 | | | 金额式 | 贷 | | | |
| 312106 | 利润归还投资 | | | 金额式 | 贷 | | | |
| 3131 | 本年利润 | | | 金额式 | 贷 | | | |
| 3141 | 利润分配 | | | 金额式 | 贷 | | | |
| 314101 | 其他转入 | | | 金额式 | 贷 | | | |
| 314102 | 提取法定盈余公积 | | | 金额式 | 贷 | | | |
| 314103 | 提取法定公益金 | | | 金额式 | 贷 | | | |
| 314104 | 提取储备基金 | | | 金额式 | 贷 | | | |
| 314105 | 提取企业发展基金 | | | 金额式 | 贷 | | | |
| 314106 | 提取职工奖励及福利基金 | | | 金额式 | 贷 | | | |
| 314107 | 利润归还投资 | | | 金额式 | 贷 | | | |
| 314108 | 应付优先股股利 | | | 金额式 | 贷 | | | |
| 314109 | 提取任意盈余公积 | | | 金额式 | 贷 | | | |
| 314110 | 应付普通股股利 | | | 金额式 | 贷 | | | |
| 314111 | 转作资本（或股本）的普通股股利 | | | 金额式 | 贷 | | | |
| 314115 | 未分配利润 | | | 金额式 | 贷 | | | |
| 4101 | 生产成本 | | | 金额式 | 借 | | | |
| 410101 | 基本生产成本 | | | 金额式 | 借 | | | |
| 41010101 | 直接材料 | | 项目核算 | 金额式 | 借 | | | |

续表

| 科目编码 | 科目名称 | 计量单位 | 辅助账类型 | 账页格式 | 余额方向 | 受控系统 | 银行账 | 日记账 |
|---|---|---|---|---|---|---|---|---|
| 41010102 | 直接人工 | | 项目核算 | 金额式 | 借 | | | |
| 41010103 | 制造费用 | | 项目核算 | 金额式 | 借 | | | |
| 410102 | 辅助生产成本 | | | 金额式 | 借 | | | |
| 4105 | 制造费用 | | | 金额式 | 借 | | | |
| 410501 | 工资 | | | 金额式 | 借 | | | |
| 410502 | 折旧费 | | | 金额式 | 借 | | | |
| 410503 | 其他 | | | 金额式 | 借 | | | |
| 4107 | 劳务成本 | | | 金额式 | 借 | | | |
| 5101 | 主营业务收入 | | | 金额式 | 贷 | | | |
| 5102 | 其他业务收入 | | | 金额式 | 贷 | | | |
| 5201 | 投资收益 | | | 金额式 | 贷 | | | |
| 5203 | 补贴收入 | | | 金额式 | 贷 | | | |
| 5301 | 营业外收入 | | | 金额式 | 贷 | | | |
| 5401 | 主营业务成本 | | | 金额式 | 借 | | | |
| 5402 | 主营业务税金及附加 | | | 金额式 | 借 | | | |
| 5405 | 其他业务支出 | | | 金额式 | 借 | | | |
| 5501 | 营业费用 | | | 金额式 | 借 | | | |
| 5502 | 管理费用 | | | 金额式 | 借 | | | |
| 5503 | 财务费用 | | | 金额式 | 借 | | | |
| 5601 | 营业外支出 | | | 金额式 | 借 | | | |
| 5701 | 所得税 | | | 金额式 | 借 | | | |
| 5801 | 以前年度损益调整 | | | 金额式 | 借 | | | |

## 任务操作指导

## 一、增加明细会计科目

1. 执行“基础设置→财务→会计科目”命令，进入“会计科目”窗口，显示所有“按2007 新会计制度”预置的科目。

2. 单击“增加”按钮，进入“会计科目——新增”窗口。

3. 输入明细科目相关内容。

4. 输入编码“100201”、科目名称“工行存款”，选择“日记账”“银行账”（见图 4-5）。

5. 单击“确定”按钮。

6. 继续单击“增加”按钮，输入任务情景资料中其他明细科目的相关内容。

7. 全部输完后，单击“关闭”按钮。

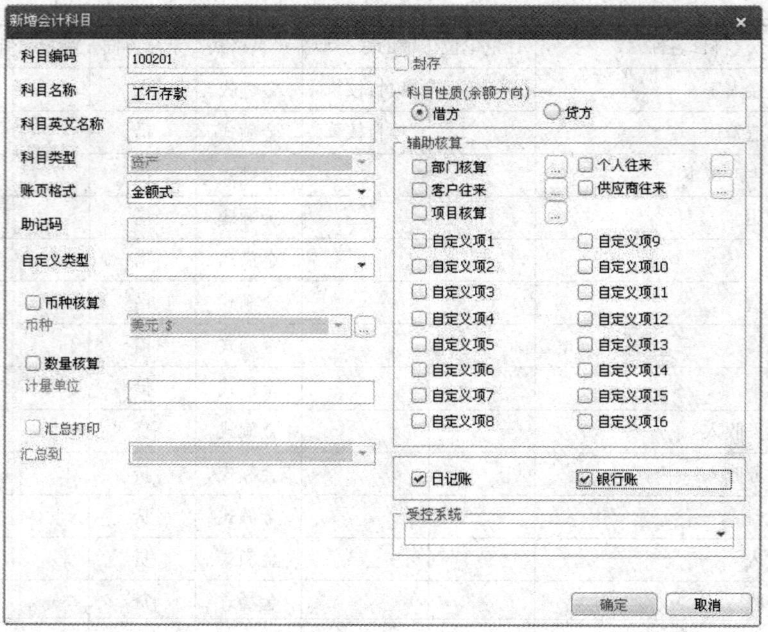


图 4-5 新增工行存款会计科目对话框

## 二、修改会计科目

1. 在“会计科目”窗口中，单击要修改的会计科目“1001 库存现金”。
2. 单击“修改”按钮或双击该科目，进入“会计科目——修改”窗口。
3. 单击“修改”按钮。
4. 选中“日记账”复选框（见图 4-6）。

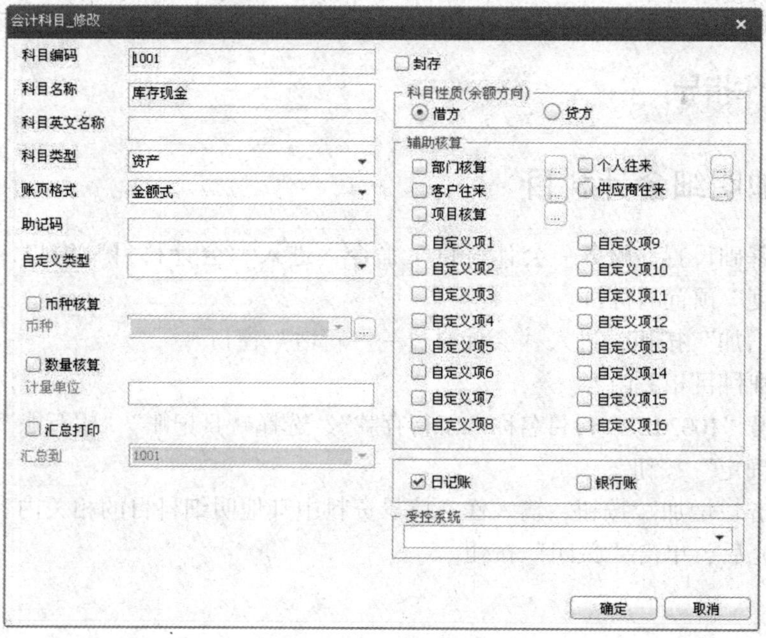


图 4-6 修改库存现金会计科目对话框

5. 单击“确定”按钮。

6. 按实训资料内容修改其他科目的辅助核算属性，修改完成后，单击“☒”按钮关闭“修改会计科目”对话框。

## 三、删除会计科目（可选做）

1. 在“会计科目”窗口中，选择要删除的会计科目。

2. 单击“删除”按钮，弹出“记录删除后不能修复！真的删除此记录吗?”提示框。

3. 单击“确定”按钮，即可删除该科目（见图4-7）。

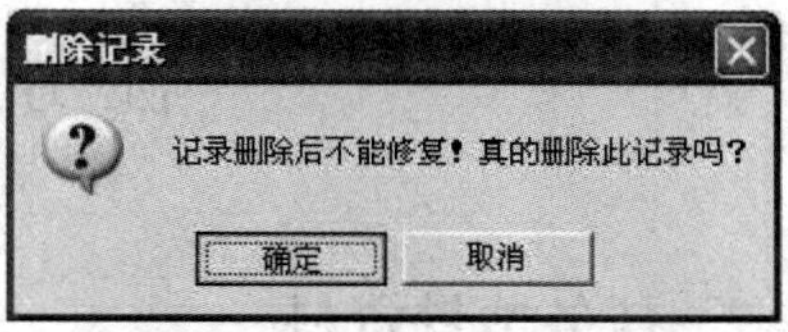


图4-7　删除会计科目对话框

## 四、指定会计科目

1. 在“会计科目”窗口中，执行“编辑→指定科目”命令，进入“指定科目”窗口。

2. 单击“现金科目”单选按钮。

3. 单击选中“1001 库存现金”科目。

4. 单击“>”按钮，将“1001 库存现金”科目由待选科目选入已选科目（见图4-8），单击“确定”按钮。

5. 同理，单击“银行科目”单选按钮，将“1002 银行存款”由待选科目选入已选科目。

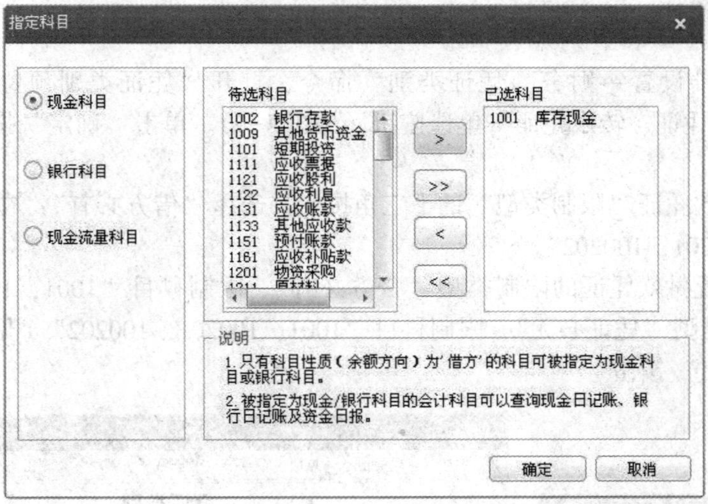


图4-8　指定科目对话框

## 任务小贴士

1. 增加的会计科目编码长度及每段位数要符合编码规则。科目一经使用，就不能再增设下级科目，只能增加同级科目。由于建立会计科目的内容较多，很多辅助核算内容对后面凭证输入操作产生影响，因此在建立会计科目时，要小心并反复检查。

2. 在会计科目修改窗口中，“修改”和“确定”按钮是同一个，当处于编辑状态时，显示为“确定”按钮。已有数据的科目不能修改科目性质。被封存的科目在制单时不可以使用。只有处于修改状态时才能设置汇总打印和封存。

3. 如果科目已录入期初余额或已制单，则不能删除。非末级会计科目不能删除。

4. 被指定为“现金科目”“银行科目”的会计科目不能删除；如想删除，必须先取消指定。指定会计科目是指定出纳的专管科目。只有指定科目后，才能执行出纳签字，从而实现现金、银行管理的保密性，才能查看现金、银行存款日记账。在指定“现金科目”“银行科目”之前，应在建立“现金”“银行存款”会计科目时选中“日记账”复选框。

# 任务三 设置凭证类别

## 任务情景资料

凭证类别见表 4-2：

**表 4-2 凭证类别**

| 凭证类别 | 限制类型 | 限制科目 |
|---|---|---|
| 收款凭证 | 借方必有 | 1001，100201，100202 |
| 付款凭证 | 贷方必有 | 1001，100201，100202 |
| 转账凭证 | 凭证必无 | 1001，100201，100202 |

## 任务操作指导

1. 执行“基础设置→财务→凭证类别”命令，打开“凭证类别预置”对话框。单击“收款凭证、付款凭证、转账凭证”单选按钮（见图 4-9）。单击“确定”按钮，进入“凭证类别”窗口。

2. 再单击收款凭证“限制类型”的下三角按钮，选择“借方必有”；在“限制科目”栏输入“1001，100201，100202”。

3. 同理，设置付款凭证的限制类型“贷方必有”、限制科目“1001，100201，100202”；转账凭证的限制类型“凭证必无”、限制科目“1001，100201，100202”（见图 4-10）。设置完后，单击“退出”按钮。

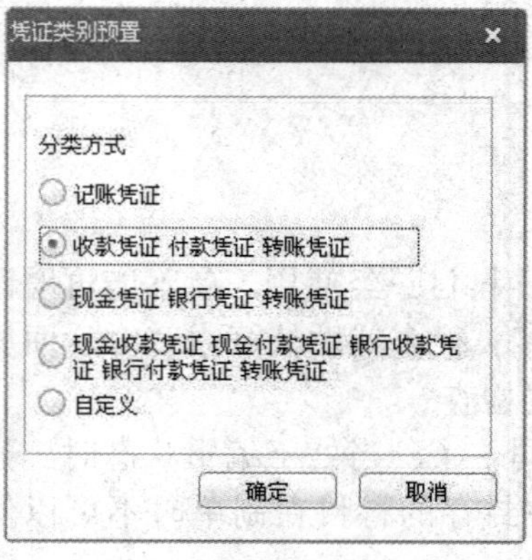


图 4-9 凭证类别预置对话框

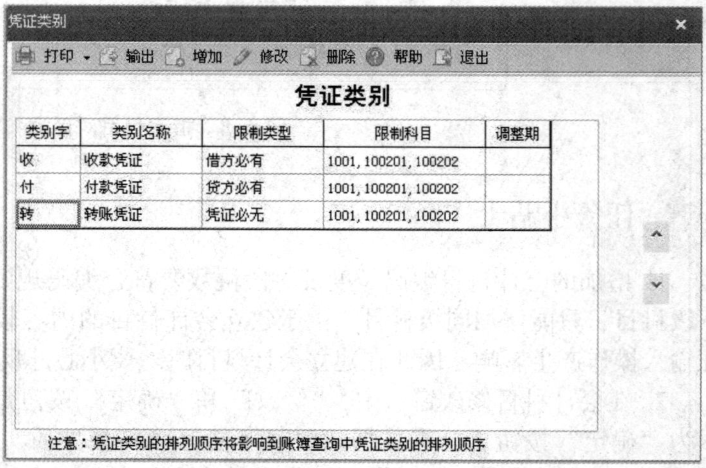


图 4-10 凭证类别设置对话框

## 任务小贴士

1. 许多单位为了便于管理或登账方便，一般对记账凭证进行分类编制，但各单位的分类方法不尽相同，所以本系统提供了“凭证类别”功能，用户完全可以按照本单位的需要对凭证进行分类。

2. 已使用的凭证类别不能删除，也不能修改类别字。

3. 若选有科目限制（即“限制类型”不是“无限制”），则至少要输入一个限制科目。若限制类型选“无限制”，则不能输入限制科目。

4. 若限制科目为非末级科目，则在制单时，其所有下级科目都将受到同样的限制。如：若分类如上所设，且 101 科目下有 10101 和 10102 两个下级科目，那么，在填制转账凭证时，将不能使用 10101 和 10102 及 102 下的所有科目。

5. 表格右侧的上下箭头按钮可以调整凭证类别的前后顺序，它将决定明细账中凭证的排列顺序。例如：凭证类别设置中凭证类别的排列顺序为收、付、转，那么，在查询明细账、日记账时，同一日的凭证，将按照收、付、转的顺序进行排列。

# 任务四　设置项目目录

## 任务情景资料

1. 项目目录（见表 4-3）

**表 4-3　项目目录**

| 项目设置步骤 | 设置内容 |
| --- | --- |
| 项目大类 | 基本生产成本 |
| 核算科目 | 生产成本（4101）<br>直接材料（410101）<br>直接人工（410102）<br>制造费用（410103）<br>折旧费（410104）<br>其他（410105） |
| 项目分类 | 1. 学习类软件<br>2. 游戏类软件 |
| 项目名称 | 快乐英语（所属分类：1）<br>轻松上网（所属分类：1） |

2. 项目核算科目（见表 4-4）

**表 4-4　项目核算科目**

| 科目编码 | 科目名称 | 其他备注 | 是否项目核算 |
| --- | --- | --- | --- |
| 41010101 | 直接材料 | | 项目核算 |
| 41010102 | 直接人工 | | 项目核算 |
| 41010103 | 制造费用 | | 项目核算 |

## 任务操作指导

### 一、定义项目大类

1. 执行“基础设置→财务→项目目录”命令，进入“项目目录”窗口（见图 4-11）。

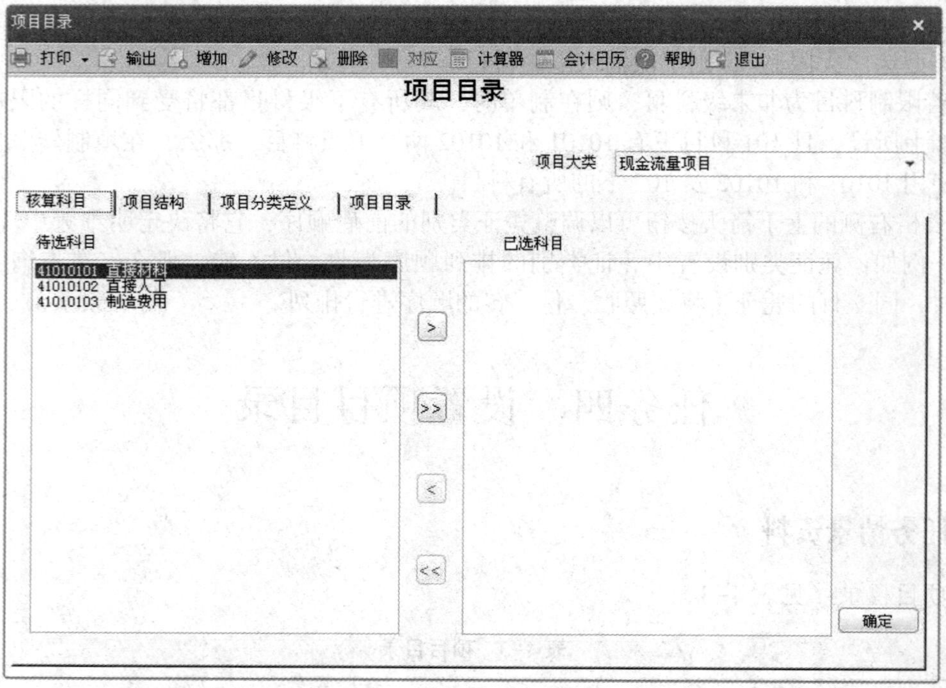


图 4-11　项目目录窗口

2. 单击“增加”按钮，打开“项目大类定义_增加”对话框。
3. 输入新项目大类名称“生产成本”（见图 4-12）。

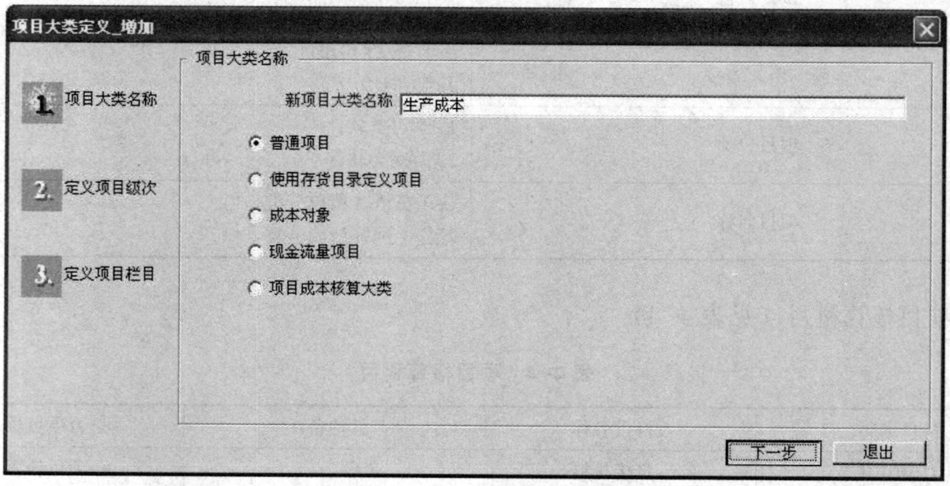


图 4-12　项目大类定义对话框

4. 项目级次为“1-1”，单击“下一步”按钮，其他设置均采用系统默认值（见图 4-13）。最后单击“完成”按钮，返回“项目目录”窗口。

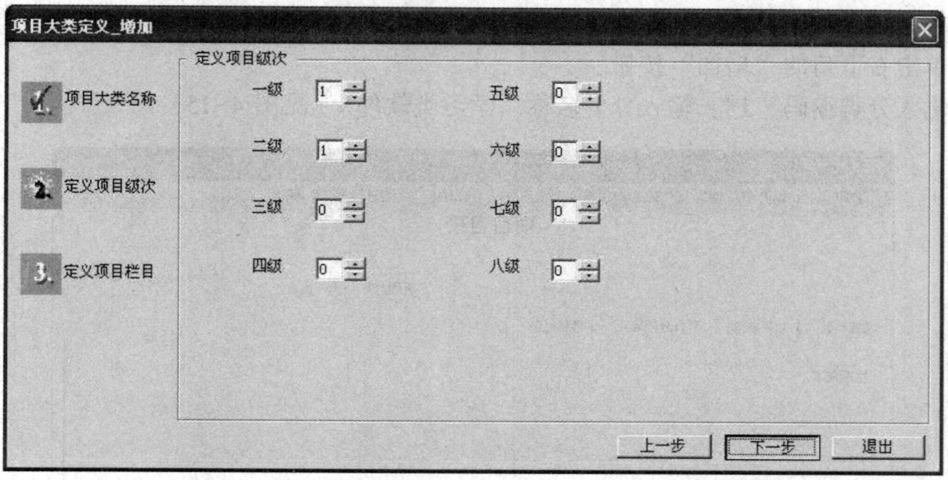


图 4-13　定义项目级次对话框

## 二、指定核算科目

1. 在“项目目录”窗口中，选择“核算科目”页签。

2. 选择项目大类“生产成本”。

3. 分别选择要参加核算的科目，“41010101 直接材料”“41010102 直接人工”“41010103 制造费用”（见图 4-14）。单击“>”按钮。单击“确定”按钮。

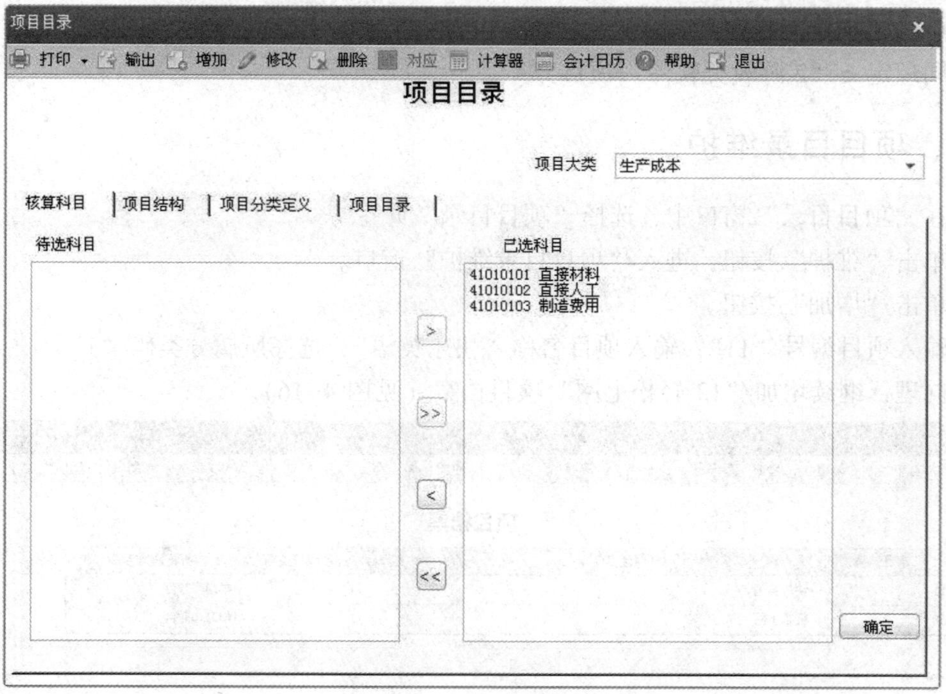


图 4-14　指定核算科目界面

## 三、定义项目分类

1. 在“项目档案”窗口中，选择“项目分类定义”页签。
2. 单击右下角的“增加”按钮。
3. 输入分类编码“1”；输入分类名称“学习类软件”（见图 4-15）。

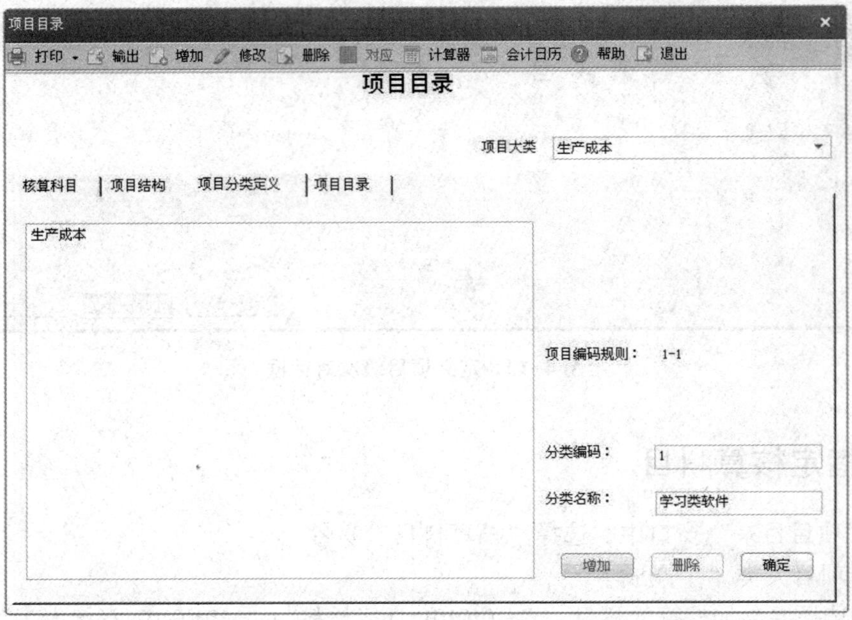


图 4-15　定义项目分类界面

4. 单击“确定”按钮。
5. 同理定义“2 游戏类软件”项目分类。

## 四、项目目录维护

1. 在“项目目录”窗口中，选择“项目目录”页签。
2. 单击“维护”按钮，进入“项目目录维护”窗口。
3. 单击“增加”按钮。
4. 输入项目编号“11”；输入项目名称“快乐英语”；选择所属分类码“1”。
5. 同理，继续增加“12 轻松上网”项目档案（见图 4-16）。

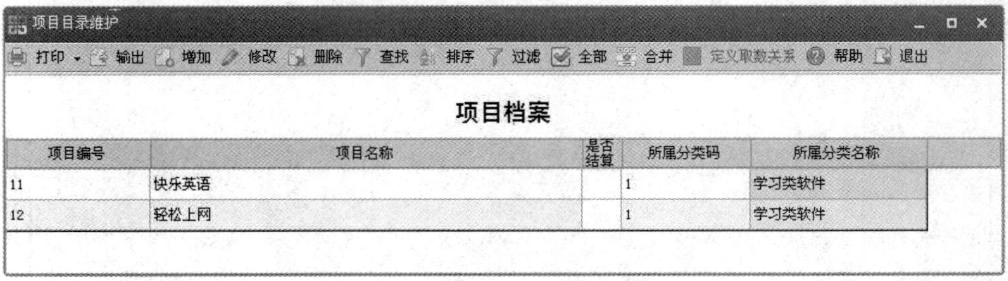


图 4-16　项目目录维护界面

## 任务小贴士

1. 项目大类的名称是该类项目的总称，而不是会计科目名称。如：在建工程按具体工程项目核算，其项目大类名称应为“工程项目”而不是“在建工程”。
2. 为了便于统计，可对同一项目大类下的项目进行进一步划分，即定义项目分类。
3. 若无分类，也必须定义项目分类为“无分类”。
4. 一个项目大类可指定多个科目，一个科目只能指定一个项目大类。
5. 在总账系统或其他系统中输入项目时，可按参照按钮或按 F2 键，参照项目目录信息。
6. 建立项目档案的操作流程如下（见图 4-17）。

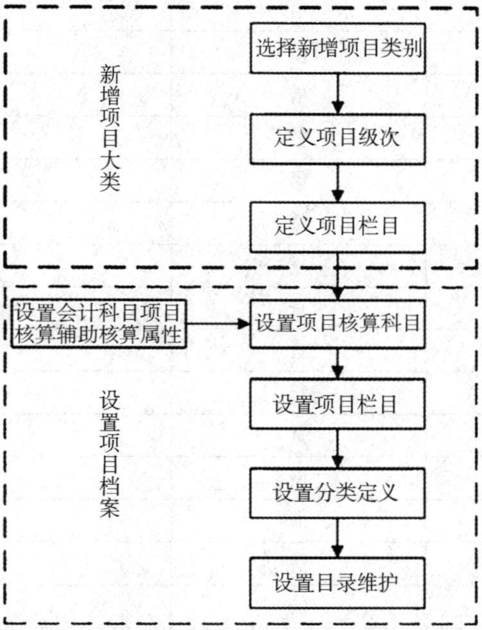


**图 4-17　建立项目档案的操作流程**

# 任务五　期初余额录入

## 任务情景资料

1. 2019 年 1 月总账期初余额表（见表 4-5）

**表 4-5　总账期初余额表**

| 科目名称 | 方向 | 币别/计量 | 期初余额 |
|---|---|---|---|
| 库存现金（1001） | 借 | | 4 400 |
| 银行存款（1002） | 借 | | 300 000 |
| 工行存款（100201） | 借 | | 200 000 |
| 中行存款（100202） | 借 | | 100 000 |

续表

| 科目名称 | 方向 | 币别/计量 | 期初余额 |
|---|---|---|---|
| | 借 | 美元 | 11 594 |
| 应收账款（1131） | 借 | | 120 000 |
| 其他应收款（1133） | 借 | | 6 000 |
| 原材料（1211） | 借 | | 56 800 |
| 生产用原材料（121101） | 借 | | 30 000 |
| | 借 | 张 | 60 000 |
| 其他原材料（121102） | 借 | | 26 800 |
| 库存商品（1243） | 借 | | 180 000 |
| 待摊费用（1301） | 借 | | 1 200 |
| 固定资产（1501） | 借 | | 750 000 |
| 累计折旧（1502） | 贷 | | 125 000 |
| 无形资产（1801） | 借 | | 250 000 |
| 应付账款（2121） | 贷 | | 168 000 |
| 应付福利费（2153） | 贷 | | 8 200 |
| 其他应付款（2181） | 贷 | | 2 400 |
| 实收资本（或股本）（3101） | 贷 | | 1 000 000 |
| 利润分配（3141） | 贷 | | 409 800 |
| 未分配利润（314115） | 贷 | | 409 800 |
| 生产成本（4101） | 借 | | 45 000 |
| 基本生产成本（410101） | 借 | | 45 000 |
| 直接材料（41010101） | 借 | | 5 000 |
| 直接人工（41010102） | 借 | | 25 000 |
| 制造费用（41010103） | 借 | | 15 000 |

2. 2019 年 1 月辅助账期初余额表（见表 4-6 至表 4-9）

会计科目：1133 其他应收款　　余额：借 6 000 元

**表 4-6　其他应收款辅助账期初余额表**

| 日期 | 部门 | 个人 | 摘要 | 方向 | 期初余额 |
|---|---|---|---|---|---|
| 2018-12-26 | 总经理办公室 | 李强 | 出差借款 | 借 | 4 000 |
| 2018-12-27 | 销售一部 | 刘冰 | 出差借款 | 借 | 2 000 |

会计科目：1131 应收账款　　余额：借 120 000 元

**表 4-7　应收账款辅助账期初余额表**

| 日期 | 客户 | 摘要 | 方向 | 金额 | 业务员 |
|---|---|---|---|---|---|
| 2018-12-25 | 新世纪学校 | 销售商品 | 借 | 73 200 | 刘佳 |
| 2018-12-10 | 海达公司 | 销售商品 | 借 | 46 800 | 刘佳 |

会计科目：2121 应付账款　　　　　余额：贷 168 000 元

**表 4-8　应付账款辅助账期初余额表**

| 日期 | 供应商 | 摘要 | 方向 | 金额 | 业务员 |
|---|---|---|---|---|---|
| 2018-11-20 | 万佳 | 购买商品 | 贷 | 168 000 | 康柏 |

会计科目：4101 基本生产成本　　　余额：借 45 000 元

**表 4-9　基本生产成本辅助账期初余额表**

| 科目名称 | 快乐英语 | 轻松上网 | 合计 |
|---|---|---|---|
| 直接材料（410101） | 3 000 | 2 000 | 5 000 |
| 直接人工（410102） | 15 000 | 10 000 | 25 000 |
| 制造费用（410103） | 8 500 | 6 500 | 15 000 |
| 合计 | 26 500 | 18 500 | 45 000 |

## 任务操作指导

# 一、总账期初余额

1. 执行“业务工作→财务会计→总账→期初→期初余额”命令，进入“期初余额录入”窗口。

2. 输入“1001 现金”科目的期初余额 4 400，敲回车键确认。

3. 同理，根据任务情景资料输入其他总账科目的期初余额（见图 4-18）。

图 4-18　总账期初余额录入界面

## 二、辅助账期初余额

1. 执行“业务工作→财务会计→总账→期初→期初余额”命令，进入“期初余额录入”窗口。

2. 双击“其他应收款”的期初余额栏，进入“个人往来期初”窗口。

3. 单击“增加”按钮。

4. 单击“期初往来明细→增行”，输入任务情景资料中的“其他应收款”的辅助核算信息（见图 4-19）。

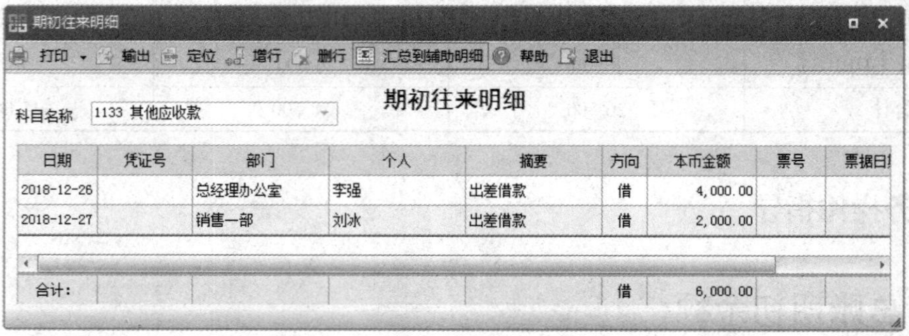


图 4-19　期初往来明细界面

5. 单击“汇总到辅助明细”按钮。

6. 单击“退出”按钮（见图 4-20），退出辅助期初余额界面。

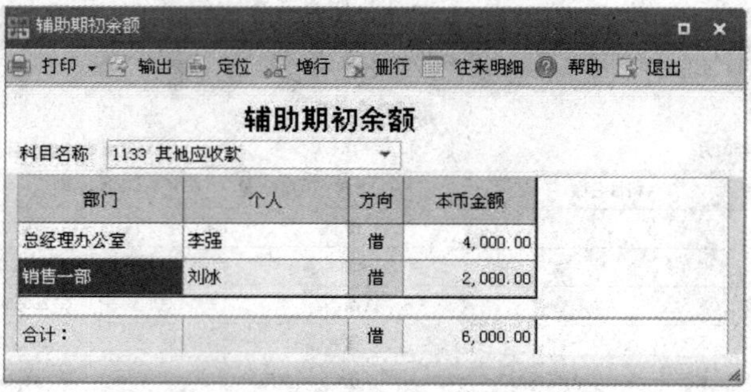


图 4-20　辅助期初余额界面

## 三、试算平衡

1. 输完所有科目余额后，在“期初余额输入”窗口，单击“试算”按钮，打开“期初试算平衡表”对话框（见图 4-21）。

2. 单击“确认”按钮。若期初余额不平衡，则修改期初余额直到平衡为止。

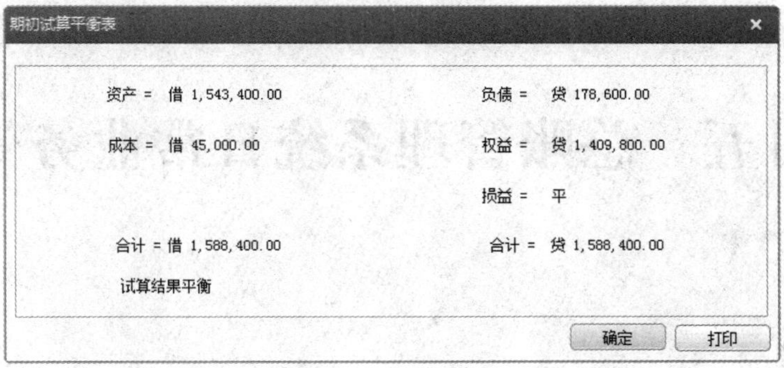


**图 4-21　期初试算平衡表对话框**

## 任务小贴士

1. 期初余额只能在最末级明细科目上输入，上级科目的期初余额将自动计算并填列。

2. 当不想输入某项内容而系统又提示必须输入时，可按 ESC 键取消输入。此操作在本软件中很多地方是适用的。

3. 输入“直接材料（500101）”等有项目核算科目的期初余额，在进行项目参照选择时，应将“显示已结算项目”前面的“√”去掉，这样才能看到要选择的项目名称。

4. 若录入的自定义项在总账“选项”设置为辅助核算项，该自定义项必须录入；否则，可选择性录入。

5. 如果需要修改某个数据，将光标移到要进行修改的数据上，直接输入正确数据即可，如果想放弃修改，按“ESC”键即可。

6. 只要求录入最末级科目的余额和累计发生数，上级科目的余额和累计发生数由系统自动计算。若年中启用，则只要录入末级科目的期初余额及累借、累贷，年初余额将自动计算出来。

7. 如果某科目为数量、外币核算，可以录入期初数量、外币余额。但必须先录入本币余额，再录入外币余额。

8. 要删除期初明细时，将光标移到要删除的期初明细上，用鼠标点击“删行”按钮，经确认后即可。如果要删除多条期初明细，将鼠标拖动选中多条期初明细数据，点击“删行”按钮即可删除。

9. 若期初余额有外币、数量余额，则必须有本币余额。

10. 期初余额试算不平衡，将不能记账，但可以填制凭证。

11. 已经记过账，则不能再输入、修改期初余额，也不能执行“结转上年余额”功能。若期初余额试算不平衡，那么将不能记账，但可以填制凭证。

# 项目五　总账管理系统日常业务处理

## 系统认知

总账系统初始化完成后，就可以根据本企业实际进行日常业务处理了。总账日常业务处理包括填制凭证、修改凭证、出纳签字、审核凭证、记账、账表查询等内容。

## 知识目标

1. 掌握常用摘要、常用凭证设置和调用方法。
2. 掌握凭证生成、修改、作废、整理、删除等的内容和操作方法。
3. 掌握凭证审核、取消审核的操作方法。
4. 掌握出纳签字、取消出纳签字的操作方法。
5. 掌握账表查询的操作方法。
6. 了解反记账的操作方法。
7. 熟悉冲销凭证的操作方法。

## 能力目标

1. 能够根据企业的实际情况进行凭证增加、修改、作废、整理、审核等操作。
2. 能够设置并调用常用摘要、常用凭证。
3. 能够进行记账、反记账操作。
4. 能够进行相关账表查询操作。

## 任务内容

任务一　设置常用摘要
任务二　常用凭证设置
任务三　填制凭证
任务四　出纳签字
任务五　查询、修改凭证
任务六　作废、恢复、整理凭证
任务七　审核凭证
任务八　记账、恢复记账

任务九　冲销凭证

任务十　查询账表

## 任务操作要求

1. 实训开始前，修改系统时间为2019年1月31日。

2. 以系统管理员admin身份登录系统管理并引入备份的333账套数据（D：/甘肃通达科技/总账系统初始设置）。

3. 以会计“李颖”身份登录企业应用平台进行总账管理系统日常业务填制凭证，凭证查询处理，以出纳“王良”身份登录企业应用平台进行凭证的出纳签字，以账套主管“成名”身份登录企业应用平台进行常用摘要设置、常用凭证、凭证审核、记账、账簿查询操作。

4. 本项目实训结束后，以系统管理员admin身份登录系统管理并备份输出333账套数据到D：/甘肃通达科技/总账管理系统日常业务处理，并删除该账套。

# 任务一　设置常用摘要

## 任务情景资料

常用摘要见表5-1：

**表5-1　常用摘要一览表**

| 摘要编码 | 摘要内容 |
|---|---|
| 1 | 提取现金 |
| 2 | 领用材料 |
| 3 | 销售商品 |
| 4 | 材料采购 |

## 任务操作指导

1. 执行“基础设置→基础档案→其他”命令，双击“常用摘要”，打开“常用摘要”对话框。

2. 单击“增加”按钮，按照任务情景资料录入常用摘要内容（见图5-1）。

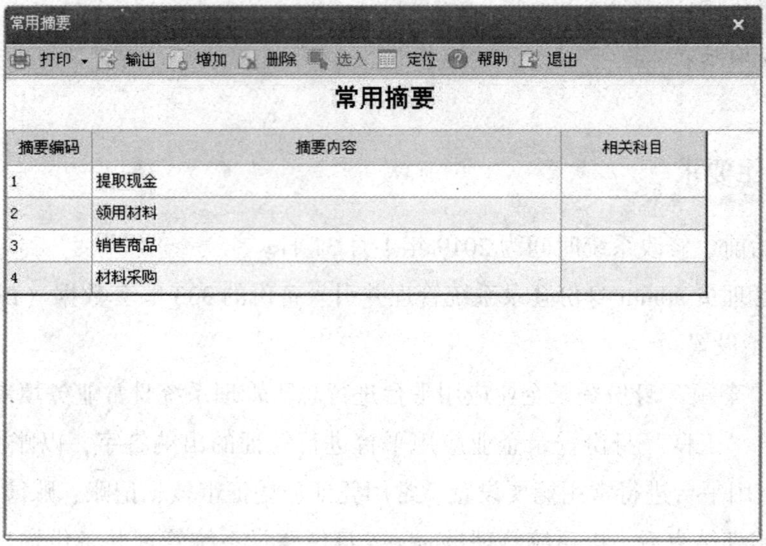


图 5-1 常用摘要对话框

3. 单击“退出”或“关闭”按钮。

## 任务小贴士

1. 设置常用摘要后可以在填制凭证时直接输摘要代码，或按 F2 键或参照输入。

2. 常用摘要对应某科目，则可以在此输入，在调用常用摘要的同时，也将被一同调入、修改。

3. 结合本单位的实际情况，输入常用摘要的正文。

# 任务二 常用凭证设置

## 任务情景资料

常用凭证设置见表 5-2：

表 5-2 常用凭证设置一览表

| 编码 | 摘要内容 | 凭证类别 | 详细定义 |
|---|---|---|---|
| 1 | 提取现金 | 付款凭证 | 借：库存现金<br>贷：银行存款 |
| 2 | 领用材料 | 转账凭证 | 借：生产成本——基本生产成本——直接材料<br>生产成本——辅助生产成本——直接材料<br>制造费用<br>管理费用<br>贷：原材料 |
| 3 | 出差借款 | 付款凭证 | 借：其他应收款\应收职工借款<br>贷：库存现金 |

## 任务操作指导

1. 执行“业务工作→总账→设置”命令，双击“常用凭证”，打开“常用凭证”对话框。

2. 在“常用凭证”界面点击“详细”按钮或按 F8 键，进入凭证分录定义窗口，可对常用凭证的凭证分录内容进行详细定义（见图 5-2）。单击“退出”。

3. 依据任务情景资料设置其余常用凭证（见图 5-3）。单击“退出”。

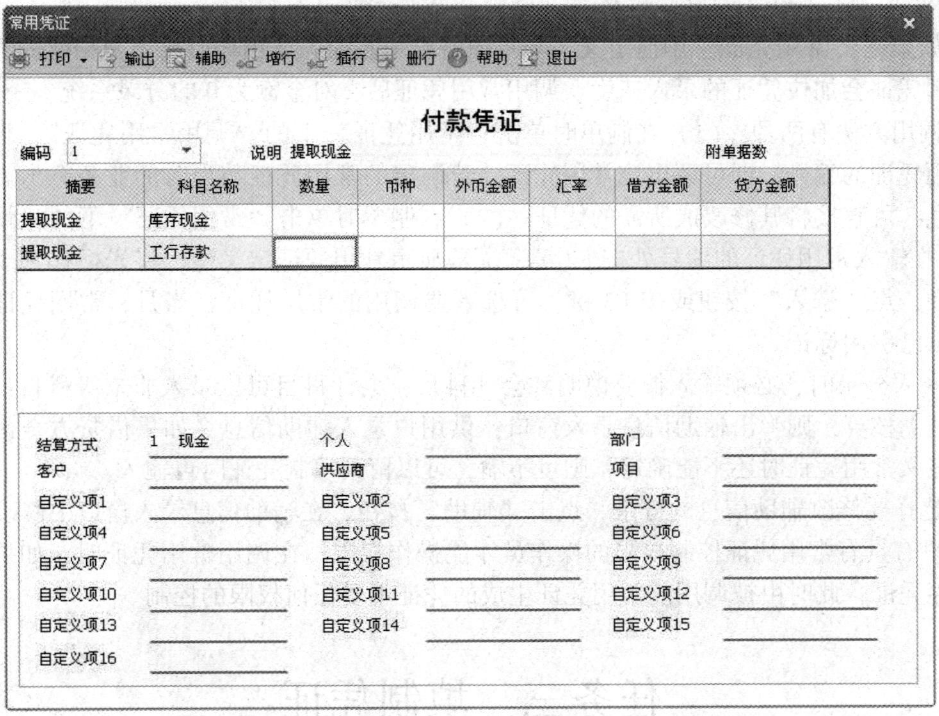


图 5-2　常用凭证详细定义设置对话框

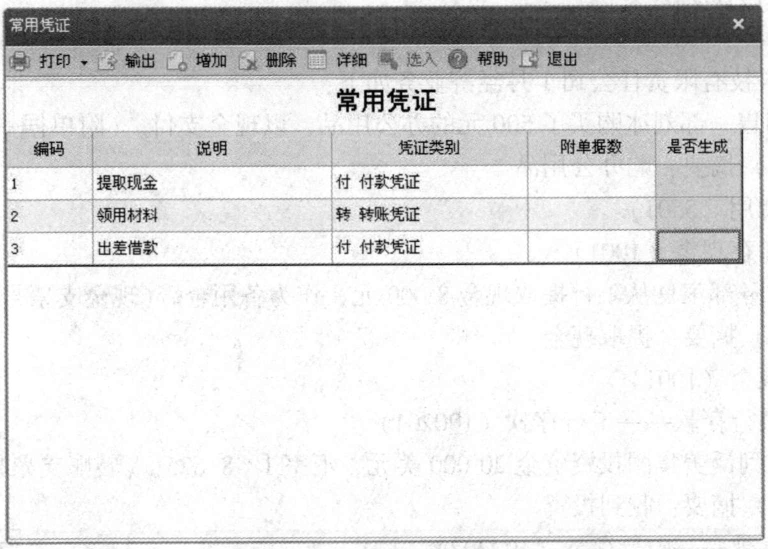


图 5-3　常用凭证设置对话框

### 任务小贴士

1. 当某张凭证应作为常用凭证保存时，可通过“常用凭证”下的“生成常用凭证”制作常用凭证。给该张凭证确定一个代号和说明，该张凭证即被存入常用凭证库中，以后则可按所存代号调用这张常用凭证，或者直接设置常用凭证也行。

2. 编号和凭证类别必须输入。编号不能重复。不能只定义凭证主要信息，却不定义凭证分录内容。

3. 如果在“常用凭证”中已定义了与目前将要填制的凭证相类似或完全相同的凭证，调用此常用凭证会加快凭证的录入速度。调用常用凭证后，对金额为 0 的分录系统不予保存。

4. 调用方法有两种：(1) 在制单时单击“常用凭证”下的“调用常用凭证”，根据提示输入常用凭证的编号，即可调出该常用凭证。若调出的常用凭证与当时的业务有出入或缺少部分信息，可直接将其修改成所需的凭证。(2) 在制单时单击“常用凭证”下的“调用常用凭证”，在输入常用凭证的编号处按 F2 键，屏幕显示常用凭证定义窗，将光标移到要调用的常用凭证，点“选入”按钮或按 F3 键，可选入要调用的常用凭证。当月，常用凭证被调用后将显示已引用标记。

5. 录入分录时，必须输入摘要说明和会计科目；会计科目可以录入非末级科目；若会计科目有辅助核算，则弹出辅助信息录入窗口，供用户录入辅助信息。如果借贷方金额或辅助信息在定义常用凭证时还不能确定，则可不输，可以留到填制凭证时再输入。

6. 选择要修改辅助信息的分录，点击“辅助”按钮，在辅助信息录入窗口中修改录入。

7. 只有具有常用凭证控制权限的操作员才能操作权限。在调用常用凭证时，如果不修改直接保存凭证，此时由被调用的常用凭证生成的凭证不受任何权限的控制。

## 任务三　填制凭证

### 任务情景资料

甘肃通达科技有限责任公司 1 月经济业务如下：

1. 2 日，销售一部刘冰购买了 500 元的办公用品，以现金支付。(附单据一张)

(付款凭证) 摘要：购办公用品

借：营业费用（5501）　　500

　　贷：库存现金（1001）　　500

2. 4 日，财务部王良从工行提取现金 8 000 元，作为备用金。(现金支票号 XP001)

(付款凭证) 摘要：提取现金

借：库存现金（1001）　　8 000

　　贷：银行存款——工行存款（100201）　　8 000

3. 6 日，收到泛美集团投资资金 20 000 美元，汇率 1∶8. 625。(转账支票号 ZPW001)

(收款凭证) 摘要：收到投资

借：银行存款——中行存款（100202）　　172 500

　　贷：实收资本（3101）　　172 500

4. 7 日，供应部康柏采购空白光盘 1 000 张，每张不含税价 2 元，材料直接入库，货款以银行存款支付。(转账支票号 ZPR001)

(付款凭证) 摘要：购空白光盘

借：原材料——生产用原材料（121101）　　2 000

　　贷：银行存款——工行存款（100201）　　2 000

5. 11 日，销售二部刘佳收到甘肃新新世纪学校转来一张转账支票，金额 73 200 元，用以偿还前欠货款。(转账支票号 ZPR002)

(收款凭证) 摘要：收到货款

借：银行存款——工行存款（100201）　　73 200

　　贷：应收账款（1131）　　73 200

6. 12 日，供应部康柏从南京多媒体研究所购入“学习革命”光盘 100 张，单价 60 元，货税款暂欠，商品已验收入库。(适用税率 13%)

(转账凭证) 摘要：购“学习革命”光盘

借：库存商品（1243）　　6 000

　　应交税费——应交增值税——进项税额（21710101）　　780. 00

　　贷：应付账款（2121）　　6 780. 00

7. 14 日，总经理办公室支付业务招待费 4 000 元。(转账支票号 ZZR003)

(付款凭证) 摘要：支付招待费

借：管理费用——招待费（550205）　　4 000

　　贷：银行存款——工行存款（100201）　　4 000

8. 16 日，总经理办公室李强出差归来，报销差旅费 4 000 元。

(转账凭证) 摘要：报销差旅费

借：管理费用——差旅费（550204）　　4 000

　　贷：其他应收款（1133）　　4 000

9. 18 日，制造车间领用光盘 500 张，单价 2 元，用于制作“快乐英语”软件。

(转账凭证) 摘要：领用空白光盘

借：生产成本——基本生产成本/直接材料（41010101）　　1 000

　　贷：原材料——生产用原材料（121101）　　1 000

10. 23 日，销售二部刘佳售给宁夏吴忠海达公司“快乐英语”软件 100 套，每套 200 元，货款未收。(适用税率：13%)

(转账凭证) 摘要：售“快乐英语”软件，款未收

借：应收账款（1131）　　22 600

　　贷：主营业务收入（5101）　　20 000

　　　　应交税费——应交增值税——销项税额（21710105）　　2 600

11. 31 日，结转“快乐英语”软件产品销售成本。数量：100 套，单价：80 元。

(转账凭证) 摘要：结转“快乐英语”软件销售成本

借：主营业务成本（5401）　　8 000

　　贷：库存商品（1243）　　8 000

12. 计提本月工资（见表 5-3，此业务暂时可不做，在薪资系统中完成)。

**表 5-3　工资表**

| 人员编号 | 姓名 | 应发工资 | 工资代扣税 | 实发工资 |
|---|---|---|---|---|
| 101 | 李强 | 6 900.00 | 27 | 6 873.00 |
| 102 | 成名 | 4 800.00 | 0 | 4 800.00 |
| 103 | 李颖 | 4 050.00 | 0 | 4 050.00 |
| 104 | 王良 | 3 250.00 |  | 3 250.00 |
| 201 | 刘冰 | 3 270.00 |  | 3 270.00 |
| 202 | 刘佳 | 4 090.00 | 0 | 4 090.00 |
| 203 | 孙杰 | 3 500.00 |  | 3 500.00 |
| 204 | 王婧 | 3 750.00 | 0 | 3 750.50 |
| 301 | 康柏 | 3 750.00 | 0 | 3 750.00 |
| 401 | 杨戬 | 3 315.00 | 0 | 3 315.00 |
| 402 | 张仪 | 3 550.00 | 0 | 3 550.00 |
| 合计 |  | 44 225.00 | 27 | 44 198.00 |

13. 计提本月折旧（见表 5-4，此业务暂时可不做，在固定资产系统中完成）。

**表 5-4　折旧表**

| 部门编号 | 部门名称 | 项目编号 | 项目名称 | 科目编号 | 科目名称 | 折旧额 |
|---|---|---|---|---|---|---|
| 101 | 总经理办公室 |  |  | 660206 | 折旧费 | 1 725.00 |
| 102 | 财务部 |  |  | 660206 | 折旧费 | 225.00 |
| 201 | 销售一部 |  |  | 6601 | 销售费用 | 337.50 |
| 202 | 销售二部 |  |  | 6601 | 销售费用 | 337.50 |
| 203 | 销售三部 |  |  | 6601 | 销售费用 | 337.50 |
| 204 | 销售四部 |  |  | 6601 | 销售费用 | 337.50 |
| 402 | 制造车间 |  |  | 50010302 | 折旧费 | 3 373.08 |
| 合计 |  |  |  |  |  | 6 673.08 |

14. 31 日，摊销报刊费。

15. 31 日，本月所有产品完工，已入库，结转完工产品成本。

16. 31 日，结转期间损益。

## 任务操作指导

## 一、现金流量核算（业务 1）

1. 执行“总账→凭证→填制凭证”命令（见图 5-4），进入“填制凭证”窗口。

2. 单击“增加”按钮或按 F5 键，增加一张空白凭证。

3. 选择凭证类型“付款凭证”；输入制单日期“2019-01-02”附单据 1 张。

4. 输入摘要“购办公用品”；输入科目名称“5501”，借方金额“500”，回车；摘要自动带到下一行，输入科目名称“1001”，贷方金额“500”（见图 5-5）。

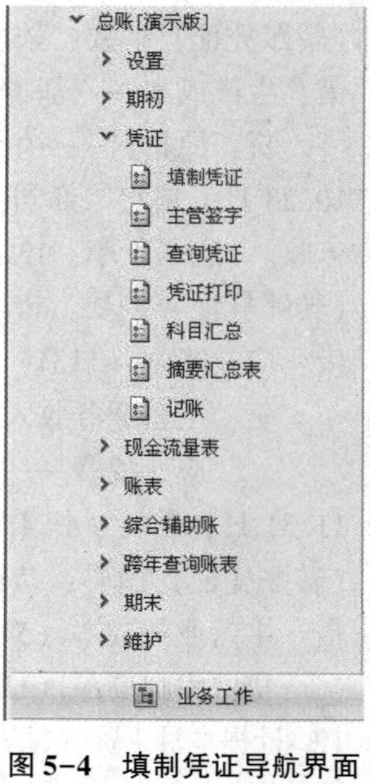


**图 5-4　填制凭证导航界面**

5. 单击“流量”按钮，弹出“现金流量录入修改对话框，双击“项目编码”栏，出现参照选择按钮，单击“参照”，再双击“07 支付的其他与经营活动有关的现金”（见图 5-6），单击“确定”返回“填制凭证”界面。

6. 单击“保存”按钮或 F6 键，弹出“凭证已成功保存！”信息提示框（见图 5-7）。

7. 单击“确定”按钮。

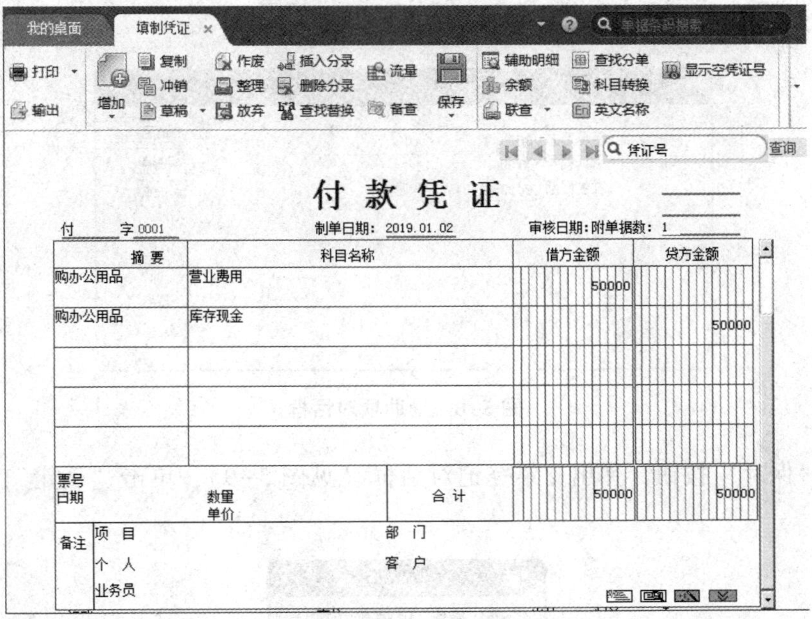


图 5-5　填制凭证对话框

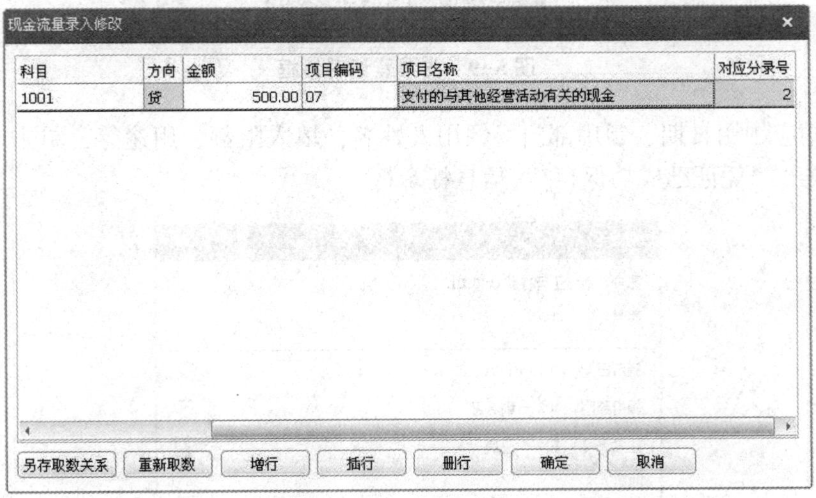


图 5-6　现金流量录入修改对话框

图 5-7　凭证已成功保存信息提示框

## 二、支付结算方式辅助项核算（业务2）

1. 在填制凭证过程中，在摘要栏输入“1”，调用常用摘要。输完银行科目“100201”，弹出“辅助项”对话框。

2. 输入结算方式“201”，票号“XP001”，发生日期“2019-01-04”。

3. 单击“确定”按钮（见图5-8）。

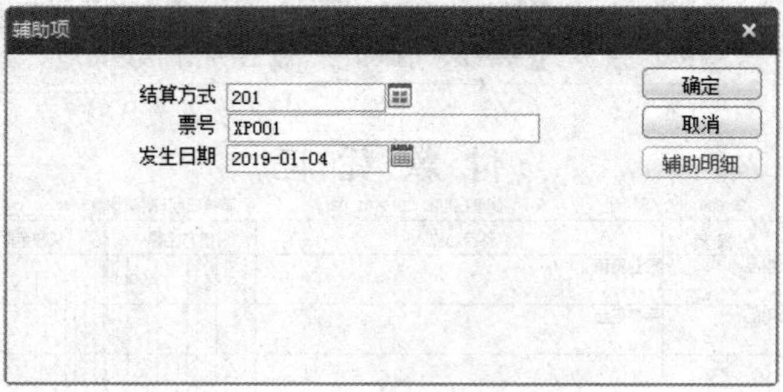


图5-8　辅助项对话框

4. 单击“保存”按钮，弹出支票登记对话框（见图5-9），单击“确定”，进入支票登记界面。

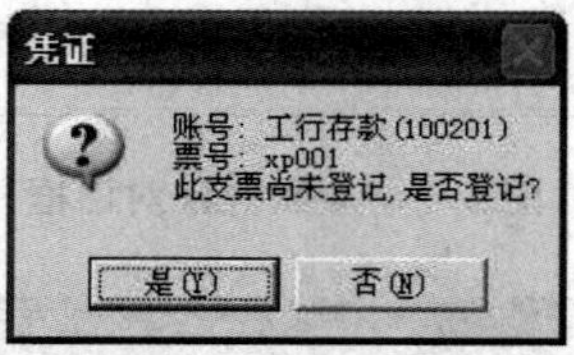


图5-9　支票登记对话框

5. 选择相应领用日期、领用部门、领用人姓名，填入限额、用途等，单击“确定”（见图5-10）。弹出“凭证已成功保存！”信息提示框。

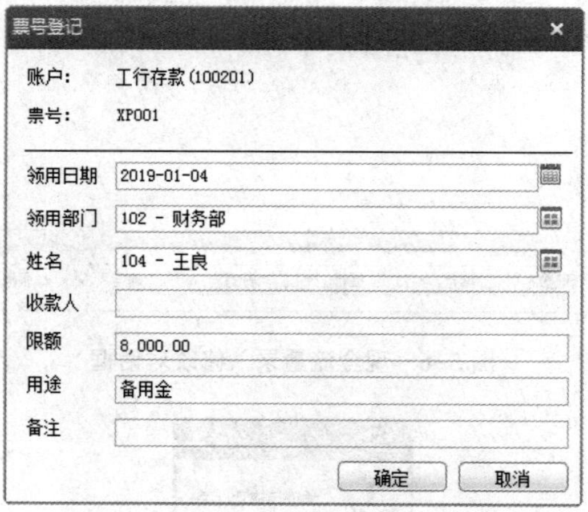


图5-10　支票票号登记对话框

## 三、外币科目核算（业务3）

1. 在填制凭证过程中，输完外币科目“100202”，弹出辅助核算对话框，输入完毕，单击“确定”。

2. 输入外币金额“20 000”，根据自动显示的外币汇率“8.625”，敲回车键，自动算出并显示本币金额“172 500”（见图5-11）。

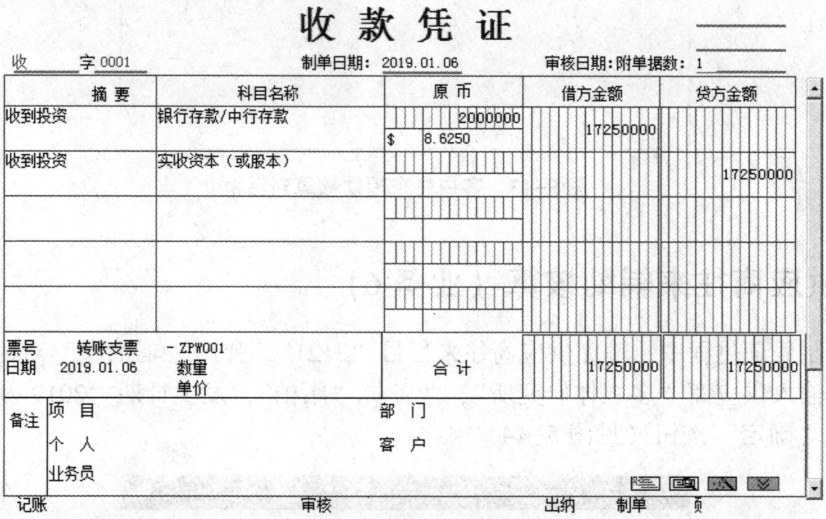


图5-11　填制收款凭证窗口

## 四、数量科目（业务4）

1. 在填制凭证过程中，输完数量科目“121101”，弹出“辅助项”对话框。
2. 输入数量“1000”，单价“2”（见图5-12）。
3. 单击“确定”按钮。其他按提示录入后保存即可。

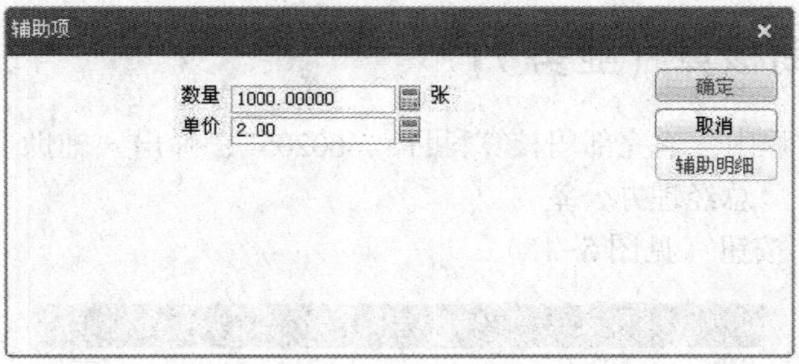


图5-12　数量辅助核算对话框

## 五、客户往来辅助核算（业务5）

1. 在填制凭证过程中，输完客户往来科目“1131”，弹出“辅助项”对话框。

2. 选择输入客户“新世纪学校”，业务员“刘佳”，输入票号“ZPR002”，发生日期“2019-01-11”（见图5-13）。

3. 单击“确定”按钮。

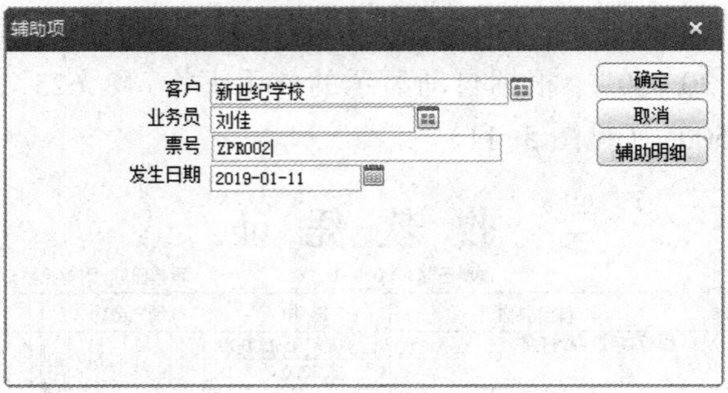


图5-13　客户往来辅助核算对话框

## 六、供应商往来辅助核算（业务6）

1. 在填制凭证过程中，输完供应商往来科目“2121”，弹出“辅助项”对话框。

2. 选择输入供应商“多媒体研究所”，业务员“康柏”，发生日期“2019-01-12”。

3. 单击“确定”按钮（见图5-14）。

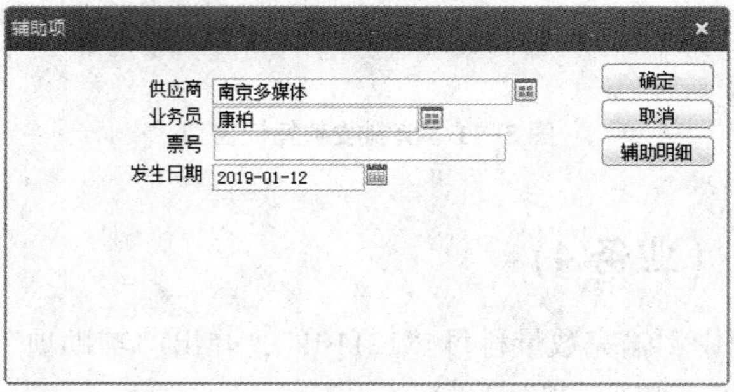


图5-14　供应商往来辅助核算对话框

## 七、部门辅助核算（业务7）

1. 在填制凭证过程中，输完部门核算科目“660205”，弹出“辅助项”对话框。

2. 选择输入部门“总经理办公室”。

3. 单击“确定”按钮（见图5-15）。

图5-15　部门辅助核算对话框

## 八、个人往来辅助核算（业务 8）

1. 在填制凭证过程中，输完个人往来科目“1133”，弹出“辅助项”对话框。
2. 选择输入部门“总经理办公室”，个人“李强”，发生日期“2019-01-16”。
3. 单击“确定”按钮（见图 5-16）。

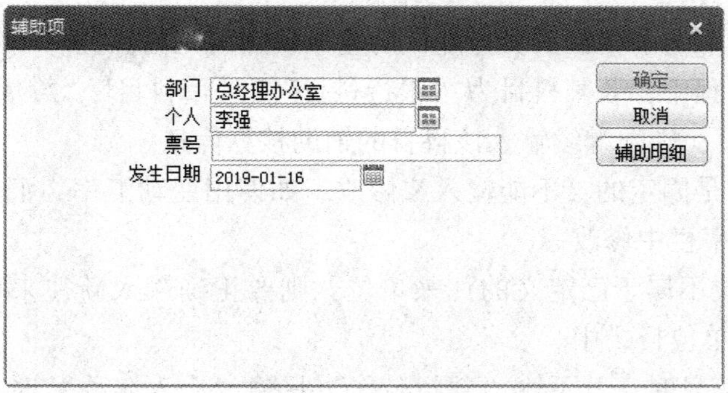


图 5-16　个人往来辅助核算对话框

## 九、项目辅助核算（业务 9）

1. 在填制凭证过程中，输完项目核算科目“410101”，弹出“辅助项”对话框。
2. 选择输入项目名称“快乐英语”软件。
3. 单击“确定”按钮（见图 5-17）。

图 5-17　项目辅助核算对话框

## 十、其他业务

1. 业务 10 和业务 11，可参照前面的操作由学员自行练习输入，在此不再重复。

2. 业务 12 在薪资系统完成，业务 13 在固定资产系统中完成，业务 14~16 需设置成自动转账凭证。

### 任务小贴士

1. 因为每张凭证的制单日期不一样，所以注册用友时把操作日期设置为“2019-01-31”。这样，只需注册一次，在填制凭证时可输入本月不同日期的凭证。

2. 采用序时控制时，凭证日期应大于等于启用日期，不能超过业务日期。

3. 凭证一旦保存，其凭证类别、凭证编号不能修改。

4. 正文中不同行的摘要可以相同也可以不同，但不能为空。每行摘要将随相应的会计科目在明细账、日记账中出现。

5. 科目编码必须是末级的科目编码。既可以手工直接输入，也可利用右边的放大镜按钮选择输入。

6. 金额不能为“零”；红字以“-”号表示。

7. 可按“=”键取当前凭证借贷方金额的差额到当前光标位置。

8. 在凭证填制过程中，若某科目为“银行科目”“外币科目”“数量科目”“辅助核算科目”，输完科目名称后，则须继续输入该科目的辅助核算信息。

9. 汇率栏中内容是固定的，不能输入或修改。如使用变动汇率，汇率栏中显示最近一次汇率，可以直接在汇率栏中修改。

10. 如果往来单位不属于已定义的往来单位，则要正确输入新往来单位的辅助信息，系统会自动追加到往来单位目录中。

11. 在输入个人信息时，若不输“部门名称”只输“个人名称”时，系统将根据所输个人名称自动输入其所属的部门。

12. 系统根据数量×单价自动计算出金额，并将金额先放在借方，如果方向不符，可将光标移动到贷方后，按空格键即可调整金额方向。

# 任务四　出纳签字

## 任务情景资料

出纳“王良”对本月出纳凭证进行出纳签字。

## 任务操作指导

1. 执行“总账→凭证→出纳签字”命令，打开“出纳签字”查询条件对话框（见图5-18）。

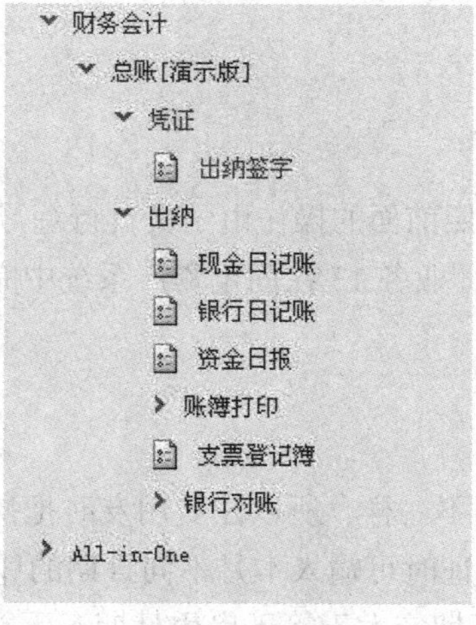


图 5-18　凭证出纳签字导航界面

2. 输入查询条件：单击“全部”单选按钮，输入月份“2019-01”（见图 5-19）。

3. 单击“确定”按钮，进入“出纳签字”的凭证列表窗口（见图 5-20）。

4. 双击某一要签字的凭证或者全部选定，单击“签字”。凭证底部的“出纳”处自动签上出纳人姓名，并弹出签字结果信息对话框，单击“确定”。（见图 5-21、图 5-22）。

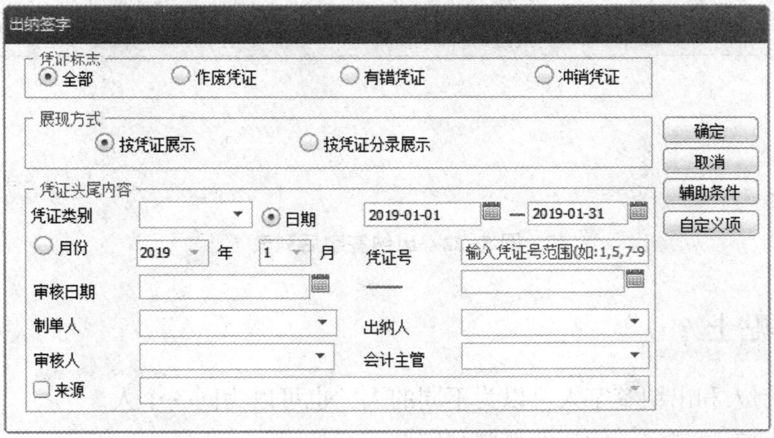


图 5-19　出纳签字查询条件对话框

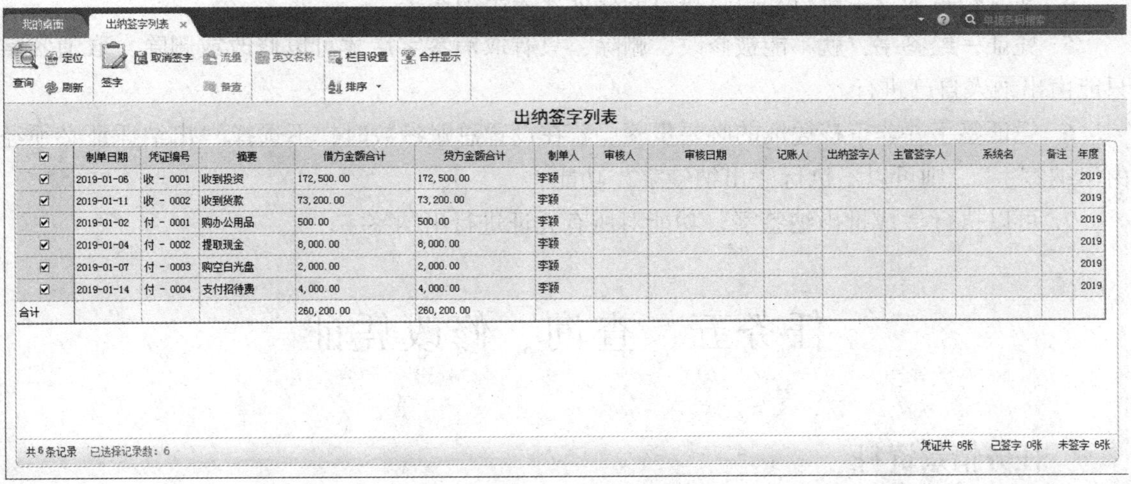


图 5-20　出纳签字前列表

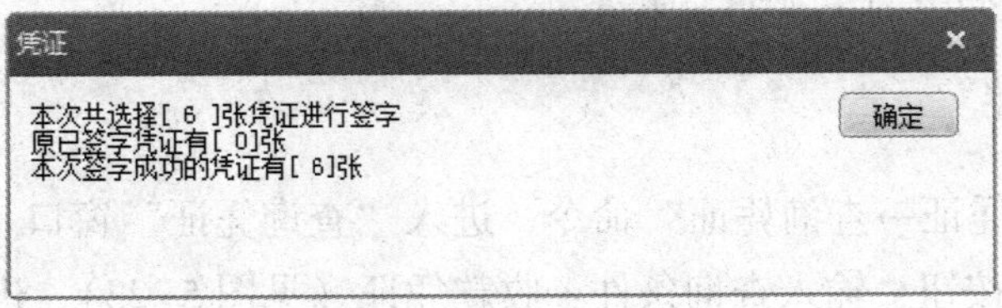


图 5-21　出纳签字结果信息对话框

出纳签字列表

| □ | 制单日期 | 凭证编号 | 摘要 | 借方金额合计 | 贷方金额合计 | 制单人 | 审核人 | 审核日期 | 记账人 | 出纳签字人 | 主管签字人 | 系统名 | 备注 | 年度 |
|---|---|---|---|---|---|---|---|---|---|---|---|---|---|---|
| □ | 2019-01-06 | 收 - 0001 | 收到投资 | 172,500.00 | 172,500.00 | 李颖 | | | | 王良 | | | | 2019 |
| □ | 2019-01-11 | 收 - 0002 | 收到货款 | 73,200.00 | 73,200.00 | 李颖 | | | | 王良 | | | | 2019 |
| □ | 2019-01-02 | 付 - 0001 | 购办公用品 | 500.00 | 500.00 | 李颖 | | | | 王良 | | | | 2019 |
| □ | 2019-01-04 | 付 - 0002 | 提取现金 | 8,000.00 | 8,000.00 | 李颖 | | | | 王良 | | | | 2019 |
| □ | 2019-01-07 | 付 - 0003 | 购空白光盘 | 2,000.00 | 2,000.00 | 李颖 | | | | 王良 | | | | 2019 |
| □ | 2019-01-14 | 付 - 0004 | 支付招待费 | 4,000.00 | 4,000.00 | 李颖 | | | | 王良 | | | | 2019 |
| 合计 | | | | 260,200.00 | 260,200.00 | | | | | | | | | |

共6条记录　　凭证共 6张　已签字 6张　未签字 0张

图 5-22　出纳签字后列表

## 任务小贴士

1. 凭证填制人和出纳签字人可以为不同的人，也可以为同一个人。

2. 按照会计制度规定，凭证的填制与审核不能是同一个人。

3. 在进行出纳签字和审核之前，通常需先更换操作员。

4. 涉及指定为现金科目和银行科目的凭证才需出纳签字。

5. 凭证一经签字，就不能被修改、删除，只有取消签字后才可以修改或删除，取消签字只能由出纳人自己进行。

6. 凭证签字并非审核凭证的必要步骤。若在设置总账参数时，不选择“出纳凭证必须经由出纳签字”，则可以不执行“出纳签字”功能。

7. 可以执行“成批出纳签字”功能对所有凭证进行出纳签字。

# 任务五　查询、修改凭证

## 任务情景资料

1. 查询收字所有凭证

2. 修改收字 0002 号凭证，附件 3 张。

## 任务操作指导

1. 执行“总账→凭证→查询凭证”命令，进入“查询凭证”窗口。

2. 单击“查询”按钮，输入查询条件：收款凭证（见图 5-23），进入凭证查询列表（见图 5-24）。

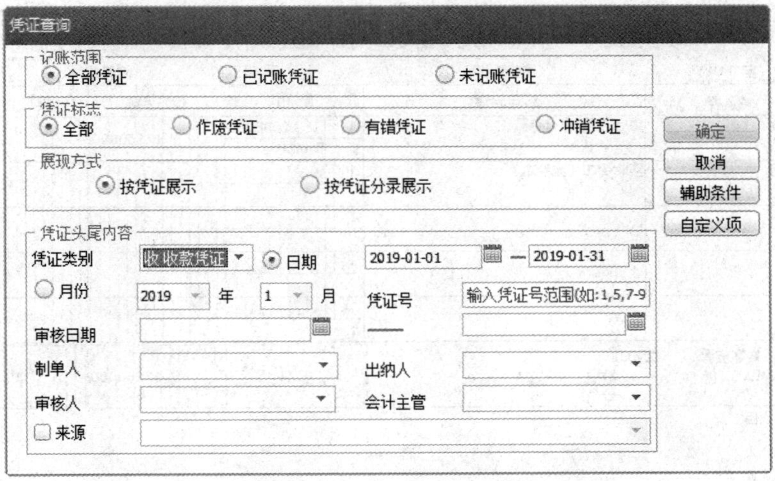


图 5-23　凭证查询条件对话框

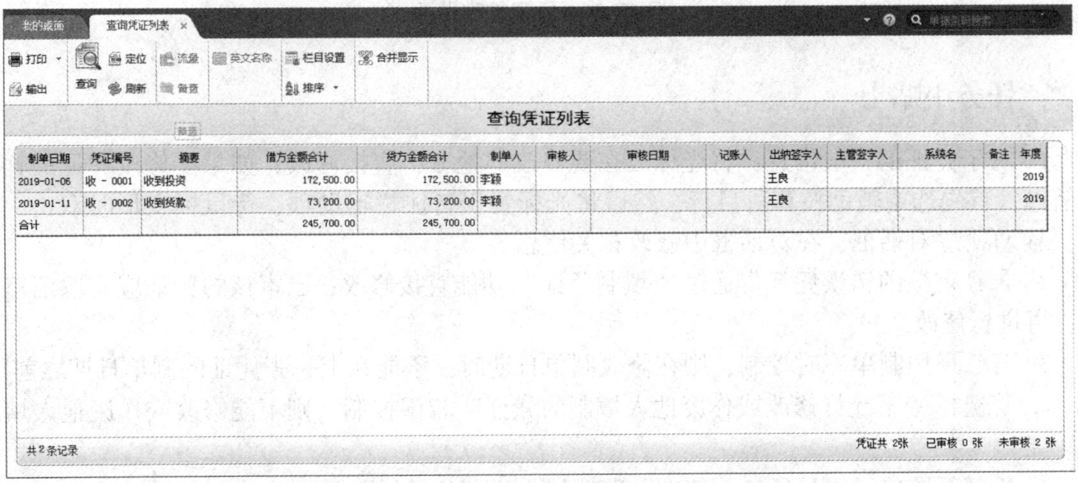


图 5-24　查询凭证列表界面

3. 在凭证一览表中双击收字 0001 凭证，则屏幕显示此张凭证，单击“修改”，弹出“出纳签字凭证不能修改，取消签字后方可修改”对话框（见图 5-25）。点击“确定”，退出。取消出纳签字后，重新查询进入修改界面。

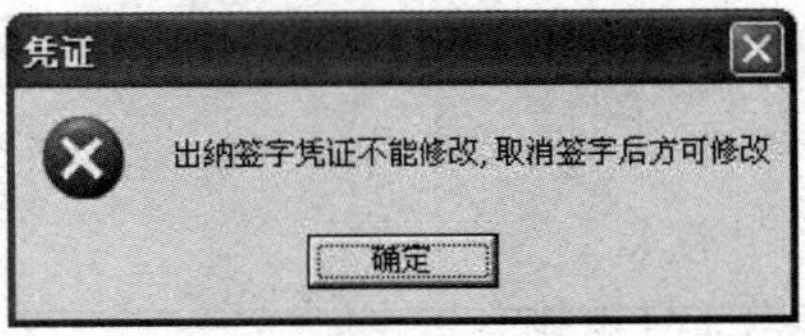


图 5-25　凭证不能修改提示对话框

4. 单击“修改”，并将光标锁定附单据数处，将 1 改为 3（见图 5-26）。修改后点击“保存”或 F6 保存修改的内容。

5. 单击“保存”按钮，保存相关信息。

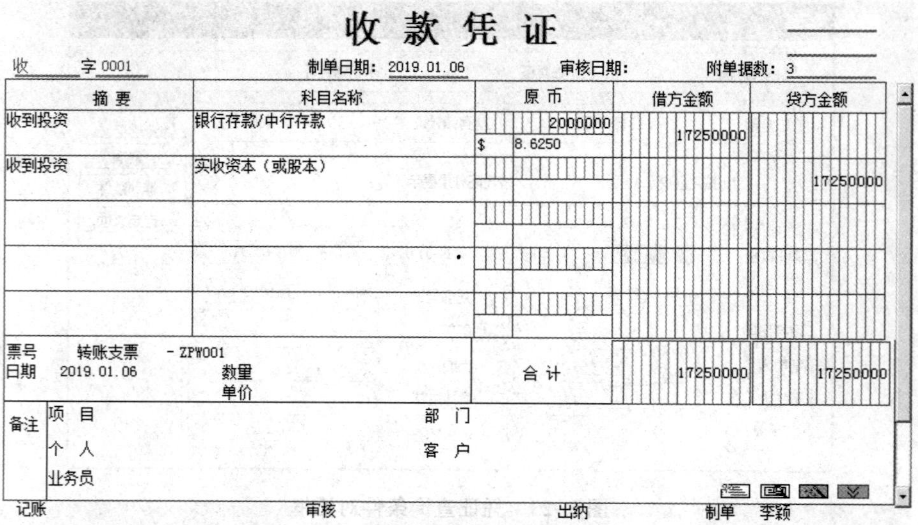

收 款 凭 证

收 字 0001　制单日期：2019.01.06　审核日期：　附单据数：3

| 摘要 | 科目名称 | 原币 | 借方金额 | 贷方金额 |
| --- | --- | --- | --- | --- |
| 收到投资 | 银行存款/中行存款 | 2000000<br>$ 8.6250 | 17250000 | |
| 收到投资 | 实收资本（或股本） | | | 17250000 |
| | | | | |
| | | | | |
| | | | | |
| 票号 转账支票 - ZPW001<br>日期 2019.01.06 数量 单价 | | 合计 | 17250000 | 17250000 |

备注　项 目　部 门
个 人　客 户
业务员

记账　审核　出纳　制单 李颖

图 5-26　凭证修改界面

## 任务小贴士

1. 对于凭证的一般信息，将光标放在要修改的地方，直接修改；如果要修改凭证的辅助项信息，首先选中辅助核算科目行，然后将光标置于备注栏辅助项，待鼠标变形时双击，弹出“辅助项”对话框，在对话框中修改相关信息。

2. 未经审核的错误凭证可通过“填制凭证”功能直接修改；已审核的凭证应先取消审核后，再进行修改。

3. 若已采用制单序时控制，则在修改制单日期时，不能在上一张凭证的制单日期之前。

4. 若选择“不允许修改或作废他人填制的凭证”权限控制，则不能修改或作废他人填制的凭证。

5. 外部系统传过来的凭证不能在总账系统中进行修改，只能在生成该凭证的系统中进行修改。

# 任务六　作废、恢复、整理凭证

## 任务情景资料

1. 作废转账凭证 0002 号，并恢复。

2. 进行凭证整理，要求按凭证号重排。

## 任务操作指导

### 一、作废凭证

1. 在“填制凭证”窗口，先查询到要删除的凭证。

2. 执行“作废”命令（见图 5-27）。

3. 凭证的左上角显示“作废”，表示该凭证已作废（见图 5-28）。

4. 如果需要恢复已作废凭证，则选定已作废凭证后，执行“恢复”命令即可（见图 5-29）。

图 5-27　作废按钮

图 5-28　恢复按钮

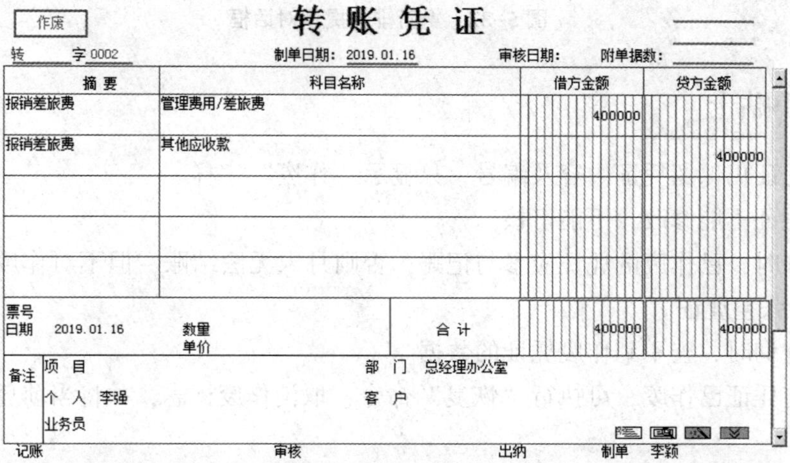


图 5-29　已作废凭证窗口

## 二、整理凭证

1. 在“填制凭证”窗口中，执行“整理凭证”命令，打开“整理凭证期间选择”对话框（见图 5-30）。

2. 根据要求选择要整理的“月份 2019-01”。

3. 单击“确定”按钮，打开“作废凭证表”对话框（见图 5-31）。

图 5-30　整理凭证期间选择对话框

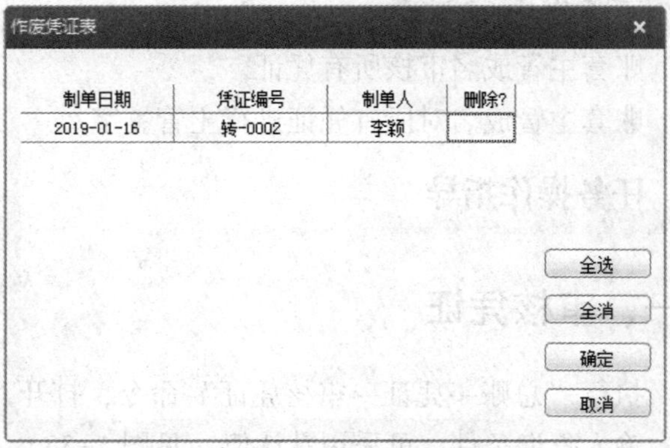


图 5-31　作废凭证表对话框

4. 选择需要删除的作废凭证（本次选择取消）。

5. 如果单击“确定”按钮，系统将这些凭证从数据库中删除，并出现对剩下凭证“按凭证号重排”“按凭证日期重排”或“按审核日期重排”要求重新排号的提示（见图 5-32）。

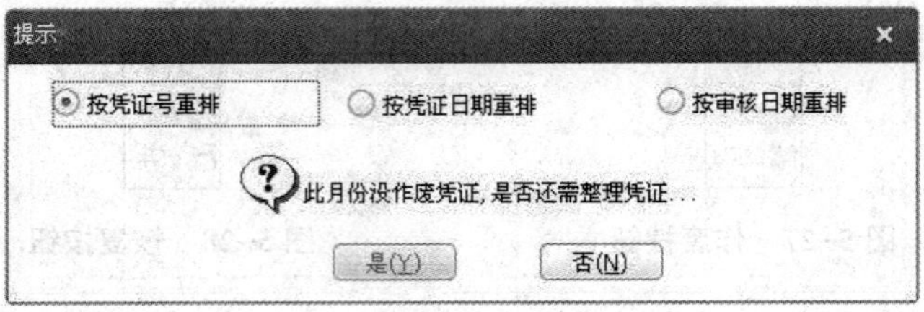


图 5-32　重新排号提示对话框

## 任务小贴士

1. 作废凭证仍保留凭证内容及编号，只显示“作废”字样。

2. 作废凭证不能修改，不能审核。

3. 在记账时，已作废的凭证应参与记账，否则月末无法结账，但不对作废凭证作数据处理，相当于一张空凭证。

4. 账簿查询时，查不到作废凭证的数据。

5. 若当前凭证已作废，可执行“恢复”命令，取消作废标志，并将当前凭证恢复为有效凭证。

6. 如果作废凭证不想保留时，则可以通过“整理凭证”功能，将其彻底删除，并对未记账凭证重新编号。

7. 只能对未记账凭证作凭证整理。已记账凭证作凭证整理，应先恢复本月月初的记账前状态，再作凭证整理。

# 任务七　审核凭证

## 任务情景资料

1. 账套主管成名审核所有凭证。

2. 账套主管成名对所有凭证进行主管签字。

## 任务操作指导

### 一、审核凭证

1. 执行“总账→凭证→审核凭证”命令，打开“凭证审核”查询条件对话框。

2. 输入查询条件，可采用默认值（见图 5-33）。

3. 单击“确定”按钮，进入“凭证审核”的凭证列表窗口。

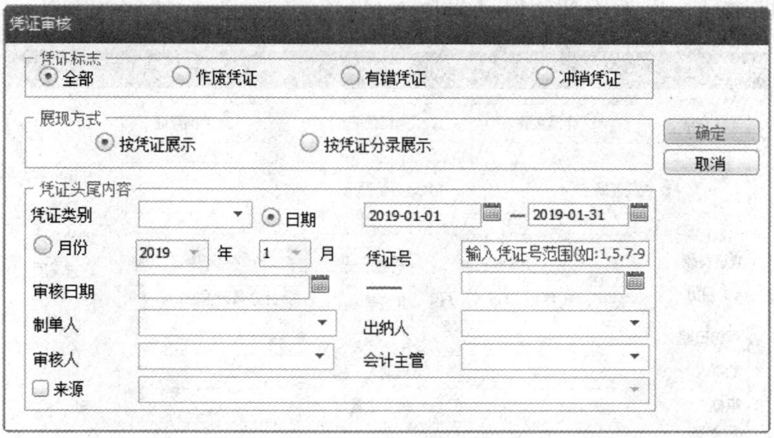


**图 5-33　凭证审核查询条件对话框**

4. 双击要审核的凭证或单击“确定”按钮，进入“凭证审核”的审核凭证窗口或直接选择所有凭证后，单击“审核”，凭证底部的“审核”处自动签上审核人姓名，提示审核结果信息对话框（见图 5-34）。

5. 单击“确定”。提示“是否重新刷新凭证列表数据”信息对话框（见图 5-35）。单击“是”，凭证列表数据显示审核后的信息（见图 5-36）。

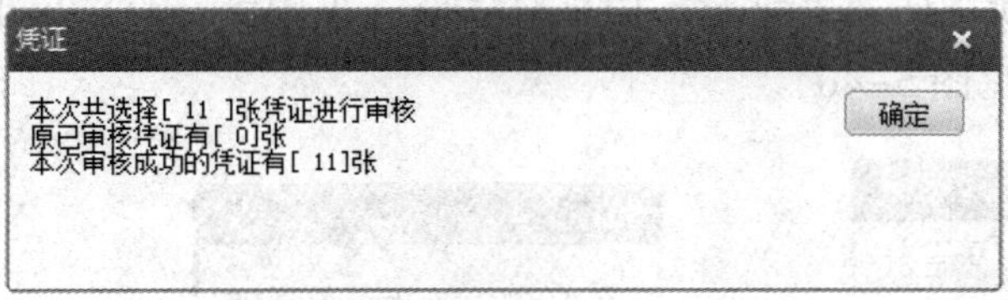


**图 5-34　凭证审核结果信息对话框**

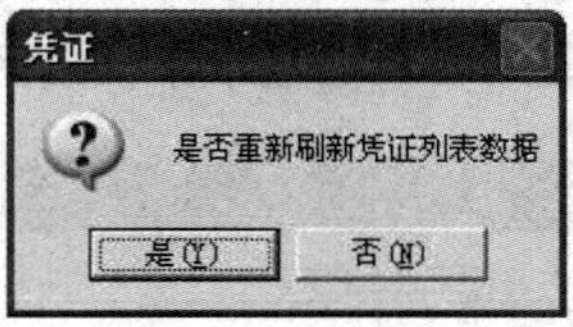


**图 5-35　重新刷新凭证列表数据提示对话框**

凭证审核列表

| ☐ | 制单日期 | 凭证编号 | 摘要 | 借方金额合计 | 贷方金额合计 | 制单人 | 审核人 | 审核日期 | 记账人 | 出纳签字人 | 主管签字人 | 系统名 | 备注 | 年度 |
|---|---|---|---|---|---|---|---|---|---|---|---|---|---|---|
| ☐ | 2019-01-06 | 收 - 0001 | 收到投资 | 172,500.00 | 172,500.00 | 李颖 | 成名 | 2019-01-31 | | 王良 | | | | 2019 |
| ☐ | 2019-01-11 | 收 - 0002 | 收到贷款 | 73,200.00 | 73,200.00 | 李颖 | 成名 | 2019-01-31 | | 王良 | | | | 2019 |
| ☐ | 2019-01-02 | 付 - 0001 | 购办公用品 | 500.00 | 500.00 | 李颖 | 成名 | 2019-01-31 | | 王良 | | | | 2019 |
| ☐ | 2019-01-04 | 付 - 0002 | 提取现金 | 8,000.00 | 8,000.00 | 李颖 | 成名 | 2019-01-31 | | 王良 | | | | 2019 |
| ☐ | 2019-01-07 | 付 - 0003 | 购空白光盘 | 2,000.00 | 2,000.00 | 李颖 | 成名 | 2019-01-31 | | 王良 | | | | 2019 |
| ☐ | 2019-01-14 | 付 - 0004 | 支付招待费 | 4,000.00 | 4,000.00 | 李颖 | 成名 | 2019-01-31 | | 王良 | | | | 2019 |
| ☐ | 2019-01-12 | 转 - 0001 | 购“学习革命”... | 6,780.00 | 6,780.00 | 李颖 | 成名 | 2019-01-31 | | | | | | 2019 |
| ☐ | 2019-01-16 | 转 - 0002 | 报销差旅费 | 4,000.00 | 4,000.00 | 李颖 | 成名 | 2019-01-31 | | | | | | 2019 |
| ☐ | 2019-01-18 | 转 - 0003 | 领用空白光盘 | 1,000.00 | 1,000.00 | 李颖 | 成名 | 2019-01-31 | | | | | | 2019 |
| ☐ | 2019-01-23 | 转 - 0004 | 售“快乐英语”... | 22,600.00 | 22,600.00 | 李颖 | 成名 | 2019-01-31 | | | | | | 2019 |
| ☐ | 2019-01-31 | 转 - 0005 | 结转“快乐英语... | 8,000.00 | 8,000.00 | 李颖 | 成名 | 2019-01-31 | | | | | | 2019 |
| 合计 | | | | 302,580.00 | 302,580.00 | | | | | | | | | |

共11条记录　　凭证共 11张　已审核 11 张　未审核 0 张

**图 5-36　凭证审核后列表数据界面**

## 二、主管签字

1. 执行“总账→凭证→主管签字”命令，打开“主管签字”查询条件对话框。

2. 输入查询条件，可采用默认值（见图 5-37）。

**图 5-37　主管签字查询条件对话框**

3. 单击“确定”按钮，进入“凭证审核”的凭证列表窗口。

4. 双击要审核的凭证或单击“确定”按钮，进入“主管签字”的凭证窗口或直接选择所有凭证后，单击“签字”，凭证底部的“主管签字”处自动签上签字人姓名，提示审核结果信息对话框（见图 5-38）。

5. 单击“确定”。提示“是否重新刷新凭证列表数据”信息对话框（见图 5-39）。单击“是”，凭证列表数据显示审核后的信息（见图 5-40）。

**图 5-38　主管签字结果信息对话框**

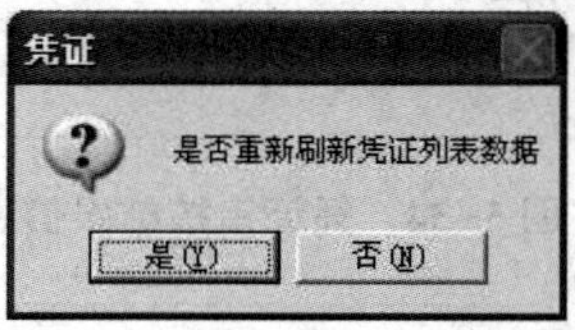


**图 5-39　重新刷新凭证列表数据提示对话框**

主管签字列表

| □ | 制单日期 | 凭证编号 | 摘要 | 借方金额合计 | 贷方金额合计 | 制单人 | 审核人 | 审核日期 | 记账人 | 出纳签字人 | 主管签字人 | 系统名 | 备注 | 年度 |
|---|---|---|---|---|---|---|---|---|---|---|---|---|---|---|
| □ | 2019-01-06 | 收 - 0001 | 收到投资 | 172,500.00 | 172,500.00 | 李颖 | 成名 | 2019-01-31 | | 王良 | 成名 | | | 2019 |
| □ | 2019-01-11 | 收 - 0002 | 收到货款 | 73,200.00 | 73,200.00 | 李颖 | 成名 | 2019-01-31 | | 王良 | 成名 | | | 2019 |
| □ | 2019-01-02 | 付 - 0001 | 购办公用品 | 500.00 | 500.00 | 李颖 | 成名 | 2019-01-31 | | 王良 | 成名 | | | 2019 |
| □ | 2019-01-04 | 付 - 0002 | 提取现金 | 8,000.00 | 8,000.00 | 李颖 | 成名 | 2019-01-31 | | 王良 | 成名 | | | 2019 |
| □ | 2019-01-07 | 付 - 0003 | 购空白光盘 | 2,000.00 | 2,000.00 | 李颖 | 成名 | 2019-01-31 | | 王良 | 成名 | | | 2019 |
| □ | 2019-01-14 | 付 - 0004 | 支付招待费 | 4,000.00 | 4,000.00 | 李颖 | 成名 | 2019-01-31 | | 王良 | 成名 | | | 2019 |
| □ | 2019-01-12 | 转 - 0001 | 购“学习革命”... | 6,780.00 | 6,780.00 | 李颖 | 成名 | 2019-01-31 | | | 成名 | | | 2019 |
| □ | 2019-01-16 | 转 - 0002 | 报销差旅费 | 4,000.00 | 4,000.00 | 李颖 | 成名 | 成名-01-31 | | | 成名 | | | 2019 |
| □ | 2019-01-18 | 转 - 0003 | 领用空白光盘 | 1,000.00 | 1,000.00 | 李颖 | 成名 | 2019-01-31 | | | 成名 | | | 2019 |
| □ | 2019-01-23 | 转 - 0004 | 售“快乐英语”... | 22,600.00 | 22,600.00 | 李颖 | 成名 | 2019-01-31 | | | 成名 | | | 2019 |
| □ | 2019-01-31 | 转 - 0005 | 结转“快乐英语... | 8,000.00 | 8,000.00 | 李颖 | 成名 | 2019-01-31 | | | 成名 | | | 2019 |
| 合计 | | | | 302,580.00 | 302,580.00 | | | | | | | | | |

共 11 条记录　　凭证共 11张　已签字 11张　未签字 0张

**图 5-40　凭证审核后列表数据界面**

## 任务小贴士

1. 所有填制的凭证必须经过审核。

2. 审核人必须具有审核权。

3. 作废凭证不能被审核，也不能被标错。

4. 审核人和制单人不能是同一个人。

5. 凭证一经审核，不能被修改、删除，只有取消审核签字后才可修改或删除，已标记作废的凭证不能被审核，需先取消作废标记后才能审核。

6. 已签字的凭证不能再签字。

7. 取消签字只能由签字人本人取消。

8. 未经授权的凭证不能签字。

9. 签字人不能与制单人相同，即自己制作的凭证自己不能同时进行主管签字。

10. 签字前先对凭证进行合法性检查（有错凭证不能签字），未通过的凭证不能签字。

11. 当选项中选中“主管签字以后不可取消审核和出纳签字”选项时，凭证未审核、未执行出纳签字时，主管不能签字。

# 任务八　记账、恢复记账

## 任务情景资料

1. 期末，对甘肃通达科技有限责任公司 2019 年 1 月所有凭证进行记账。

2. 进行反记账操作。

## 任务操作指导

### 一、记账

1. 执行“总账→凭证→记账”命令，进入“记账”窗口。

2. 单击“全选”按钮，选择所有要记账的凭证（见图 5-41）。

3. 单击“记账”按钮。

4. 显示记账报告，如果需要打印记账报告，可单击“打印”按钮。如果不打印记账报告，单击“下一步”按钮。

5. 单击“记账”按钮，打开“试算平衡表”对话框（见图 5-42）。

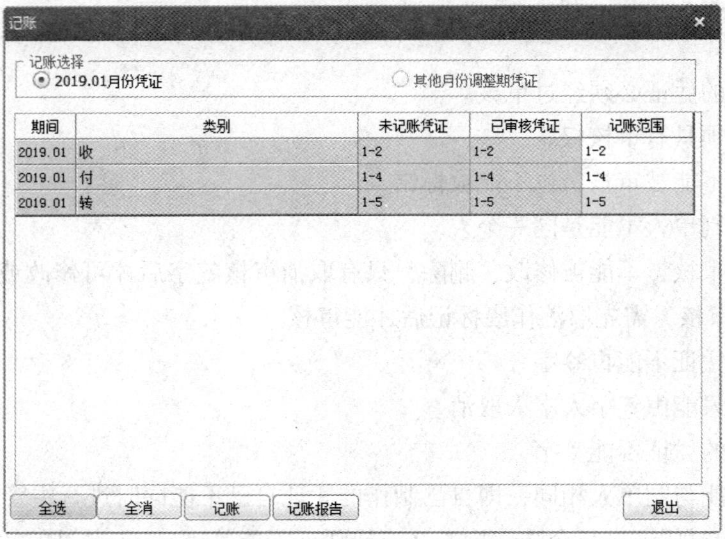


图 5-41　记账选择窗口界面

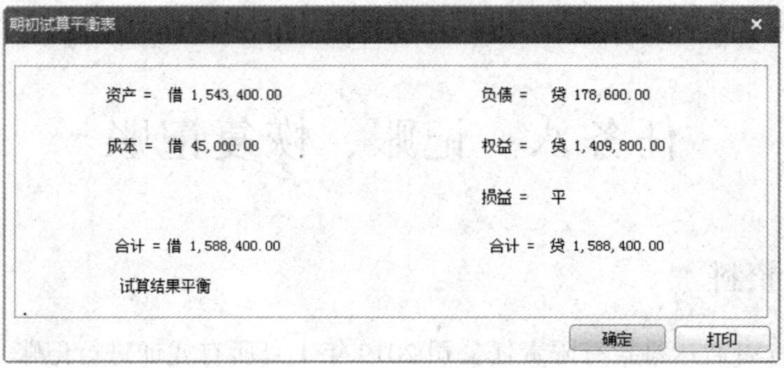


图 5-42　试算平衡表对话框

6. 单击“确定”按钮，系统开始登录有关的总账和明细账、辅助账（见图 5-43）。

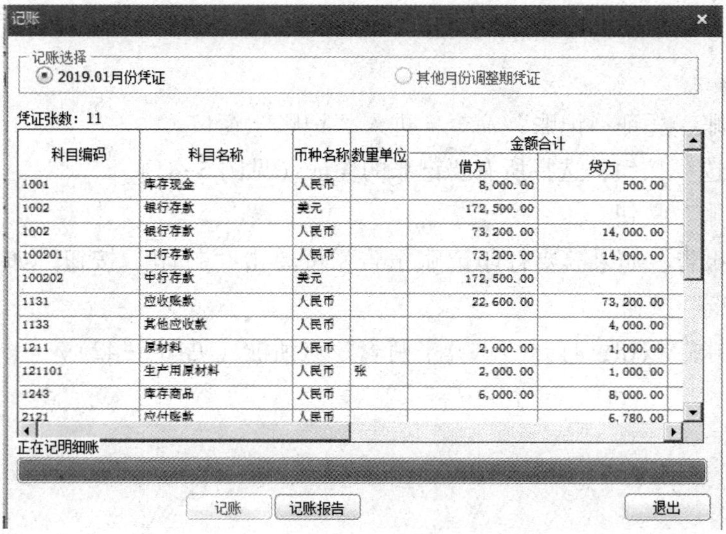


图 5-43　登录账簿进度界面

7. 登记完后，弹出“记账完毕”信息提示对话框（见图 5-44）。

**图 5-44　记账完毕信息提示对话框**

8. 单击“确定”，记账完毕。

## 二、恢复记账

1. 执行“总账→期末→对账”命令，进入“对账”窗口。
2. 按“Ctrl+H”键，弹出“恢复记账前状态功能已被激活”信息提示框（见图 5-45）。

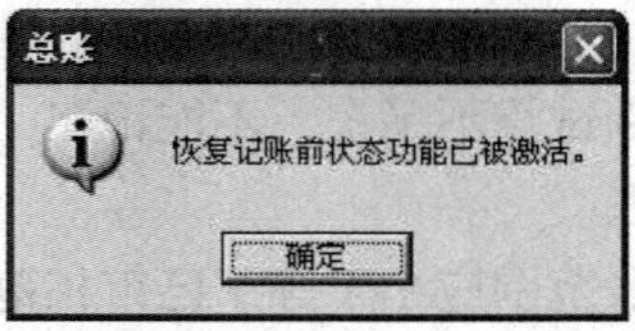


**图 5-45　恢复记账前状态功能已被激活信息提示框**

3. 单击“确定”按钮，单击“退出”按钮。
4. 执行“总账→凭证→恢复记账前状态”命令，打开“恢复记账前状态”对话框（见图 5-46）。

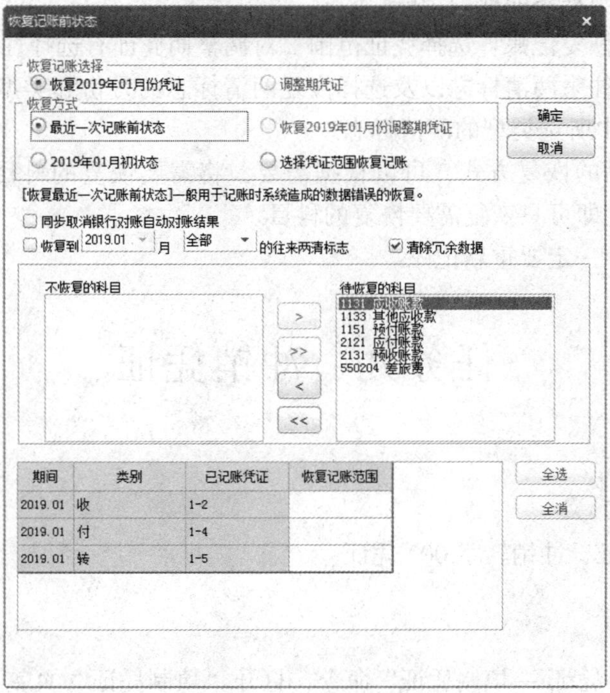


**图 5-46　打开恢复记账前状态对话框**

5. 单击“最近一次记账前状态”单选按钮。

6. 单击“确定”按钮，弹出“输入口令”对话框（见图 5-47），输入操作员口令，单击“确定”。

7. 恢复完毕后，弹出“恢复记账完毕”信息提示对话框，单击“确定”按钮（见图 5-48）。

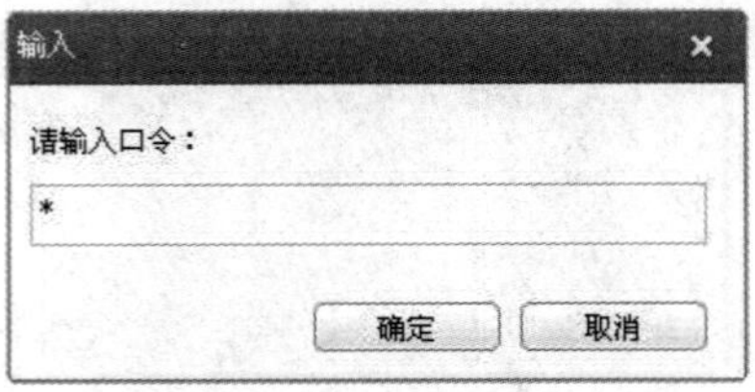


图 5-47　输入口令对话框

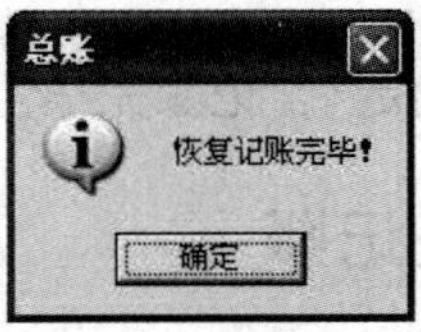


图 5-48　恢复记账完毕信息提示对话框

## 任务小贴士

1. 第一次记账时，若期初余额试算不平衡，不能记账。

2. 上月未记账，本月不能记账。

3. 未审核凭证不能记账，记账范围应小于等于已审核范围。

4. 作废凭证不需审核可直接记账。

5. 记账过程一旦断电或其他原因造成中断后，系统将自动调用“恢复记账前状态”恢复数据，然后再重新记账。

6. 如果退出系统后又重新进入系统或在“对账”中按“Ctrl+H”键将重新隐藏“恢复记账前状态”功能。

7. 已结账月份的数据不能取消记账。

8. 选择凭证范围恢复记账：选择凭证范围，对调整期凭证有选择性地恢复记账。

9. 选择是否恢复往来两清标志以及选择恢复两清标志的月份和类型，系统根据选择在恢复时，清除恢复月份中所选类型的两清标志。

10. 系统提供灵活的恢复方式，可以根据需要，将需要恢复的科目从“不恢复的科目”选入“恢复的科目”，即可只恢复需要恢复的科目。

11. 取消记账后，一定要重新记账。

# 任务九　冲销凭证

## 任务情景资料

填制一张冲销凭证，冲销转字 002 凭证。

## 任务操作指导

1. 执行“总账 →凭证 →填制凭证”命令，打开“填制凭证”页签。

2. 单击“冲销凭证”按钮，打开“冲销凭证”对话框。

3. 选择凭证类别“转 转账凭证”在“凭证号”栏录入“2”（见图5-49）。

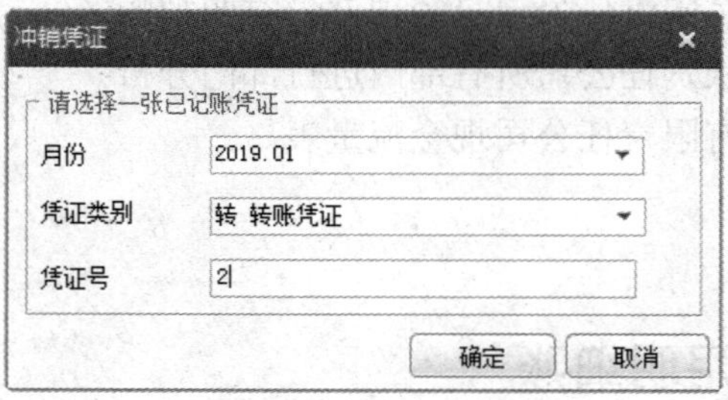


**图5-49　冲销凭证对话框**

4. 单击“确定”，生成红字金额的冲销凭证（见图5-50）。

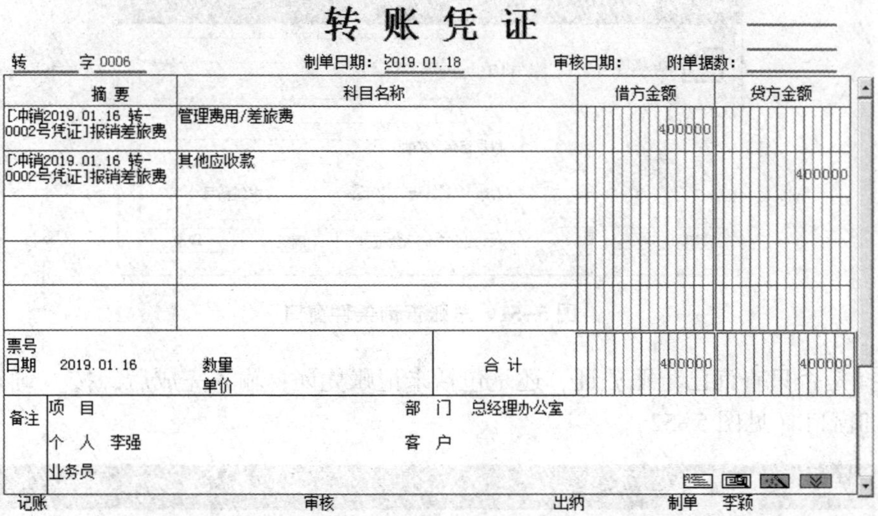


**图5-50　生成冲销凭证**

5. 单击“关闭”，系统自动保存冲销凭证，或单击“保存”后再退出也可以。

## 任务小贴士

1. 增加正确的蓝字凭证操作方法同填制凭证一样。
2. 冲销凭证是冲销某张已记账的凭证。未记账的凭证不可冲销。
3. 冲销凭证也需要由出纳签字、主管审核、主管签字后再记账。

# 任务十　查询账表

## 任务情景资料

1. 查询甘肃通达科技有限责任公司管理费用明细账。
2. 查询甘肃通达科技有限责任公司2019年1月余额表。

3. 查询甘肃通达科技有限责任公司供应商明细账。
4. 查询甘肃通达科技有限责任公司总经理办公室明细账。
5. 对甘肃通达科技有限责任公司所有部门进行部门分析。
6. 查询甘肃通达科技有限责任公司现金流量表。

## 任务操作指导

## 一、查询管理费用明细账

1. 执行“账表→科目账→总账”，屏幕显示总账查询条件窗口。
2. 选择或输入要查询的科目和科目级次，或直接选择查询到末级科目（见图 5-51）。

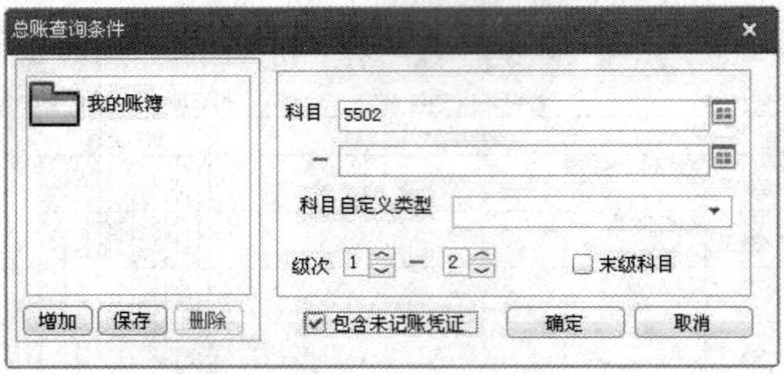


**图 5-51　总账查询条件窗口**

3. 选择是否只查询已记账凭证，还是包括未记账凭证；输入完成后，按“确定”按钮进入总账查询窗口（见图 5-52）。

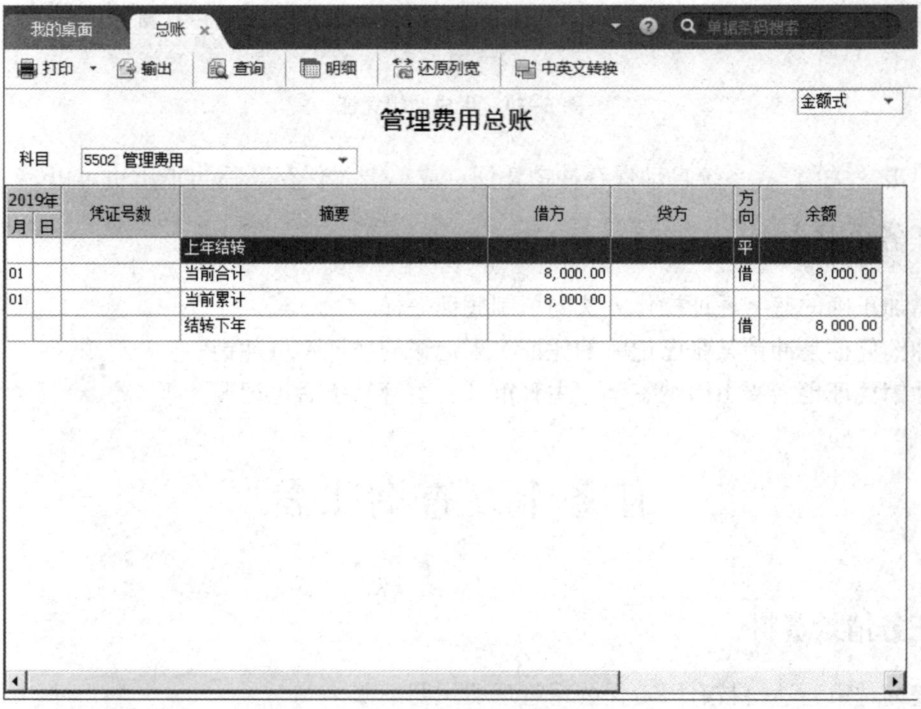


**图 5-52　总账查询窗口**

4. 在查询结果界面，可以点取科目下拉框，选择需要查看的科目，进入明细账查询窗口（见图 5-53）。

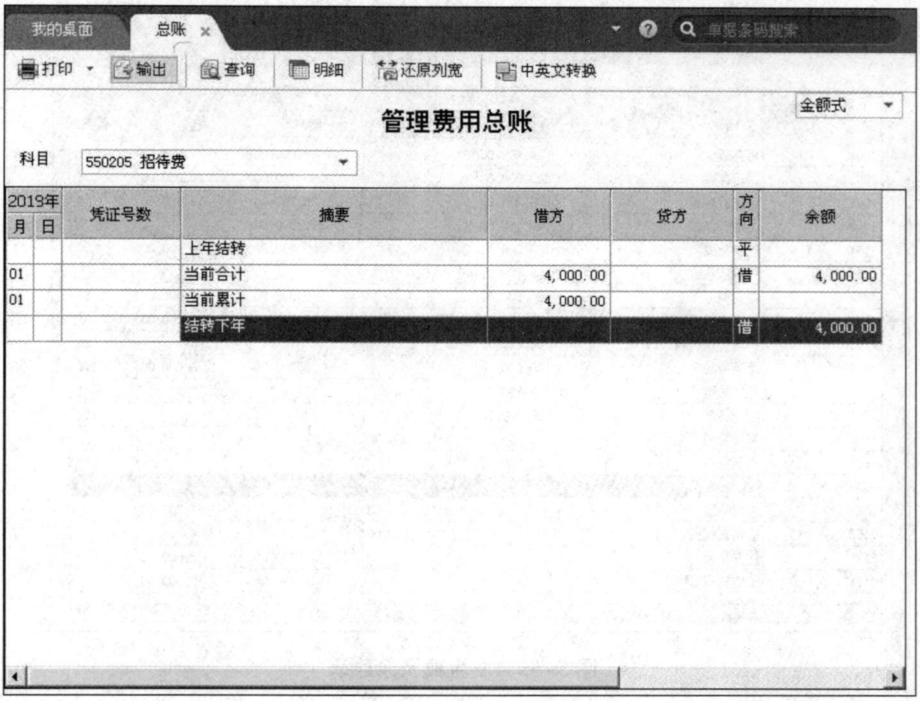


图 5-53　明细账查询窗口

## 二、查询 2019 年 1 月余额表

1. 执行“账表→科目账→余额表”，屏幕显示发生额及余额查询条件窗口。
2. 选择或输入要查询的科目和科目级次，或直接选择查询到末级科目（见图 5-54）。

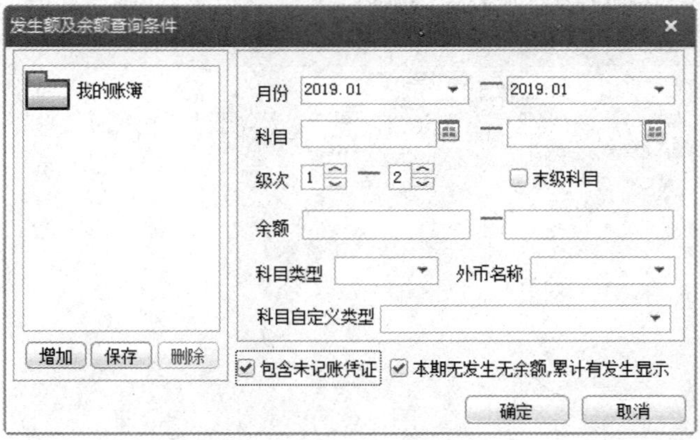


图 5-54　发生额及余额查询条件窗口

3. 选择是否只查询已记账凭证，还是包括未记账凭证；输入完成后，按“确定”按钮即显示查询到的发生额及余额表（见图 5-55）。

发生额及余额表

月份：2019.01-2019.01

| 科目编码 | 科目名称 | 期初余额 | | 本期发生 | | 期末余额 |
|---|---|---|---|---|---|---|
| | | 借方 | 贷方 | 借方 | 贷方 | 借方 |
| 1001 | 库存现金 | 4,400.00 | | 8,000.00 | 500.00 | 11, |
| 1002 | 银行存款 | 300,000.00 | | 245,700.00 | 14,000.00 | 531, |
| 100201 | 工行存款 | 200,000.00 | | 73,200.00 | 14,000.00 | 259, |
| 100202 | 中行存款 | 100,000.00 | | 172,500.00 | | 272, |
| 1131 | 应收账款 | 120,000.00 | | 22,600.00 | 73,200.00 | 69, |
| 1133 | 其他应收款 | 6,000.00 | | | | 6, |
| 1211 | 原材料 | 56,800.00 | | 2,000.00 | 1,000.00 | 57, |
| 121101 | 生产用原材料 | 30,000.00 | | 2,000.00 | 1,000.00 | 31, |
| 121102 | 其他原材料 | 26,800.00 | | | | 26, |
| 1243 | 库存商品 | 180,000.00 | | 6,000.00 | 8,000.00 | 178, |
| 1301 | 待摊费用 | 1,200.00 | | | | 1, |
| 1501 | 固定资产 | 750,000.00 | | | | 750, |
| 1502 | 累计折旧 | | 125,000.00 | | | |
| 1801 | 无形资产 | 250,000.00 | | | | 250, |
| 资产小计 | | 1,668,400.00 | 125,000.00 | 284,300.00 | 96,700.00 | 1,856, |
| 2121 | 应付账款 | | 168,000.00 | | 6,780.00 | |
| 2153 | 应付福利费 | | 8,200.00 | | | |
| 2171 | 应交税金 | | | 780.00 | 2,600.00 | |
| 217101 | 应交增值税 | | | 780.00 | 2,600.00 | |

图 5-55　发生额及余额表

## 三、查询供应商明细账

1. 执行“账表→供应商往来辅助账→供应商明细账”，屏幕显示查询条件窗口。
2. 选择或输入要查询的供应商编码，或直接选择查询到供应商编码名称（见图 5-56）。

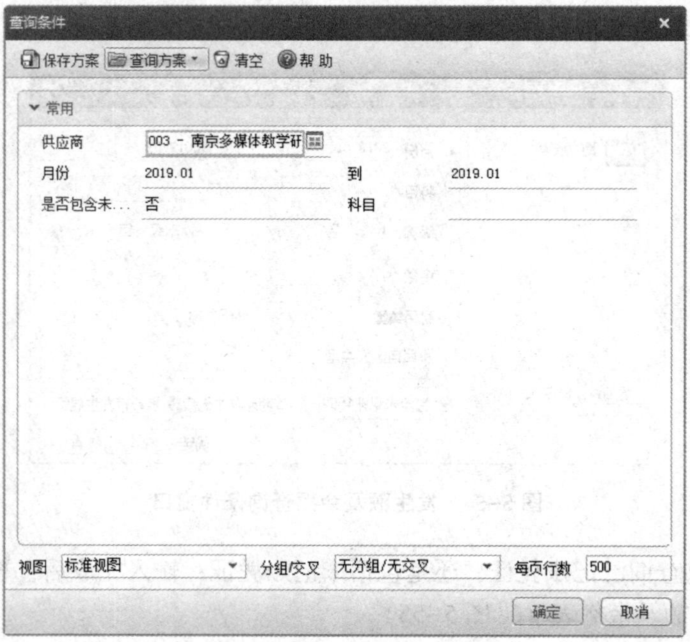


图 5-56　供应商明细账查询条件窗口

3. 输入完成后，按“确定”按钮，即显示查询到指定的供应商明细账（见图 5-57）。

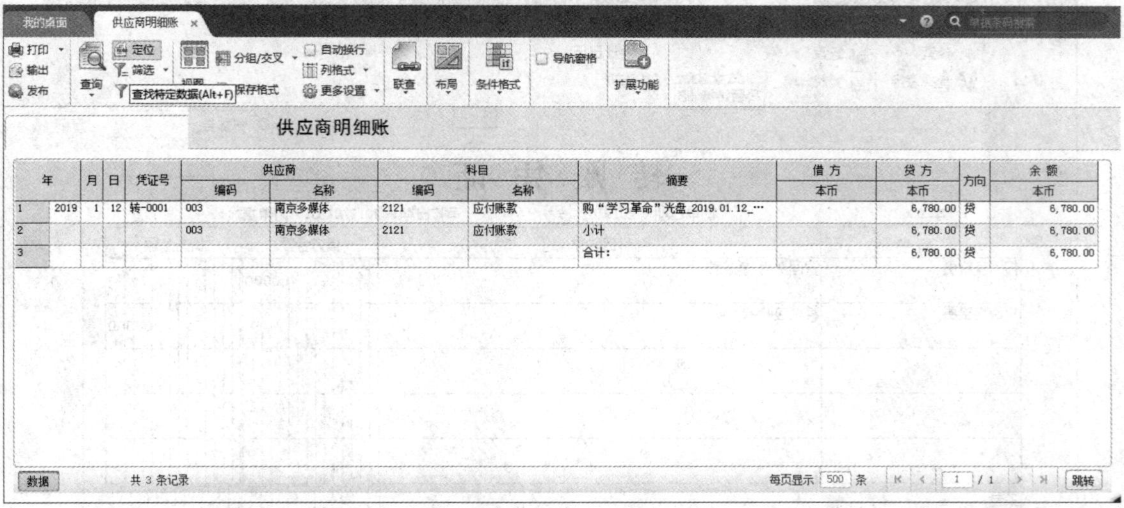


| | 年 | 月 | 日 | 凭证号 | 供应商 编码 | 供应商 名称 | 科目 编码 | 科目 名称 | 摘要 | 借方 本币 | 贷方 本币 | 方向 | 余额 本币 |
|---|---|---|---|---|---|---|---|---|---|---|---|---|---|
| 1 | 2019 | 1 | 12 | 转-0001 | 003 | 南京多媒体 | 2121 | 应付账款 | 购“学习革命”光盘_2019.01.12_… | | 6,780.00 | 贷 | 6,780.00 |
| 2 | | | | | 003 | 南京多媒体 | 2121 | 应付账款 | 小计 | | 6,780.00 | 贷 | 6,780.00 |
| 3 | | | | | | | | | 合计: | | 6,780.00 | 贷 | 6,780.00 |

**图 5-57　供应商明细账界面**

## 四、查询总经理办公室明细账

1. 执行“账表→部门辅助账→部门明细”，屏幕显示发生额及余额查询条件窗口。

2. 选择或输入要查询的部门名称 101，选择是否包括未记账凭证，单击“确定”按钮，即显示查询到指定的部门明细账（见图 5-58）。

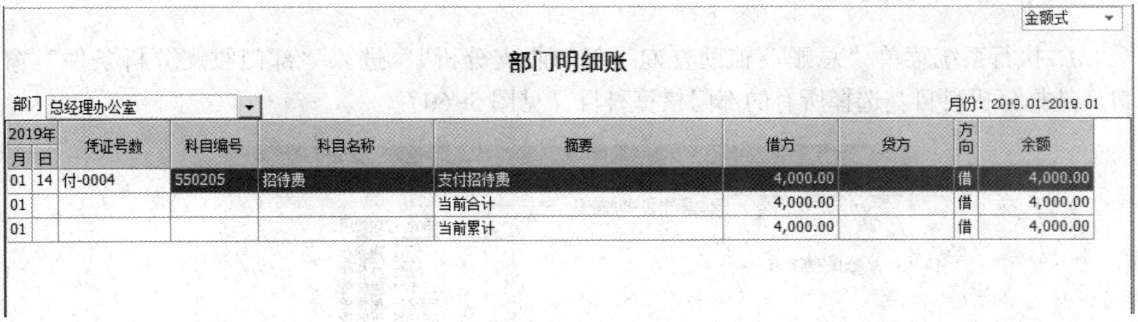


| 2019年 月 | 日 | 凭证号数 | 科目编号 | 科目名称 | 摘要 | 借方 | 贷方 | 方向 | 余额 |
|---|---|---|---|---|---|---|---|---|---|
| 01 | 14 | 付-0004 | 550205 | 招待费 | 支付招待费 | 4,000.00 | | 借 | 4,000.00 |
| 01 | | | | | 当前合计 | 4,000.00 | | 借 | 4,000.00 |
| 01 | | | | | 当前累计 | 4,000.00 | | 借 | 4,000.00 |

**图 5-58　总经理办公室明细账**

3. 将光标定在多栏账的某笔业务上，双击该行，或单击“凭证”按钮，可以联查该笔业务的凭证（见图 5-59）。

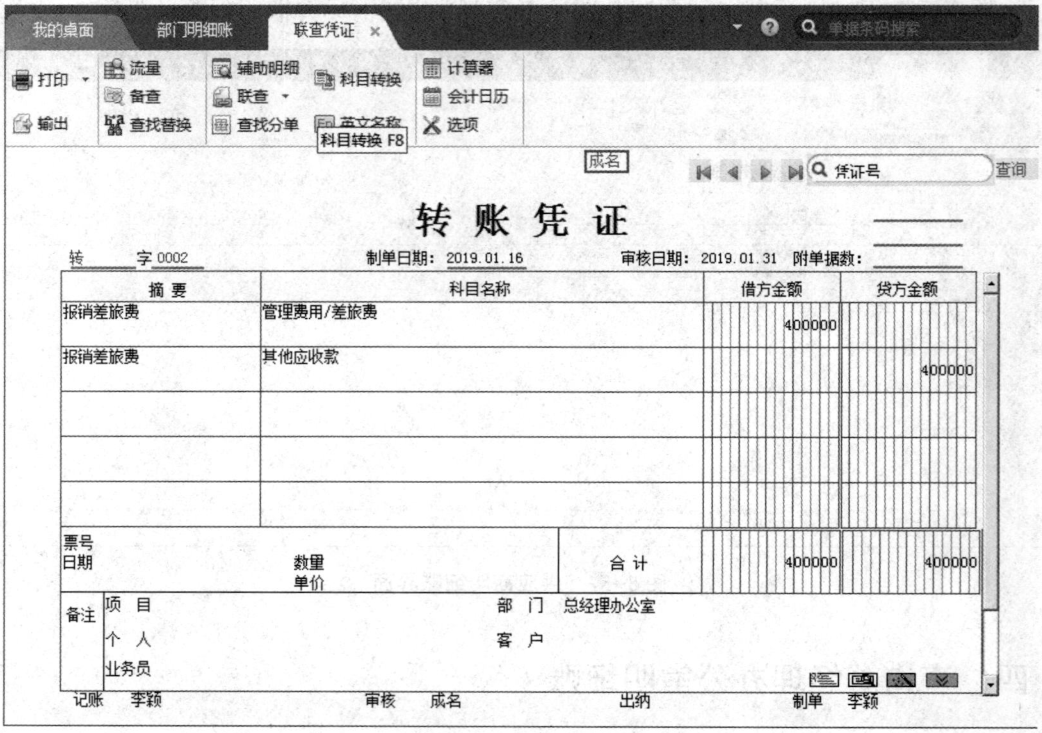

图 5-59　联查凭证界面

## 五、部门收支分析

1. 执行系统菜单“总账→辅助查询→部门收支分析”，进入“部门收支分析条件”窗口，选择分析科目：选择所有的部门核算科目（见图 5-60）。

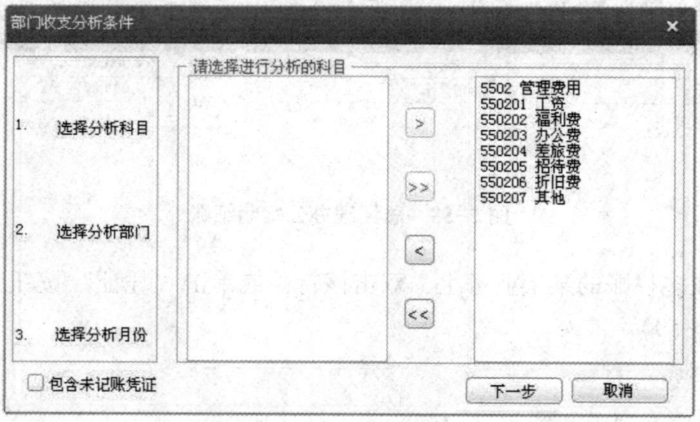

图 5-60　选择分析科目窗口

2. 单击“下一步”按钮。选择分析部门：选择所有的部门（见图 5-61）。

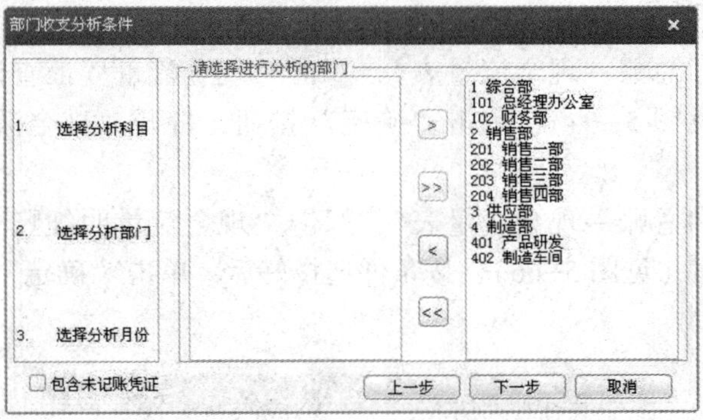


图 5-61　选择分析部门窗口

3. 单击“下一步”按钮。选择分析月份：起止月份“2019-01～2019-01”（见图 5-62）。
4. 单击“完成”按钮，显示查询结果（见图 5-63）。

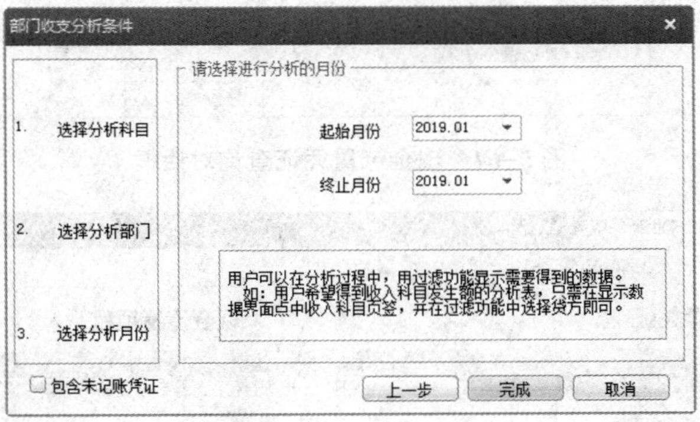


图 5-62　选择分析月份窗口

图 5-63　查询结果界面局部截图

## 六、现金流量表

1. 执行系统菜单“总账→现金流量表”，双击“现金流量凭证查询”，打开“现金流量凭证查询”对话框（见图 5-64），单击“确定”按钮，打开“现金流量查询及修改”页签（见图 5-65）。

2. 执行系统菜单“总账→现金流量表”，双击“现金流量明细账”，打开“现金流量明细账”查询条件对话框（见图 5-66），按条件选择好后，单击“确定”按钮，打开“现金流量明细表”（见图 5-67）。

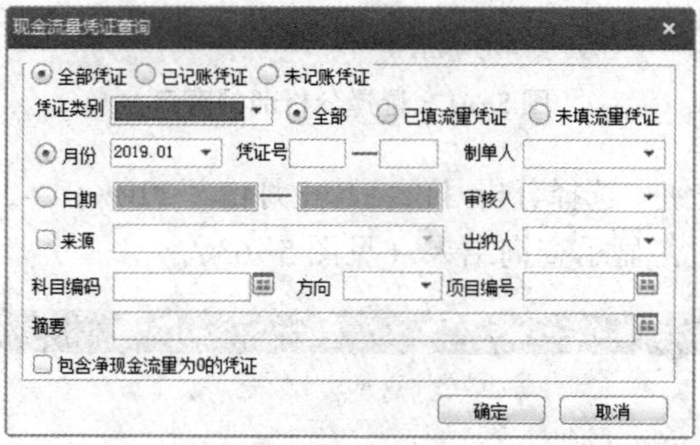


图 5-64　现金流量凭证查询对话框

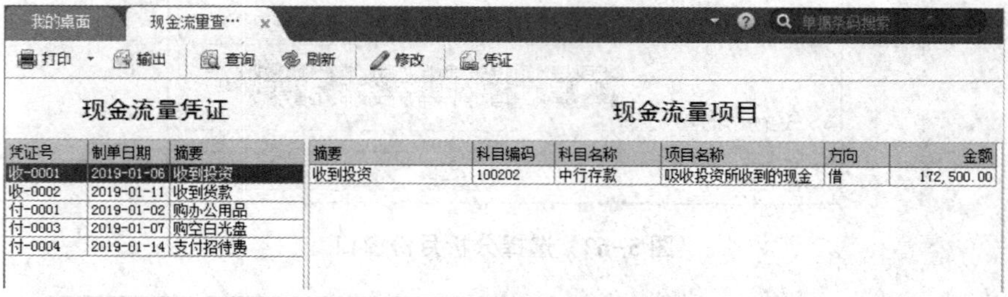


图 5-65　现金流量查询及修改页签界面

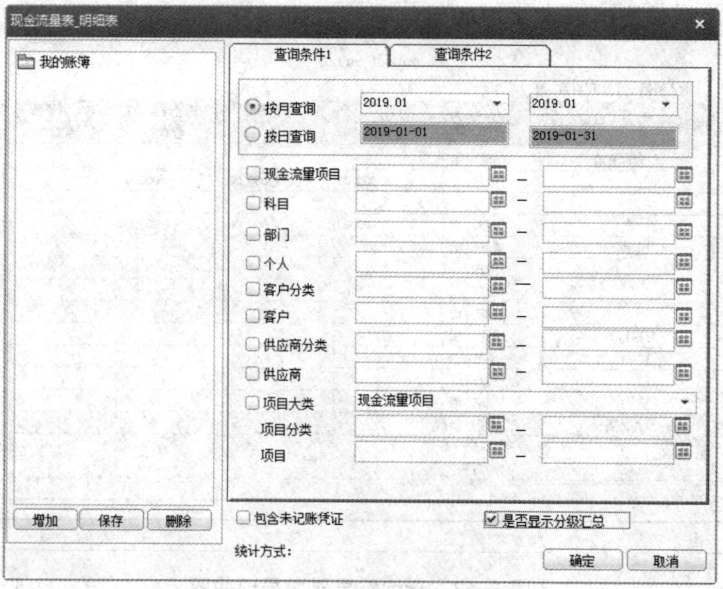


图 5-66　现金流量明细账查询对话框

| 2019年 月 | 日 | 凭证号 | 现金流量项目 | 摘要 | 方向 | 金额 |
|---|---|---|---|---|---|---|
| 1 | 11 | 收-0002 | 销售商品、提供劳务收到的现金(01) | 收到货款 | 流入 | 73,200.00 |
| | | | 销售商品、提供劳务收到的现金(01) | 小计 | 流入 | 73,200.00 |
| 1 | 7 | 付-0003 | 购买商品、接受劳务支付的现金(04) | 购空白光盘 | 流出 | 2,000.00 |
| | | | 购买商品、接受劳务支付的现金(04) | 小计 | 流出 | 2,000.00 |
| 1 | 2 | 付-0001 | 支付的与其他经营活动有关的现金(07) | 购办公用品 | 流出 | 500.00 |
| 1 | 14 | 付-0004 | 支付的与其他经营活动有关的现金(07) | 支付招待费 | 流出 | 4,000.00 |
| | | | 支付的与其他经营活动有关的现金(07) | 小计 | 流出 | 4,500.00 |
| 1 | 6 | 收-0001 | 吸收投资所收到的现金(15) | 收到投资 | 流入 | 172,500.00 |
| | | | 吸收投资所收到的现金(15) | 小计 | 流入 | 172,500.00 |

**图 5-67　现金流量明细表界面**

## 任务小贴士

1. 如果在选项菜单中设置了“合并凭证显示、打印”，那么在明细账界面会显示“合并显示”选项，选择此项明细账以科目相同或科目+摘要相同合并显示。月份综合明细账无此选项。

2. 在设置月份综合明细账查询条件时，必须先指定一级科目，且起始科目与终止科目必须为指定科目或其下属科目，且为同一级次。如：指定科目为 1002，则科目范围可输入 100201～100203，也可输入 1002～1002，但不能输入 100201～10020101。

3. 若在选项菜单中选择了“明细账查询权限控制到科目”，则须在“基础设置—数据权限”中对此进行设置。若操作员不具备查询某科目明细账的权限，那么在进入明细账查询功能后，将看不到此科目的明细账。

4. 只要有查询月份综合明细账的权限，则可查询所有科目的月份综合明细账，如果不希望某操作员查询某科目的明细账，那么，除了在“基础设置”中进行设置外，别忘了在系统管理的“权限”中取消该操作员查询月份综合明细账的权限。

5. 按科目范围查询明细账时，不能查询在科目设置中指定为现金银行科目的明细账，但可查月份综合明细账，且可以到“出纳管理”中通过现金日记账与银行日记账查询该科目的明细数据。

6. 系统提供四种账页格式：金额式、外币金额式、数量金额式、数量外币式。在外币金额式显示格式中如为末级科目则显示外币名称，非末级科目则不显示。

7. 显示外币金额式账簿同时可以按不同的币种提供月初余额、合计、累计。

8. 在余额表查询条件中，可选择“本期无发生、无余额、累计有发生的科目是否显示”，选中此项，则科目余额表中显示本期无发生、无余额、累计有发生的所有科目，如果有非末级科目，则非末级科目也要显示。如果不选此项，则科目余额表中会将无期初及无本期发生的科目自动省略不显示。

9. 部门账簿查询中，在查询上级部门的数据时自动包含其所有下级部门的数据。

# 项目六　出纳管理

## 系统认知

总账系统初始化完成后，就可以根据本企业实际进行日常业务处理了。总账日常业务处理包括填制凭证、修改凭证、出纳签字、审核凭证、记账、账表查询等内容。

## 知识目标

1. 掌握日记账的查询方法。
2. 掌握资金日报表的查询方法
3. 掌握支票管理的相关内容。
4. 掌握银行对账的相关内容。

## 能力目标

1. 能够根据企业的实际情况进行日记账的查询。
2. 能够根据企业的实际情况进行资金日报表的查询。
3. 能够熟练完成支票管理工作。
4. 能够进行银行对账单录入和银行对账操作。

## 任务内容

任务一　查询日记账

任务二　查询资金日报表

任务三　登记支票登记簿

任务四　银行对账

任务五　查询余额调节表

## 任务操作要求

1. 实训开始前，修改系统时间为 2019 年 1 月 31 日。

2. 以系统管理员 admin 身份登录系统管理并引入备份的 333 账套数据（D：/甘肃通达科技/总账系统日常业务处理）。

3. 以出纳王良身份登录企业应用平台进行查询日记账及资金日报表、登记支票登记簿、银行对账等操作。

4. 本项目实训结束后，以系统管理员 admin 身份登录系统管理并备份输出 333 账套数据到 D：/甘肃通达科技/出纳管理，并删除该账套。

# 任务一　查询日记账

## 任务情景资料

1. 查询现金日记账。
2. 查询银行日记账。

## 任务操作指导

### 一、现金日记账

1. 执行“总账→出纳→现金日记账”命令，打开“现金日记账查询条件”对话框（见图 6-1）。

2. 选择科目“1001 库存现金”，默认月份“2019-01”。

3. 单击“确定”按钮，进入“现金日记账”窗口（见图 6-2）。

4. 双击某行或将光标定在某行再单击“凭证”按钮，可查看相应的凭证（见图 6-3）。如果操作员没有权限，则提示“该操作员无此功能权限［GL0205 查询凭证］”（见图 6-4）。

5. 同样单击“总账”按钮，可查看此科目的三栏式总账。如果操作员没有权限，则提示“该操作员无此功能权限［GL0300101 查询总账］”（见图 6-5）。

6. 单击“关闭”按钮退出。

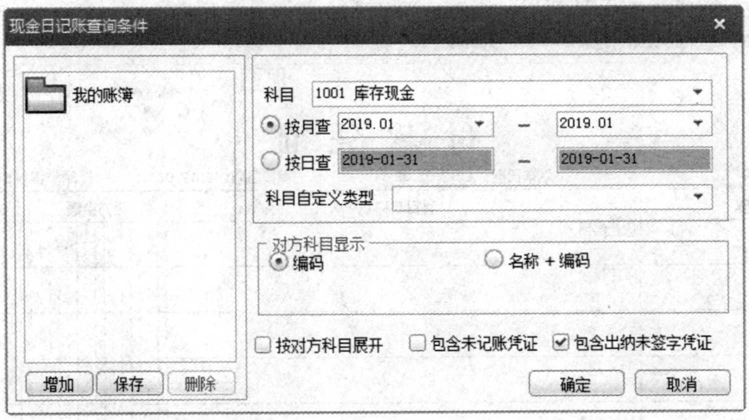


图 6-1　现金日记账查询条件对话框

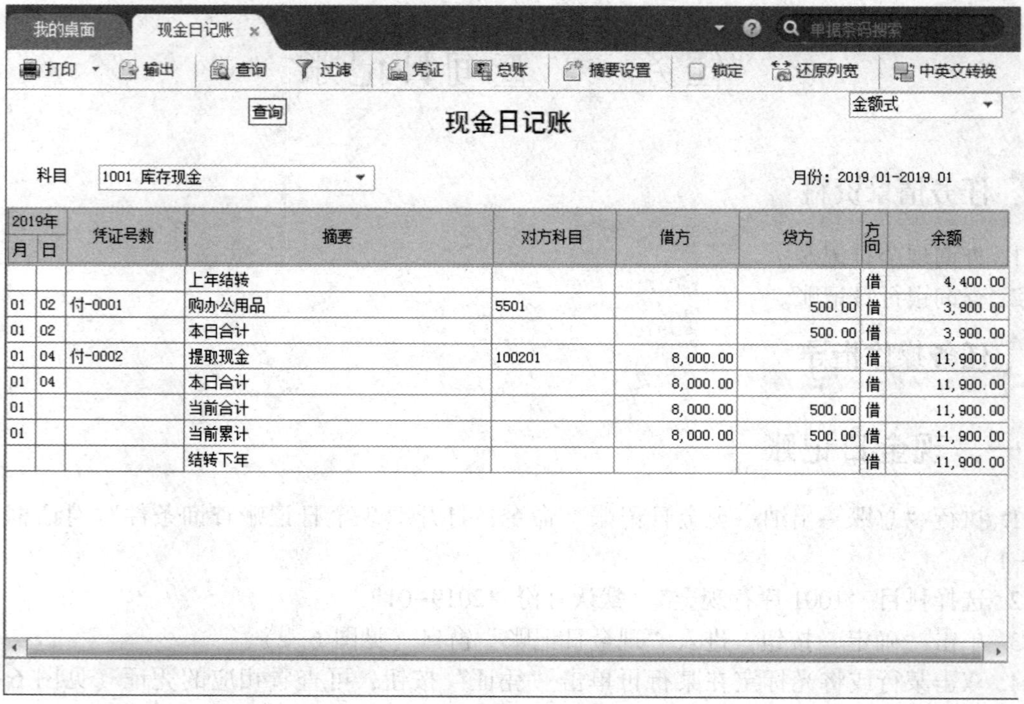


| 2019年 月 | 日 | 凭证号数 | 摘要 | 对方科目 | 借方 | 贷方 | 方向 | 余额 |
|---|---|---|---|---|---|---|---|---|
| | | | 上年结转 | | | | 借 | 4,400.00 |
| 01 | 02 | 付-0001 | 购办公用品 | 5501 | | 500.00 | 借 | 3,900.00 |
| 01 | 02 | | 本日合计 | | | 500.00 | 借 | 3,900.00 |
| 01 | 04 | 付-0002 | 提取现金 | 100201 | 8,000.00 | | 借 | 11,900.00 |
| 01 | 04 | | 本日合计 | | 8,000.00 | | 借 | 11,900.00 |
| 01 | | | 当前合计 | | 8,000.00 | 500.00 | 借 | 11,900.00 |
| 01 | | | 当前累计 | | 8,000.00 | 500.00 | 借 | 11,900.00 |
| | | | 结转下年 | | | | 借 | 11,900.00 |

**图 6-2　现金日记账界面**

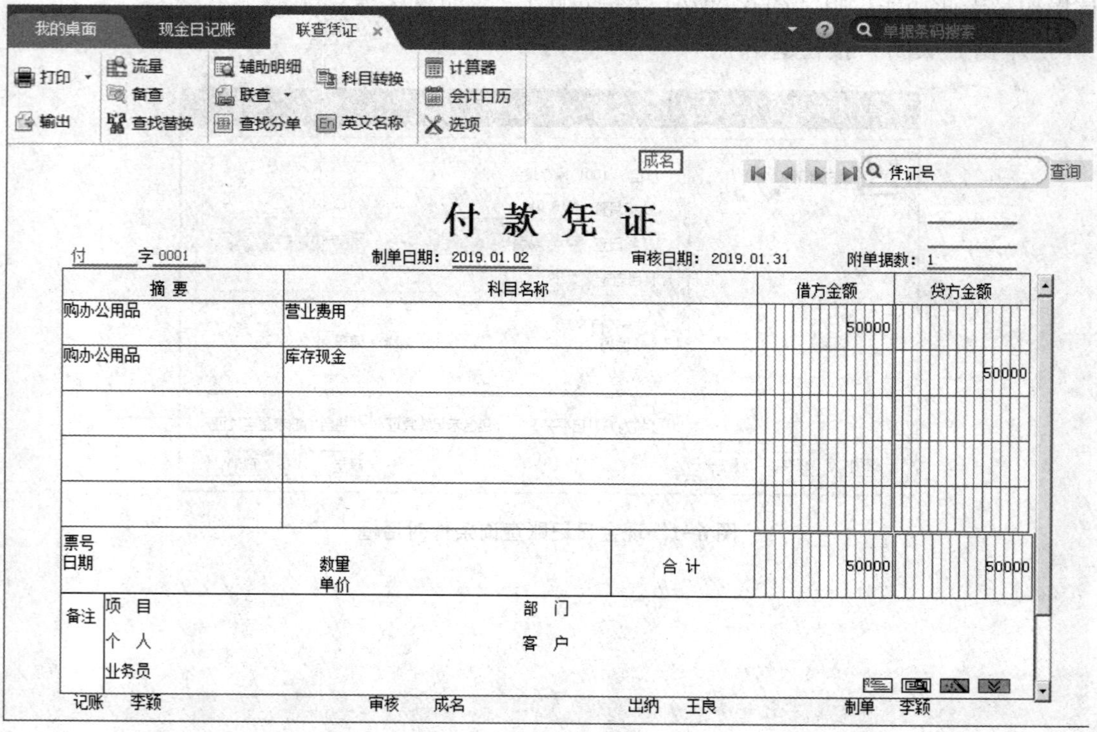


**图 6-3　联查到的相应凭证**

图 6-4 操作员无查询凭证权限的提示框

图 6-5 操作员无查询总账权限的提示框

## 二、银行存款日记账

1. 执行“总账→出纳→银行日记账”命令，打开“银行日记账查询条件”对话框。

2. 单击“确定”按钮，进入“银行日记账”窗口（见图 6-6）。可以单击“科目”后的下拉按钮，选择“工行存款”“中行存款”的日记账。

3. 单击“关闭”按钮退出。

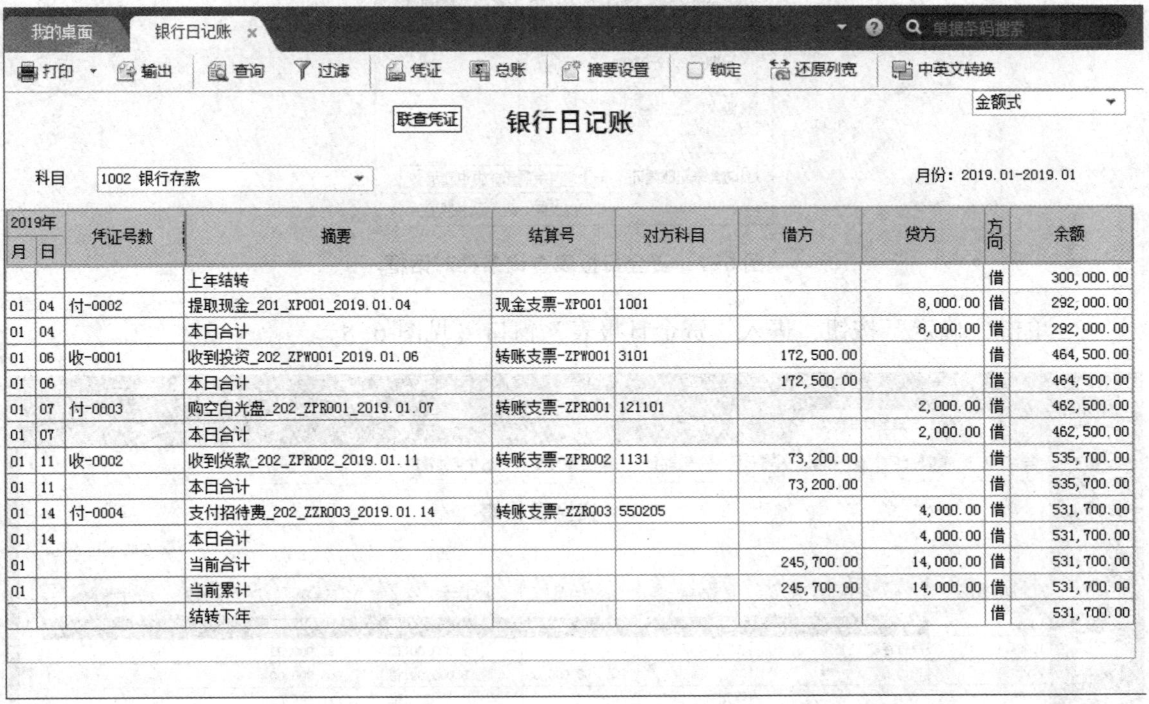


| 2019年 月 | 日 | 凭证号数 | 摘要 | 结算号 | 对方科目 | 借方 | 贷方 | 方向 | 余额 |
|---|---|---|---|---|---|---|---|---|---|
| | | | 上年结转 | | | | | 借 | 300,000.00 |
| 01 | 04 | 付-0002 | 提取现金_201_XP001_2019.01.04 | 现金支票-XP001 | 1001 | | 8,000.00 | 借 | 292,000.00 |
| 01 | 04 | | 本日合计 | | | | 8,000.00 | 借 | 292,000.00 |
| 01 | 06 | 收-0001 | 收到投资_202_ZPW001_2019.01.06 | 转账支票-ZPW001 | 3101 | 172,500.00 | | 借 | 464,500.00 |
| 01 | 06 | | 本日合计 | | | 172,500.00 | | 借 | 464,500.00 |
| 01 | 07 | 付-0003 | 购空白光盘_202_ZPR001_2019.01.07 | 转账支票-ZPR001 | 121101 | | 2,000.00 | 借 | 462,500.00 |
| 01 | 07 | | 本日合计 | | | | 2,000.00 | 借 | 462,500.00 |
| 01 | 11 | 收-0002 | 收到货款_202_ZPR002_2019.01.11 | 转账支票-ZPR002 | 1131 | 73,200.00 | | 借 | 535,700.00 |
| 01 | 11 | | 本日合计 | | | 73,200.00 | | 借 | 535,700.00 |
| 01 | 14 | 付-0004 | 支付招待费_202_ZZR003_2019.01.14 | 转账支票-ZZR003 | 550205 | | 4,000.00 | 借 | 531,700.00 |
| 01 | 14 | | 本日合计 | | | | 4,000.00 | 借 | 531,700.00 |
| 01 | | | 当前合计 | | | 245,700.00 | 14,000.00 | 借 | 531,700.00 |
| 01 | | | 当前累计 | | | 245,700.00 | 14,000.00 | 借 | 531,700.00 |
| | | | 结转下年 | | | | | 借 | 531,700.00 |

图 6-6 银行日记账窗口界面

### 任务小贴士

1. 只有指定了“现金科目”和“银行科目”，才能查询“现金日记账”和“银行日记账”。

2. 联查凭证或总账，操作员必须要赋予相应权限，否则，无法查询。

3. 银行存款日记账查询与现金日记账查询操作基本相同，所不同的只是银行存款日记账多一结算号栏，主要是对账时用。

# 任务二　查询资金日报表

## 任务情景资料

查询2019年1月4日资金日报表。

## 任务操作指导

1. 执行系统菜单“出纳→资金日报”命令，打开“资金日报表查询条件”对话框。

2. 输入或选择查询日期“2019-01-04”。选择“有余额无发生也显示”复选框（见图6-7）。

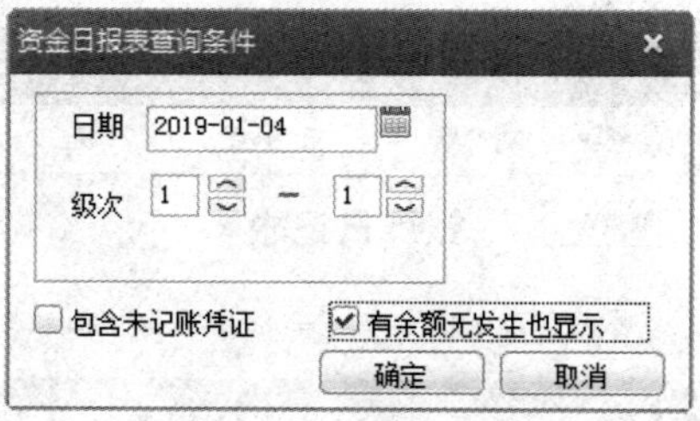


图6-7　资金日报表查询条件对话框

3. 单击“确定”按钮，进入“资金日报表”窗口（见图6-8）。

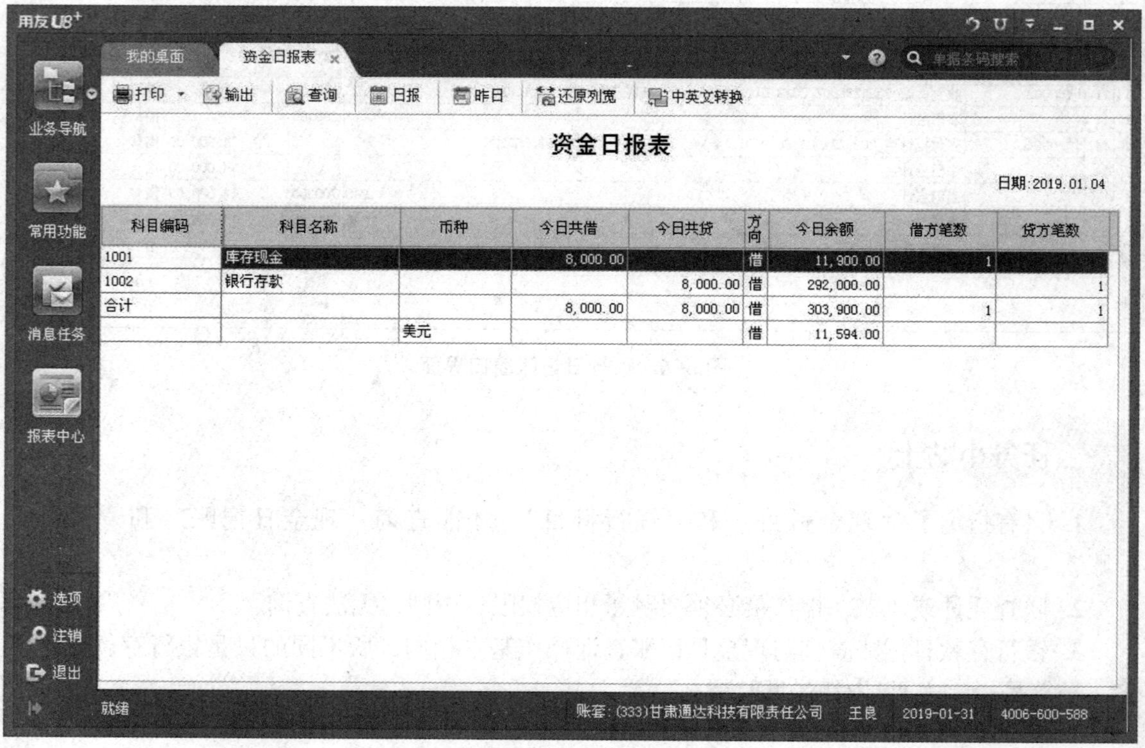


图6-8　资金日报表窗口界面

4. 单击“退出”按钮退出。

### 任务小贴士

1. 可点击日历图标选择要查询的资金日报日期。

2. 选择查询科目的级次。如果选择多级查询，可以在一张资金日报表上看到所有资金发生的明细情况。

3. 由于企业内控制度规定或其他滞后原因，在查询时有些凭证尚未记账，如果想要查询资金发生的真实情况，可以选择“包含未记账凭证”。如果只想查询账面数据，可以不选。

4. 有无余额发生也显示：选择此项后，即使现金或银行科目在查询日没有发生业务（即没有制作凭证），只要有余额则显示。

## 任务三　登记支票登记簿

### 任务情景资料

25 日，供应部康柏借票号 zpr154 的工行转账支票 1 张，预计金额 5 000 元，购生产用主要材料。

### 任务操作指导

1. 执行“总账→出纳→支票登记簿”命令，打开“银行科目选择”对话框。

2. 选择科目：工行存款“100201”（见图 6-9）。单击“确定”按钮，进入支票登记簿窗口。

**图 6-9　银行科目选择对话框**

3. 单击“增行”按钮，选填日期“2019-01-25”，领用部门“供应部”，领用人“康柏”，支票号“zpr154”，预计金额“5 000”（见图 6-10）。

4. 单击“关闭”按钮，则自动保存。

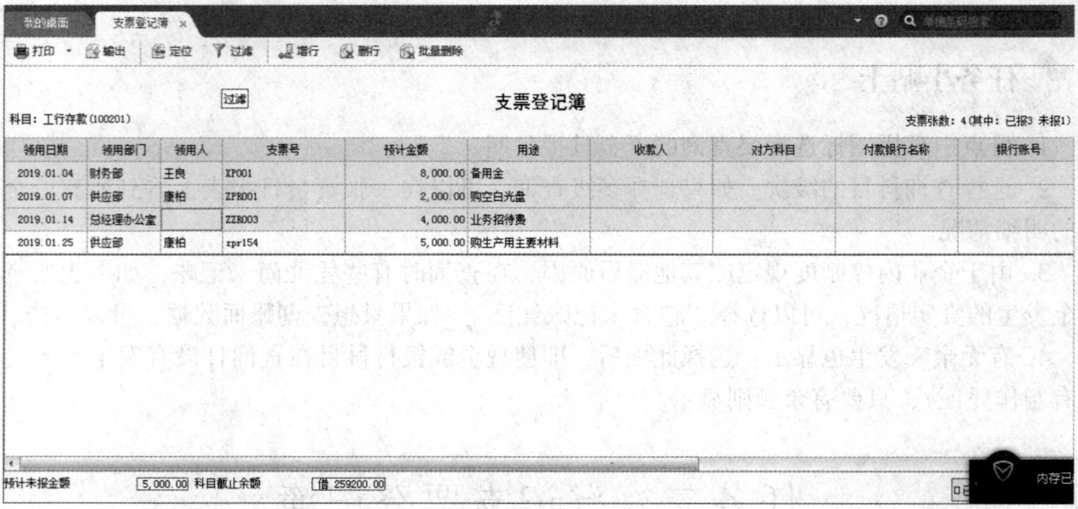


图 6-10　支票登记簿界面

## 任务小贴士

1. 只有在结算方式设置中选择“票据管理标志”功能才能在此选择登记。

2. 领用日期和支票号必须输入，其他内容可输可不输。

3. 报销日期不能在领用日期之前。支票登记簿中报销日期为空时，表示该支票未报销，否则系统认为该支票已报。

4. 将光标移到需要修改的数据项上可直接修改支票登记簿内容。

5. 已报销的支票可成批删除。已报销的支票不能进行修改。若想取消报销标志，只要将光标移到报销日期处，按空格键后删掉报销日期即可。

# 任务四　银行对账

## 任务情景资料

1. 银行对账期初

甘肃通达科技有限责任公司银行账的启用日期为 2019-01-01，工行人民币户企业日记账调整前余额为 259 200 元，银行对账单调整前余额为 289 200 元，未达账项两笔，系银行已收企业未收款 30 000 元。

2. 银行对账单

1 月份银行对账单见表 6-1。

表 6-1　1 月份银行对账单

| 日期 | 结算方式 | 票号 | 借方金额 | 贷方金额 |
|---|---|---|---|---|
| 2019-01-04 | 201 | xp001 | | 8 000 |
| 2019-01-07 | 202 | zpr001 | | 2 000 |
| 2019-01-11 | 202 | zpr002 | 73 200 | |

## 任务操作指导

# 一、输入银行对账期初数据

1. 执行“出纳→银行对账→银行期初录入”命令，打开“银行科目选择”对话框。
2. 选择科目“100201 工行存款”。
3. 单击“确定”按钮，进入“银行对账期初”窗口。
4. 输入单位日记账的调整前余额“259 200”；输入银行对账单的调整前余额“289 200”。
5. 单击“对账单期初未达项”按钮，进入“银行方期初”窗口。
6. 输入日期“2018-12-31”，结算方式“202”，借方金额“30 000”（见图 6-11），单击“退出”按钮。
7. 银行对账期初即显示调整后余额，单击“退出”按钮（见图 6-12）。

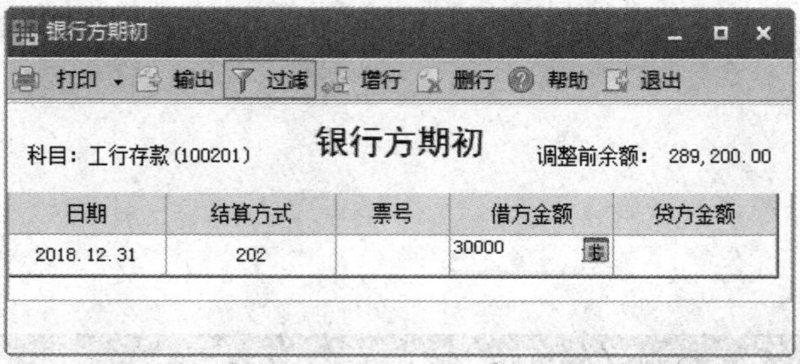


**图 6-11　银行方期初窗口**

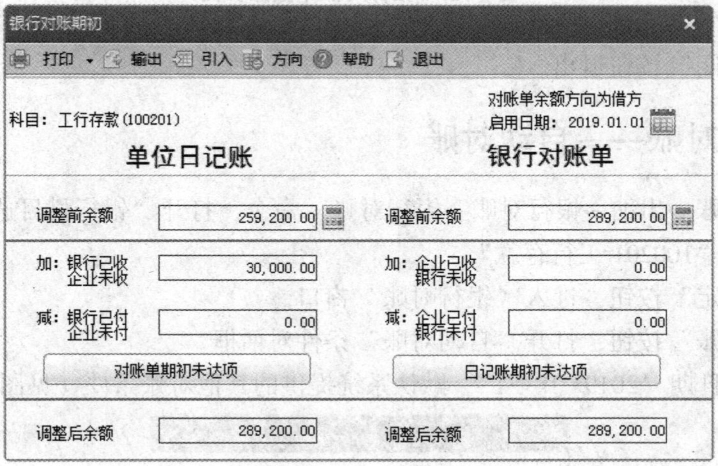


**图 6-12　银行对账期初数据窗口**

# 二、录入银行对账单

1. 执行系统菜单“总账→出纳→银行对账→银行对账单”命令，打开“银行科目选择”对话框。
2. 选择科目“100201 工行存款”。
3. 单击“确定”按钮，进入“银行对账单”窗口。

4. 单击“增行”按钮。
5. 根据情景资料输入银行对账单数据（见图 6-13）。

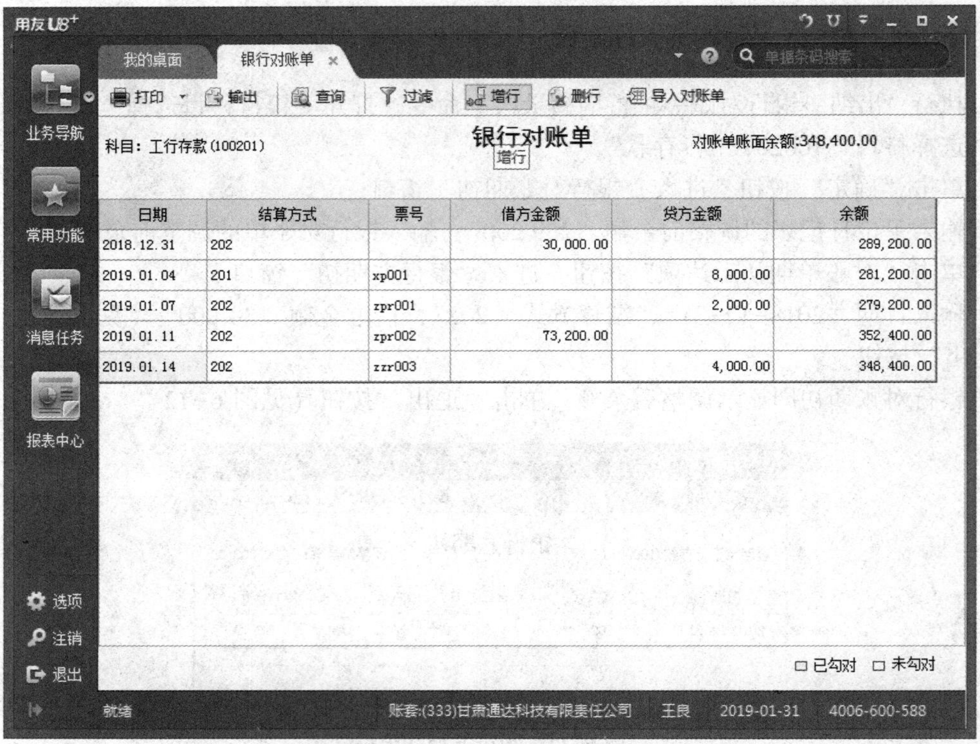


图 6-13　银行对账单数据界面

6. 单击“关闭”按钮退出。

## 三、银行对账——自动对账

1. 执行“总账→出纳→银行对账→银行对账”命令，打开“银行科目选择”对话框。
2. 选择科目“100201 工行存款”。
3. 单击“确定”按钮，进入“银行对账”窗口。
4. 单击“对账”按钮，打开“自动对账”条件对话框。
5. 输入截止日期“2019-01-31”，默认系统提供的其他对账条件（见图 6-14）。

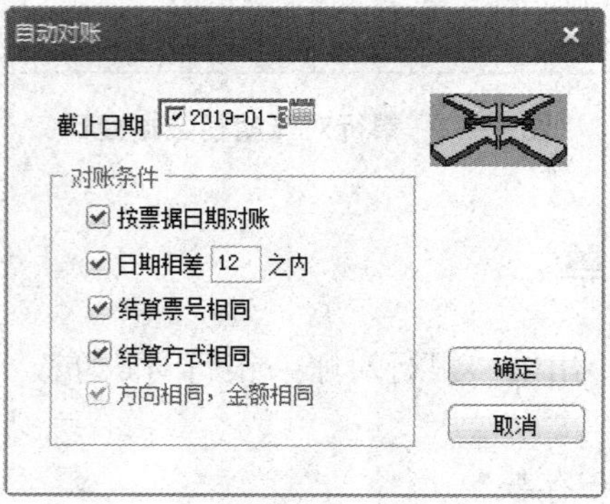


图 6-14　自动对账条件对话框

6. 单击“确定”按钮，显示自动对账结果（见图 6-15）。

7. 单击“关闭”按钮退出。

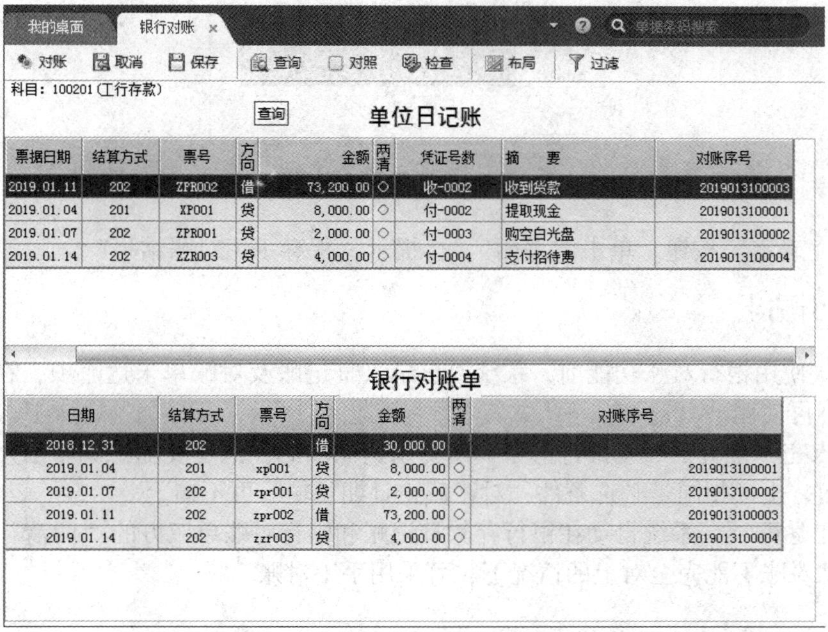


**图 6-15　自动对账结果显示界面**

## 四、银行对账——手工对账

1. 在自动对账窗口，对于一些应勾对而未勾对上的账项，可分别双击“两清”栏，直接进行手工调整（见图 6-16）。

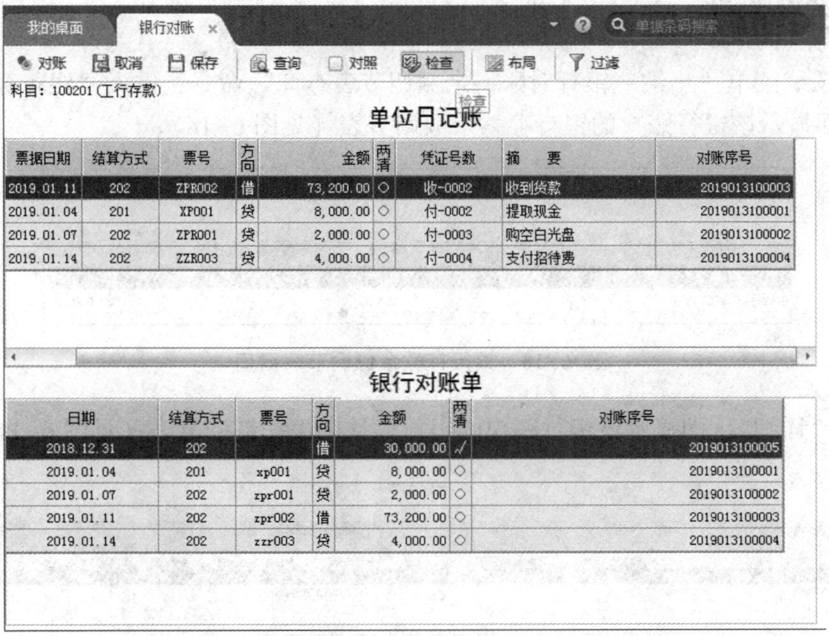


**图 6-16　手工调整对账界面**

2. 对账完毕，单击“检查”按钮，检查结果平衡（见图 6-17）。

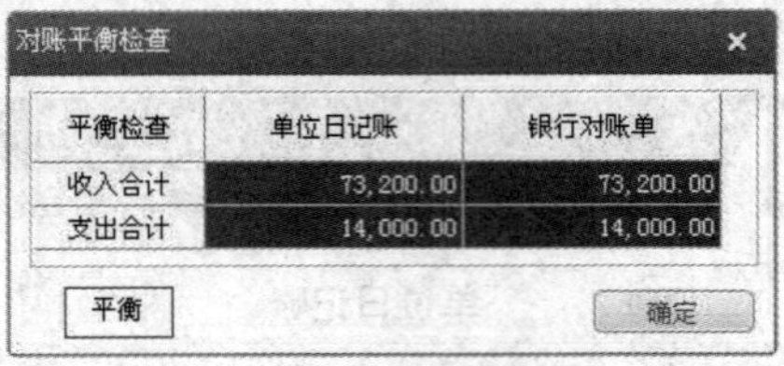

对账平衡检查

| 平衡检查 | 单位日记账 | 银行对账单 |
|---|---|---|
| 收入合计 | 73,200.00 | 73,200.00 |
| 支出合计 | 14,000.00 | 14,000.00 |

平衡　　确定

**图 6-17　对账平衡检查界面**

3. 单击“确定”按钮。单击“关闭”，会提示“保存手工对账结果”。

## 任务小贴士

1. 第一次使用银行对账功能前，系统要求录入日记账及对账单未达账项，在开始使用银行对账之后不再使用。

2. 在录入完单位日记账、银行对账单期初未达账项后，请不要随意调整启用日期。对账条件中的方向、金额相同是必选条件，对账截止日期可输入可不输。

3. 对于已达账项，系统自动在银行存款日记账和银行对账单双方的“两清”栏打上圆圈标志。在自动对账不能完全对上的情况下，可采用手工对账。

# 任务五　查询余额调节表

## 任务情景资料

查询余额调节表。

## 任务操作指导

1. 执行系统菜单“出纳→银行对账→余额调节表查询”命令，进入“银行存款余额调节表”窗口，即显示该银行账户的银行存款余额调节表（见图 6-18）。

银行存款余额调节表

| 银行科目（账户） | 对账截止日期 | 单位账账面余额 | 对账单账面余额 | 调整后存款余额 |
|---|---|---|---|---|
| 工行存款(100201) | | 318,400.00 | 348,400.00 | 348,400.00 |
| 中行存款(100202) | | 20,000.00 | 0.00 | 20,000.00 |

**图 6-18　银行存款余额调节表窗口**

2. 单击“详细”，即显示该银行账户的银行存款余额详细调节表（见图 6-19）。

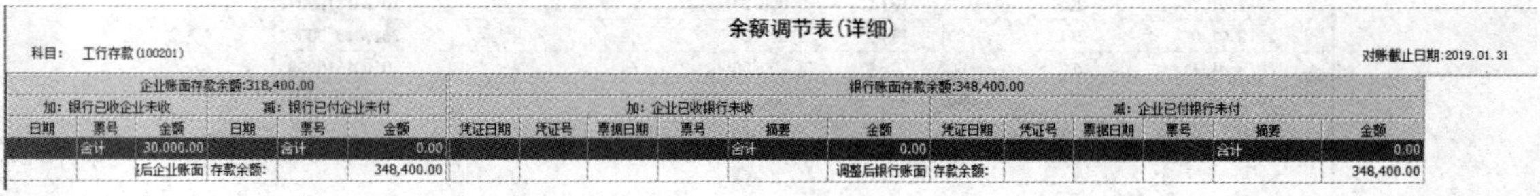

余额调节表(详细)

科目：　工行存款(100201)　　　　对账截止日期:2019.01.31

| | | | | | | | | | | | | | | | | | |
|---|---|---|---|---|---|---|---|---|---|---|---|---|---|---|---|---|---|
| 企业账面存款余额:318,400.00 | | | | | | 银行账面存款余额:348,400.00 | | | | | | | | | | | |
| 加：银行已收企业未收 | | | 减：银行已付企业未付 | | | 加：企业已收银行未收 | | | | | | 减：企业已付银行未付 | | | | | |
| 日期 | 票号 | 金额 | 日期 | 票号 | 金额 | 凭证日期 | 凭证号 | 票据日期 | 票号 | 摘要 | 金额 | 凭证日期 | 凭证号 | 票据日期 | 票号 | 摘要 | 金额 |
| | 合计 | 30,000.00 | | 合计 | 0.00 | | | | | 合计 | 0.00 | | | | | 合计 | 0.00 |
| | | 后企业账面 | 存款余额: | | 348,400.00 | | | | | | 调整后银行账面 | 存款余额: | | | | | 348,400.00 |

**图 6-19　银行存款余额详细调节表**

## 任务小贴士

如果余额调节表显示账面余额不平，请查看以下几处：

1. “银行期初录入”中的“调整后余额”是否平衡？如不平衡请查看“调整前余额”“日记账期初未达项”及“银行对账单期初未达项”是否录入正确。如不正确请进行调整。

2. 银行对账单录入是否正确？如不正确请进行调整。

3. “银行对账”中勾对是否正确、对账是否平衡？如不正确请进行调整。

# 项目七　总账管理系统期末处理

## 系统认知

期末业务处理是指将本月所发生的经济业务全部登记入账后所要做的一系列工作，包括转账分录定义、转账生成、对账和结账。

## 知识目标

1. 掌握定义“自定义转账”凭证。
2. 掌握“对应结转”凭证。
3. 掌握“期间损益结转”方法。
4. 掌握转账生成的顺序及意义。
5. 掌握对账、结账的方法及意义。

## 能力目标

1. 能够根据企业的实际情况进行定义转账凭证。
2. 能够完成每月的转账生成工作。
3. 能够进行对账和结账工作。

## 任务内容

任务一　转账定义

任务二　转账生成

任务三　对账

任务四　结账与反结账

## 任务操作要求

1. 实训开始前，修改系统时间为 2019 年 1 月 31 日。

2. 以系统管理员 admin 身份登录系统管理并引入备份的 333 账套数据（D：/甘肃通达科技/出纳管理）。

3. 以会计李颖身份登录企业应用平台进行期末各项业务处理，主管签字、凭证审核由成名完成。

4. 本项目实训结束后，以系统管理员 admin 身份登录系统管理并备份输出 333 账套数据到 D：/甘肃通达科技/总账管理系统期末处理，并删除该账套。

# 任务一　转账定义

## 任务情景资料

### 一、自定义结转

1. 按短期借款期末余额的 0.25% 计提短期借款利息。

转账序号：0001；转账说明：计提短期借款利息；凭证类别：转账凭证。

借：财务费用（5503）　　QM（2101，月，贷）×0.0025

　　贷：预提费用（2191）　　JG（　）

2. 将制造费用的所有明细科目的本期发生额转入“基本生产成本——生产成本——制造费用”。

转账序号：0002；转账说明：将制造费用生产成本；凭证类别：转账凭证。

借：基本生产成本——生产成本——制造费用（41010103）　　JG（　）

　　贷：制造费用（4105）　　LFS（410501，月，借）

　　LFS（410502，月，借）

　　LFS（410503，月，借）

3. 计提本期应交所得税。

转账序号：0003；转账说明：计提本期所得税；凭证类别：转账凭证。

借：所得税费用（5701）　　QM（3131，月，贷）×0.25

　　贷：应交税费——应交所得税（217106）　　JG（　）

4. 按待摊费用期初余额 1/12 摊销报刊杂志费。

转账序号：0004；转账说明：摊销报刊杂志费；凭证类别：转账凭证。

借：管理费用——其他（550207）　　JG（　）

　　贷：待摊费用（1301）　　QC（1301，月，贷）/12

### 二、对应结转

对应结转见表 7-1。

**表 7-1　对应结转一览表**

| 序号 | 凭证类别 | 摘要 | 转出科目 | 转入科目 | 结转系数 |
|---|---|---|---|---|---|
| 0005 | 转账凭证 | 结转进项税额 | 进项税额 | 转出未交增值税 | 1 |
| 0006 | 转账凭证 | 结转销项税额 | 销项税额 | 转出未交增值税 | 1 |
| 0007 | 转账凭证 | 转出未交增值税 | 转出未交增值税 | 未交增值税 | 1 |

### 三、期间损益结转

将本月“期间损益”转入“本年利润”。

## 任务操作指导

# 一、自定义结转

1. 执行系统菜单“总账→期末→转账定义→自定义转账”命令（见图 7-1），进入“自定义转账设置”窗口。

2. 单击“增加”按钮，打开“转账目录”设置对话框。

3. 输入转账序号“0001”，转账说明“计提短期借款利息”；选择凭证类别“转账凭证”(见图 7-2)。

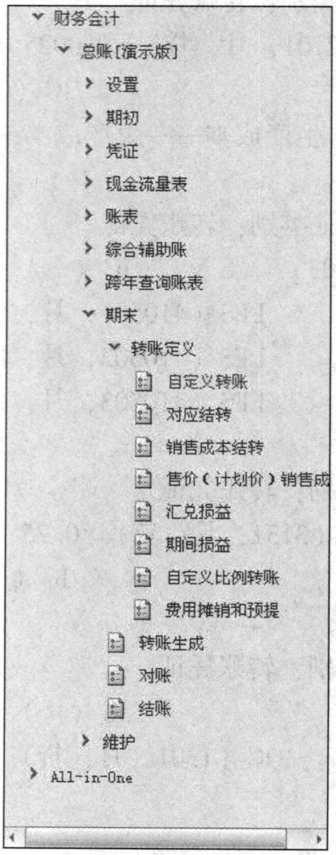


图 7-1　自定义转账导航界面

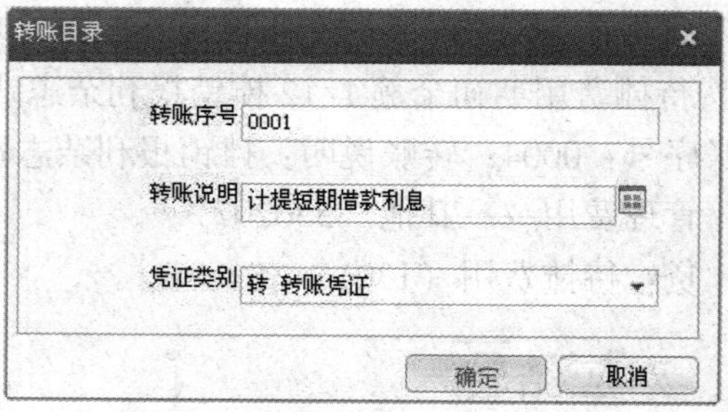


图 7-2　转账目录设置对话框

4. 单击“确定”按钮，继续定义转账凭证分录信息。

5. 单击“增行”确定分录的借方信息。选择或输入科目编码“5503”，选择方向“借”，双击“金额公式”栏进入公式引导，选择“期末余额”，单击“下一步”，输入科目“2101”，选定“继续输入公式”，单击“下一步”，引导完成借方公式（见图 7-3-1、图 7-3-2、图 7-3-3）。或直接在“金额公式”栏输入金额公式“QM（2001，月，贷）×0. 0025”。

6. 单击“增行”按钮，确定分录的贷方信息，选择“取对方科目计算结果”(见图 7-4)。

7. 单击“保存”按钮（见图 7-5）。

8. 单击“增加”按钮，继续设置 0002 号、0003 号、0004 号自定义转账凭证。完成后，单击“退出”。

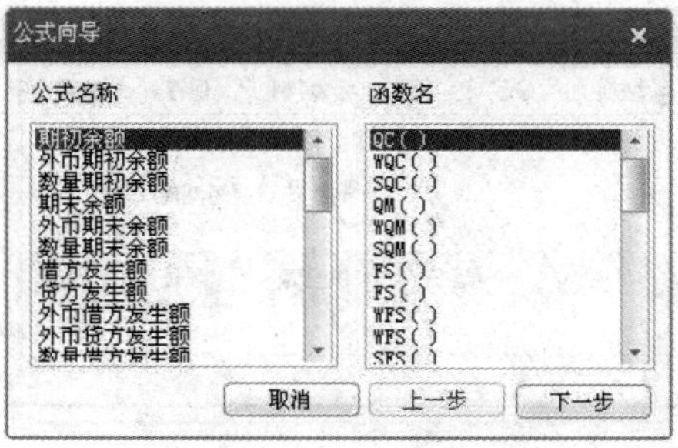


图 7-3-1　借方公式向导对话框一

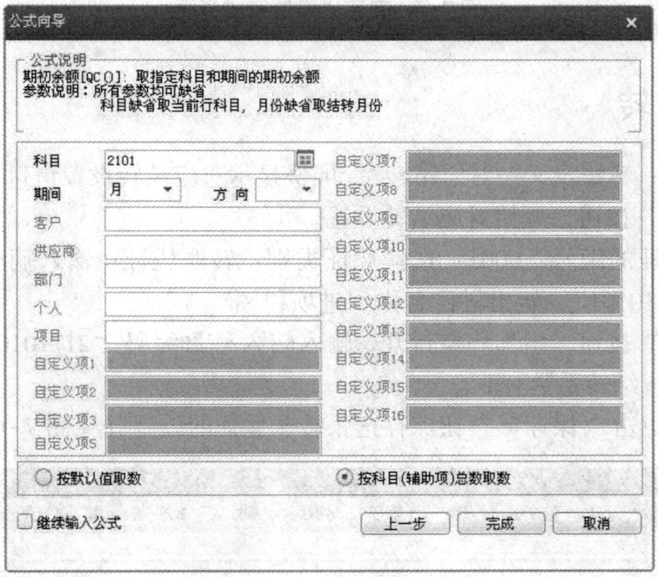


图 7-3-2　借方公式向导对话框二

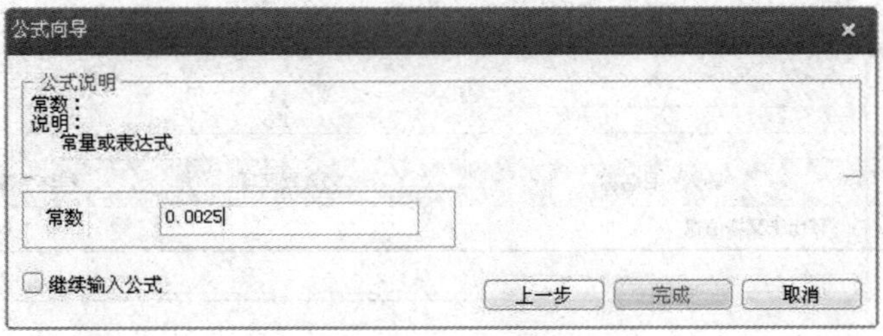


图 7-3-3　借方公式向导对话框三

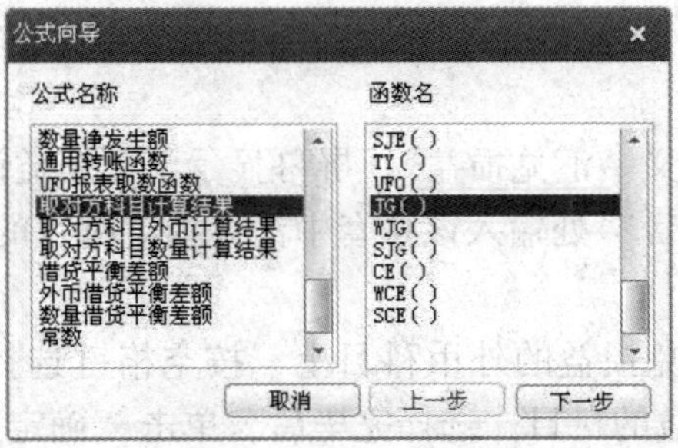


图 7-4　贷方公式向导对话框

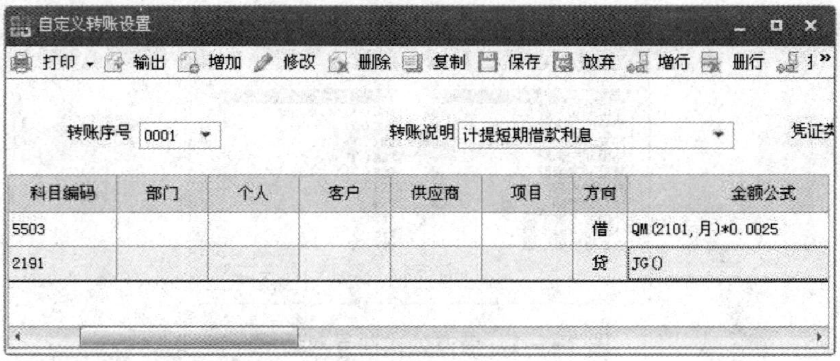


**图 7–5　自定义设置完成界面**

## 二、对应结转

1. 选择“期末→转账定义→对应结转”，屏幕显示对应结转设置窗口。

2. 单击“增加”按钮，开始对应结转设置。

3. 输入转账凭证的编号：0005；选择凭证类别：转账凭证；输入摘要：结转进项税额，转出科目编码“21710101”、转出科目名称“进项税额”。

4. 点击“增行”按钮，增加一空行开始输入转入科目编码“21710103”、转入科目名称“转出未交增值税”、结转系数“1”。

5. 输入完成后点击“保存”按钮保存这张转账凭证的设置（见图 7–6）。

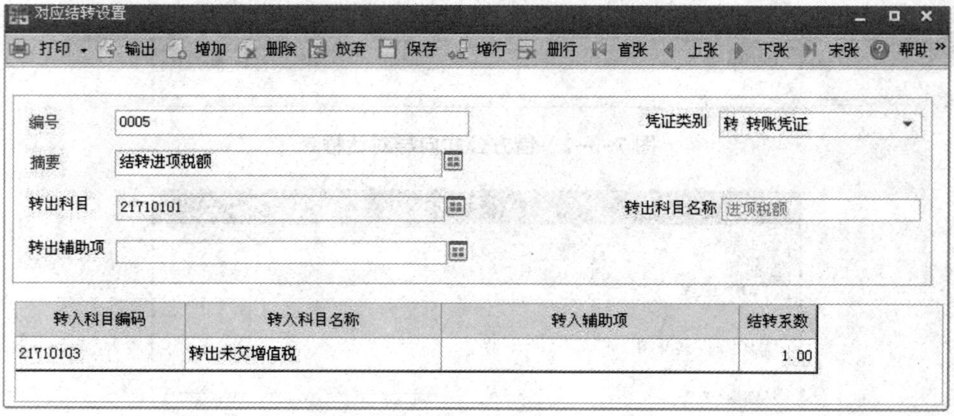


**图 7–6　对应结转设置对话框**

## 三、汇兑损益

1. 执行“期末→转账定义→汇兑损益”，屏幕显示汇兑损益设置窗。

2. 在“汇兑损益入账科目”处输入该账套中汇兑损益科目的科目编码，也可单击□或按 F2 键参照科目录入。

3. 将光标移到要计算汇兑损益的外币科目上，按空格键选择需要计算汇兑损益的科目，或用鼠标双击要计算汇兑损益的科目，选择完毕后，单击“确定”即可（见图 7–7）。

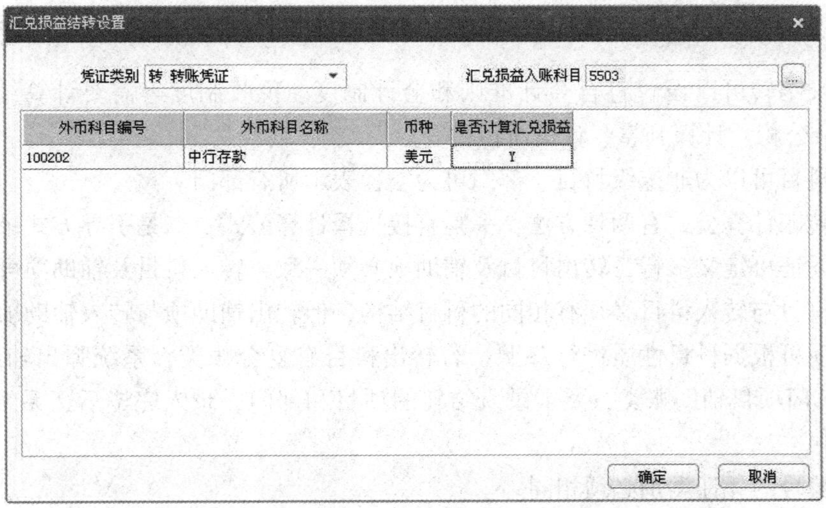


图 7-7　汇兑损益设置窗口界面

## 四、期间损益结转

1. 执行系统菜单“总账→期末→转账定义→期间损益”命令，进入“期间损益结转设置”窗口。

2. 选择凭证类别“转账凭证”，选择或直接输入本年利润科目“3131”。

3. 在“期间损益科目”处输入该账套中汇兑损益科目的科目编码，也可单击▭或按F2键参照科目录入。

4. 单击“确定”按钮（见图 7-8）。

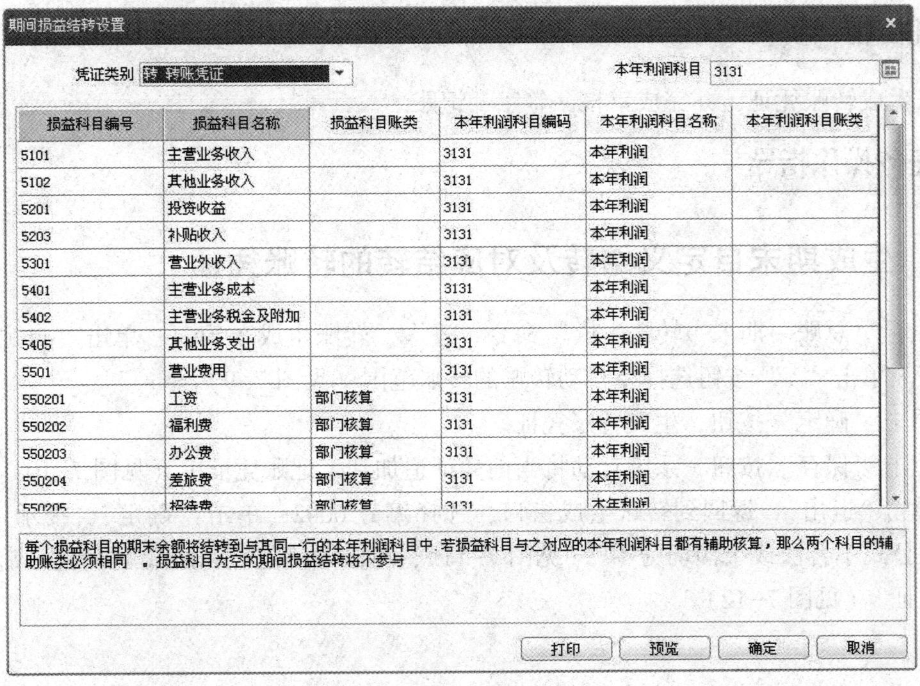


图 7-8　期间损益结转设置窗口

### 任务小贴士

1. 自定义结转可以设置符合会计准则和会计制度、税收制度等需要计算结转的诸多公式：计提盈余公积、计算利息、计提所得税等。

2. 转账科目可以为非末级科目、部门可为空，表示所有部门。

3. 输入转账计算公式有两种方法：一是直接选择计算公式；二是引导方式录入公式。

4. 一张凭证可定义多行，转出科目及辅助项必须一致，转入科目及辅助项可不相同。

5. 转出科目与转入科目必须有相同的科目结构，但转出辅助项与转入辅助项可不相同。

6. 辅助项可根据科目性质进行参照，若转出科目有复合账类，系统弹出辅助项录入窗，如该科目为部门项目辅助账类，要求录入结转的项目和部门，录入完毕后，系统用逗号分隔显示在表格中。

7. 同一编号的凭证类别必须相同。

8. 结转凭证不受金额权限控制，不受辅助核算及辅助项内容的限制。

9. 汇兑损益入账科目若有辅助核算，则必须与外币科目的辅助账类一致或少于外币科目的辅助账类，且不能有数量外币核算。只有在选项中选择了自定义项作为辅助核算，汇兑损益才按自定义项结转。

10. 本年利润科目若有辅助账类，则必须与损益科目的辅助账类一致。只有在选项中选择了自定义项作为辅助核算，期间损益才按自定义项结转。

# 任务二　转账生成

### 任务情景资料

转账生成转账凭证，并完成审核、签字、记账。

### 任务操作指导

## 一、生成期末自定义结转及对应结转的转账凭证

1. 执行“总账→期末→转账生成”命令，进入“转账生成”窗口，单击“自定义转账”单选按钮。单击“Y”按钮选择要自动转账的转账范围（见图 7–9）。

2. 单击“确定”按钮，生成转账凭证。

3. 单击“保存”按钮，系统自动将当前凭证追加到未记账凭证中（见图 7–10）。

4. 单击“退出”，返回到转账生成窗口，选择编号 0002，单击“确定”，提示“自定义转账凭证公式不合法或余额均为零”（见图 7–11），单击“确定”，显示“没有生成自定义结转转账凭证”（见图 7–12）。

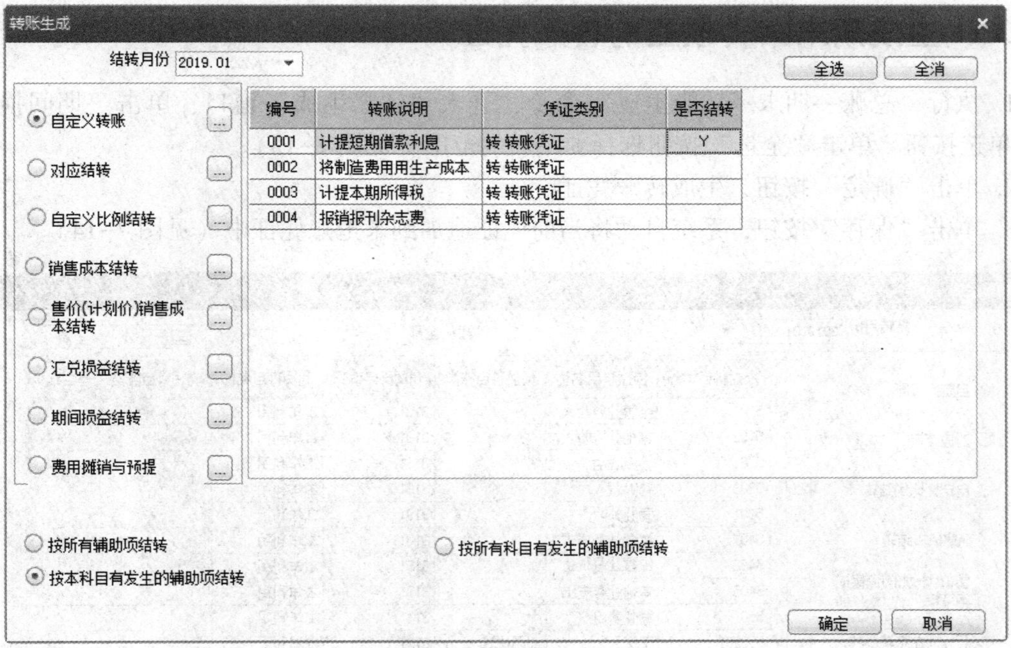


**图 7-9　转账生成窗口**

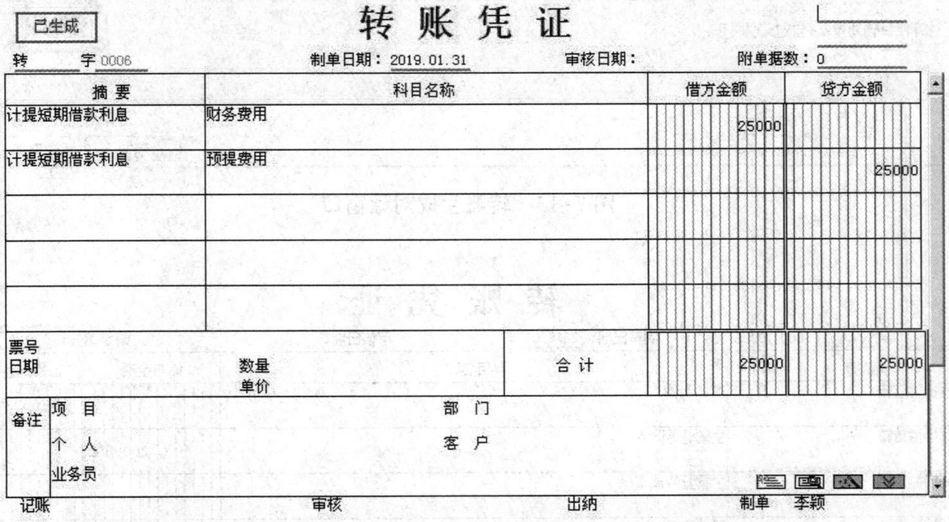


**图 7-10　保存的生成转账凭证界面**

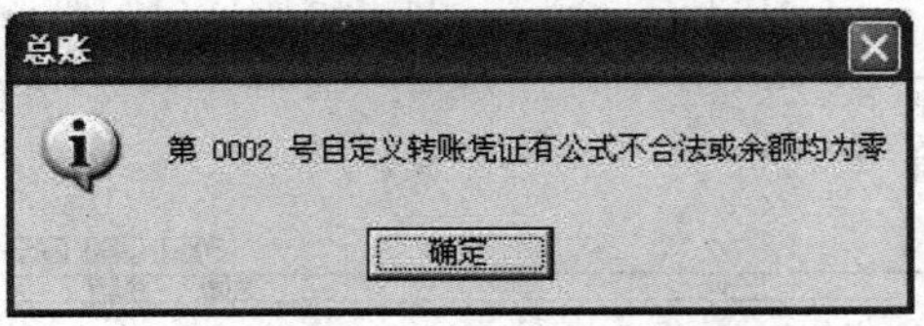


**图 7-11　自定义转账凭证公式不合法或余额均为零提示对话框**

**图 7-12　没有生成自定义结转转账凭证提示对话框**

## 二、生成期末结转损益的转账凭证

1. 执行“总账→期末→转账生成”命令，进入“转账生成”窗口，单击“期间损益结转”单选按钮。单击“全选”按钮选择要结转的范围（见图 7-13）。

2. 单击“确定”按钮，生成转账凭证。

3. 单击“保存”按钮，系统自动将当前凭证追加到未记账凭证中（见图 7-14）。

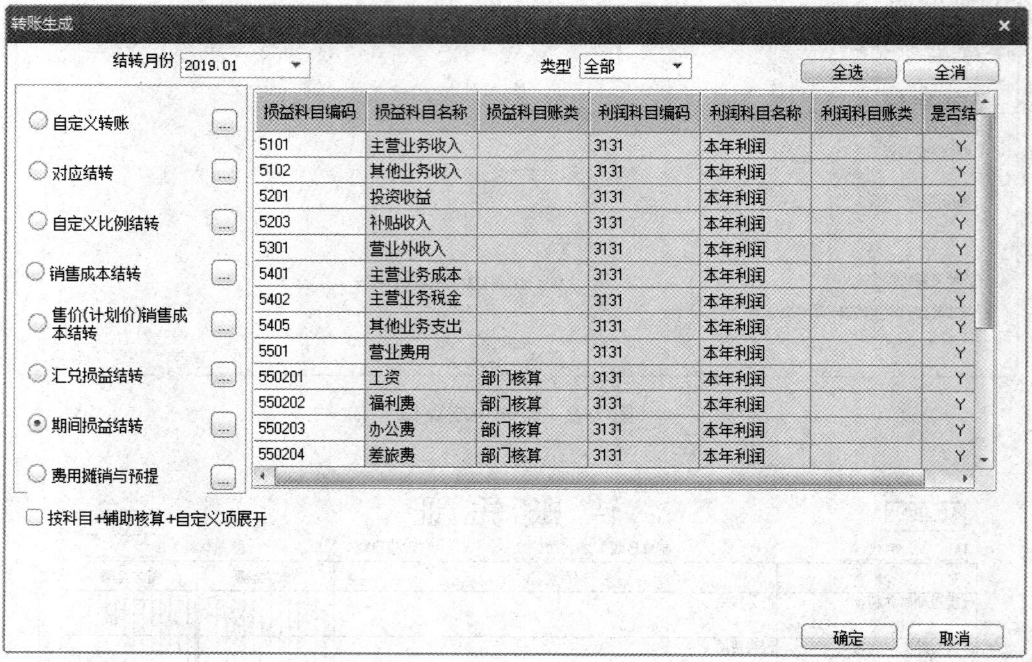


| 损益科目编码 | 损益科目名称 | 损益科目账类 | 利润科目编码 | 利润科目名称 | 利润科目账类 | 是否结 |
|---|---|---|---|---|---|---|
| 5101 | 主营业务收入 | | 3131 | 本年利润 | | Y |
| 5102 | 其他业务收入 | | 3131 | 本年利润 | | Y |
| 5201 | 投资收益 | | 3131 | 本年利润 | | Y |
| 5203 | 补贴收入 | | 3131 | 本年利润 | | Y |
| 5301 | 营业外收入 | | 3131 | 本年利润 | | Y |
| 5401 | 主营业务成本 | | 3131 | 本年利润 | | Y |
| 5402 | 主营业务税金 | | 3131 | 本年利润 | | Y |
| 5405 | 其他业务支出 | | 3131 | 本年利润 | | Y |
| 5501 | 营业费用 | | 3131 | 本年利润 | | Y |
| 550201 | 工资 | 部门核算 | 3131 | 本年利润 | | Y |
| 550202 | 福利费 | 部门核算 | 3131 | 本年利润 | | Y |
| 550203 | 办公费 | 部门核算 | 3131 | 本年利润 | | Y |
| 550204 | 差旅费 | 部门核算 | 3131 | 本年利润 | | Y |

图 7-13　转账生成对话窗口

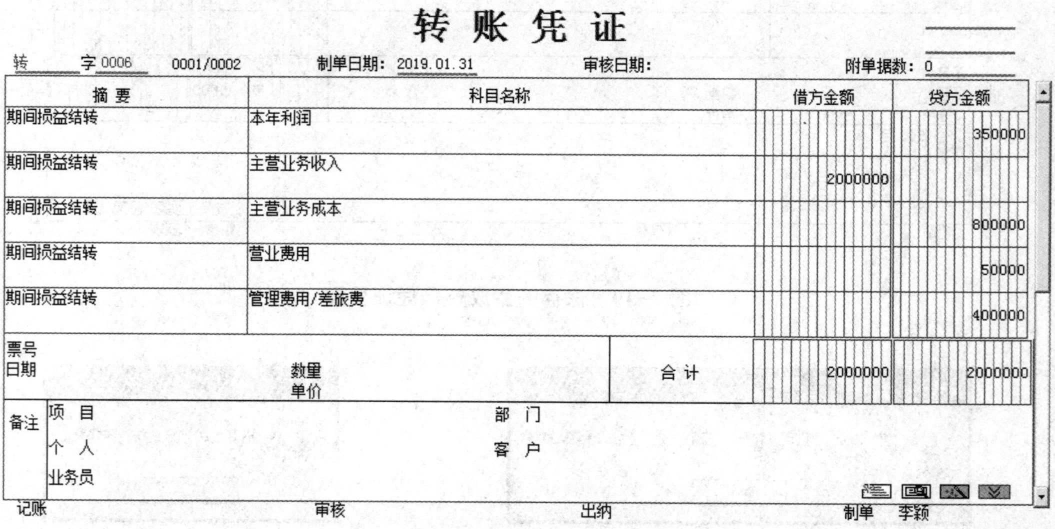


| 摘要 | 科目名称 | 借方金额 | 贷方金额 |
|---|---|---|---|
| 期间损益结转 | 本年利润 | | 350000 |
| 期间损益结转 | 主营业务收入 | 2000000 | |
| 期间损益结转 | 主营业务成本 | | 800000 |
| 期间损益结转 | 营业费用 | | 50000 |
| 期间损益结转 | 管理费用/差旅费 | | 400000 |
| 票号 日期 | 数量 单价 合计 | 2000000 | 2000000 |



图 7-14　生成转账凭证界面部分截图

### 任务小贴士

1. 由于转账是按照已记账凭证的数据进行计算的，所以在进行月末转账工作之前，请先将所有未记账凭证记账，否则，生成的转账凭证数据可能有误。

2. 如果账套有尚未记账的凭证，则会提示“是否继续”，如果该笔未记账业务对正在结转的业务没有影响则可以选择继续，否则应当停止当前操作，待将未记账业务记账后再重新进行该业务。

3. 单击八种转账功能选项右侧的□按钮，可调出相应的转账定义功能，对转账定义进行修改。

4. 转账凭证每月应只生成一次。如果有多种转账凭证形式，特别是涉及多项转账业务，一定要注意转账的先后次序。

5. 生成的转账凭证，必须保存，否则视同放弃。

6. 生成的转账凭证，仍需审核、记账。

## 任务三　对　账

### 任务情景资料

对 2019 年 1 月的会计账簿进行月末对账。

### 任务操作指导

1. 执行“总账→期末→对账”命令，进入“对账”窗口。

2. 将光标定位在要进行对账的月份“2019-01”，双击“是否对账”（见图 7-15）。

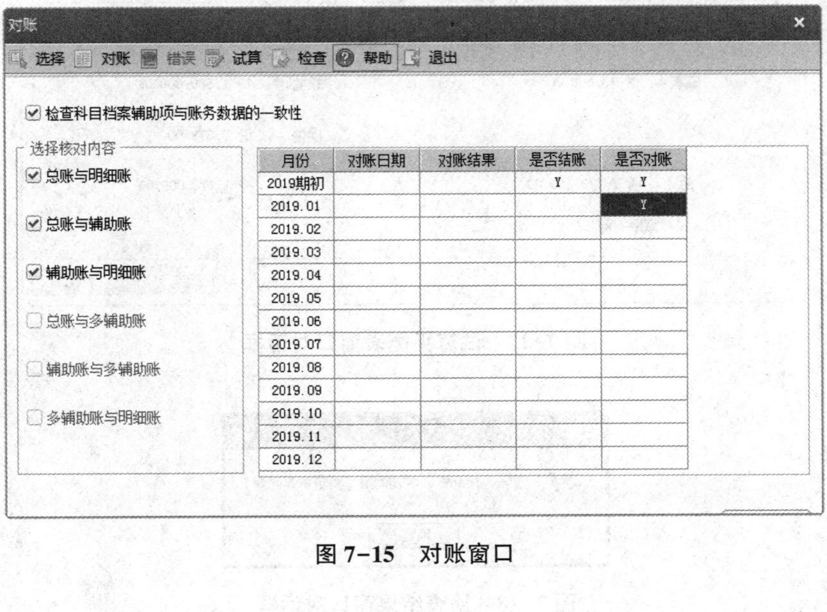


图 7-15　对账窗口

3. 选定后，单击“对账”按钮，开始自动对账，并显示对账结果（见图 7-16）。

4. 单击“试算”按钮，可以对各科目类别余额进行试算平衡，试算完成后显示试算结果（见图 7-17）。

5. 单击“确定”按钮。

6. 单击“检查”按钮，检查明细账、总账、辅助账自身的数据完整性及有效性，检查完成后显示检查结果（见图 7-18）。单击“确定”按钮。

7. 单击“退出”按钮退出。

图 7-16　对账结果界面

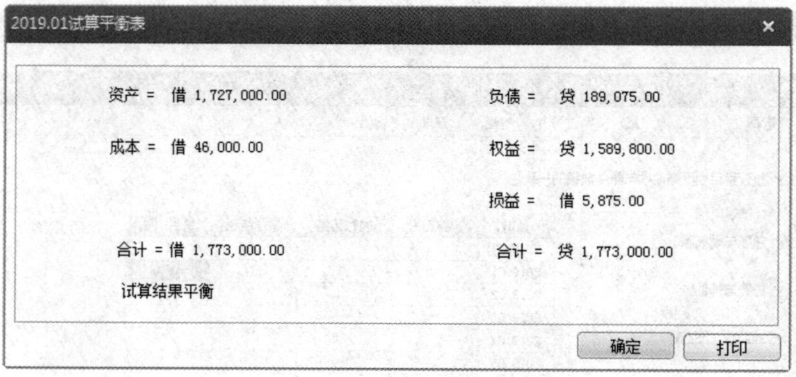


图 7-17　试算平衡表窗口对话框

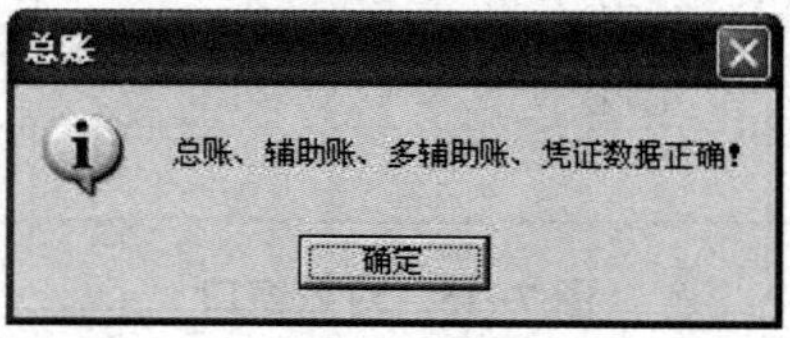


图 7-18　检查结果窗口对话框

### 任务小贴士

1. 只要记账凭证录入正确，计算机自动记账后各种账簿都应是正确、平衡的，但由于非法操作或计算机病毒或其他原因有时可能会造成某些数据被破坏，因而引起账账不符。

2. 为了保证账证相符、账账相符，用户应经常使用本功能进行对账，至少一个月一次，一般可在月末结账前进行。

3. 若对账结果为账账相符，则对账月份的对账结果处显示“正确”；若对账结果为账账不符，则对账月份的对账结果处显示“错误”，按“错误”可查看引起账账不符的原因。

4. 在期末对账界面，按下“Ctrl+H”键，可以激活恢复记账前状态。

## 任务四　结账与反结账

### 任务情景资料

对 2019 年 1 月的会计账簿进行月末结账、反结账。

### 任务操作指导

## 一、结账

1. 执行“总账→期末→结账”命令，进入“结账”窗口。

2. 单击要结账月份“2019-01”（见图 7-19）。

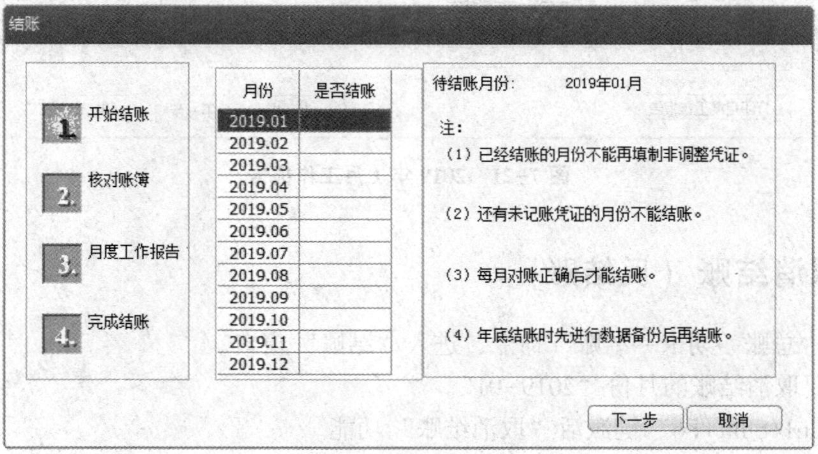


图 7-19　结账窗口对话框

3. 单击“下一步”按钮。

4. 单击“对账”按钮，系统对要结账的月份进行账账核对，对账结束后，出现“对账完毕”对话框（见图 7-20）。

5. 单击“下一步”按钮，系统显示 2019 年 1 月工作报告（见图 7-21），下拉右侧移动条可查看报告，也可打印月度工作报告。若单击“上一步”，则返回“对账”。

6. 查看工作报告后，单击“下一步”按钮。单击“结账”按钮，若符合结账要求，系统将进行结账，否则不予结账。

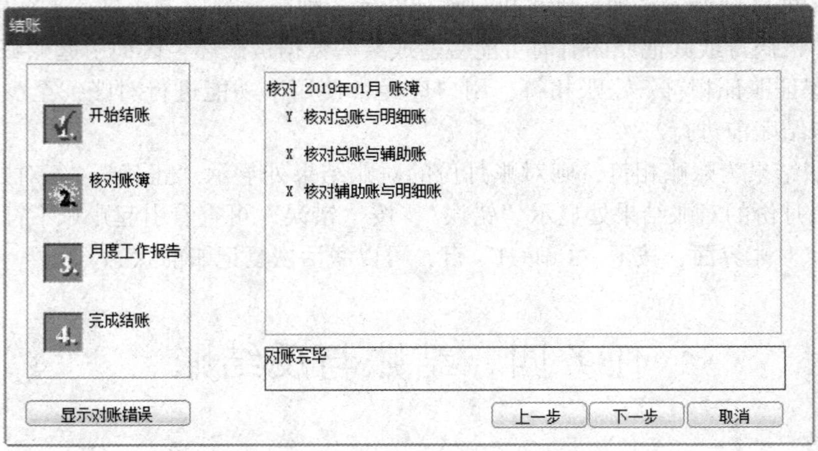


图 7-20　对账完毕对话框

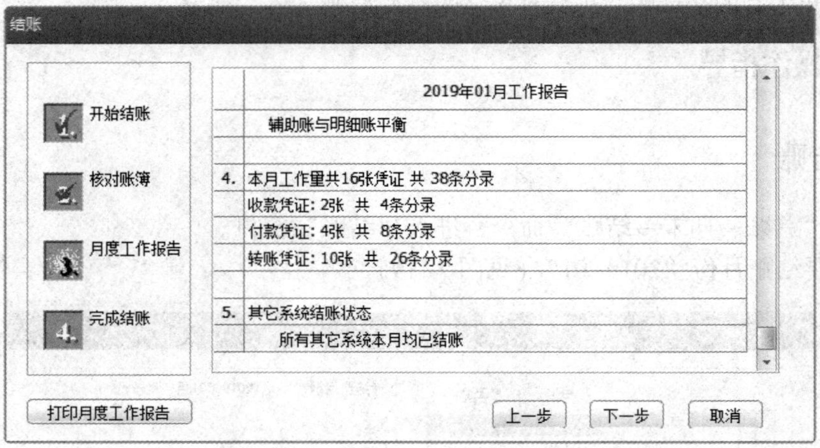


图 7-21　2019 年 1 月工作报告

## 二、取消结账（反结账）

1. 执行“总账→期末→结账”命令，进入“结账”窗口。
2. 选择要取消结账的月份“2019-01”。
3. 按“Ctrl+Shift+F6”键激活“取消结账”功能。
4. 输入口令“1”，单击“确认”按钮，取消结账（见图 7-22）。

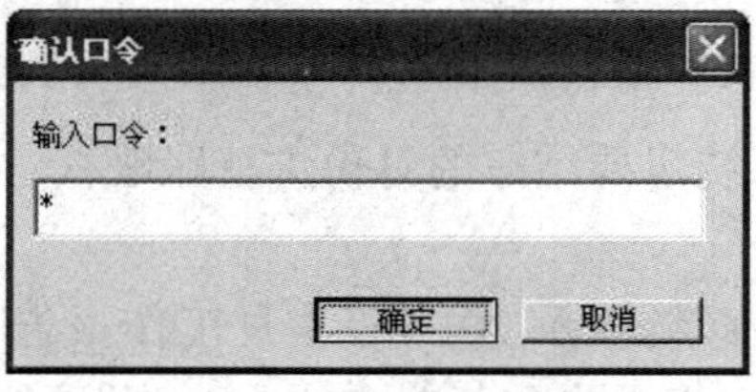


图 7-22　取消结账口令对话框

## 任务小贴士

1. 结账只能由有结账权限的人进行。

2. 上月未结账，则本月不能记账，但可以填制、复核凭证。

3. 本月还有未记账凭证时或本月已结账，则本月不能结账。

4. 已结账月份不能再填制凭证。

5. 若总账与明细账对账不符，则不能结账。

6. 结账前，系统要进行数据备份。

7. 当在结完账后，由于非法操作或计算机病毒或其他原因可能会造成数据被破坏，这时可以在此使用“取消结账”功能。

8. 取消结账后，必须重新结账。

9. 反结账操作只能由有反结账权的人进行。

10. 取消结账的权限应当严格控制，这里介绍此功能是为实训方便。

# 项目八　UFO 报表

## 系统认知

UFO 报表系统是报表处理的工具，通过 UFO 报表系统既可以编制对外报表，也可以编制各种内部报表。UFO 与其他电子表软件的最大区别在于它是真正的三维立体表，在此基础上提供了丰富的实用功能，完全实现了三维立体表的四维处理能力。其涉及报表的格式和编制公式，从总账系统或其他业务系统中获取会计信息，自动编制各种报表，对报表进行审核、汇总，生成各种需要的分析图，包括文件管理、格式管理、数据处理、图标功能和二次开发等内容。

## 知识目标

1. 理解报表编制的原理及流程。
2. 掌握报表格式定义、公式定义的操作方法。
3. 掌握报表单元公式的设置方法。
4. 掌握利用报表模板生成财务报表的方法。
5. 掌握报表数据处理、表页管理及图表功能等常见数据处理操作。

## 能力目标

1. 能够设置报表格式。
2. 能够定义报表公式。
3. 能够利用报表模板生成财务报表。
4. 能够进行报表数据处理、表页管理及图表功能等常见数据处理。

## 任务内容

任务一　自制货币资金表

任务二　生成财务报表

任务三　表页管理、图表功能

## 任务操作要求

1. 任务开始前，修改系统时间为 2019 年 1 月 31 日。

2. 以系统管理员 admin 身份登录系统管理并引入备份的 333 账套数据（D：/甘肃通达科技/总账系统期末处理）。

3. 以账套主管成名身份登录企业应用平台进行报表数据操作处理。

4. 本项目任务结束后，以系统管理员 admin 身份登录系统管理并备份输出 333 账套数据到 D：/甘肃通达科技/UFO 报表，并删除该账套。

# 任务一　自制货币资金表

## 任务情景资料

1. 货币资金表报表格式（见表 8-1）

**表 8-1　货币资金表**

单位名称：　　　　　　年　月　　　　　　单位：元

| 项目 | 行次 | 期初数 | 期末数 |
|---|---|---|---|
| 现金 | 1 | | |
| 银行存款 | 2 | | |
| 合计 | 3 | | |

制表人：成名

2. 报表格式说明

新建一张 4 列 7 行名称为“货币资金表”的报表。

将 A1：D1 按行组合单元，A7：D7 按行组合单元。

将 A3：D6 画细实线；

A1 行高 12，其他行高 7。

A 列宽 60，B 列宽 15，C、D 列宽 35。

A1 单元设置为黑体、下划线、20 号、水平及垂直方向居中。

A2 单元设置关键字“编制单位，水平居左”，B2 单元设置关键字“年”并向右偏移 10，C2 单元设置关键字“月”并向左偏移 30。

A3：D3 单元设置为黑体、12 号、水平及垂直方向居中。

D2 单元设置为水平居右。

A4：B6 文字设置为楷体-GB2313、12 号、居中。

C4：D6 单元设置为数值型，逗号，2 位小数。

A7 单元设置为：宋体、12 号、水平居左。

3. 报表公式

现金期初数：C4＝ QC （“1001”，月）

现金期末数：D4＝ QM （“1001”，月）

银行存款期初数：C5＝ QC （“1002”，月）

银行存款期末数：D5＝ QM （“1002”，月）

期初数合计：C6＝C4+C5

期末数合计：D6＝D4+D5

## 任务操作指导

### 一、新建报表

1. 双击“UFO表”命令，出现财务报表“日积月累”对话框（见图8-1），单击“关闭”按钮，进入财务报表管理系统。

2. 执行“文件→新建”命令，建立一张空白报表，报表名默认为“report1”（见图8-2）。

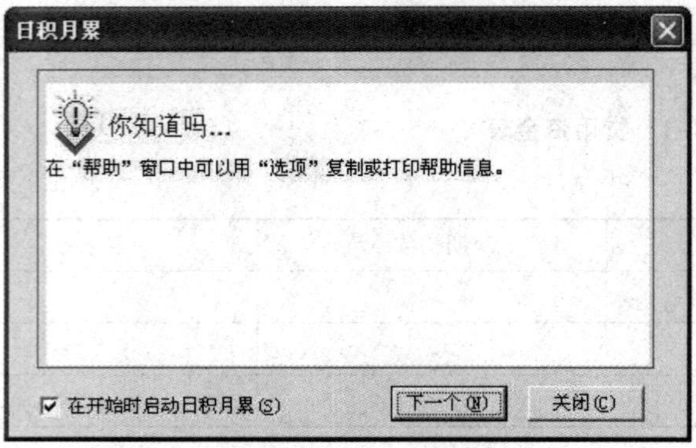


图8-1　日积月累对话框

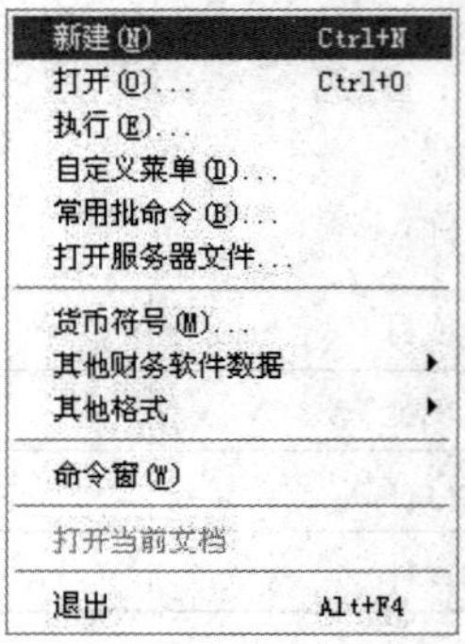


图8-2　新建报表命令导航界面

3. 报表状态设置：单击报表底部左下角的“格式/数据”按钮，使当前状态为“格式”状态。

### 二、设置报表尺寸

1. 执行“格式→表尺寸”命令，打开“表尺寸”对话框。

2. 输入行数“7”，列数“4”。

3. 单击“确认”按钮（见图8-3）。

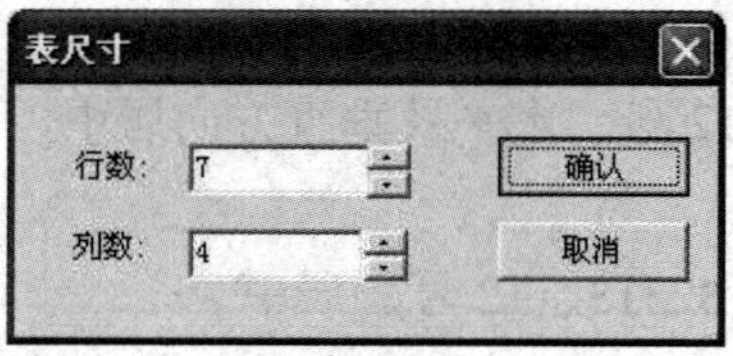


图8-3　设置报表尺寸对话框

### 三、定义组合单元

1. 选择需合并的区域“A1：D1”。

2. 执行“格式→组合单元”命令，打开“组合单元”对话框（见图8-4）。

3. 选择组合方式“整体组合”或“按行组合”，该单元即合并成一个单元格（见图8-5）。

4. 同理，定义“A7：D7”单元为按行组合单元。

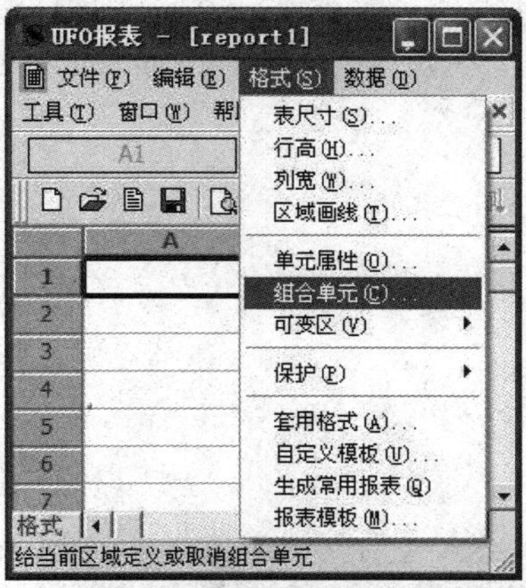


图 8-4　打开组合单元界面

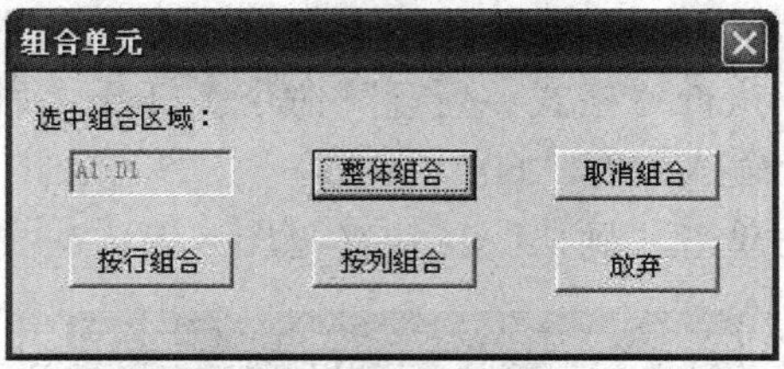


图 8-5　组合单元对话框

## 四、画表格线

1. 选中报表需要画线的区域“A3：D6”。
2. 执行“格式→区域画线”命令，打开“区域画线”对话框。
3. 选择“网线”。
4. 单击“确认”按钮，将所选区域画上表格线（见图 8-6）。

## 五、输入报表项目

1. 选中“A1”组合单元。
2. 在该组合单元中输入“货币资金表”。
3. 根据任务情景资料，输入其他单元的文字内容（见图 8-7）。编制单位、年、月，可设置，不输入。

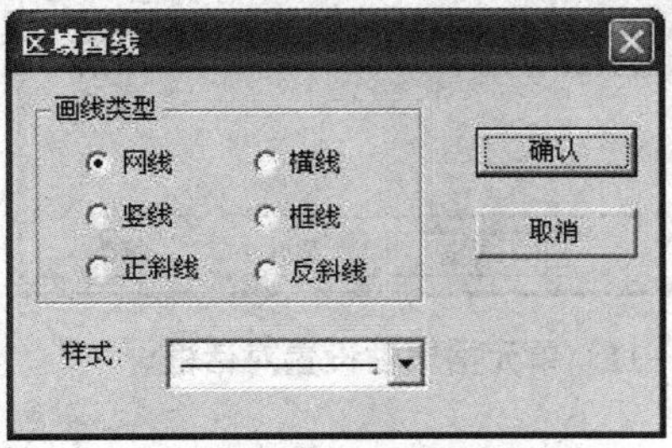


图 8-6　区域划线对话框

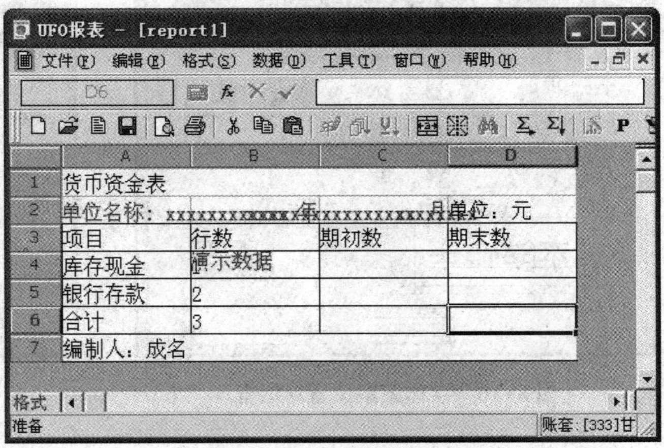


图 8-7　报表项目输入界面

## 六、定义报表行高

1. 选中需要调整的单元所在行“A1”。

2. 执行“格式→行高”命令，打开“行高”对话框。
3. 输入行高“7”。
4. 单击“确认”按钮（见图 8-8）。

## 七、定义报表列宽

1. 选中 A 列。
2. 执行“格式→列宽”命令，打开“列宽”对话框。
3. 输入列宽“60”。
4. 单击“确认”按钮（见图 8-9）。

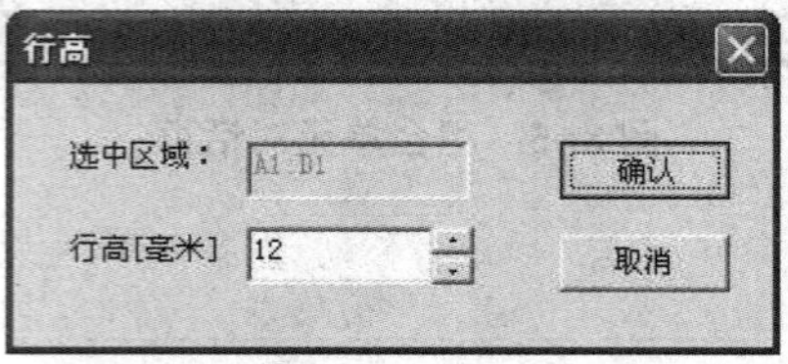


**图 8-8**　报表行高设置对话框

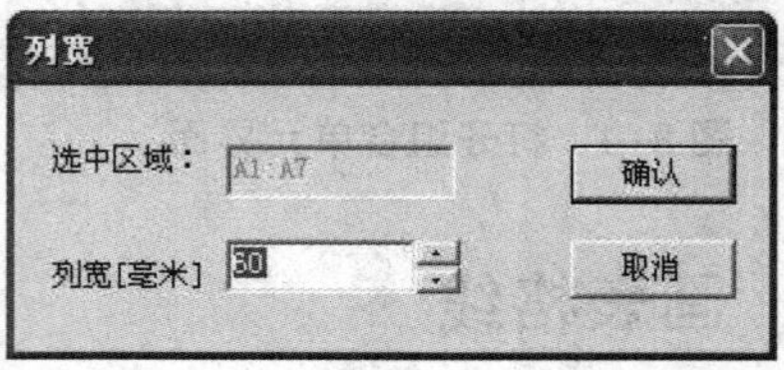


**图 8-9**　报表列宽设置对话框

## 八、设置单元风格

1. 选中标题所在组合单元“A1”。
2. 执行“格式→单元属性”命令，打开“单元格属性”对话框。
3. 单击“字体图案”选项卡，设置字体“黑体”，字号“20”（见图 8-10）。
4. 单击“对齐”选项卡，设置对齐方式，水平方向和垂直方向都选“居中”。
5. 单击“确定”按钮。
6. 同理，设置表体、表尾的单元属性（见图 8-11）。

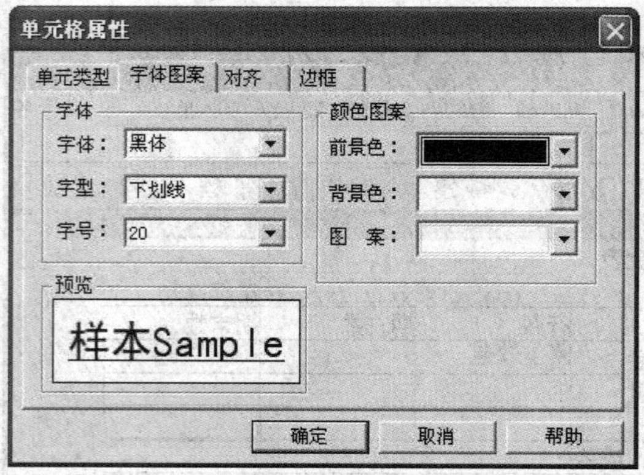


**图 8-10**　字体图案设置对话框

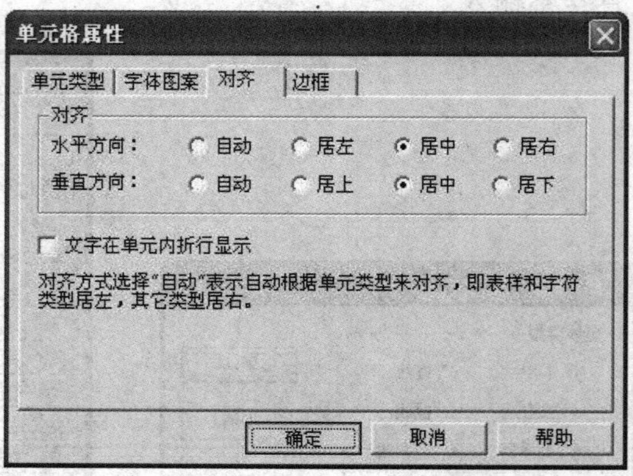


**图 8-11**　单元格属性设置对话框

## 九、定义单元属性

1. 选定单元格“C4：D6”。
2. 执行“格式→单元属性”命令，打开“单元格属性”对话框。
3. 单击“单元类型”选项卡。

4. 单击“数值”选项，选择“逗号”，其他默认。
5. 单击“确定”按钮（见图 8-12）。

## 十、设置关键字

1. 选中需要输入关键字的组合单元“A2”。
2. 执行“数据→关键字→设置”命令，打开“设置关键字”对话框。
3. 单击“年”单选按钮。
4. 单击“确定”按钮（见图 8-13）。
5. 同理，设置“月”“日”关键字。

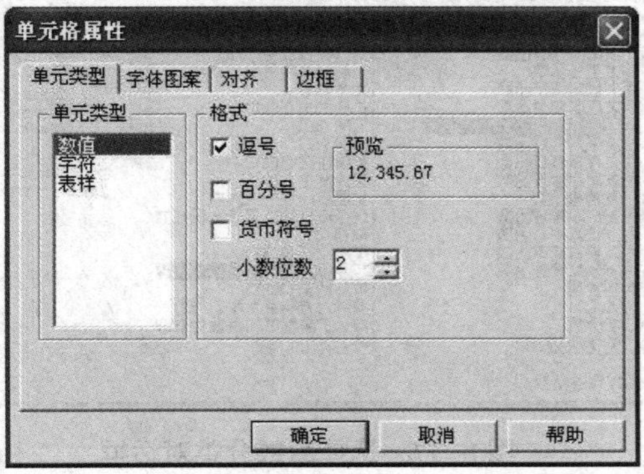


图 8-12　单元格类型设置对话框

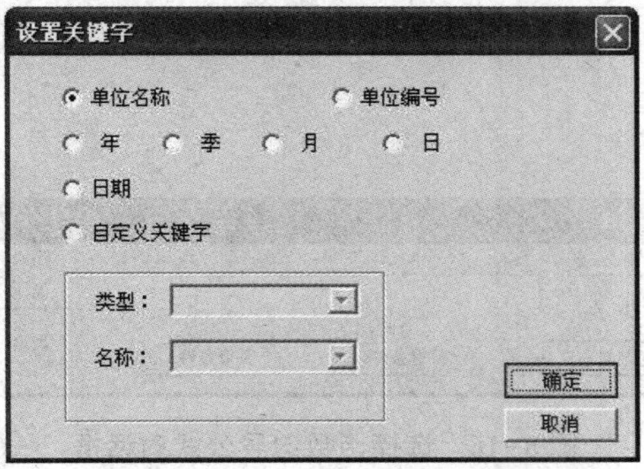


图 8-13　关键字设置对话框

## 十一、调整关键字位置

1. 执行“数据→关键字→偏移”命令，打开“定义关键字偏移”对话框。
2. 在需要调整位置的关键字后面输入偏移量：年“10”，月“-30”。
3. 单击“确定”按钮（见图 8-14）。

## 十二、定义单元公式——直接输入公式

1. 选定需要定义公式的单元“C4”，即“库存现金”的期初数。
2. 执行“数据→编辑公式→单元公式”命令，打开“定义公式”对话框。
3. 在定义公式对话框内直接输入总账期初函数公式（英文状态下）：QC（“1001”，月）。
4. 单击“确认”按钮（见图 8-15）。

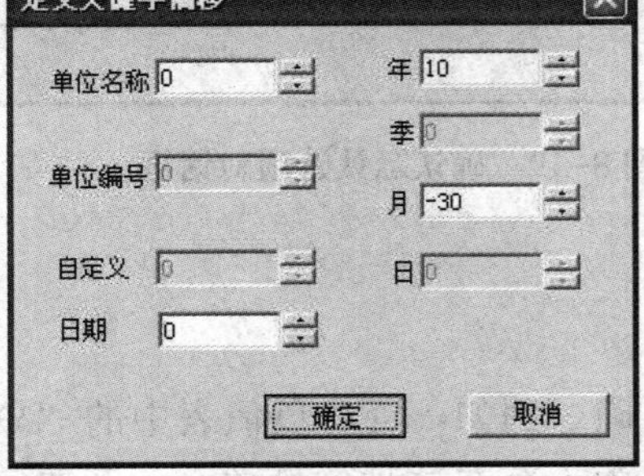


图 8-14　关键字位置设置对话框

图 8-15　定义公式对话框

## 十三、定义单元公式——引导输入公式

1. 选定被定义单元“D4”，即“库存现金”期末数。

2. 单击“fx”按钮，打开“定义公式”对话框。

3. 单击“函数向导”按钮，打开“函数向导”对话框（见图 8-16）。

4. 在函数分类列表框中选择“用友账务函数”，在右边的函数名列表中选中“期末（QM）”（见图 8-17）。

图 8-16　选择函数向导公式对话框

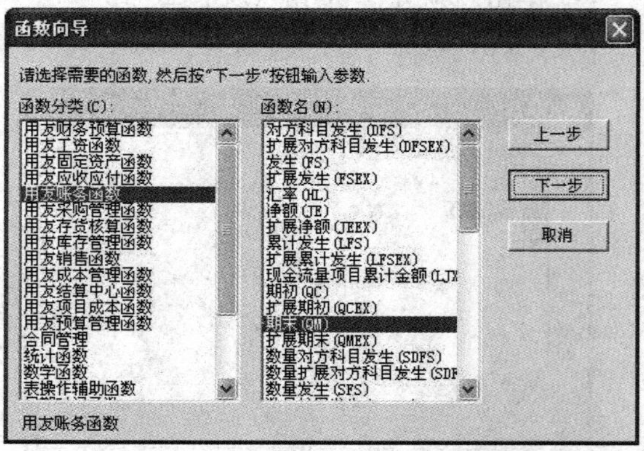


图 8-17　选择函数分类对话框

5. 单击“下一步”按钮，打开“用友账务函数”对话框。

6. 单击“参照”按钮，打开“账务函数”对话框。

7. 各项均采用系统默认值，单击“确定”按钮，返回“用友账务函数”对话框（见图 8-18）。

8. 单击“确定”按钮，返回“定义公式”对话框，单击“确定”按钮（见图 8-19）。

9. 根据任务情景资料，直接或引导输入其他单元公式。

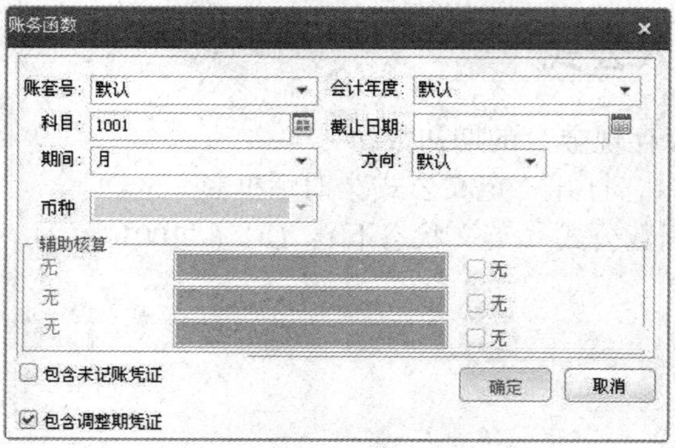


图 8-18　默认选项界面

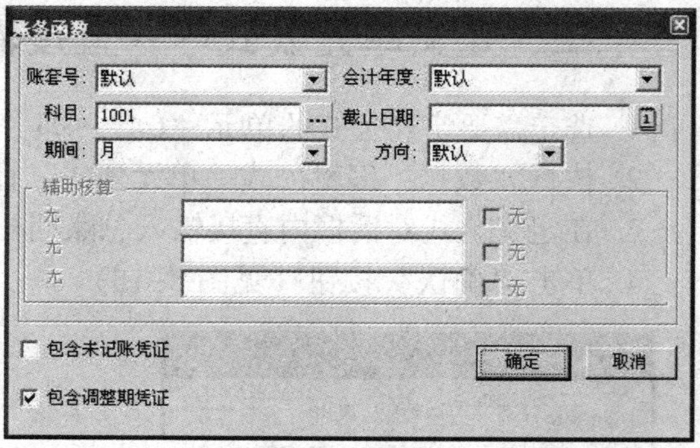


图 8-19　确认默认选项对话框

## 十四、定义审核公式

审核公式用于审核报表内或报表之间勾稽关系是否正确。例如：资产负债表中的“资产合计=负债合计+所有者权益合计”，本任务的货币资金表中不存在这种勾稽关系。若要定义审核公式，执行“数据→编辑公式→审核公式”命令即可（见图 8-20）。

## 十五、定义舍位平衡公式

1. 执行“数据→编辑公式→舍位公式”命令，打开“舍位平衡公式”对话框。

2. 确定如下信息。舍位表名“SW1”，舍位范围“C4：D6”，舍位位数“3”，平衡公式“C6=C4+C5，D6=D4+D5”。

3. 单击“完成”按钮（见图 8-21）。

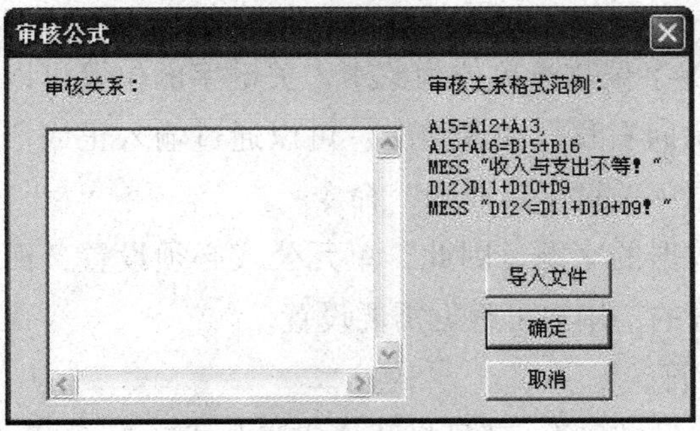


图 8-20　审核公式界面

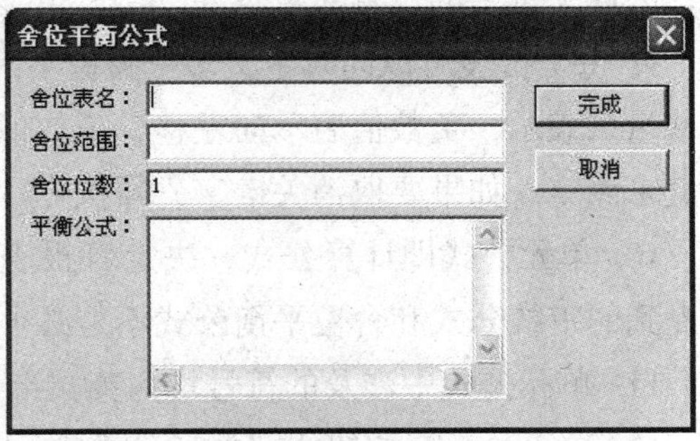


图 8-21　舍位平衡公式界面

## 十六、保存报表格式

1. 执行“文件→保存”命令。如果是第一次保存，则打开“另存为”对话框。

2. 选择需要保存的文件夹位置，输入报表文件名“货币资金表”，选择保存类型“*.REP”。

3. 单击“另存为”按钮（见图 8-22）。

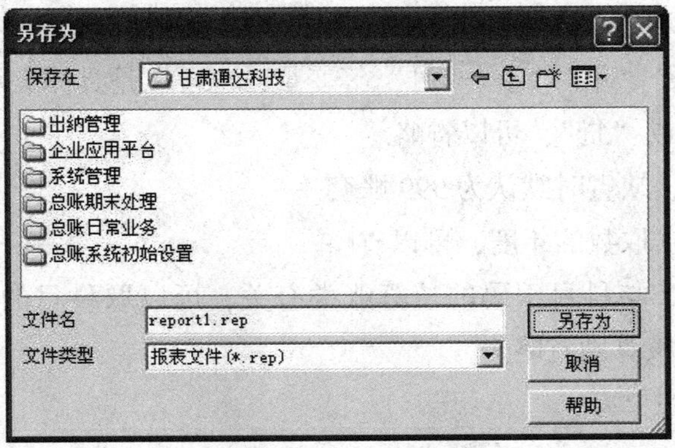


图 8-22　报表保存界面

### 任务小贴士

1. 报表的格式和公式设置都必须在“格式”状态下进行。

2. 报表项目指报表的文字内容，主要包括表头内容、表体项目、表尾项目等，不包括关键字。

3. 编制单位、日期一般不作为文字内容输入，而是需要设置为关键字。

4. 行高、列宽的单位为毫米。

5. 用友财务报表中单元格式有三种：表样单元、数值单元、字符单元。

6. 格式状态下输入内容的单元均默认为表样单元，未输入数据的单元均默认为数值单元，在数据状态下可输入数值。若希望在数据状态下输入字符，应将其定义为字符单元。

7. 字符单元和数值单元输入后只对本表页有效，表样单元输入后对所有表页有效。

8. 用友报表系统中，相同格式的报表，通过输入不同的关键字，来生成不同数据的报表。因此关键字的设置非常重要。

9. 每个报表可以同时定义多个关键字。关键字偏移量单位为象素。关键字的位置可以用偏移量来表示，负数值表示向左移，正数值表示向右移。在调整时，可以通过输入正或负的数值来调整。如果要取消关键字，须执行“数据→关键字→取消”命令。

10. 单元公式即计算公式，决定着报表中数据的来源。因此，单元公式必须设置，而后面提到的审核公式和舍位平衡公式不是必须设置的，用户可根据需要设置。

11. 单元公式中涉及的符号均为英文半角字符。

12. 单击“fx”按钮或双击某公式单元或按“=”键，都可打开“定义公式”对话框。

13. 报表格式设置完以后切记要及时将这张报表格式保存下来，以便以后随时调用。

14. “. REP”为用友报表文件专用扩展名。

15. 在保存报表格式之前，应先建好存放报表的文件夹。

16. 插入的图表对象实际上也属于报表的数据，因此有关图表对象的操作必须在数据状态下进行。

17. 选择图表对象显示区域时，区域不能少于 2 行×2 列，否则会提示出现错误。

18. 追加行或列须在格式状态下进行。

19. 科目编码也可以是科目名称，且必须用双引号括起来。

20. 会计期间可以是“年”“季”“月”等变量，也可以是具体表示年、季、月的数字。

21. 方向即“借”或“贷”，可以省略。

22. 账套号为数字，缺省时默认为 999 账套。

23. 会计年度即数据取数的年度，可以省略。

24. 编码 1 与编码 2 与科目编码的核算账类有关，可以取科目的辅助账，如职员编码、项目编码等，如无辅助核算则省略。

25. 账务取数函数主要有：

| 总账函数 | 金额式 |
|---|---|
| 期初额函数： | QC（　） |
| 期末额函数： | QM（　） |
| 发生额函数： | FS（　） |
| 累计发生额函数： | LFS（　） |

26. 舍位平衡公式是指用来重新调整报表数据进位后的小数位平衡关系的公式。

27. 每个公式一行，各公式之间用逗号“,”（半角）隔开，最后一条公式不用写逗号，否则公式无法执行。

28. 等号左边只能为一个单元（不带页号和表名）。

29. 舍位公式中只能使用“+”“-”符号，不能使用其他运算符及函数。

# 任务二 生成财务报表

## 任务情景资料

1. 利用报表模板生成“资产负债表”，另存路径为 D：/甘肃通达科技/1 月资产负债表。

2. 利用报表模板生成“利润表”，另存路径为 D：/甘肃通达科技/1 月利润表。

3. 利用自定义报表模板生成“1 月货币资金表”，另存路径为 D：/甘肃通达科技/1 月货币资金表。

## 任务操作指导

### 一、资产负债表

1. 启动财务报表管理系统

（1）执行“财务报表”命令，单击“确定”按钮，再单击“关闭”按钮，进入财务报表管理系统。

（2）执行“文件→新建”命令，建立一张空白报表，报表名默认为“report1”。

2. 调用资产负债表模板

（1）执行“格式→报表模板”命令，打开“报表模板”对话框

（2）选择您所在的行业“新会计制度”，财务报表“资产负债表”（见图 8-23）。

（3）单击“确认”按钮，弹出“模板格式将覆盖本表格式！是否继续?”提示框（见图 8-24）。

（4）单击“确定”按钮，即可打开“资产负债表”模板（见图 8-25）。

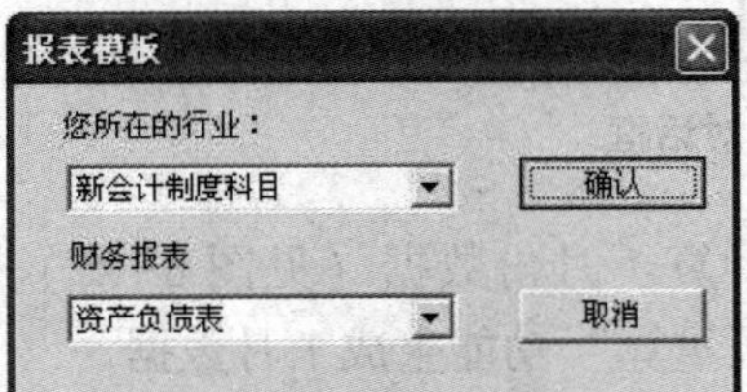


图 8-23 报表模板选择对话框

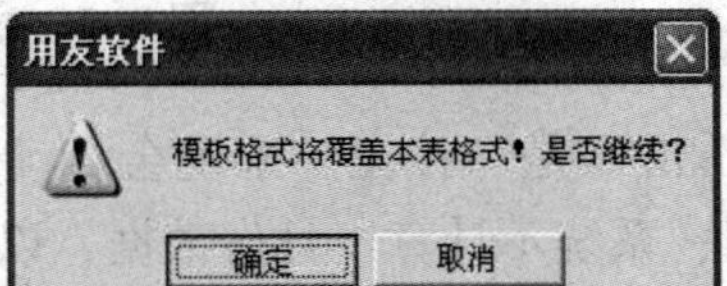


图 8-24 模板格式是否覆盖提示信息对话框

| | A | B | C | D | E | F | G | H |
|---|---|---|---|---|---|---|---|---|
| 1 | | | | | 资产负债表 | | | |
| 2 | | | | | | | | 会企01表 |
| 3 | 编制单位: | | xxxx 年 | xx 月 | xx 日 | | | 单位:元 |
| 4 | 资　产 | 行次 | 年初数 | 期末数 | 负债和所有者权益（或股东权益） | 行次 | 年初数 | 期末数 |
| 5 | | | | | | | | |
| 6 | 流动资产: | | | 演示数据 | 流动负债: | | | |
| 7 | 货币资金 | 1 | 公式单元 | 公式单元 | 短期借款 | 68 | 公式单元 | 公式单元 |
| 8 | 短期投资 | 2 | 公式单元 | 公式单元 | 应付票据 | 69 | 公式单元 | 公式单元 |
| 9 | 应收票据 | 3 | 公式单元 | 公式单元 | 应付账款 | 70 | 公式单元 | 公式单元 |
| 10 | 应收股利 | 4 | 公式单元 | 公式单元 | 预收账款 | 71 | 公式单元 | 公式单元 |
| 11 | 应收利息 | 5 | 公式单元 | 公式单元 | 应付工资 | 72 | 公式单元 | 公式单元 |
| 12 | 应收账款 | 6 | 公式单元 | 公式单元 | 应付福利费 | 73 | 公式单元 | 公式单元 |
| 13 | 其它应收款 | 7 | 公式单元 | 公式单元 | 应付股利 | 74 | 公式单元 | 公式单元 |
| 14 | 预付账款 | 8 | 公式单元 | 公式单元 | 应交税金 | 75 | 公式单元 | 公式单元 |
| 15 | 应收补贴款 | 9 | 公式单元 | 公式单元 | 其它应交款 | 80 | 公式单元 | 公式单元 |
| 16 | 存货 | 10 | 公式单元 | 公式单元 | 其它应付款 | 81 | 公式单元 | 公式单元 |
| 17 | 待摊费用 | 11 | 公式单元 | 公式单元 | 预提费用 | 82 | 公式单元 | 公式单元 |
| 18 | 一年内到期的长期债权投资 | 21 | | | 预计负债 | 83 | 公式单元 | 公式单元 |
| 19 | 其它流动资产 | 24 | | | 一年内到期的长期负债 | 86 | | |
| 20 | 流动资产合计 | 31 | 公式单元 | 公式单元 | 其它流动负债 | 90 | | |
| 21 | 长期投资: | | | | | | | |
| 22 | 长期股权投资 | 32 | 公式单元 | 公式单元 | 流动负债合计 | 100 | 公式单元 | 公式单元 |
| 23 | 长期债权投资 | 34 | 公式单元 | 公式单元 | 长期负债: | | | |
| 24 | 长期投资合计 | 38 | 公式单元 | 公式单元 | 长期借款 | 101 | 公式单元 | 公式单元 |
| 25 | 固定资产: | | | | 应付债券 | 102 | 公式单元 | 公式单元 |
| 26 | 固定资产原价 | 39 | 公式单元 | 公式单元 | 长期应付款 | 103 | 公式单元 | 公式单元 |
| 27 | 减：累计折价 | 40 | 公式单元 | 公式单元 | 专项应付款 | 106 | 公式单元 | 公式单元 |
| 28 | 固定资产净值 | 41 | 公式单元 | 公式单元 | 其他长期负债 | 108 | 公式单元 | 公式单元 |
| 29 | 减：固定资产减值准备 | 42 | 公式单元 | 公式单元 | 长期负债合计 | 110 | 公式单元 | 公式单元 |

**图 8-25　资产负债表模板界面**

3. 生成资产负债表数据

（1）在数据状态下，执行“数据→关键字→录入”命令，打开“录入关键字”对话框。

（2）输入关键字：年“2019”，月“01”，日“31”。

（3）单击“确认”按钮，弹出“是否重算第 1 页？”提示框（见图 8-26）。

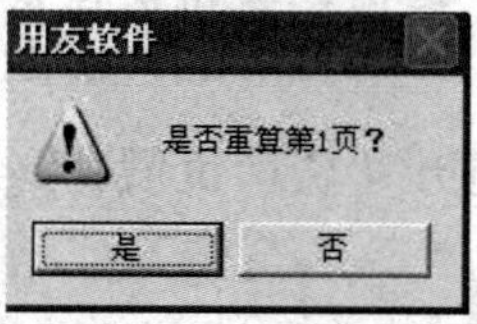


**图 8-26　是否重算提示信息对话框**

（4）单击“是”按钮，系统会自动根据单元公式计算 1 月份数据（见图 8-27）。单击“否”按钮，系统不计算 1 月份数据，以后可利用“表页重算”功能生成 1 月数据。

| | | | | | | | | |
|---|---|---|---|---|---|---|---|---|
| 1 | | | | 资产负债表 | | | | |
| 2 | | | | | | | | 会企01表 |
| 3 | 单位名称：甘肃通达科技有限责任公司 | | 2019 年 | 1 月 | | 31 日 | | 单位:元 |
| 4–5 | 资　产 | 行次 | 年初数 | 期末数 | 负债和所有者权益（或股东权益） | 行次 | 年初数 | 期末数 |
| 6 | 流动资产： | | | | 流动负债： | | | |
| 7 | 货币资金 | 1 | 304,400.00 | 543,600.00 | 短期借款 | 68 | | |
| 8 | 短期投资 | 2 | | | 应付票据 | 69 | | |
| 9 | 应收票据 | 3 | | | 应付账款 | 70 | 168,000.00 | 174,800.00 |
| 10 | 应收股利 | 4 | | | 预收账款 | 71 | | |
| 11 | 应收利息 | 5 | | | 应付工资 | 72 | | |
| 12 | 应收账款 | 6 | 120,000.00 | 69,400.00 | 应付福利费 | 73 | 8,200.00 | 8,200.00 |
| 13 | 其它应收款 | 7 | 6,000.00 | 2,000.00 | 应付股利 | 74 | | |
| 14 | 预付账款 | 8 | | | 应交税金 | 75 | | 2,600.00 |
| 15 | 应收补贴款 | 9 | | | 其它应交款 | 80 | | |
| 16 | 存货 | 10 | 281,800.00 | 281,800.00 | 其它应付款 | 81 | 2,400.00 | 2,400.00 |
| 17 | 待摊费用 | 11 | 1,200.00 | 1,200.00 | 预提费用 | 82 | | |
| 18 | 一年内到期的长期债权投资 | 21 | | | 预计负债 | 83 | | |
| 19 | 其它流动资产 | 24 | | | 一年内到期的长期负债 | 86 | | |
| 20 | 流动资产合计 | 31 | 713,400.00 | 898,000.00 | 其它流动负债 | 90 | | |
| 21 | 长期投资： | | | | | | | |
| 22 | 长期股权投资 | 32 | | | 流动负债合计 | 100 | 178,600.00 | 188,000.00 |
| 23 | 长期债权投资 | 34 | | | 长期负债： | | | |
| 24 | 长期投资合计 | 38 | | | 长期借款 | 101 | | |
| 25 | 固定资产： | | | | 应付债券 | 102 | | |
| 26 | 固定资产原价 | 39 | 750,000.00 | 750,000.00 | 长期应付款 | 103 | | |
| 27 | 减：累计折价 | 40 | 125,000.00 | 125,000.00 | 专项应付款 | 106 | | |
| 28 | 固定资产净值 | 41 | 625,000.00 | 625,000.00 | 其他长期负债 | 108 | | |
| 29 | 减：固定资产减值准备 | 42 | | | 长期负债合计 | 110 | | |
| 30 | 固定资产净额 | 43 | 625,000.00 | 625,000.00 | 递延税项： | | | |
| 31 | 工程物资 | 44 | | | 递延税款贷项 | 111 | | |
| 32 | 在建工程 | 45 | | | 负债合计 | 114 | 178600.00 | 188000.00 |
| 33 | 固定资产清理 | 46 | | | | | | |
| 34 | 固定资产合计 | 50 | 625000.00 | 625000.00 | 所有者权益（或股东权益）： | | | |
| 35 | 无形资产及其他资产： | | | | 实收资本（或股本） | 115 | 1,000,000.00 | 1,172,000.00 |
| 36 | 无形资产 | 51 | 250,000.00 | 250,000.00 | 减：已归还投资 | 116 | | |
| 37 | 长期待摊费用 | 52 | | | 实收资本（或股本）净额 | 117 | 1000000.00 | 1172000.00 |
| 38 | 其它长期资产 | 53 | | | 资本公积 | 118 | | |
| 39 | 无形资产及其他资产合计 | 60 | 250000.00 | 250000.00 | 盈余公积 | 119 | | |
| 40 | | | | | 其中：法定公益金 | 120 | | |
| 41 | 递延税项： | | | | 未分配利润 | 121 | 409,800.00 | 413,000.00 |
| 42 | 递延税款借项 | 61 | | | 所有者权益（或股东权益）合计 | 122 | 1,409,800.00 | 1,585,000.00 |
| 43 | 资产总计 | 67 | 1588400.00 | 1773000.00 | 负债和所有者权益（或股东权益）总计 | 135 | 1,588,400.00 | 1,773,000.00 |

**图 8-27　生成的资产负债表**

4. 资产负债表数据保存

（1）执行“文件→保存”命令。如果是第一次保存，则打开“另存为”对话框。

（2）选择需要保存的文件夹位置，输入报表文件名“货币资金表”，选择保存类型“＊. REP”。

（3）单击“另存为”按钮（见图 8-28）

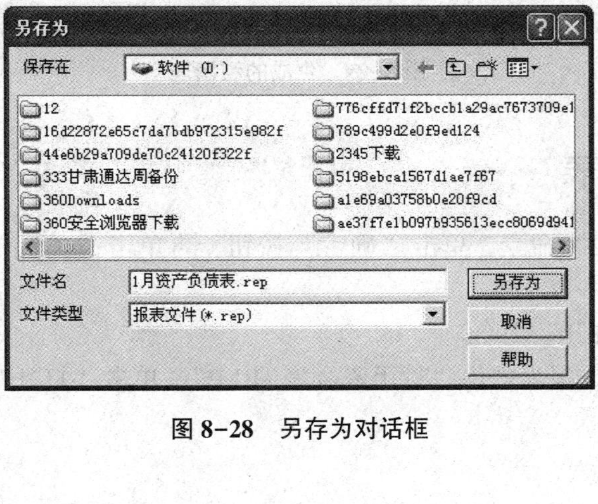


**图 8-28　另存为对话框**

## 二、利润表

同资产负债表一样，利润表可以通过调用模板生成（见图 8-29）并保存。

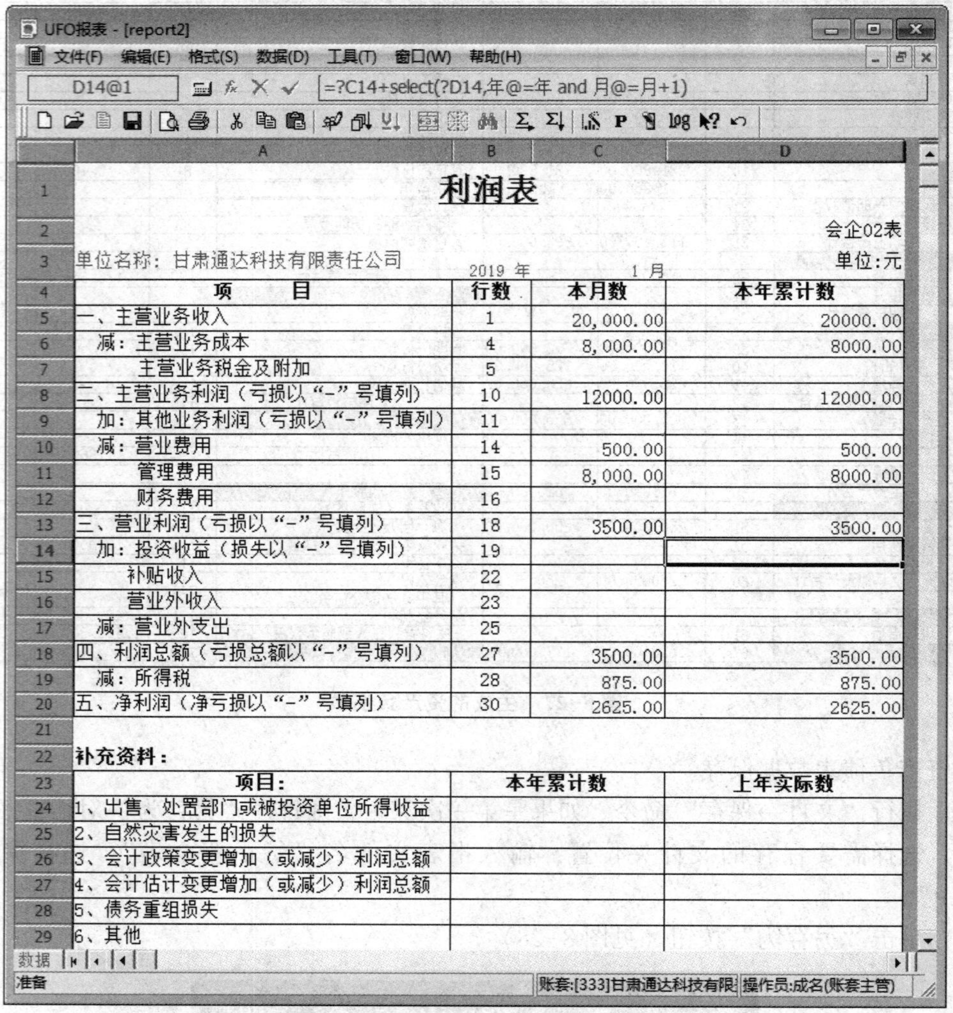


利润表

会企02表

单位名称：甘肃通达科技有限责任公司　　2019 年　　1 月　　单位:元

| 项　目 | 行数 | 本月数 | 本年累计数 |
|---|---|---|---|
| 一、主营业务收入 | 1 | 20,000.00 | 20000.00 |
| 减：主营业务成本 | 4 | 8,000.00 | 8000.00 |
| 主营业务税金及附加 | 5 | | |
| 二、主营业务利润（亏损以“-”号填列） | 10 | 12000.00 | 12000.00 |
| 加：其他业务利润（亏损以“-”号填列） | 11 | | |
| 减：营业费用 | 14 | 500.00 | 500.00 |
| 管理费用 | 15 | 8,000.00 | 8000.00 |
| 财务费用 | 16 | | |
| 三、营业利润（亏损以“-”号填列） | 18 | 3500.00 | 3500.00 |
| 加：投资收益（损失以“-”号填列） | 19 | | |
| 补贴收入 | 22 | | |
| 营业外收入 | 23 | | |
| 减：营业外支出 | 25 | | |
| 四、利润总额（亏损总额以“-”号填列） | 27 | 3500.00 | 3500.00 |
| 减：所得税 | 28 | 875.00 | 875.00 |
| 五、净利润（净亏损以“-”号填列） | 30 | 2625.00 | 2625.00 |

补充资料：

| 项目： | 本年累计数 | 上年实际数 |
|---|---|---|
| 1、出售、处置部门或被投资单位所得收益 | | |
| 2、自然灾害发生的损失 | | |
| 3、会计政策变更增加（或减少）利润总额 | | |
| 4、会计估计变更增加（或减少）利润总额 | | |
| 5、债务重组损失 | | |
| 6、其他 | | |

图 8-29　生成的利润表

## 三、货币资金表

1. 执行“财务报表”命令，单击“确定”按钮，再单击“关闭”按钮，进入财务报表管理系统。

2. 执行“文件→打开”命令。

3. 选择 D 盘中 UFO 报表文件“货币资金表 . REP”，单击“打开”按钮（见图 8-30）。

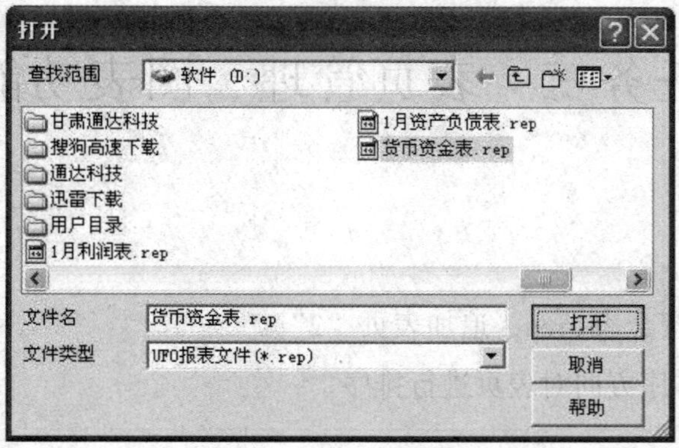


图 8-30 打开货币资金表对话框

4. 单击空白报表底部左下角的“格式/数据”按钮，使当前状态为“数据”状态，录入关键字，生成货币资金表（见图 8-31）并保存。

图 8-31 生成的货币资金表

## 任务小贴士

1. 在执行生成之前，必须确定是否在进入系统时正确设置了该单位的账套行业性质。

2. 根据用户账套初始设置的默认账套的账套行业性质自动生成资产负债表、损益表、利润分配表以及与该行业性质相关的其他报表。

3. 如果文件进行了修改后没有保存，点击“关闭”命令后将弹出提示框提醒用户保存文件。

4. “另存为”命令后，对文件所作的改变保存在新文件中，原有文件不保存这些改变。

5. 可指定表页另存为 EXCEL 表等文件。

6. 文件名：显示保存文件的名称，系统默认为“report1. rep”，后缀为空时系统默认为 REP 文件。

7. 用友软件提供保存类型：报表文件（＊. rep）、以逗号分隔的文本文件（＊. txt）、ACCESS 数据库文件（＊. mdb）、EXCEL 4.0 版文件（＊. xls）、LOTUS123 4.0 版文件（＊. wk4）。

# 任务三　表页管理、图表功能

## 任务情景资料

1. 打开 D：/货币资金表 . rep，追加表页“2”。

2. 按年月递增的排序方向对表页进行排序。

3. 追加 15 行。

4. 对表页第 3 页的数据区域 A3：D6 进行分析。图表名称：资金分析图；图标标题：资金对比；X 轴标题：期间，Y 轴标题：金额；图表格式：立体直方图。

## 任务操作指导

### 一、增加表页

1. 执行“编辑→追加→表页”命令，打开“追加表页”对话框。

2. 输入需要增加的表页数“2”。

3. 单击“确认”按钮（见图 8-32）。

### 二、表页排序

1. 执行“数据→排序→表页”命令，打开“表页排序”对话框。

2. 确定如下信息：选择第一关键值“年”，排序方向“递增”，第二关键字“月”，排序方向“递增”。

3. 单击“确认”按钮，系统将自动把表页按年份递增顺序重新排列，如果年份相同则按月份递增顺序排序（见图 8-33）。

图 8-32　追加表页对话框

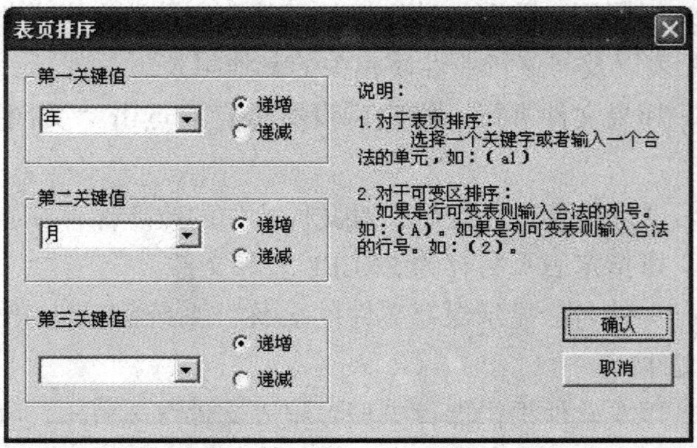


图 8-33　表页排序对话框

## 三、追加图表显示区域

1. 在格式状态下，执行“编辑→追加→行”命令，打开“追加行”对话框。
2. 输入追加行数“15”（见图 8-34）。
3. 单击“确定”按钮（见图 8-35）。

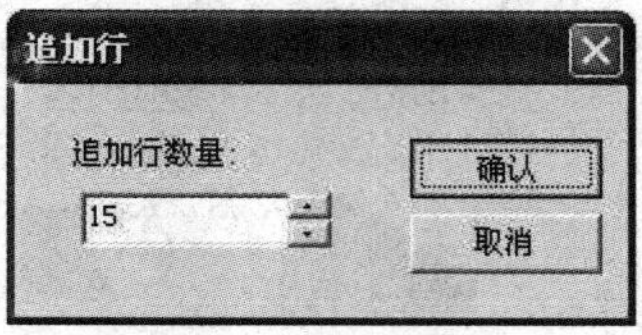


图 8-34　追加行对话框

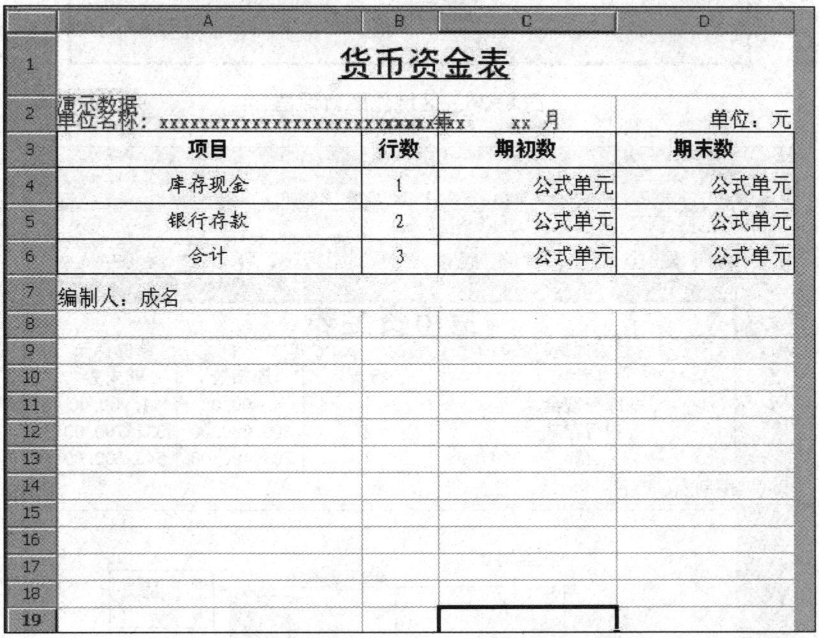

| | A | B | C | D |
|---|---|---|---|---|
| 1 | 货币资金表 | | | |
| 2 | 演示数据 单位名称：xxxxxxxxxxxxxxxxxxxxxxxxxxxxxx | | xx年　xx 月 | 单位：元 |
| 3 | 项目 | 行数 | 期初数 | 期末数 |
| 4 | 库存现金 | 1 | 公式单元 | 公式单元 |
| 5 | 银行存款 | 2 | 公式单元 | 公式单元 |
| 6 | 合计 | 3 | 公式单元 | 公式单元 |
| 7 | 编制人：成名 | | | |
| 8 | | | | |
| 9 | | | | |
| 10 | | | | |
| 11 | | | | |
| 12 | | | | |
| 13 | | | | |
| 14 | | | | |
| 15 | | | | |
| 16 | | | | |
| 17 | | | | |
| 18 | | | | |
| 19 | | | | |

图 8-35　图表显示区域

## 四、插入图表对象

1. 在数据状态下，选取数据区域“A3：D6”。

2. 执行“工具→插入图表对象”命令，在追加的图表工作区，拖动鼠标左键至适当大小后，打开“区域作图”对话框。

3. 选择确定如下信息：数据组“行”，数据范围“当前表页”。

4. 输入图表名称“资金分析图”，图表标题“资金对比”，X 轴标题“期间”，Y 轴标题“金额”。

5. 选择图表格式“成组直方图”（见图 8-36）。

6. 单击“确认”按钮。

7. 调整图中对象到适当位置（见图 8-37）。

8. 保存，单击“退出”。

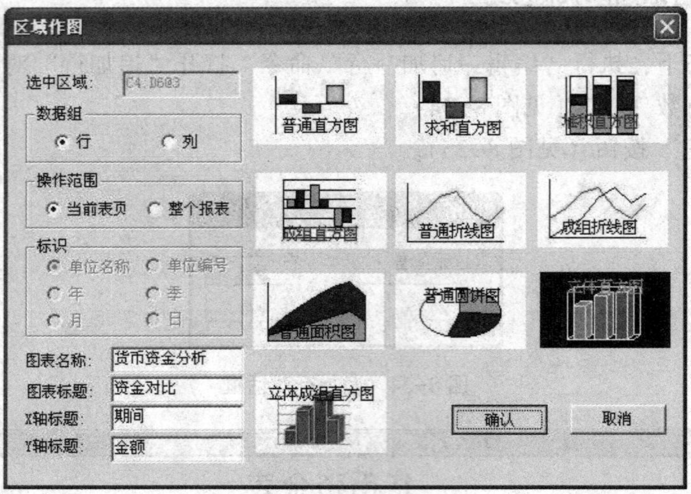


图 8-36　区域作图对话框

图 8-37　插入资金分析图界面

# 项目九　薪资管理系统

## 系统认知

薪资管理系统适用于各类企业、行政事业单位进行工资核算、工资发放、工资费用分摊、工资统计分析和个人所得税核算等。可以与总账系统集成使用，将工资凭证传递到总账中；可以与成本管理系统集成使用，为成本管理系统提供人员的费用信息。工资账套与企业账套是两个不同的概念，企业核算账套是在系统管理中建立的，针对整个用友 ERP 系统的，而工资账套只针对用友 ERP 系统中的薪资管理系统，是企业核算账套的一个组成部分。本系统主要有初始设置、业务处理、统计分析报表等功能。

## 知识目标

1. 掌握建立工资账套及进行初始设置的操作方法。
2. 掌握工资项目设置及公式设置的操作方法。
3. 掌握扣缴所得税设置方法。
4. 掌握工资数据的计算方法。
5. 掌握工资分摊设置方法并生成转账凭证。
6. 掌握月末账务处理的方法。
7. 掌握常用工资数据统计分析的操作方法。

## 能力目标

1. 能够根据企业实际情况设置工资项目和计算公式。
2. 能够增加、修改人员档案。
3. 能够熟练进行工资数据的计算。
4. 能够进行工资分摊设置并生成转账凭证。
5. 能够利用工资数据进行统计分析。

## 任务内容

任务一　启用“薪资管理”系统

任务二　建立工资账套

任务三　基础档案设置

任务四　工资类别的公式设置

任务五　工资数据录入

任务六　工资分摊设置及生成转账凭证

任务七　结账与反结账

任务八　薪资数据统计分析

## 任务操作要求

1. 任务一至任务四开始前，修改系统时间为 2019 年 1 月 1 日。任务五至任务八开始前，修改系统时间为 2019 年 1 月 31 日。

2. 以系统管理员 admin 身份登录系统管理，并引入备份的 333 账套数据（D：/甘肃通达科技/总账系统初始设置）。

3. 任务一至任务四以账套主管成名身份登录企业应用平台进行基础档案设置操作处理。任务五至任务八以会计李颖身份登录企业应用平台进行业务数据处理和期末处理。

4. 本项目任务结束后，以系统管理员 admin 身份登录系统管理并备份输出 333 账套数据到 D：/甘肃通达科技/薪资管理系统，并删除该账套。

# 任务一　启用“薪资管理”系统

## 任务情景资料

2019 年 1 月 1 日，账套主管成名启用“薪资管理”系统。

## 任务操作指导

1. 以账套主管成名身份在系统管理中执行“系统启用”命令，打开“系统启用”对话框。

2. 选择“薪资管理”，确定日期“2019-01-01”，单击“确定”（见图 9-1）。

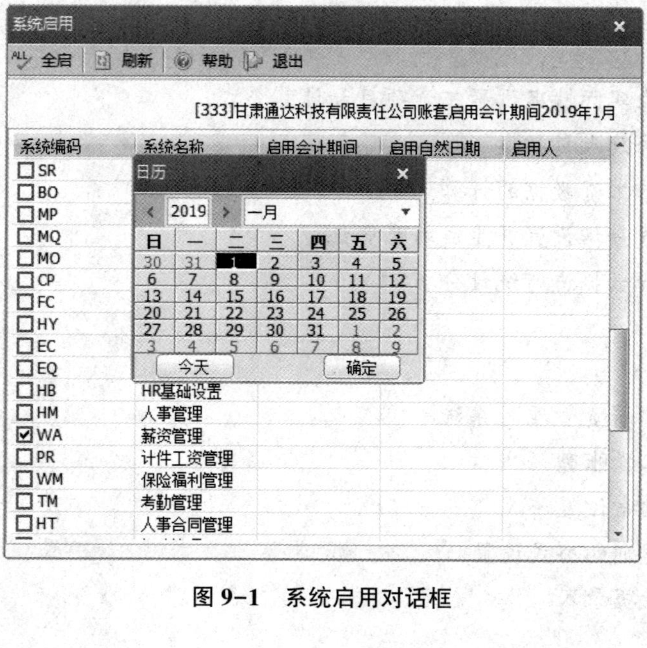


图 9-1　系统启用对话框

3. 提示是否启用当前系统，单击“是”，启用系统（见图 9–2）。

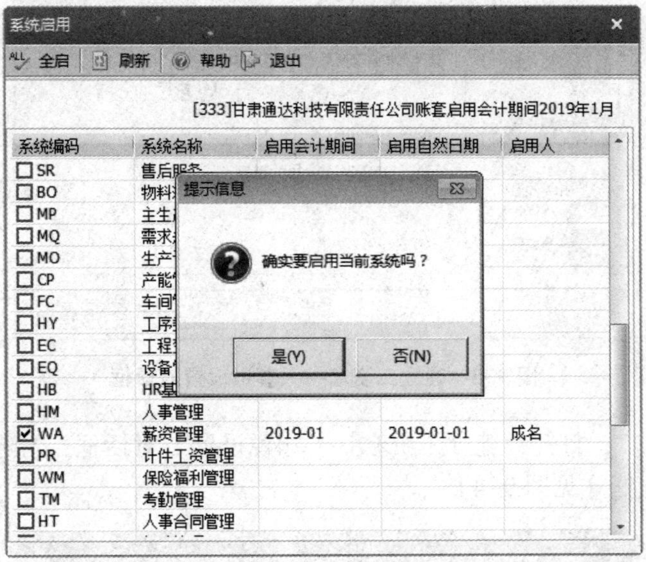


**图 9–2　启用当前系统提示信息对话框**

4. 单击“退出”或“关闭”，退出“系统启用”对话框。

### 任务小贴士

1. 所有系统进入时都要判断系统是否已经启用，未启用的系统不能登录。

2. 各系统的启用日期必须大于或等于账套的启用日期。

3. 薪资系统启用后，如果找不到“人力资源”项目，可以重新注册进入企业应用平台，启用其他系统后未找到相关系统，解决办法同此。

## 任务二　建立工资账套

### 任务情景资料

工资账套参数如下：

1. 工资类别个数：多个；核算币种：人民币。

2. 代扣个人所得税。

3. 不进行扣零处理。

### 任务操作指导

1. 在企业应用平台“业务工作”导航区，双击“人力资源”“薪资管理”，打开“建立工资套——参数设置”对话框。

2. 选择工资类别个数为“多个”，币别为“人民币”（见图 9–3）。

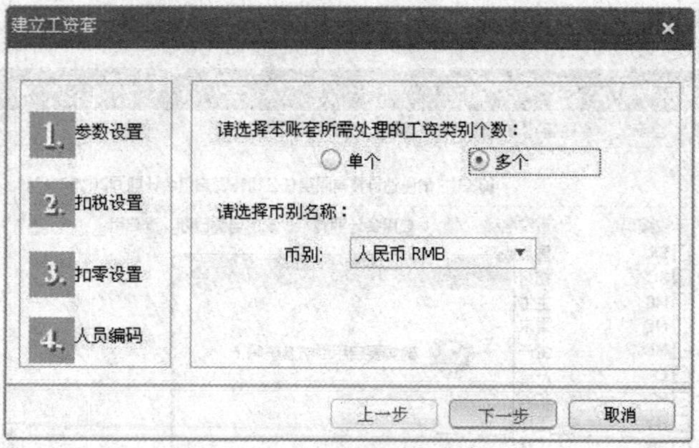


图 9-3　建立工资套——参数设置对话框

3. 单击“下一步”，打开“建立工资套——扣税设置”对话框，勾选“是否从工资中代扣个人所得税”复选框（见图 9-4）。

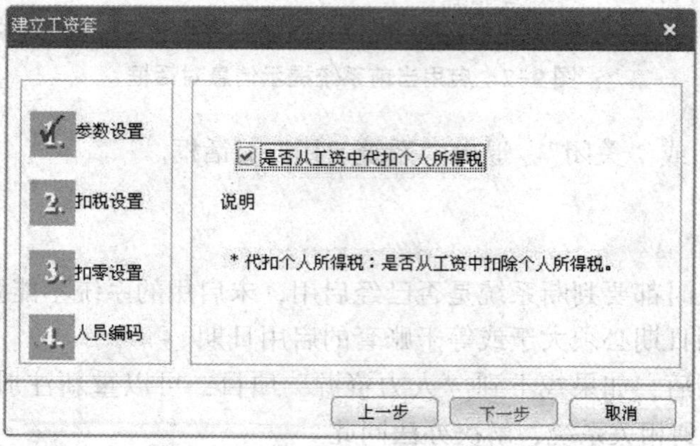


图 9-4　建立工资套——扣税设置对话框

4. 单击“下一步”，打开“建立工资套——扣零设置”对话框，不勾选“扣零”复选框（见图 9-5）。

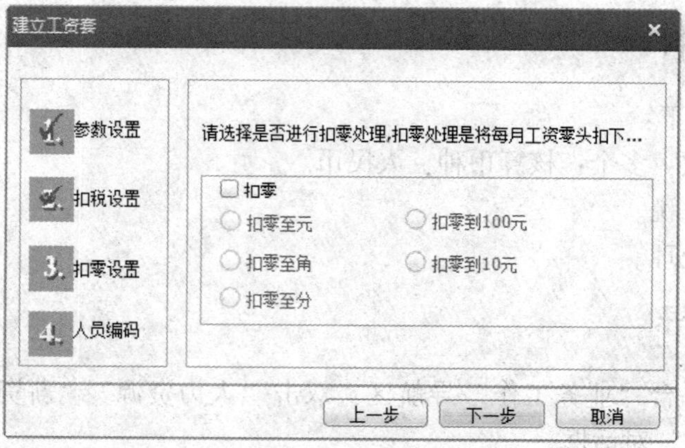


图 9-5　建立工资套——扣零设置对话框

5. 单击“下一步”，打开“建立工资套——人员编码”对话框（见图 9-6）。

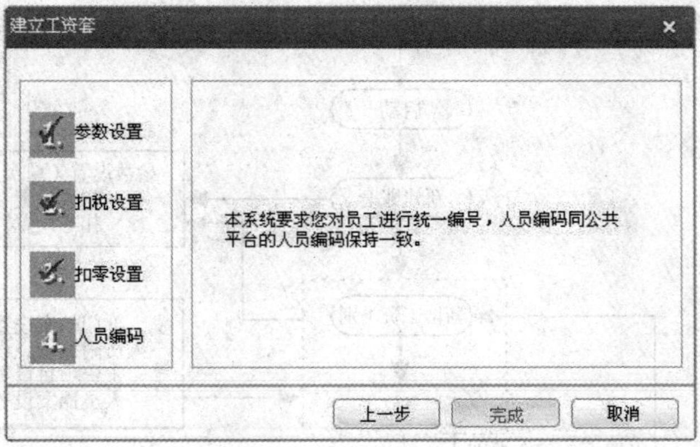


**图 9-6　建立工资套——人员编码对话框**

6. 单击“完成”，完成建立工资账套的过程。

## 任务小贴士

1. 薪资管理系统共可建立 999 套工资账。

2. 每个工资账套中，可建立 999 个工资类别（第 998、999 号为系统使用）。

3. 如果核算单位对所有人员的工资实行统一管理，人员的工资项目、计算公式全部相同时，选择“单个”类别，反之，选择“多个”类别。单类别工资核算操作流程与多类别工资核算操作流程是不同的（见图 9-7、图 9-8）。

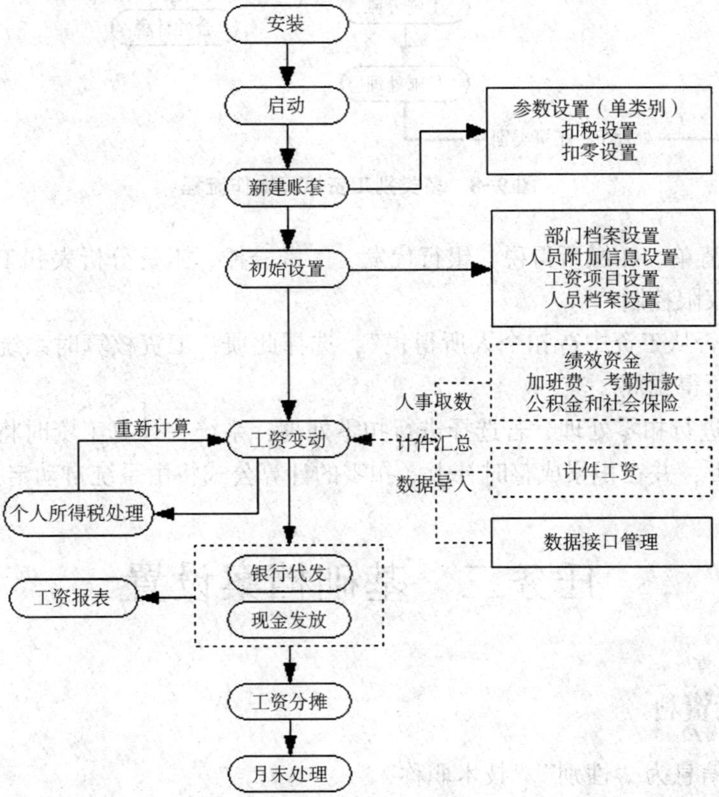


**图 9-7　单类别工资核算操作流程**

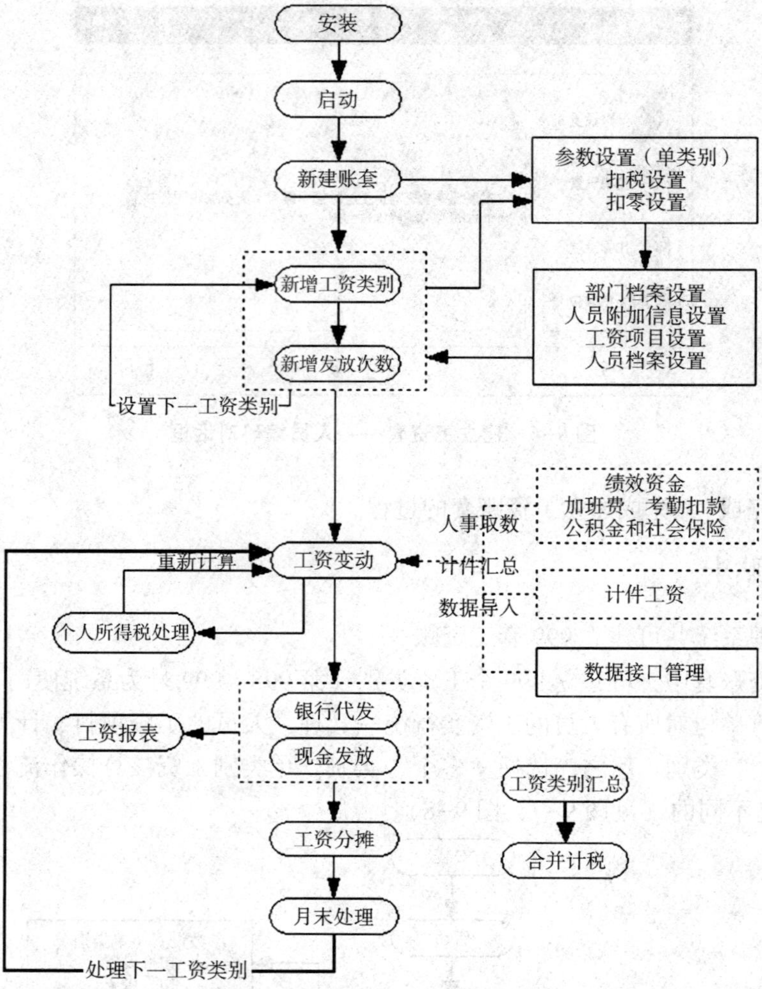


**图 9-8　多类别工资核算操作流程**

4. 工资分钱清单、扣缴所得税、银行代发、工资分摊、工资分析表和工资项目设置不受数据权限和金额权限控制。

5. 选择“是否从工资中待扣个人所得税”，选择此项，工资核算时系统会根据输入的税率自动计算个人所得税额。

6. 确定是否进行扣零处理。若选择进行扣零处理，系统在计算工资时将依据所选择的扣零类型将零头扣下，并在积累成整时补上。扣零的计算公式将由系统自动定义，无需设置。

# 任务三　基础档案设置

## 任务情景资料

1. 人员附加信息为“性别”“技术职称”。

2. 新增工资项目见表 9-1。

**表 9-1　工资项目**

| 工资项目名称 | 类型 | 长度 | 小数 | 增减项 |
|---|---|---|---|---|
| 基本工资 | 数字 | 8 | 2 | 增项 |
| 职务补贴 | 数字 | 8 | 2 | 增项 |
| 工龄工资 | 数字 | 8 | 2 | 增项 |
| 奖金 | 数字 | 8 | 2 | 增项 |
| 加班费 | 数字 | 8 | 2 | 增项 |
| 事假天数 | 数字 | 8 | 2 | 其他 |
| 事假扣款 | 数字 | 8 | 2 | 减项 |
| 养老保险 | 数字 | 8 | 2 | 减项 |
| 医疗保险 | 数字 | 8 | 2 | 减项 |

3. 银行档案设置。银行名称为"中国工商银行"；账号长度：11；自动带出账号长度：8。

4. 建立工资类别。"在编人员"所属部门为所有部门，"合同工"所属部门为"制造部"。

5. 人员档案见表 9-2，全部为中方人员，全部计税。

**表 9-2　人员档案**

| 薪资部门名称 | 工号 | 人员编号 | 人员姓名 | 人员类别 | 账号 | 中方人员 | 是否计税 | 工资停发 | 核算计件工资 | 现金发放 | 性别 | 技术职称 |
|---|---|---|---|---|---|---|---|---|---|---|---|---|
| 总经理办公室 | | 101 | 李强 | 企业管理人员 | 20180010001 | 是 | 是 | 否 | 否 | 否 | 男 | 高级经济师 |
| 财务部 | | 102 | 成名 | 企业管理人员 | 20180010002 | 是 | 是 | 否 | 否 | 否 | 男 | 高级会计师 |
| 财务部 | | 103 | 李颖 | 企业管理人员 | 20180010003 | 是 | 是 | 否 | 否 | 否 | 女 | 会计师 |
| 财务部 | | 104 | 王良 | 企业管理人员 | 20180010004 | 是 | 是 | 否 | 否 | 否 | 男 | 会计师 |
| 销售一部 | | 201 | 刘冰 | 销售人员 | 20180010005 | 是 | 是 | 否 | 否 | 否 | 女 | 技术员 |
| 销售二部 | | 202 | 刘佳 | 销售人员 | 20180010006 | 是 | 是 | 否 | 否 | 否 | 女 | 技术员 |
| 销售四部 | | 203 | 孙杰 | 销售人员 | 20180010007 | 是 | 是 | 否 | 否 | 否 | 男 | 技术员 |
| 销售四部 | | 204 | 王婧 | 销售人员 | 20180010008 | 是 | 是 | 否 | 否 | 否 | 女 | 技术员 |
| 供应部 | | 301 | 康柏 | 采购人员 | 20180010009 | 是 | 是 | 否 | 否 | 否 | 男 | 技术员 |
| 产品研发 | | 401 | 杨戬 | 生产人员 | 20180010010 | 是 | 是 | 否 | 否 | 否 | 男 | 工程师 |
| 制造车间 | | 402 | 张仪 | 生产人员 | 20180010011 | 是 | 是 | 否 | 否 | 否 | 男 | 技术员 |
| 制造车间 | 403 | 403 | 巴图强 | 合同工 | 20180010012 | 是 | 是 | 否 | 否 | 否 | 男 | 无 |
| 制造车间 | 404 | 404 | 孙懿维 | 合同工 | 20180010013 | 是 | 是 | 否 | 否 | 否 | 男 | 无 |

6. 数据权限分配。给操作员"22 李颖"记录级数据权限分配，业务对象为"工资权限"，使其拥有所有工资类别、所有部门的工资权限，以及工资项目字段级数据权限"查

询”“录入”。

## 任务操作指导

### 一、人员附加信息设置

1. 执行“薪资管理→设置→人员附加信息设置”，打开“人员附加信息设置”对话框。

2. 单击“增加”按钮，在“栏目参照”的下拉菜单中选择“性别”或在“信息名称”栏录入“性别”。

3. 单击“增加”按钮（见图9-9）。

4. 同理，增加其他附加信息。

5. 单击“确定”或“关闭”按钮退出。

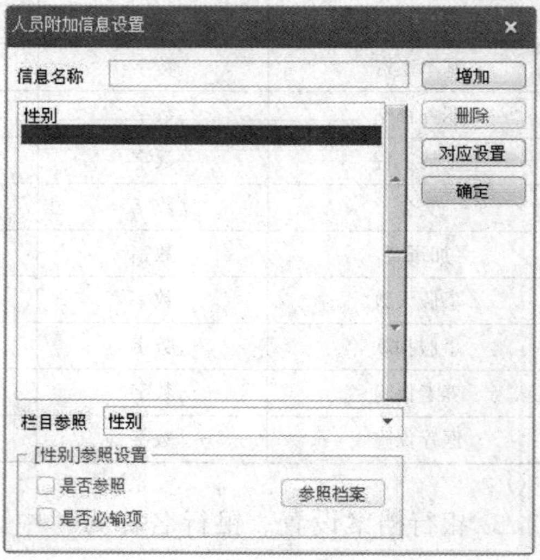


图9-9 人员附加信息设置对话框

### 二、工资项目设置

1. 执行“薪资管理→设置→工资项目设置”，打开“工资项目设置”对话框。

2. 单击“增加”按钮，在“栏目参照”的下拉菜单中选择“基本工资”或在“工资项目名称”栏录入“基本工资”。

3. 单击“增加”按钮（见图9-10）。

4. 同理，增加其他工资项目。

5. 单击“确定”或“关闭”按钮，弹出“薪资管理”提示信息对话框（见图9-11）。

6. 单击“确定”退出。

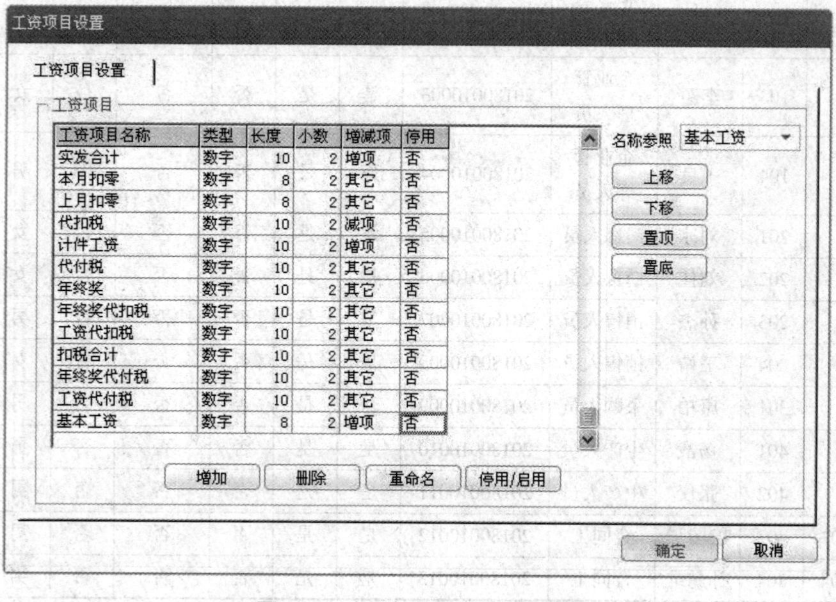


图9-10 工资项目设置对话框

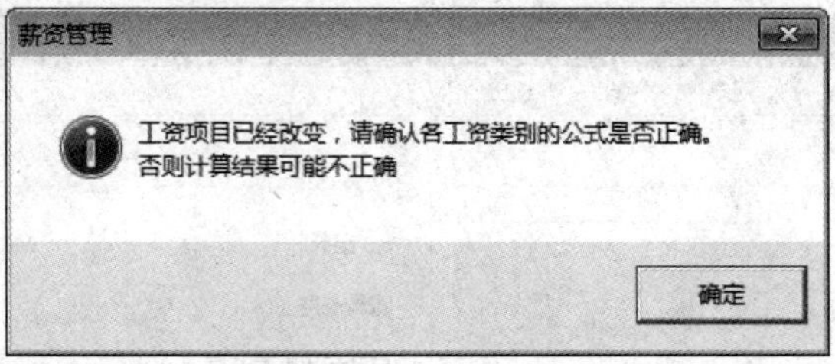


图 9-11　薪资管理提示信息对话框

## 三、银行档案设置

1. 执行“基础设置→基础档案→收付结算→银行档案”命令，打开“银行档案”的设置对话框（见图 9-12）。

银行档案

| 序号 | 银行编码 | 银行名称 | 个人账号是否定长 | 个人账号长度 | 自动带出的个人账号长度 | 单位编码 | 企业账号是否定长 | 企业账号长度 |
|---|---|---|---|---|---|---|---|---|
| 1 | 00001 | 中国光大银行 | 否 | 11 | 0 | | 否 | |
| 2 | 00002 | 中国银行 | 否 | 11 | 0 | | 否 | |
| 3 | 00003 | 交通银行 | 否 | 11 | 0 | | 否 | |
| 4 | 00004 | 华夏银行 | 否 | 11 | 0 | | 否 | |
| 5 | 00005 | 民生银行 | 否 | 11 | 0 | | 否 | |
| 6 | 00006 | 兴业银行 | 否 | 11 | 0 | | 否 | |
| 7 | 00007 | 上海浦东发展银行 | 否 | 11 | 0 | | 否 | |
| 8 | 00008 | 中信实业银行 | 否 | 11 | 0 | | 否 | |
| 9 | 00009 | 日本瑞穗实业银行 | 否 | 11 | 0 | | 否 | |
| 10 | 00010 | 广东发展银行 | 否 | 11 | 0 | | 否 | |
| 11 | 00011 | 北京银行 | 否 | 11 | 0 | | 否 | |
| 12 | 00012 | 三菱东京日联银行 | 否 | 11 | 0 | | 否 | |
| 13 | 00013 | 平安银行 | 否 | 11 | 0 | | 否 | |
| 14 | 01 | 中国工商银行 | 否 | 11 | 0 | | 是 | 12 |
| 15 | 02 | 招商银行 | 否 | 11 | 0 | | 是 | 12 |
| 16 | 03 | 中国建设银行 | 否 | 11 | 0 | | 是 | 12 |
| 17 | 04 | 中国农业银行 | 否 | 11 | 0 | | 是 | 12 |

图 9-12　银行档案设置对话框

2. 根据情景资料，选中银行名称为“中国工商银行”的数据行，点击“修改”账号长度为“11”，录入时自动带入的长度是“8”（见图 9-13）。

3. 单击“保存”，单击“退出”或“关闭”。

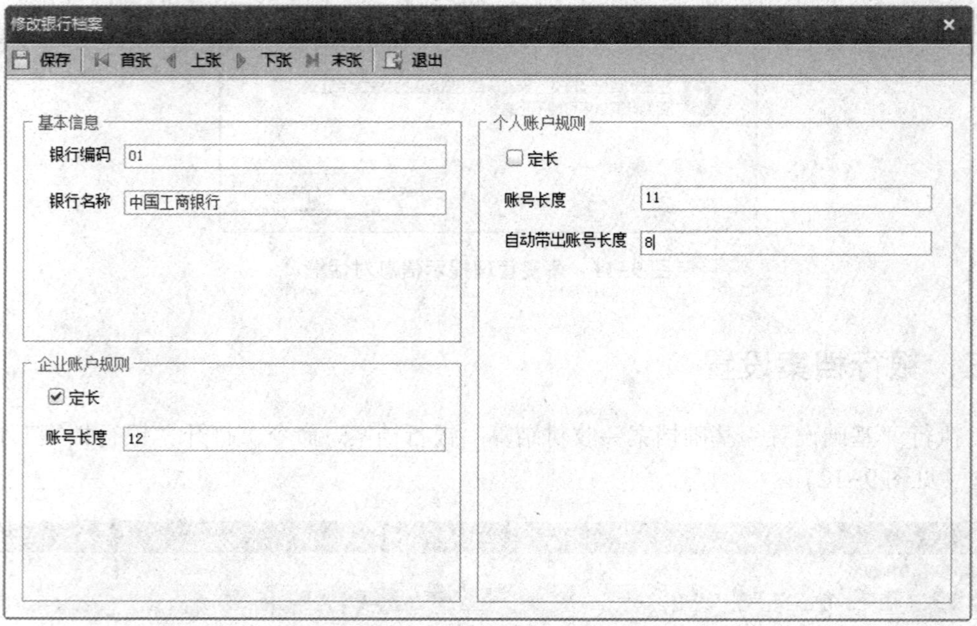


**图 9-13　修改银行档案界面**

## 四、建立工资类别

1. 在“薪资管理”中，点击“关闭工资类别”后，再单击“工资类别→新建工资类别”，建立“在编人员”工资类别，输入“在编人员”工资类别名称，单击“下一步”（见图 9-14）。

2. 点击“选定全部部门”（见图 9-15）。

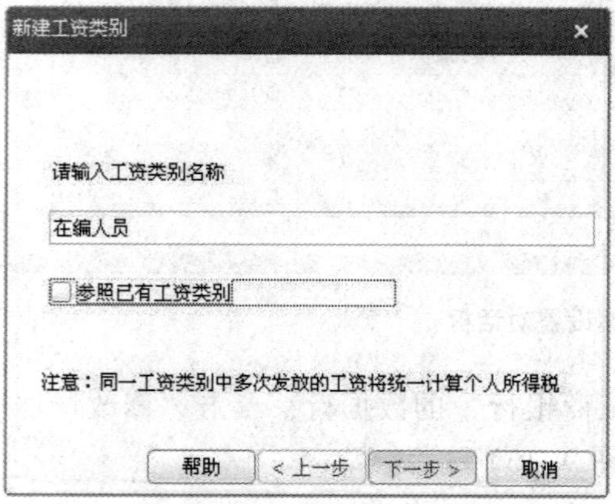


**图 9-14　新建工资类别窗口**

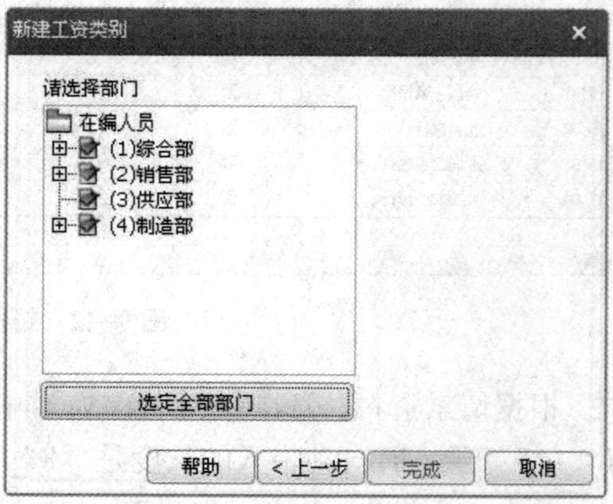


**图 9-15　选择部门窗口**

3. 单击“完成”，系统弹出“是否以 2019-01-01 为当前工资类别的启用日期？”对话框，选择“是”按钮（见图 9-16）。

4. 接着，点击“工资类别→关闭工资类别”，关闭在编人员工资类别（见图 9-17）。

图 9–16　工资类别启用日期提示对话框

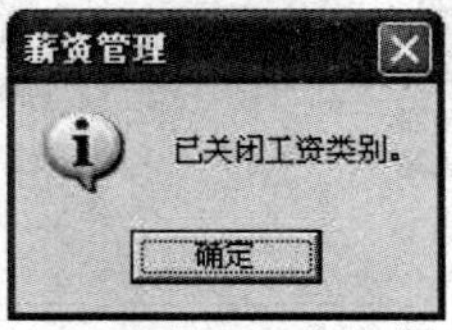


图 9–17　关闭工资类别对话框

5. 单击“工资类别→新建工资类别”，建立“临时人员”工资类别，根据情景资料，选择“制造部”（见图 9–18）。

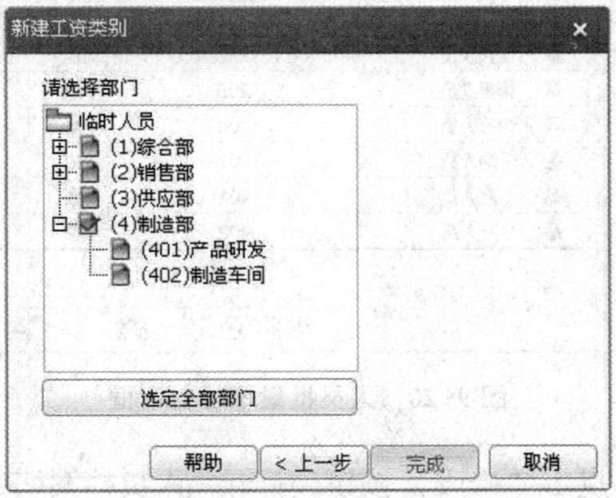


图 9–18　选择临时人员部门制造部窗口

## 五、在编人员档案设置

1. 点击“工资类别→打开工资类别”，选中并计入“001 在编人员”类别。

2. 执行“设置→人员档案”命令，进入“人员档案”界面（见图 9–19）。

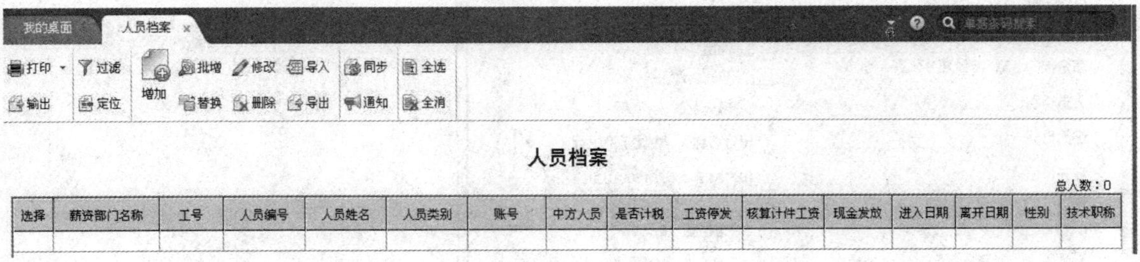


图 9–19　人员档案界面

3. 点击“批增”，点击“人员批量增加”对话框，选择“全部部门”，点击“查询”，单击“确定”（见图 9–20）。

图 9-20　人员批量增加对话框

4. 选择“101 李强”，点击“修改”按钮，打开“人员档案明细”，输入相应的“银行名称”和“银行账号”，接着点击“下一个”，依次补充所有员工的账号资料（见图 9-21、图 9-22）。

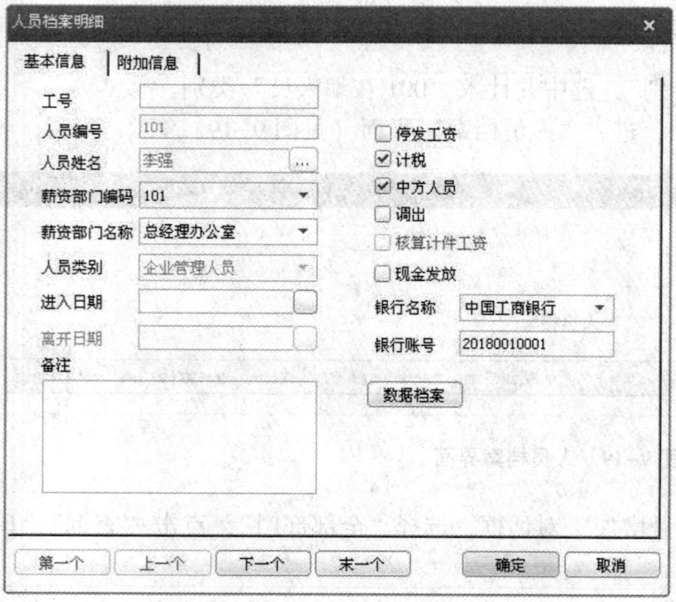


图 9-21　人员档案明细对话框

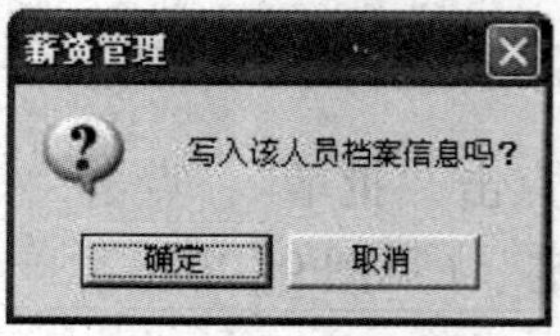


图 9-22　档案明细信息写入提示框

5. 所有资料输入无误后，点击“退出”，显示人员档案列表（见图 9-23）。

| 选择 | 薪资部门名称 | 工号 | 人员编号 | 人员姓名 | 人员类别 | 账号 | 中方人员 | 是否计税 | 工资停发 | 核算计件工资 | 现金发放 | 进入日期 | 离开日期 | 性别 | 技术职称 |
|---|---|---|---|---|---|---|---|---|---|---|---|---|---|---|---|
| | 总经理办公室 | | 101 | 李强 | 企业管理人员 | 20180010001 | 是 | 是 | 否 | 否 | 否 | | | 男 | 高级经济师 |
| | 财务部 | | 102 | 成名 | 企业管理人员 | 20180010002 | 是 | 是 | 否 | 否 | 否 | | | 男 | 高级会计师 |
| | 财务部 | | 103 | 李颖 | 企业管理人员 | 20180010003 | 是 | 是 | 否 | 否 | 否 | | | 女 | 会计师 |
| | 财务部 | | 104 | 王良 | 企业管理人员 | 20180010004 | 是 | 是 | 否 | 否 | 否 | | | 男 | 会计师 |
| | 销售一部 | | 201 | 刘冰 | 销售人员 | 20180010005 | 是 | 是 | 否 | 否 | 否 | | | 女 | 技术员 |
| | 销售二部 | | 202 | 刘佳 | 销售人员 | 20180010006 | 是 | 是 | 否 | 否 | 否 | | | 女 | 技术员 |
| | 销售四部 | | 203 | 孙杰 | 销售人员 | 20180010007 | 是 | 是 | 否 | 否 | 否 | | | 男 | 技术员 |
| | 销售四部 | | 204 | 王婧 | 销售人员 | 20180010008 | 是 | 是 | 否 | 否 | 否 | | | 女 | 技术员 |
| | 供应部 | | 301 | 康柏 | 采购人员 | 20180010009 | 是 | 是 | 否 | 否 | 否 | | | 男 | 技术员 |
| | 产品研发 | | 401 | 杨戬 | 生产人员 | 20180010010 | 是 | 是 | 否 | 否 | 否 | | | 男 | 工程师 |
| | 制造车间 | | 402 | 张仪 | 生产人员 | 20180010011 | 是 | 是 | 否 | 否 | 否 | | | 男 | 技术员 |
| | 制造车间 | 403 | 403 | 巴图强 | 合同工 | 20180010012 | 是 | 是 | 否 | 否 | 否 | | | 男 | 无 |
| | 制造车间 | 404 | 404 | 孙懿维 | 合同工 | 20180010013 | 是 | 是 | 否 | 否 | 否 | | | 男 | 无 |

**图 9-23　人员档案界面**

## 六、数据权限分配

1. 执行“系统服务→权限→数据权限分配”命令，打开“权限浏览”页签。

2. 单击选择用户“22 李颖”，单击选择“记录”选项卡，单击“授权”按钮，打开“记录权限设置”对话框（见图 9-24）。

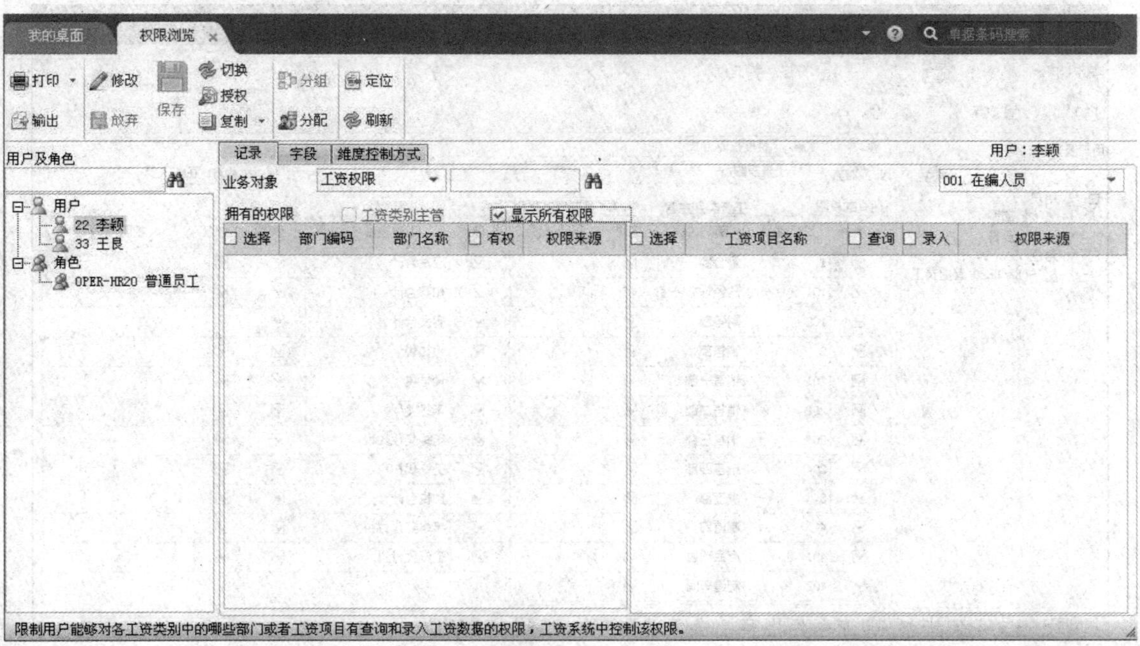


**图 9-24　记录权限设置对话框**

3. 在“业务对象”后面下拉列表选项中选择“工资权限”；在右上角下拉列表中选择“001 在编人员”；弹出禁用部门、工资项目对话界面，单击>>按钮，将禁用的部门全部移至“可用”栏（见图 9-25）。

4. 单击“保存”，弹出“保存成功，重新登录门户，此配置才能生效!”提示信息（见图 9-26）。

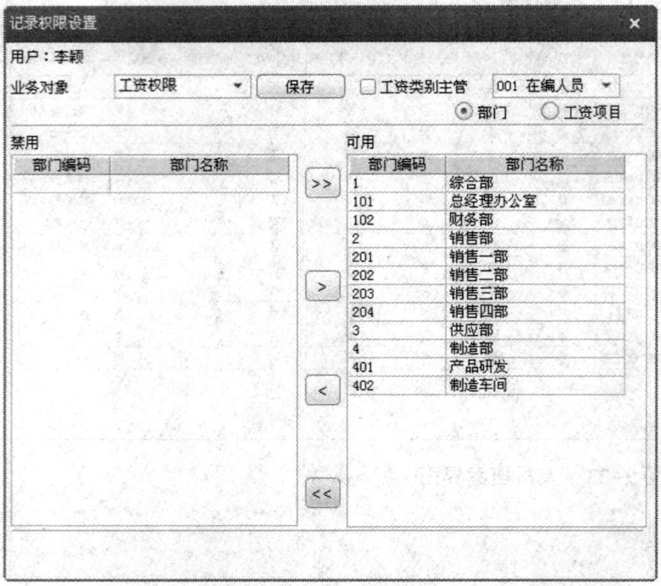


图 9-25　禁用部门、工资项目设置界面

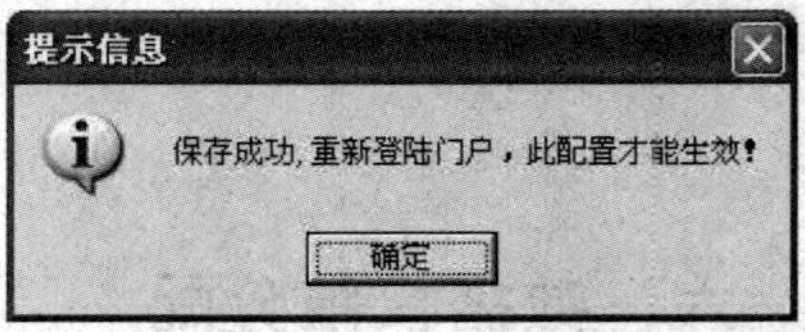


图 9-26　提示信息对话框

5. 单击“授权”，选择所有部门和工资项目（见图 9-27），单击“保存”，弹出“保存成功，重新登录门户，此配置才能生效!”提示信息。

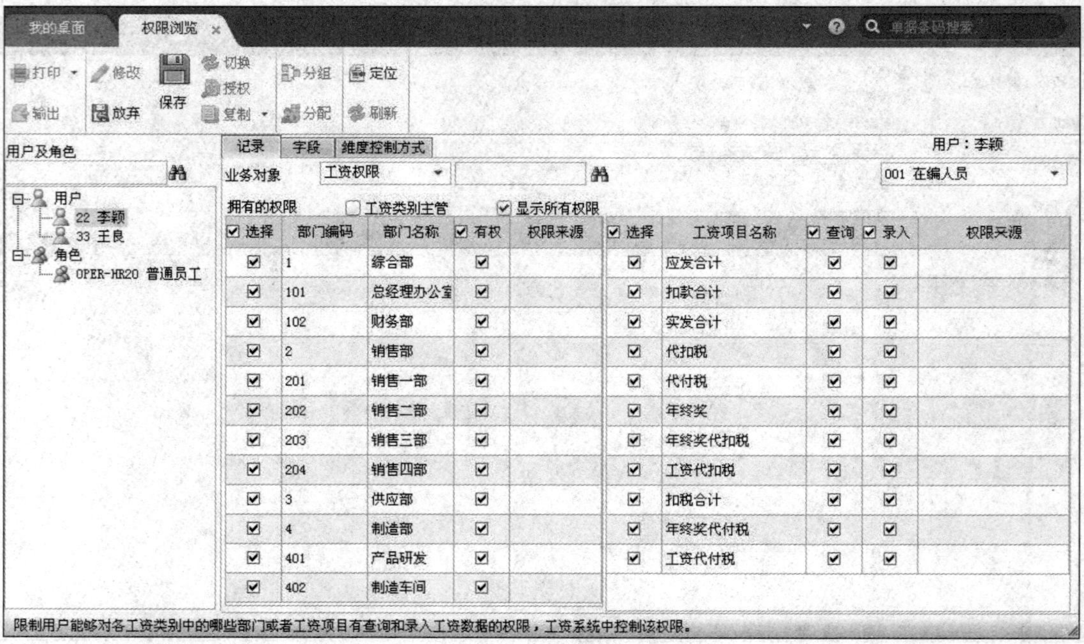


图 9-27　授权选择界面

6. 同理，设置“002 合同工”工资权限（见图 9-28）。

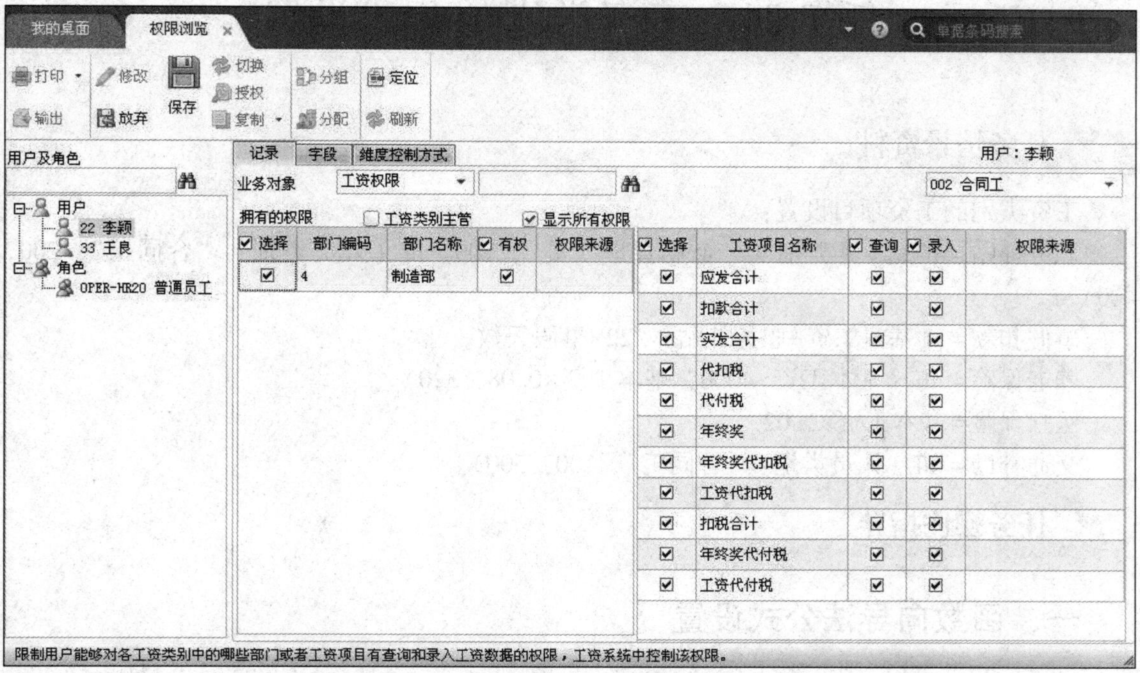


**图 9-28　合同工工资权限设置界面**

7. 所有数据权限分配设置完毕后，单击“关闭”按钮退出。

## 任务小贴士

1. 系统提供处理多个工资类别管理，新建账套时或在系统选项中选择多个工资类别，可进入此功能。工资类别指一套工资账中，根据不同情况而设置的工资数据管理类别。如某企业将正式职工和临时职工分设为两个工资类别，两个类别同时对应一套账务。同一工资类别中存在的多个发放次数的工资将统一计算个人所得税。

2. 工资名称必须唯一。工资项目一经使用，数据类型不允许修改。如果在“选项”设置中选择“是否核算计件工资”为☑，则在此界面可以看到“计件工资”项目属性。如果在“选项”设置中选择“代扣个人所得税”，则在此可以看到“扣税合计”“代扣税”“代付税”等预置工资项目。

3. 银行档案修改完成后，如果鼠标不离开当前行就退出，则表示放弃修改。已使用的银行档案的银行编码不允许修改。对于预置的数据，银行编码和名称不能修改，但其他属性可修改。

# 任务四　工资类别的公式设置

## 任务情景资料

工资类别的工资项目设置：

职务补贴=iff（人员类别=“企业管理人员”，500，iff（人员类别=“合同工”，200，400））。

事假扣款=（基本工资+职务补贴）/22×事假天数。

养老保险= iff（基本工资>4000，基本工资×0.08，320）。

医疗保险=基本工资×0.02。

交通补助= iff（人员类别=“合同工”，100，500）。

## 任务操作指导

### 一、函数向导法公式设置

1. 打开“在编人员”工资类别，执行“薪资管理→设置→工资项目设置”，打开“工资项目设置”对话框。

2. 单击“公式设置”选项卡，打开“工资项目设置　公式设置”对话框。

3. 单击“增加”，从下拉菜单中选择“职务补贴”（见图 9-29）。

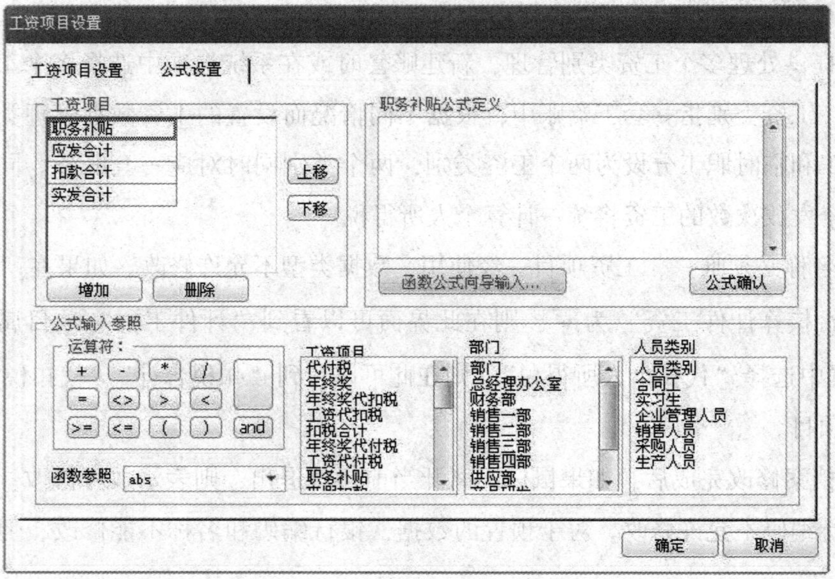


图 9-29　工资项目设置对话框

4. 单击“函数公式向导输入”按钮，打开“函数向导——步骤之 1”对话框。

5. 单击“函数名”列表中的“iff”函数。

6. 单击“下一步”，打开“函数向导——步骤之2”对话框。

7. 单击“逻辑表达式”栏的参照按钮，打开“参照”对话框。

8. 单击“参照列表”下三角按钮，选择“人员类别”，再单击“企业管理人员”（见图9-30）。

9. 单击“确定”，返回到“函数向导——步骤之2”对话框。

10. 在“算数表达式1”文本框中录入“500”。

11. 单击“完成”按钮，返回到公式设置对话框。将光标定位到右括号之前，继续单击“函数公式向导输入”按钮，继续设置合同工职务补贴（见图9-31）。

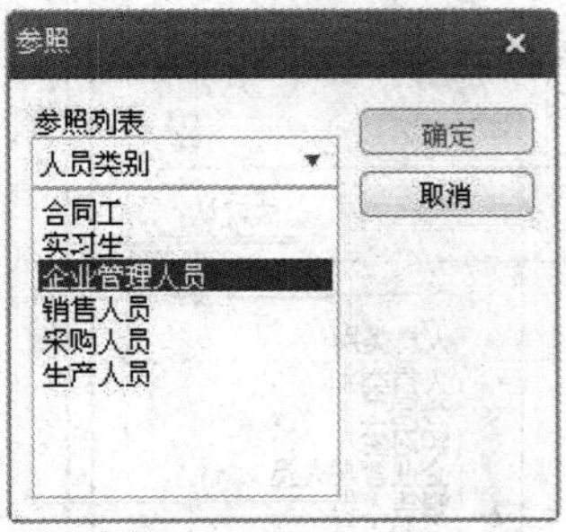


图 9-30　参照列表界面

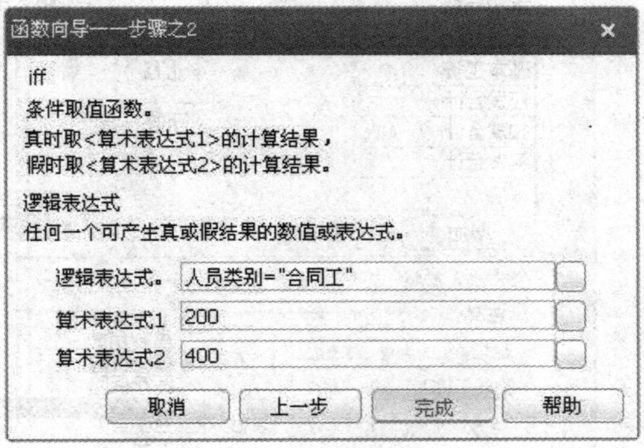


图 9-31　函数公式向导输入界面

12. 单击“完成”按钮，返回到“工资项目设置”对话框（见图9-32）。

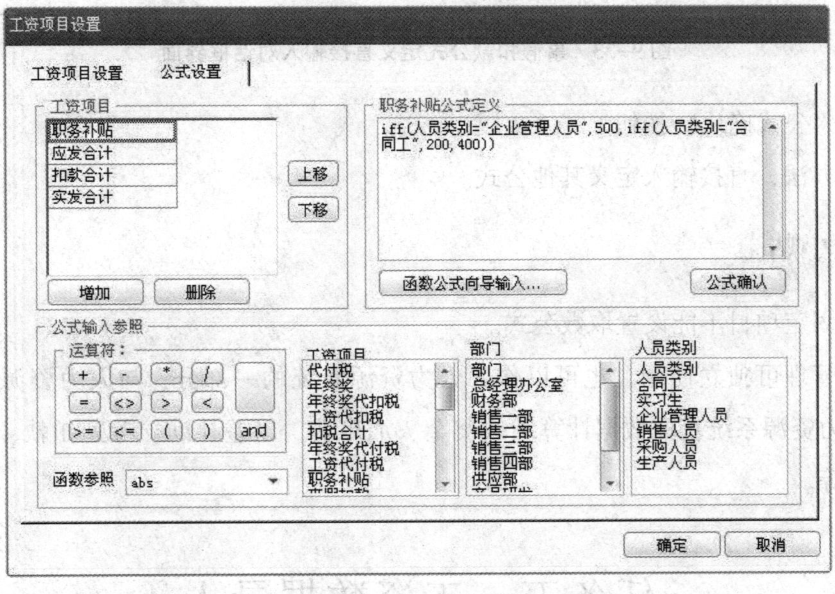


图 9-32　职务补贴公式设置完成界面

13. 单击“公式确认”按钮。

## 二、直接录入法公式设置

1. 打开“工资项目设置　公式设置”对话框，单击“增加”，从下拉菜单中选择“事假扣款”。

2. 单击“事假扣款公式定义”区域，单击左下角“公式输入参照”中的左括号“（”，在下方的“工资项目”列表中选择“基本工资”，再选择或录入加号“+”，以此方式设置公式其余项目（见图 9-33）。

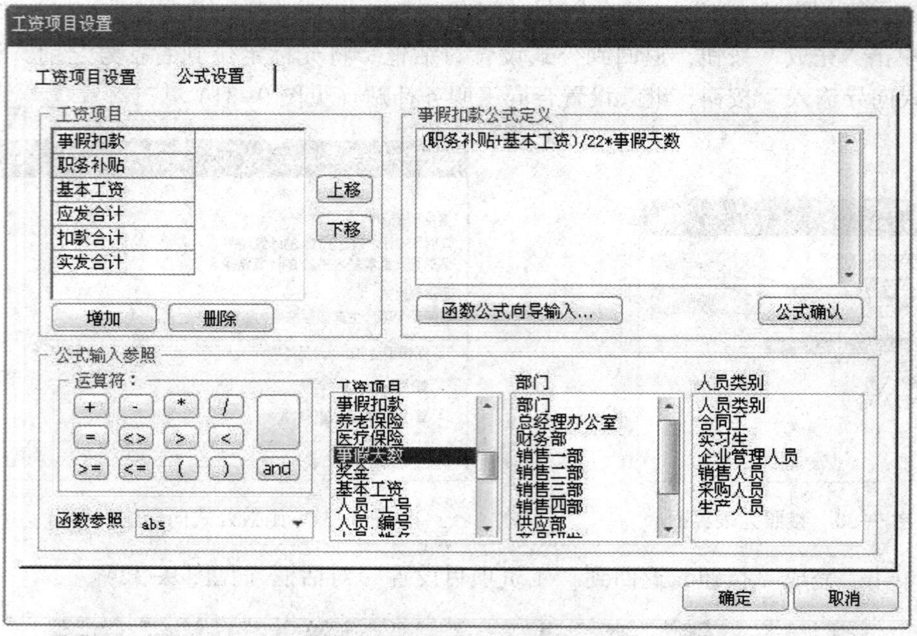


**图 9-33　事假扣款公式定义直接输入对话框界面**

3. 单击“公式确认”按钮。

4. 依此办法，直接输入定义其他公式。

### 任务小贴士

1. 系统固定项目不能设置取数公式。

2. 薪资管理可独立使用，也可以作为人力资源系统的一部分，与人力资源系统集成应用。可从人力资源系统获取数据计算绩效奖金、加班费、出差补助、考勤扣款、社保和公积金个人扣款等。

## 任务五　工资数据录入

### 任务情景资料

1. 根据新《个人所得税法》和实训方便，本实训个人所得税统一按“实发工资”扣除税基 5 000 元和附加扣除 1 300 元后计算缴纳个人所得税。

2. 2019 年 1 月份人员工资变动基本数据见表 9-3。

**表 9-3　工资变动基本数据一览表**

| 人员编号 | 姓名 | 基本工资 | 奖金 | 加班费 | 事假天数 |
|---|---|---|---|---|---|
| 101 | 李强 | 6 500 | 500 | | |
| 102 | 成名 | 5 000 | 500 | 200 | |
| 103 | 李颖 | 5 000 | 500 | | 5 |
| 104 | 王良 | 4 500 | 500 | | |
| 201 | 刘冰 | 4 600 | 500 | 400 | |
| 202 | 刘佳 | 4 400 | 500 | | |
| 203 | 孙杰 | 4 150 | 500 | 150 | 1 |
| 204 | 王婧 | 3 600 | 500 | | |
| 301 | 康柏 | 3 600 | 500 | 200 | |
| 401 | 杨戬 | 5 600 | 500 | 500 | |
| 402 | 张仪 | 4 500 | 500 | 1 000 | |
| 403 | 巴图强 | 3 000 | 500 | 1 200 | |
| 404 | 孙懿维 | 3 000 | 500 | 1 500 | |
| | | | | | |

3. 查看扣缴 2019 年 1 月份个人所得税表。

## 任务操作指导

## 一、确认个人所得税计提基数

1. 执行“人力资源→薪资管理→打开工资类别”。

2. 选择“在编人员”工资类别，单击“业务处理→扣缴所得税”，系统提示“本月未进行工资变动功能或数据变化，请先进‘工资变动’重新计算数据，否则数据可能不正确”信息。

3. 单击“确定”进入“所得税申报”窗口（见图 9-34）。

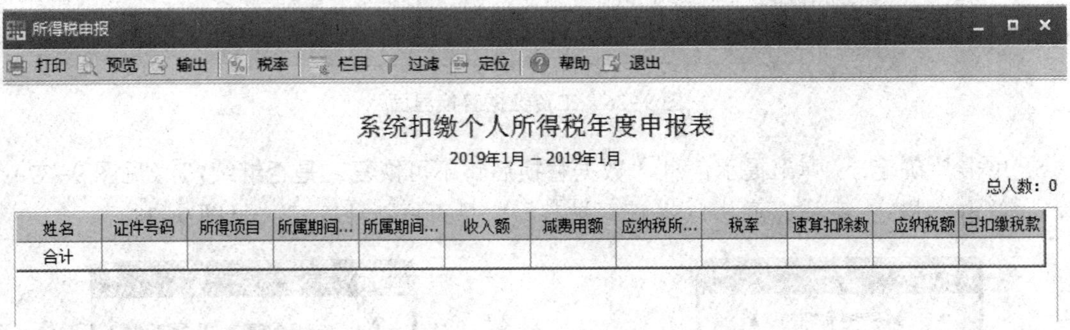


**图 9-34　所得税申报窗口**

4. 单击“税率”，弹出“个人所得税申报表——税率表”窗口，确定“税基”为 5 000，“附加费用” 1 300 无误后，单击“确定”按钮，退出（见图 9-35）。

| 级次 | 应纳税所得额下限 | 应纳税所得额上限 | 税率(%) | 速算扣除数 |
|---|---|---|---|---|
| 1 | 0.00 | 36000.00 | 3.00 | 0.00 |
| 2 | 36000.00 | 144000.00 | 10.00 | 2520.00 |
| 3 | 144000.00 | 300000.00 | 20.00 | 16920.00 |
| 4 | 300000.00 | 420000.00 | 25.00 | 31920.00 |
| 5 | 420000.00 | 660000.00 | 30.00 | 52920.00 |
| 6 | 660000.00 | 960000.00 | 35.00 | 85920.00 |
| 7 | 960000.00 | | 45.00 | 181920.00 |

**图 9-35　个人所得税申报表——税率表窗口**

## 二、录入并计算 2019 年 1 月的工资数据

1. 单击“业务处理→工资变动”，打开“工资变动页签”。
2. 单击“全选”按钮。
3. 单击“替换”按钮，打开“工资数据替换”对话框。
4. 单击“将工资项目”栏下三角按钮，在下拉菜单中选择“奖金”，在“替换成”文本框中输入“500”（见图 9-36）。

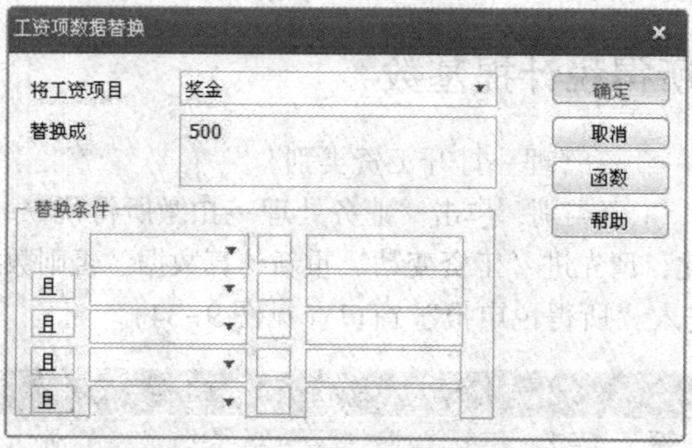


**图 9-36　工资数据替换界面**

5. 单击“确定”，弹出提示信息“数据替换后将不可恢复，是否继续？”（见图 9-37）。
6. 单击“是”，系统提示“12 条记录被替换，是否重新计算？”（见图 9-38）。

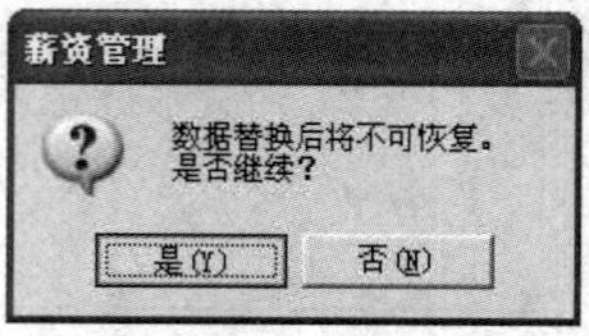


**图 9-37　工资数据替换提示信息对话框**

**图 9-38　工资数据后提示重新计算对话框**

7. 单击“是”按钮返回。

8. 单击“页编辑”，进入“工资数据录入——页编辑”界面，根据情景资料输入“基本工资 6 500”“职务工资 500”，其他相关数据自动根据设定的公式计算填列（见图 9-39）。

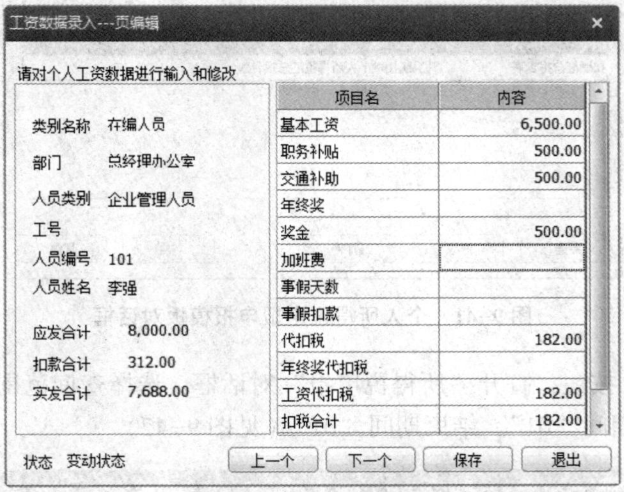


**图 9-39　工资数据录入——页编辑界面**

9. 单击“保存”，自动进入下一个人的工资数据信息录入窗口。所有人的信息录入保存之后，单击“退出”按钮退出。

10. 单击“计算”按钮，单击“汇总”按钮，计算和汇总后的工资数据重新列示（见图 9-40）。

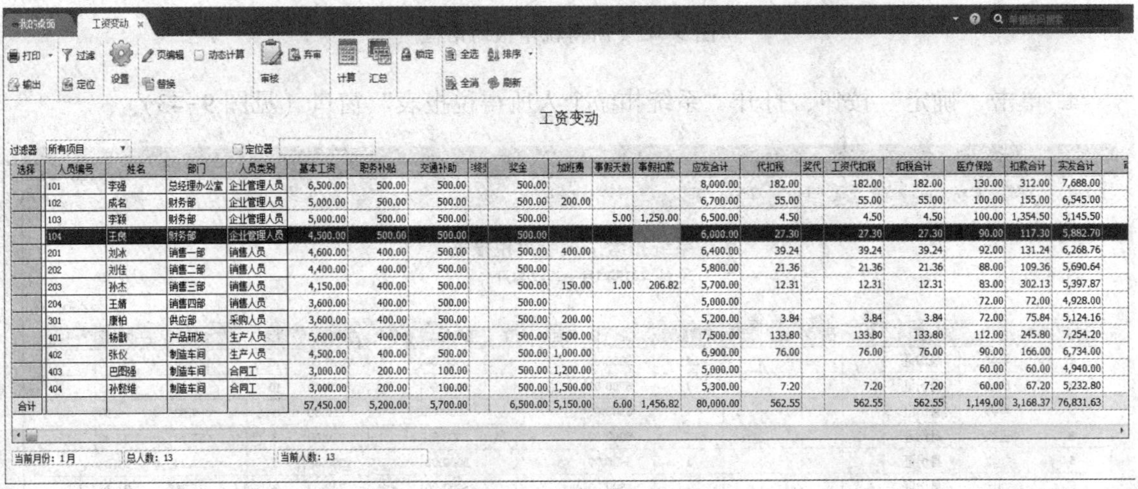


| 选择 | 人员编号 | 姓名 | 部门 | 人员类别 | 基本工资 | 职务补贴 | 交通补助 | 年终 | 奖金 | 加班费 | 事假天数 | 事假扣款 | 应发合计 | 代扣税 | 奖代 | 工资代扣税 | 扣税合计 | 医疗保险 | 扣款合计 | 实发合计 |
|---|---|---|---|---|---|---|---|---|---|---|---|---|---|---|---|---|---|---|---|---|
| | 101 | 李强 | 总经理办公室 | 企业管理人员 | 6,500.00 | 500.00 | 500.00 | | 500.00 | | | | 8,000.00 | 182.00 | | 182.00 | 182.00 | 130.00 | 312.00 | 7,688.00 |
| | 102 | 成名 | 财务部 | 企业管理人员 | 5,000.00 | 500.00 | 500.00 | | 500.00 | 200.00 | | | 6,700.00 | 55.00 | | 55.00 | 55.00 | 100.00 | 155.00 | 6,545.00 |
| | 103 | 李颖 | 财务部 | 企业管理人员 | 5,000.00 | 500.00 | 500.00 | | 500.00 | | 5.00 | 1,250.00 | 6,500.00 | 4.50 | | 4.50 | 4.50 | 100.00 | 1,354.50 | 5,145.50 |
| | 104 | 王良 | 财务部 | 企业管理人员 | 4,500.00 | 500.00 | 500.00 | | 500.00 | | | | 6,000.00 | 27.30 | | 27.30 | 27.30 | 90.00 | 117.30 | 5,882.70 |
| | 201 | 刘冰 | 销售一部 | 销售人员 | 4,600.00 | 400.00 | 500.00 | | 500.00 | 400.00 | | | 6,400.00 | 39.24 | | 39.24 | 39.24 | 92.00 | 131.24 | 6,268.76 |
| | 202 | 刘佳 | 销售二部 | 销售人员 | 4,400.00 | 400.00 | 500.00 | | 500.00 | | | | 5,800.00 | 21.36 | | 21.36 | 21.36 | 88.00 | 109.36 | 5,690.64 |
| | 203 | 孙杰 | 销售三部 | 销售人员 | 4,150.00 | 400.00 | 500.00 | | 500.00 | 150.00 | 1.00 | 206.82 | 5,700.00 | 12.31 | | 12.31 | 12.31 | 83.00 | 302.13 | 5,397.87 |
| | 204 | 王婧 | 销售四部 | 销售人员 | 3,600.00 | 400.00 | 500.00 | | 500.00 | | | | 5,000.00 | | | | | 72.00 | 72.00 | 4,928.00 |
| | 301 | 康柏 | 供应部 | 采购人员 | 3,600.00 | 400.00 | 500.00 | | 500.00 | 200.00 | | | 5,200.00 | 3.84 | | 3.84 | 3.84 | 72.00 | 75.84 | 5,124.16 |
| | 401 | 杨勖 | 产品研发 | 生产人员 | 5,600.00 | 400.00 | 500.00 | | 500.00 | 500.00 | | | 7,500.00 | 133.80 | | 133.80 | 133.80 | 112.00 | 245.80 | 7,254.20 |
| | 402 | 张仪 | 制造车间 | 生产人员 | 4,500.00 | 400.00 | 500.00 | | 500.00 | 1,000.00 | | | 6,900.00 | 76.00 | | 76.00 | 76.00 | 90.00 | 166.00 | 6,734.00 |
| | 403 | 巴图强 | 制造车间 | 合同工 | 3,000.00 | 200.00 | 100.00 | | 500.00 | 1,200.00 | | | 5,000.00 | | | | | 60.00 | 60.00 | 4,940.00 |
| | 404 | 孙懿维 | 制造车间 | 合同工 | 3,000.00 | 200.00 | 100.00 | | 500.00 | 1,500.00 | | | 5,300.00 | 7.20 | | 7.20 | 7.20 | 60.00 | 67.20 | 5,232.80 |
| 合计 | | | | | 57,450.00 | 5,200.00 | 5,700.00 | | 6,500.00 | 5,150.00 | 6.00 | 1,456.82 | 80,000.00 | 562.55 | | 562.55 | 562.55 | 1,149.00 | 3,168.37 | 76,831.63 |

**图 9-40　工资变动数据界面**

## 三、查看个人所得税申报表

1. 单击“业务处理→扣缴所得税”，打开“个人所得税申报模板”对话框。

2. 在“请选择所在地区名称”后下拉菜单中选择“系统”，单击选中报表类型“扣缴个人所得税报表”行（见图 9-41）。

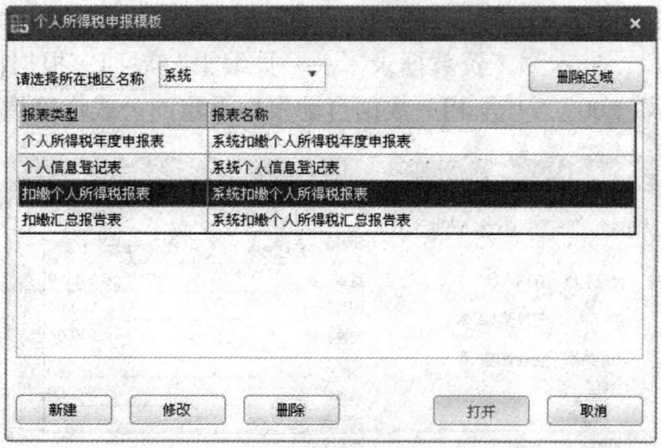


**图 9-41　个人所得税申报申报模板对话框**

3. 单击“打开”按钮，打开“所得税申报”对话框，选择查询范围“本次发放”，查询方式“汇总”，起始期间“01”，结束期间“01”（见图 9-42）。

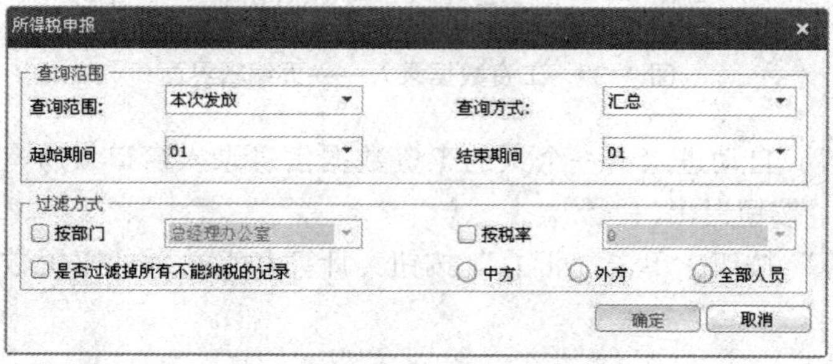


**图 9-42　所得税申报对话框**

4. 单击“确定”按钮，打开“系统扣缴个人所得税报表”窗口（见图 9-43）。

| 序号 | 纳税义务… | 身份证照… | 身… | 国… | 职… | 所… | 所得期间 | 收入额 | 免税… | 允许… | 费用扣… | 准予… | 应纳税… | 税率 | 应扣税额 | 已扣税额 | 备注 |
|---|---|---|---|---|---|---|---|---|---|---|---|---|---|---|---|---|---|
| 1 | 李强 | 身份证 | | | | | 1 | 8000.00 | | | 5000.00 | | 2870.00 | 10 | 182.00 | 182.00 | |
| 2 | 成名 | 身份证 | | | | | 1 | 6700.00 | | | 5000.00 | | 1600.00 | 10 | 55.00 | 55.00 | |
| 3 | 李颖 | 身份证 | | | | | 1 | 6500.00 | | | 5000.00 | | 150.00 | 3 | 4.50 | 4.50 | |
| 4 | 王良 | 身份证 | | | | | 1 | 6000.00 | | | 5000.00 | | 910.00 | 3 | 27.30 | 27.30 | |
| 5 | 刘冰 | 身份证 | | | | | 1 | 6400.00 | | | 5000.00 | | 1308.00 | 3 | 39.24 | 39.24 | |
| 6 | 刘佳 | 身份证 | | | | | 1 | 5800.00 | | | 5000.00 | | 712.00 | 3 | 21.36 | 21.36 | |
| 7 | 孙杰 | 身份证 | | | | | 1 | 5700.00 | | | 5000.00 | | 410.18 | 3 | 12.31 | 12.31 | |
| 8 | 王婧 | 身份证 | | | | | 1 | 5000.00 | | | 5000.00 | | 0.00 | 0 | 0.00 | 0.00 | |
| 9 | 康柏 | 身份证 | | | | | 1 | 5200.00 | | | 5000.00 | | 128.00 | 3 | 3.84 | 3.84 | |
| 10 | 杨戬 | 身份证 | | | | | 1 | 7500.00 | | | 5000.00 | | 2388.00 | 10 | 133.80 | 133.80 | |
| 11 | 张仪 | 身份证 | | | | | 1 | 6900.00 | | | 5000.00 | | 1810.00 | 10 | 76.00 | 76.00 | |
| 12 | 巴图强 | 身份证 | | | | | 1 | 5000.00 | | | 5000.00 | | 0.00 | 0 | 0.00 | 0.00 | |
| 13 | 孙懿维 | 身份证 | | | | | 1 | 5300.00 | | | 5000.00 | | 240.00 | 3 | 7.20 | 7.20 | |
| 合计 | | | | | | | | 80000.00 | | | 65000.00 | | 12526.18 | | 562.55 | 562.55 | |

**图 9-43　系统扣缴个人所得税报表窗口**

5. 查看完毕后，单击“退出”或“关闭”按钮退出。

### 任务小贴士

1. 工资数据除“替换”和“页编辑”录入外，也可直接在“工资变动”页签逐项录入。

2. 汇总仅针对与登录期间一致的所得期间工资类别或发放次数；涉及其他所得期间的，无法分所得期间计算应纳个人所得税。

3. 汇总工资类别可以按月存数。

4. 所选工资类别或发放次数中必须有汇总月份的工资数据。

5. 如为第一次进行工资类别汇总，需在汇总工资类别中设置工资项目计算公式。如每次汇总的工资类别一致，则公式不需重新设置。如与上一次所选择的工资类别不一致，则需重新设置计算公式。

6. 汇总工资类别不能进行月末结算和年末结算。

# 任务六　工资分摊设置及生成转账凭证

### 任务情景资料

1. 工资分摊类型及公式设置如下：

工资=应发合计×100%

职工福利=应发合计×14%

工会经费=应发合计×2%

职工教育经费=应发合计×1.5%

2. 工资分摊设置见表9-4。

**表9-4　工资分摊设置表**

| 分摊类型 | 部门名称 | 人员类型 | 借方科目 | 贷方科目 |
|---|---|---|---|---|
| 工资 | 总经理办公室、财务部 | 企业管理人员 | 管理费用/工资 | 应付职工薪酬/工资 |
| | 销售一部、销售二部、销售四部、销售四部 | 销售人员 | 销售费用/工资 | |
| | 供应部 | 采购人员 | 管理费用/工资 | |
| | 产品研发 | 生产人员 | 制造费用/工资 | |
| | 制造车间 | 生产人员、合同工 | 生产成本/工资 | |
| 职工福利 | 总经理办公室、财务部 | 企业管理人员 | 管理费用/工资 | 应付职工薪酬/职工福利 |
| | 销售一部、销售二部、销售四部、销售四部 | 销售人员 | 销售费用/工资 | |
| | 供应部 | 采购人员 | 管理费用/工资 | |
| | 产品研发 | 生产人员 | 制造费用/工资 | |
| | 制造车间 | 生产人员、合同工 | 生产成本/工资 | |

续表

| 分摊类型 | 部门名称 | 人员类型 | 借方科目 | 贷方科目 |
|---|---|---|---|---|
| 工会经费 | 总经理办公室、财务部 | 企业管理人员 | 管理费用/工资 | 应付职工薪酬/工会经费 |
| | 销售一部、销售二部、销售四部、销售四部 | 销售人员 | 销售费用/工资 | |
| | 供应部 | 采购人员 | 管理费用/工资 | |
| | 产品研发 | 生产人员 | 制造费用/工资 | |
| | 制造车间 | 生产人员、合同工 | 生产成本/工资 | |
| 职工教育经费 | 总经理办公室、财务部 | 企业管理人员 | 管理费用/工资 | 应付职工薪酬/职工教育经费 |
| | 销售一部、销售二部、销售四部、销售四部 | 销售人员 | 销售费用/工资 | |
| | 供应部 | 采购人员 | 管理费用/工资 | |
| | 产品研发 | 生产人员 | 制造费用/工资 | |
| | 制造车间 | 生产人员、合同工 | 生产成本/工资 | |

3. 工资分摊并生成转账凭证。

## 任务操作指导

1. 单击“薪资管理→设置→工资分摊类型设置”，打开“打开工资类别”对话框。

2. 选择“在编人员”类别，单击“确定”，进入“分摊类型设置”页签。

3. 单击“增加”，输入分摊类型编码“1”，分摊类型名称“工资”，分摊比例“100%”，凭证类别字“转”（或参照选择“转”），部门名称参照选择“总经理办公室、财务部”，人员类别“企业管理人员”，工资项目“应发合计”，借方科目输入或参照选择“550201 管理费用——工资”，贷方科目输入或参照选择“215101 应付职工薪酬——应付工资”（见图 9-44）。

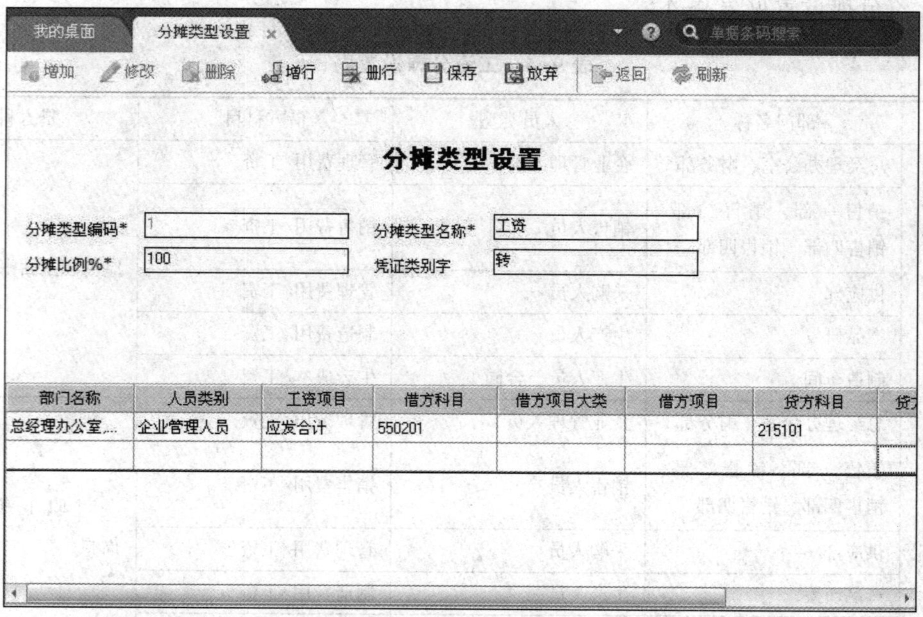


图 9-44　增加分摊类型设置界面

4. 单击“保存”退出。

5. 同样方法，设置“职工福利”“工会经费”“职工教育经费”（见图 9–45）。

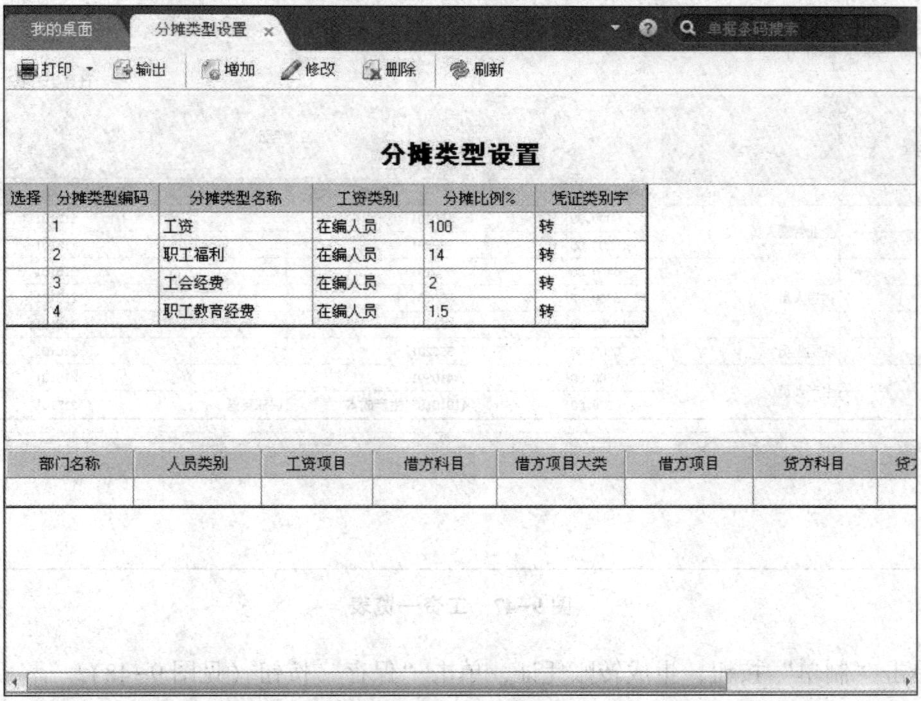


图 9–45　分摊类型设置页签界面

6. 单击“薪资管理→业务处理→工资分摊”，进入“工资分摊”页签。

7. “计提费用类型”：工资；“选择核算部门”：全部，“计提分配方式”：分配到部门。勾选“明细到工资项目”和“按项目核算”。单击“确定”按钮（见图 9–46），进入“工资一览表”。

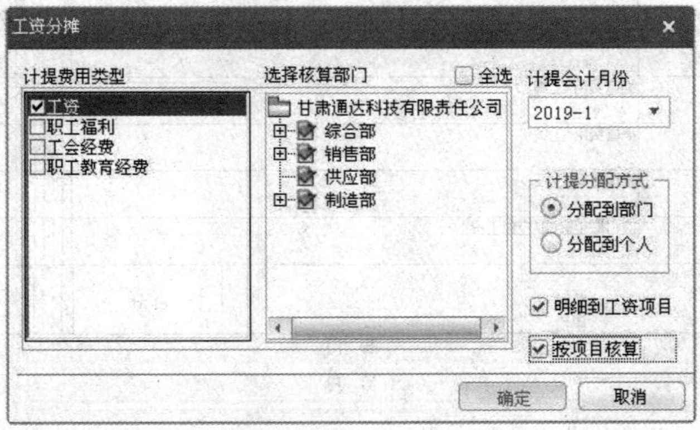


图 9–46　工资分摊对话框

8. 在“工资一览表”中，勾选“合并科目相同、辅助项相同的分录”（见图 9–47）。

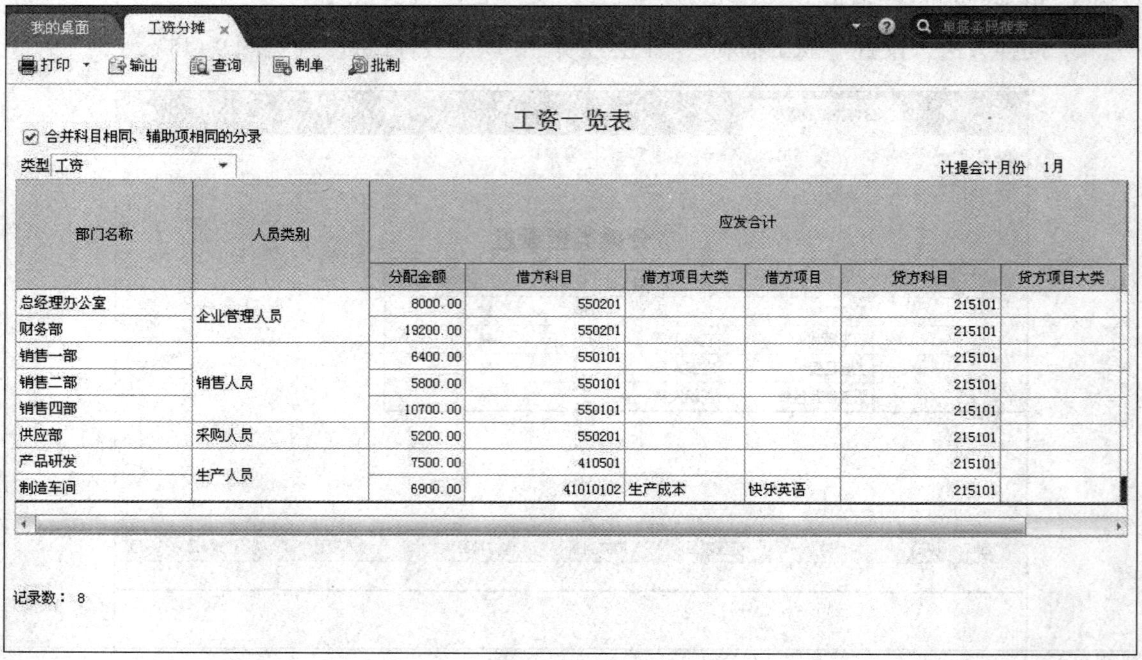


**图 9-47　工资一览表**

9. 单击“制单”按钮，生成转账凭证，单击“保存”按钮（见图 9-48）。

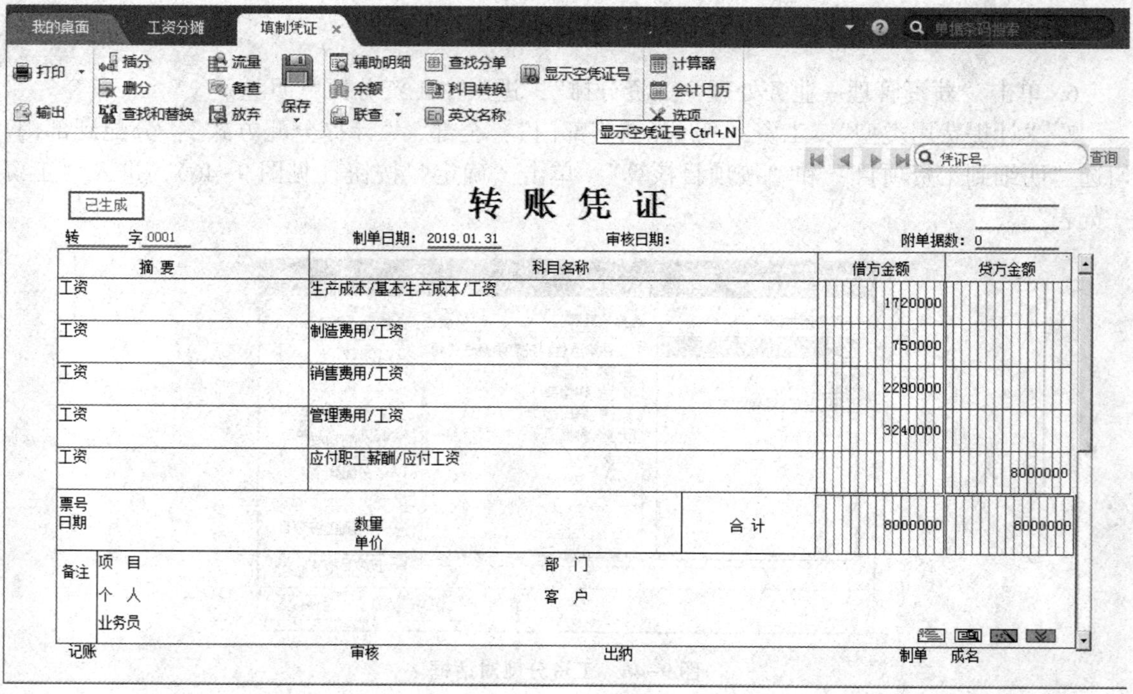


**图 9-48　生成的转账凭证**

10. 单击“关闭”按钮，返回到“工资分摊”页面。

11. 同理，生成“职工福利”“工会经费”“职工教育经费”的转账凭证并保存。

12. 单击“关闭”按钮退出。

## 任务小贴士

1. 转账凭证也可以采用批量制单的方法生成。
2. 首次使用工资分摊功能，应先进行工资分摊设置。
3. 所有与工资相关的费用、基金均需建立相应的分摊类型名称、分摊比例。

# 任务七　结账与反结账

## 任务情景资料

1. 月末处理。清零处理：加班费、奖金、事假天数。
2. 反结账。

## 任务操作指导

### 一、月末处理（结账）

1. 单击“业务处理→月末处理”，打开“月末处理”对话框（见图9-49）。

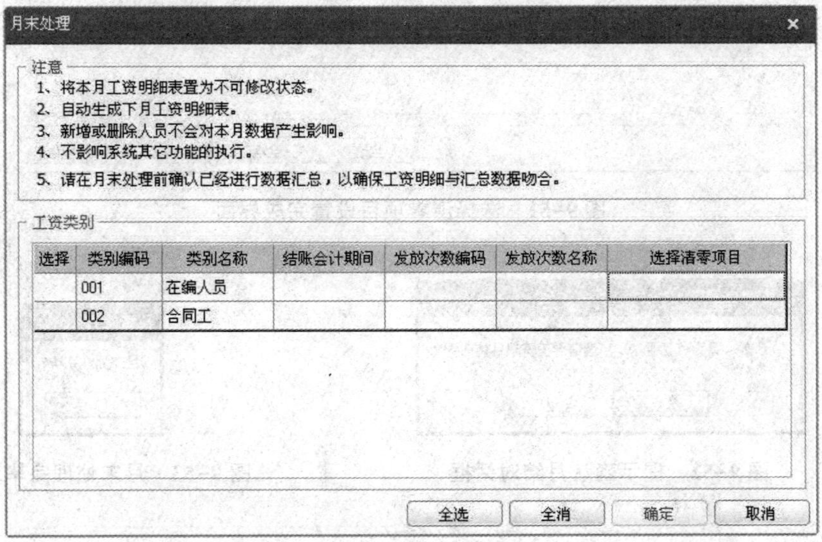


图9-49　月末处理对话框

2. 双击第一行末“选择清零项目”栏，进入“选择清零项目”对话框，将“奖金”“加班费”“事假天数”从左边选至右边（见图9-50）。

3. 单击“确定”，返回“月末处理”对话框界面（见图9-51）。

4. 同理，设置第二行“选择清零项目”。

5. 单击“全选”，单击“确定”，弹出“是否确认月结，所选清零工资项目将清零?”提示对话框（见图 9-52）。

6. 选择“是”，最后出现“月末处理完毕!”对话框，点击“确定”退出（见图 9-53）。

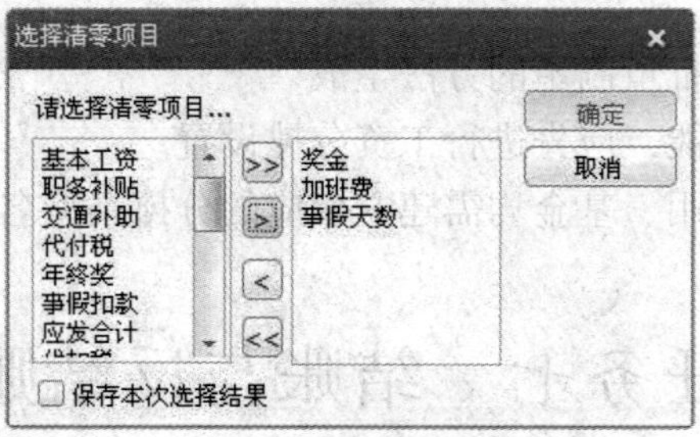


图 9-50　选择清零项目对话框

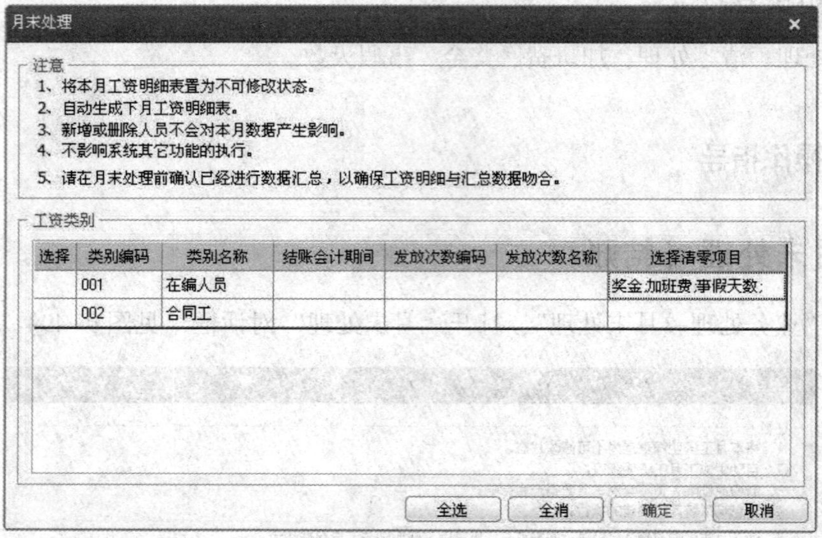


图 9-51　选择清零项目设置完成界面

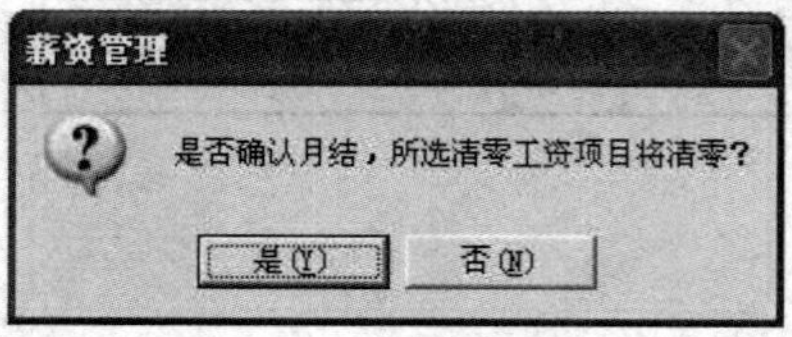


图 9-52　提示确认月结对话框

图 9-53　月末处理完毕对话框

## 二、反结账

1. 以成名的身份重新注册进入企业应用平台，操作日期应为“2019-02-01”。

2. 单击“业务处理→业务处理”，双击“反结账”，打开“反结账-1”对话框，选择“在编人员”工资类别（见图 9-54）。

3. 单击“确定”，打开“反结账-2”对话框，提示反结账月份及执行反结账引起的后果（见图 9-55）。

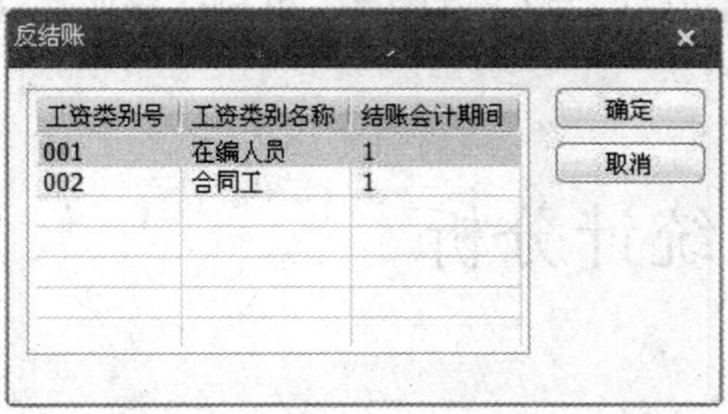


图 9-54　反结账选择工资类别对话框

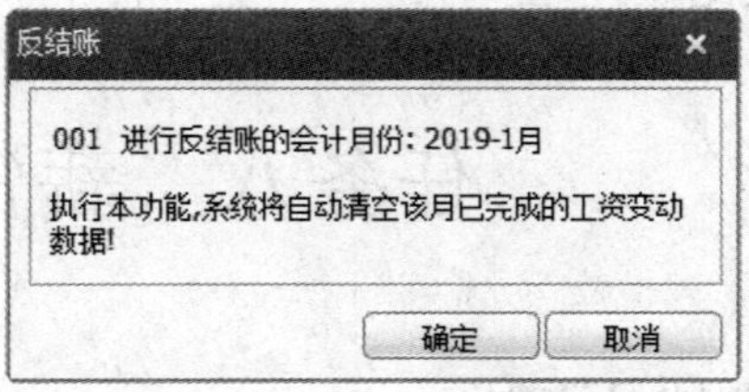


图 9-55　反结账月份及执行反结账引起的后果提示对话框

4. 单击“确定”，弹出提示信息“反结账已成功完成”对话框，单击“确定”按钮退出（见图 9-56）。

图 9-56　反结账已成功完成对话框

## 任务小贴士

1. 月末处理就是月末结账，是将本月数据经过处理后结转至下一月。

2. 处理多个工资类别，若未打开工资类别，进入月结批量处理；若打开具体工资类别，则对当前工资类别（发放次数）进行月末结算。

3. 若本月工资数据未汇总，系统将不允许进行月末结转。

4. 进行期末处理后，当月数据将不再允许变动。

5. 月末结账后，选择的需清零的工资项系统将予以保存，不用每月再重新选择。

6. 月末处理功能只有主管人员才能执行。

7. 在多次发放的工资类别下，各个发放次数的结账要按照打开工资类别界面中设置的顺序依次进行。

8. 同一个工资类别中必须将当月所有未停用的发放次数全部月结后，才能进行下月业务处理。

9. 若已启用工资变动审核控制，则只有该工资类别的工资数据全部审核后才允许进行月末处理。

10. 由于在工资项目中，有的项目是变动的，因此，每月进行工资处理时，需要将其数据进行清零。否则，下月项目将完全继承上月数据。

11. 在薪资管理系统结账后，发现已结账月份还有一些业务或其他事项未处理，则需要使用反结账功能取消已结账标志。

12. 反结账由账套主管或有操作权限的人进行操作，操作日期为反结账月份的下月的日期。

13. 有下列情形之一的，不允许反结账：

（1）成本管理系统上月已结账；

（2）总账系统已结账；

（3）本月工资分摊、计提凭证传输到总账系统，如果总账系统已制单并记账，需做红字冲销凭证后，才能反结账，如果总账系统未做任何操作，只需删除此凭证即可；

（4）如果凭证已经由出纳签字/主管签字，需取消出纳签字/主管签字，并删除该张凭证后，才能反结账。

# 任务八　薪资数据统计分析

## 任务情景资料

1. 查看工资发放签名表。
2. 部门工资项目构成分析：
分析部门：全部部门。
分析项目：“基本工资”“职务补贴”“奖金”“交通补助”。

## 任务操作指导

### 一、查看工资发放签名表

1. 执行“人力资源→薪资管理→账表→工资表”命令，打开“工资表”页签（见图9-57）。

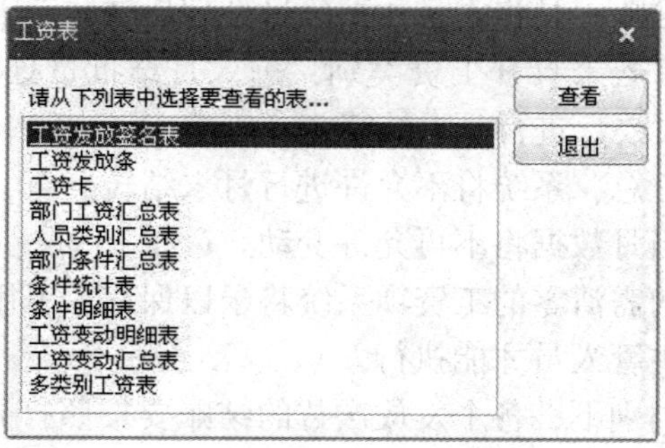


**图 9-57　工资表页签**

2. 单击“工资发放签名表”，单击“查看”按钮，弹出“选择分析部门”对话框，勾选下级部门（见图9-58）。

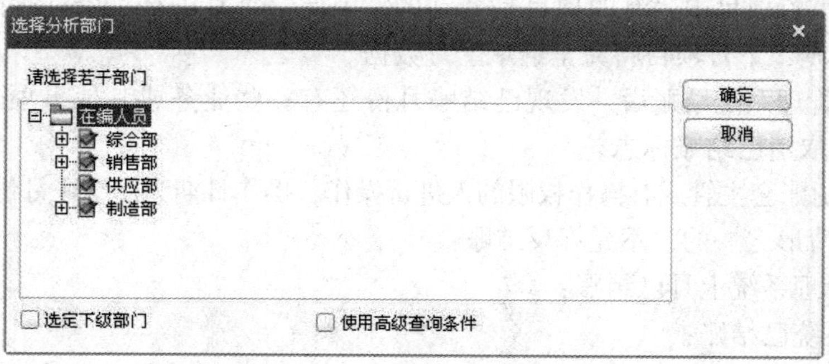


**图 9-58　选择分析部门对话框**

3. 单击“确定”按钮，打开“工资发放签名表”（见图 9-59）。

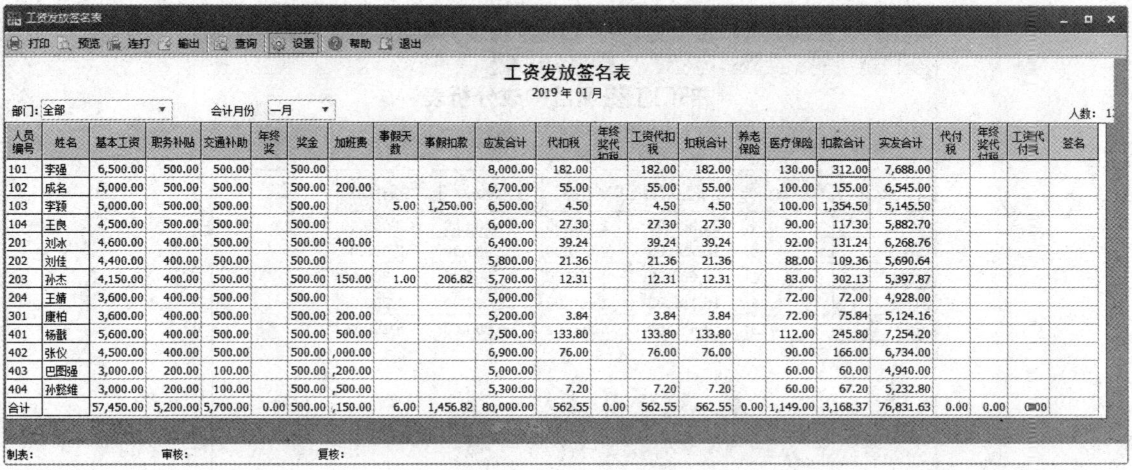

工资发放签名表

2019 年 01 月

部门：全部　　会计月份　一月　　人数：1

| 人员编号 | 姓名 | 基本工资 | 职务补贴 | 交通补助 | 年终奖 | 奖金 | 加班费 | 事假天数 | 事假扣款 | 应发合计 | 代扣税 | 年终奖代扣税 | 工资代扣税 | 扣税合计 | 养老保险 | 医疗保险 | 扣款合计 | 实发合计 | 代付税 | 年终奖代付税 | 工资代付税 | 签名 |
|---|---|---|---|---|---|---|---|---|---|---|---|---|---|---|---|---|---|---|---|---|---|---|
| 101 | 李强 | 6,500.00 | 500.00 | 500.00 | | 500.00 | | | | 8,000.00 | 182.00 | | 182.00 | 182.00 | | 130.00 | 312.00 | 7,688.00 | | | | |
| 102 | 成名 | 5,000.00 | 500.00 | 500.00 | | 500.00 | 200.00 | | | 6,700.00 | 55.00 | | 55.00 | 55.00 | | 100.00 | 155.00 | 6,545.00 | | | | |
| 103 | 李颖 | 5,000.00 | 500.00 | 500.00 | | 500.00 | | 5.00 | 1,250.00 | 6,500.00 | 4.50 | | 4.50 | 4.50 | | 100.00 | 1,354.50 | 5,145.50 | | | | |
| 104 | 王良 | 4,500.00 | 500.00 | 500.00 | | 500.00 | | | | 6,000.00 | 27.30 | | 27.30 | 27.30 | | 90.00 | 117.30 | 5,882.70 | | | | |
| 201 | 刘冰 | 4,600.00 | 400.00 | 500.00 | | 500.00 | 400.00 | | | 6,400.00 | 39.24 | | 39.24 | 39.24 | | 92.00 | 131.24 | 6,268.76 | | | | |
| 202 | 刘佳 | 4,400.00 | 400.00 | 500.00 | | 500.00 | | | | 5,800.00 | 21.36 | | 21.36 | 21.36 | | 88.00 | 109.36 | 5,690.64 | | | | |
| 203 | 孙杰 | 4,150.00 | 400.00 | 500.00 | | 500.00 | 150.00 | 1.00 | 206.82 | 5,700.00 | 12.31 | | 12.31 | 12.31 | | 83.00 | 302.13 | 5,397.87 | | | | |
| 204 | 王婧 | 3,600.00 | 400.00 | 500.00 | | 500.00 | | | | 5,000.00 | | | | | | 72.00 | 72.00 | 4,928.00 | | | | |
| 301 | 康柏 | 3,600.00 | 400.00 | 500.00 | | 500.00 | 200.00 | | | 5,200.00 | 3.84 | | 3.84 | 3.84 | | 72.00 | 75.84 | 5,124.16 | | | | |
| 401 | 杨戬 | 5,600.00 | 400.00 | 500.00 | | 500.00 | 500.00 | | | 7,500.00 | 133.80 | | 133.80 | 133.80 | | 112.00 | 245.80 | 7,254.20 | | | | |
| 402 | 张仪 | 4,500.00 | 400.00 | 500.00 | | 500.00 | ,000.00 | | | 6,900.00 | 76.00 | | 76.00 | 76.00 | | 90.00 | 166.00 | 6,734.00 | | | | |
| 403 | 巴图强 | 3,000.00 | 200.00 | 100.00 | | 500.00 | ,200.00 | | | 5,000.00 | | | | | | 60.00 | 60.00 | 4,940.00 | | | | |
| 404 | 孙懿维 | 3,000.00 | 200.00 | 100.00 | | 500.00 | ,500.00 | | | 5,300.00 | 7.20 | | 7.20 | 7.20 | | 60.00 | 67.20 | 5,232.80 | | | | |
| 合计 | | 57,450.00 | 5,200.00 | 5,700.00 | 0.00 | 500.00 | ,150.00 | 6.00 | 1,456.82 | 80,000.00 | 562.55 | 0.00 | 562.55 | 562.55 | 0.00 | 1,149.00 | 3,168.37 | 76,831.63 | 0.00 | 0.00 | 0.00 | |

制表：　　审核：　　复核：

图 9-59　工资发放签名表

4. 查看完毕，单击“退出”或“关闭”按钮退出。

## 二、查看工资项目分析表

1. 执行“人力资源→薪资管理→账表”命令，双击“工资分析表”，打开“工资分析表”对话框，选择全部分析部门（含下级部门），单击“确定”按钮（见图 9-60）。

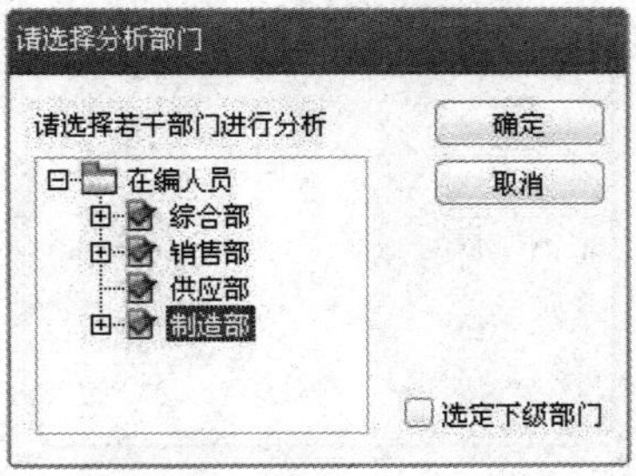


图 9-60　分析部门选择对话框

2. 单击 > 选择“基本工资”“职务补贴”“奖金”“交通补助”为分析表项目（见图 9-61）。

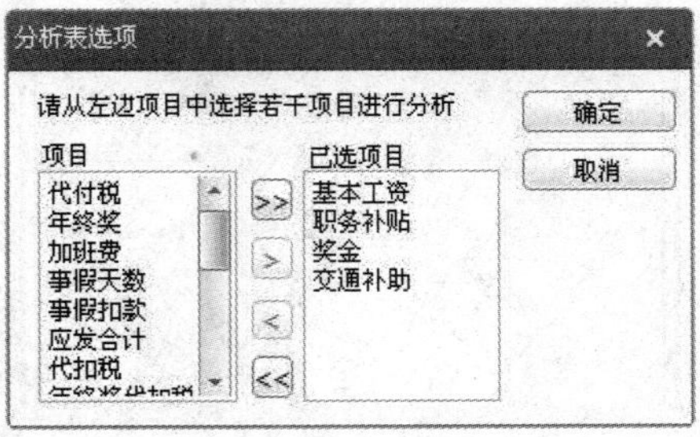


图 9-61　选择分析表选项对话框

3. 单击“确定”按钮，打开“部门工资项目构成分析表”（见图 9–62）。

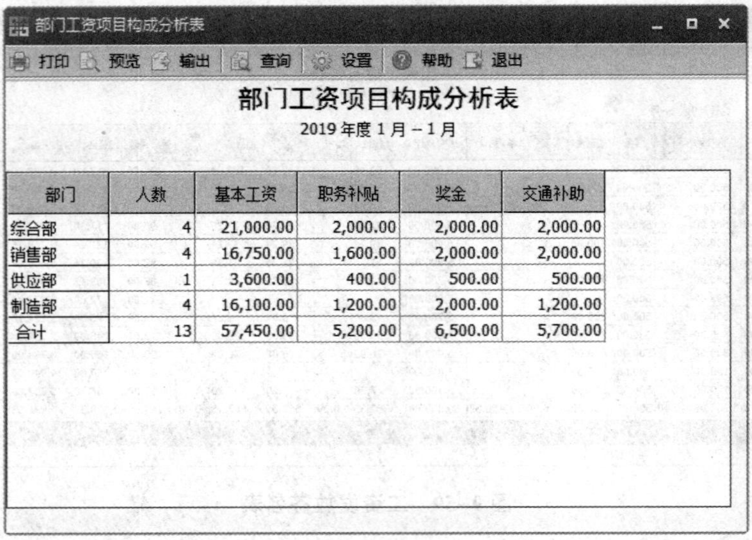


部门工资项目构成分析表

2019 年度 1 月 – 1 月

| 部门 | 人数 | 基本工资 | 职务补贴 | 奖金 | 交通补助 |
|---|---|---|---|---|---|
| 综合部 | 4 | 21,000.00 | 2,000.00 | 2,000.00 | 2,000.00 |
| 销售部 | 4 | 16,750.00 | 1,600.00 | 2,000.00 | 2,000.00 |
| 供应部 | 1 | 3,600.00 | 400.00 | 500.00 | 500.00 |
| 制造部 | 4 | 16,100.00 | 1,200.00 | 2,000.00 | 1,200.00 |
| 合计 | 13 | 57,450.00 | 5,200.00 | 6,500.00 | 5,700.00 |

**图 9–62　部门工资项目构成分析表**

## 任务小贴士

1. 对于工资项目分析，系统仅提供单一部门项目分析表。

2. 选定下级部门时，则选择有下级部门的非末级部门时，该非末级部门的所有下级部门均被选中。

# 项目十　固定资产系统

## 系统认知

固定资产系统主要提供资产管理、折旧计算、统计分析等功能。资产管理主要包括原始设备的管理、新增资产的管理、资产减少的管理、资产变动的管理等并提供资产评估及计提固定资产减值准备功能，支持折旧方法的变动，可以按月自动计算分配折旧，为总账系统提供折旧凭证，为成本管理系统提供固定资产的折旧费用依据生成折旧分配凭证，同时输出有关的报表和账簿。本系统具体包括初始设置、卡片管理、月末对账结账和各种账表查询管理等主要内容。

## 知识目标

1. 掌握建立固定资产账套的操作方法。
2. 掌握部门对应折旧科目设置、资产类别设置及资产增减方式设置的操作方法。
3. 掌握原始卡片的录入方法。
4. 掌握固定资产增加、减少、变动的操作方法。
5. 掌握制单的操作方法。
6. 掌握删除固定资产系统已生成的转账凭证的操作方法。
7. 掌握月末计提折旧的操作方法。
8. 熟悉对账的操作方法。
9. 掌握月末处理的操作方法。

## 能力目标

1. 能够对固定资产账套参数进行修改、设置。
2. 能够进行资产增减方式设置。
3. 能够录入原始卡片的数据。
4. 能够根据企业的实际业务，进行固定资产增加、减少、变动的操作。
5. 能够进行月末计提折旧的操作。
6. 能够进行固定资产系统制单并在总账中审核、记账的操作。
7. 能够进行结账操作。

## 任务内容

任务一　启用固定资产管理系统

任务二　固定资产管理系统初始化设置

任务三　固定资产日常业务处理

任务四　期末处理

## 任务操作要求

1. 任务开始前，修改系统时间为 2019 年 1 月 31 日。

2. 以系统管理员 admin 身份登录系统管理并引入备份的 333 账套数据（D：/甘肃通达科技/基础档案设置）。

3. 以账套主管成名身份登录企业应用平台进行操作处理。

4. 本项目任务结束后，以系统管理员 admin 身份登录系统管理并备份输出 333 账套数据到 D：/甘肃通达科技/固定资产系统，并删除该账套。

# 任务一　启用固定资产管理系统

## 任务情景资料

1. 以成名身份注册系统管理，启用固定资产管理系统：2019-01-01。

2. 了解固定资产系统使用流程。

## 任务操作指导

### 一、启动系统

以成名身份注册系统管理，启用固定资产管理系统（见图 10-1）。

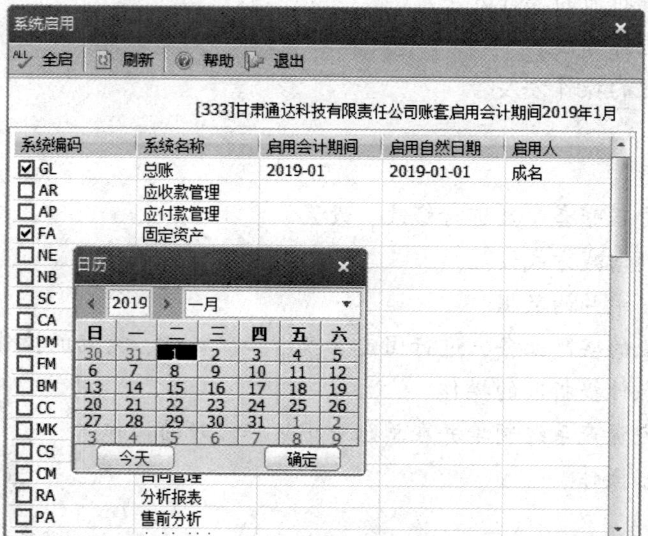


图 10-1　启用固定资产管理系统

## 二、固定资产系统使用流程

进入固定资产系统后，业务流程及固定资产管理系统与其他账务系统处理流程见图10-2、图10-3。

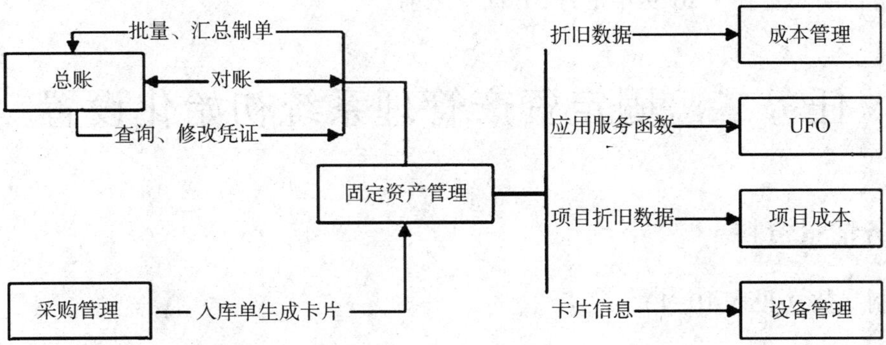


图 10-2　固定资产系统与其他系统处理流程

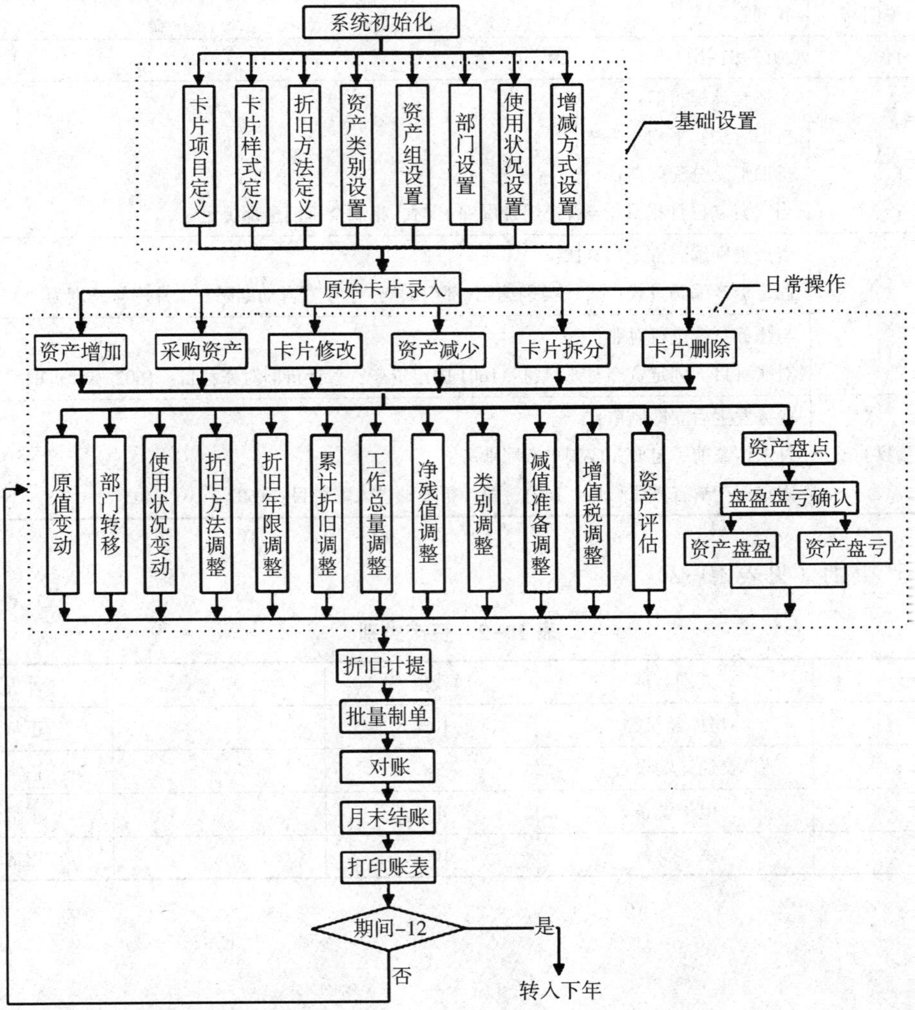


图 10-3　固定资产系统使用流程

### 任务小贴士

1. 在启动固定资产系统前应先在系统管理中设置相应的账套。

2. 在启动固定资产系统前应在建立账套后或在“企业门户”中启用“固定资产”系统，并且将启用日期确定在“2019 年 1 月 31 日”之前。

# 任务二 固定资产管理系统初始化设置

### 任务情景资料

1. 控制参数（见表 10-1）

**表 10-1 参数**

| 控制参数 | 参数设置 |
|---|---|
| 约定与说明 | 我同意 |
| 启用月份 | 2019-01-01 |
| 折旧信息 | 本账套计提折旧；<br>折旧方法：平均年限法；<br>折旧汇总分配周期：1 个月；<br>当（月初已计提月份=可使用月份-1）时，将剩余折旧全部提足 |
| 编码方式 | 资产类别编码方式：2112；<br>固定资产编码方式：按“类别编码+部门编码+序号”自动编码，卡片序号长度为“3” |
| 财务接口 | 与账务系统进行对账；<br>对账科目：固定资产对账科目：1601 固定资产；累计折旧对账科目：1602 累计折旧 |
| 补充参数 | 业务发生后立即制单；<br>月末结账前一定要完成制单登账业务；<br>固定资产缺省入账科目：1601；累计折旧缺省入账科目：1602 |

2. 资产类别（见表 10-2）

**表 10-2 资产类别**

| 编码 | 类别名称 | 净残值率 | 单位 | 计提属性 |
|---|---|---|---|---|
| 01 | 房屋建筑物 | 10% | | 正常计提 |
| 02 | 交通运输设备 | 5% | | 正常计提 |
| 03 | 电子设备 | 4% | | 正常计提 |
| 04 | 生产设备 | 10% | | 正常计提 |

3. 部门及对应折旧科目（见表 10-3）

**表 10-3　部门及应折旧科目**

| 部门 | 对应折旧科目 |
|---|---|
| 综合部、财务部、采购部 | 管理费用/折旧费 |
| 销售部 | 营业费用/折旧费 |
| 生产部 | 制造费用/折旧费 |

4. 增减方式的对应入账科目（见表 10-4）

**表 10-4　增减方式的对应入账科目**

| 增减方式目录 | 对应入账科目 |
|---|---|
| 增加方式：直接购入 | 100201，工行存款 |
| 减少方式：毁损 | 1701，固定资产清理 |

5. 原始卡片（见表 10-5）

**表 10-5　原始卡片**

| 固定资产名称 | 类别编号 | 所在部门 | 增加方式 | 可使用年限 | 开始使用日期 | 原值 | 残值率 | 累计折旧 | 对应折旧科目名称 |
|---|---|---|---|---|---|---|---|---|---|
| 办公楼 | 0001 | 总经理办公室 | 直接购入 | 10 | 2018-12-1 | 250 000 | 10% | 0 | 管理费用/折旧费 |
| 小汽车 | 0003 | 综合部 | 直接购入 | 5 | 2018-12-20 | 100 000 | 5% | 5 000 | 管理费用/折旧费 |
| 车床 | 0004 | 车间（快乐英语） | 直接购入 | 5 | 2015. 1. 10 | 400 000 | 10% | 120 000 | 制造费用/折旧费 |
| 合计 | | | | | | 750 000 | | 125 000 | |

注：使用状况均为“在用”，折旧方法均采用平均年限法（二）。编号系统自动生成 5 位。

## 任务操作指导

# 一、建立账套

1. 在“企业应用平台”选择工作列表中的“业务工作”选项卡，单击“财务会计→固定资产”，进入固定资产系统。系统提示“这是第一次打开此账套，还未进行过初始化，是否进行初始化?”（见图 10-4）。

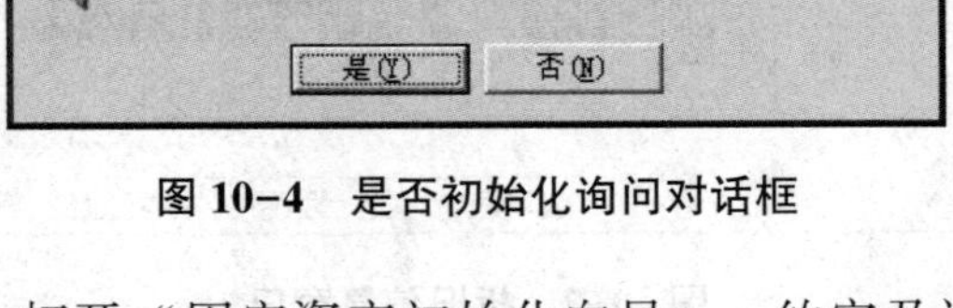
固定资产
这是第一次打开此账套，还未进行过初始化，是否进行初始化?
是(Y)
否(N)

**图 10-4　是否初始化询问对话框**

2. 单击“是”按钮，打开“固定资产初始化向导——约定及说明”窗口，如果暂时不准备对固定资产进行初始化，则选择“我同意”，并单击“下一步”（见图 10-5）。

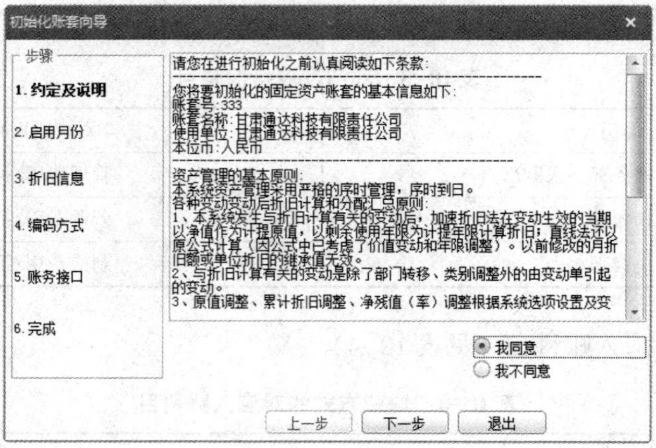
初始化账套向导
步骤
1. 约定及说明
2. 启用月份
3. 折旧信息
4. 编码方式
5. 账务接口
6. 完成
请您在进行初始化之前认真阅读如下条款:
您将要初始化的固定资产账套的基本信息如下:
账套号:333
账套名称:甘肃通达科技有限责任公司
使用单位:甘肃通达科技有限责任公司
本位币:人民币
资产管理的基本原则:
本系统资产管理采用严格的序时管理,序时到日。
各种变动变动后折旧计算和分配汇总原则:
1、本系统发生与折旧计算有关的变动后,加速折旧法在变动生效的当期以净值作为计提原值,以剩余使用年限为计提年限计算折旧;直线法还以原公式计算(因公式中已考虑了价值变动和年限调整)。以前修改的月折旧额或单位折旧的继承值无效。
2、与折旧计算有关的变动是除了部门转移、类别调整外的由变动单引起的变动。
3、原值调整、累计折旧调整、净残值(率)调整根据系统选项设置及变
我同意
我不同意
上一步
下一步
退出

**图 10-5　约定及说明窗口**

3. 打开“固定资产初始化向导——启用月份”窗口，单击“下一步”(见图 10-6)。

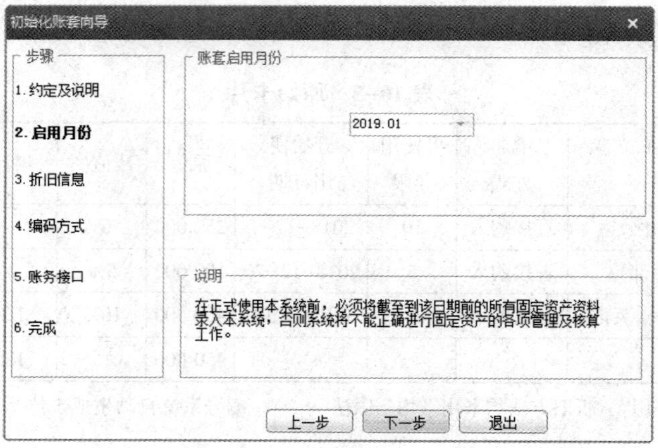
初始化账套向导
步骤
1. 约定及说明
2. 启用月份
3. 折旧信息
4. 编码方式
5. 账务接口
6. 完成
账套启用月份
2019. 01
说明
在正式使用本系统前,必须将截至到该日期前的所有固定资产资料录入本系统,否则系统将不能正确进行固定资产的各项管理及核算工作。
上一步
下一步
退出

**图 10-6　启用月份窗口**

4. 单击“下一步”按钮，打开“固定资产初始化向导——折旧信息”窗口（见图 10-7）。

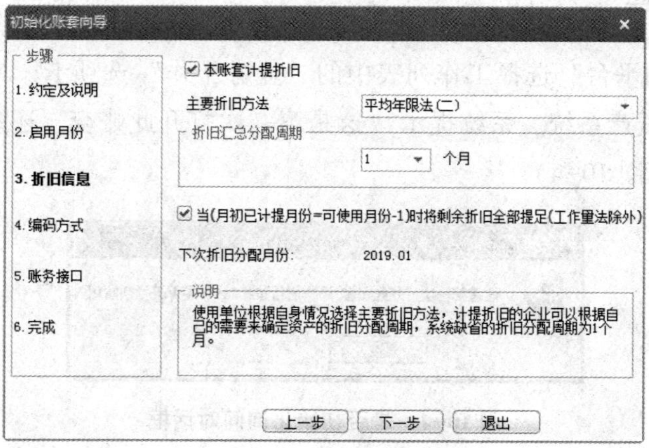
初始化账套向导
步骤
1. 约定及说明
2. 启用月份
3. 折旧信息
4. 编码方式
5. 账务接口
6. 完成
本账套计提折旧
主要折旧方法
平均年限法(二)
折旧汇总分配周期
1
个月
当(月初已计提月份=可使用月份-1)时将剩余折旧全部提足(工作量法除外)
下次折旧分配月份:
2019. 01
说明
使用单位根据自身情况选择主要折旧方法,计提折旧的企业可以根据自己的需要来确定资产的折旧分配周期,系统缺省的折旧分配周期为1个月。
上一步
下一步
退出

**图 10-7　折旧信息窗口**

5. 单击“下一步”按钮，打开“固定资产初始化向导——编码方式”窗口（见图 10-8）。

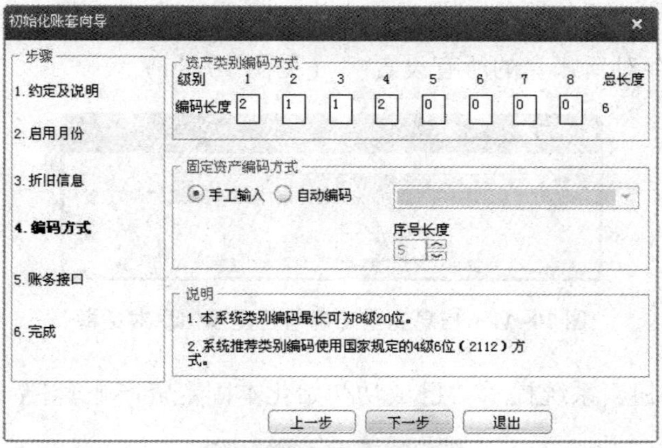


图 10-8　编码方式窗口

6. 单击固定资产编码方式中“自动编码”前的单选按钮，单击“下一步”按钮，打开“固定资产初始化向导——账务接口”窗口（见图 10-9）。

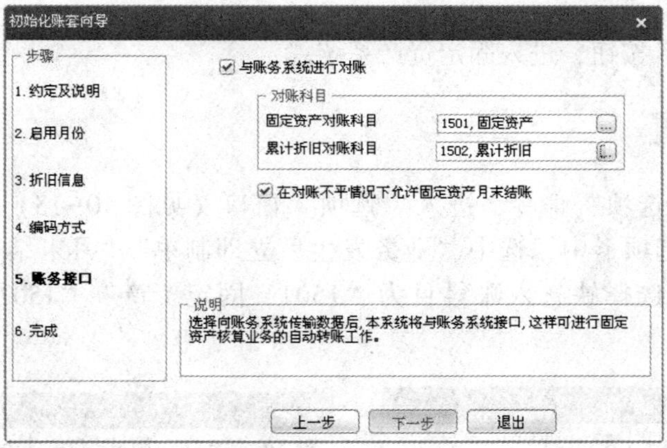


图 10-9　账务接口窗口

7. 单击“固定资产对账科目”栏参照按钮，选择“1501 固定资产”，再单击“累计折旧对账科目”栏参照按钮，选择“1502 累计折旧”。单击“下一步”按钮，打开“固定资产初始化向导——完成”窗口（见图 10-10）。

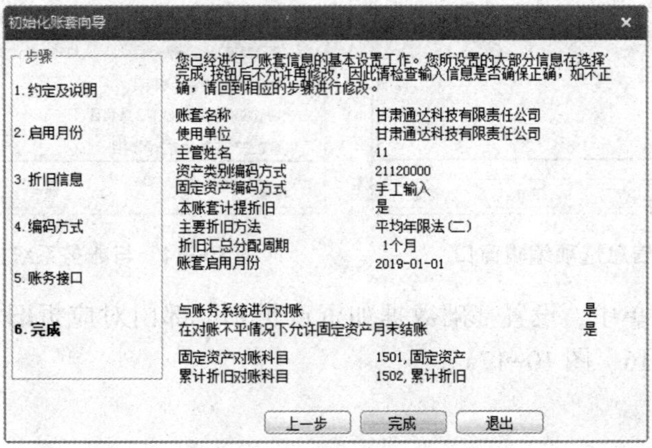


图 10-10　初始化向导完成窗口

8. 单击“完成”按钮，系统提示“已经完成了新账套的所有设置工作。是否确定所设置的信息完全正确并保存对新账套的所有设置？”（见图 10-11）。

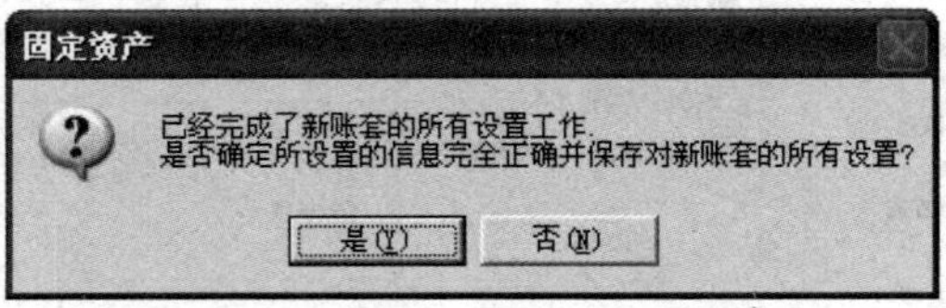


**图 10-11　信息完全正确与否提示信息对话框**

9. 单击“是”按钮，系统提示“已成功初始化本固定资产账套！”（见图 10-12）。

**图 10-12　成功初始化固定资产账套对话框**

10. 单击“确定”按钮，进入固定资产系统。

## 二、基础设置

1. 执行“设置→选项”命令，进入“选项”窗口（见图 10-13），设置补充参数。如：“与账务系统接口”选项卡中，选中“业务发生后立即制单”“月末结账前一定要完成制单登账业务”复选框；选择缺省入账科目为“1501，固定资产”“1502，累计折旧”（见图 10-14）。

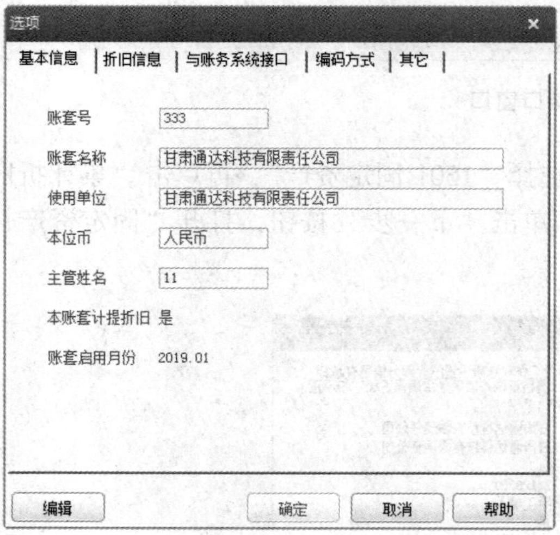


**图 10-13　基本信息选项编辑窗口**

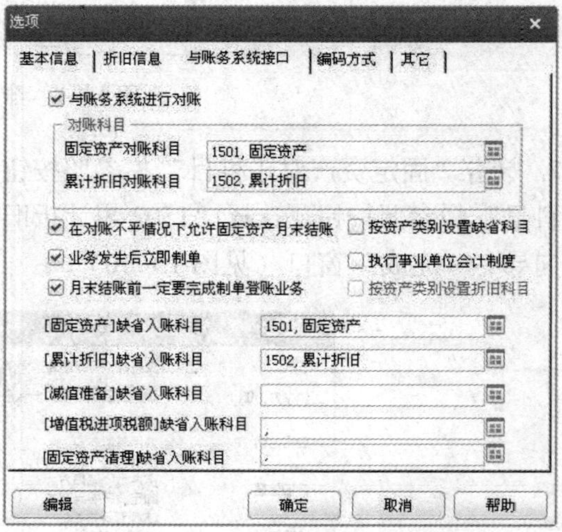


**图 10-14　与账务系统接口编辑窗口**

2. 在“设置”菜单中，设置基础数据如资产类别、部门对应折旧科目、资产使用状况（见图 10-15、图 10-16、图 10-17）。

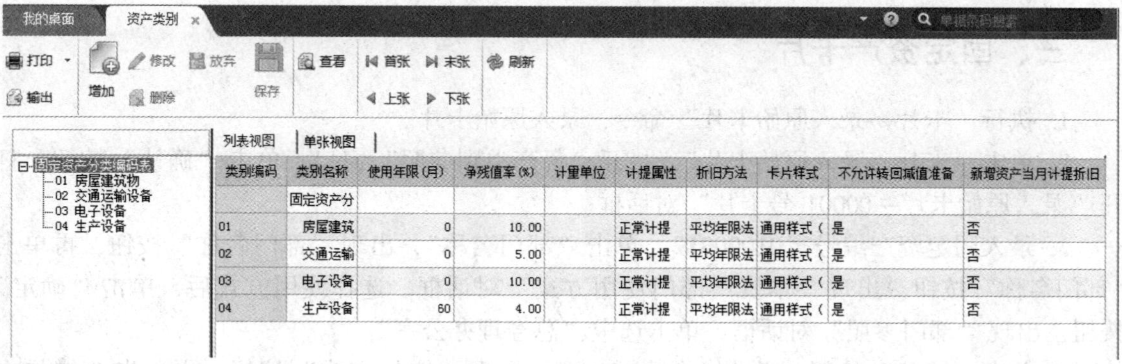


图 10-15　资产类别设置窗口

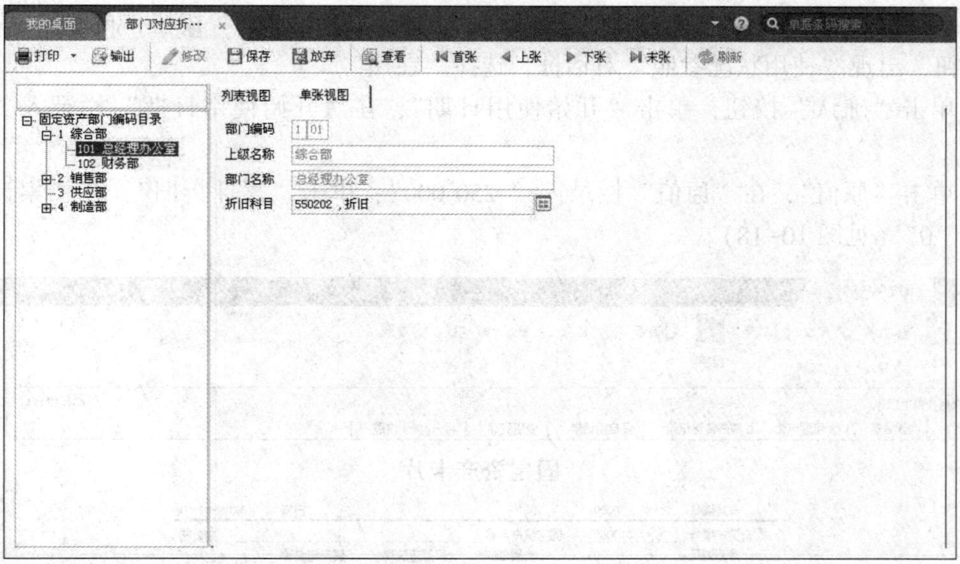


图 10-16　部门对应折旧科目设置窗口

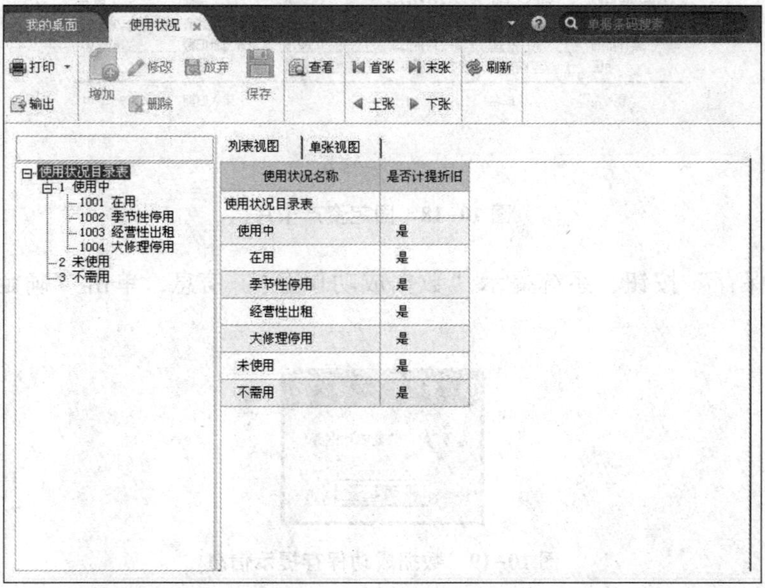


图 10-17　资产使用状况设置窗口

## 三、固定资产卡片

1. 执行“卡片→录入原始卡片”命令，录入原始卡片。

2. 单击“卡片→录入原始卡片”，打开“资产类别参照”窗口。单击“确认”按钮，打开“录入原始卡片—00001 号卡片”对话框。

3. 录入固定资产编号“0100001”，单击“部门名称”，出现“部门名称”按钮，再单击“部门名称”按钮，出现“本资产部门使用方式”对话框。选择使用方式后，单击“确定”按钮，出现“部门参照”对话框，单击选中“总经理办公室”。

4. 单击“确认”按钮，单击“增加方式”，出现“增加方式”按钮，再单击“增加方式”按钮，出现“增减方式参照”对话框，单击选中“在建工程转入”。

5. 单击“确认”按钮，单击“使用状况”，出现“使用状况”按钮，再单击“使用状况”按钮，出现“使用状况参照”对话框，选择“在用”。

6. 单击“确认”按钮，单击“开始使用日期”，在“开始使用日期”栏录入“2018-12-01”。

7. 单击“原值”，在“原值”栏录入“ 250 000”；单击“累计折旧”，在“累计折旧”栏录入“0”（见图 10-18）。

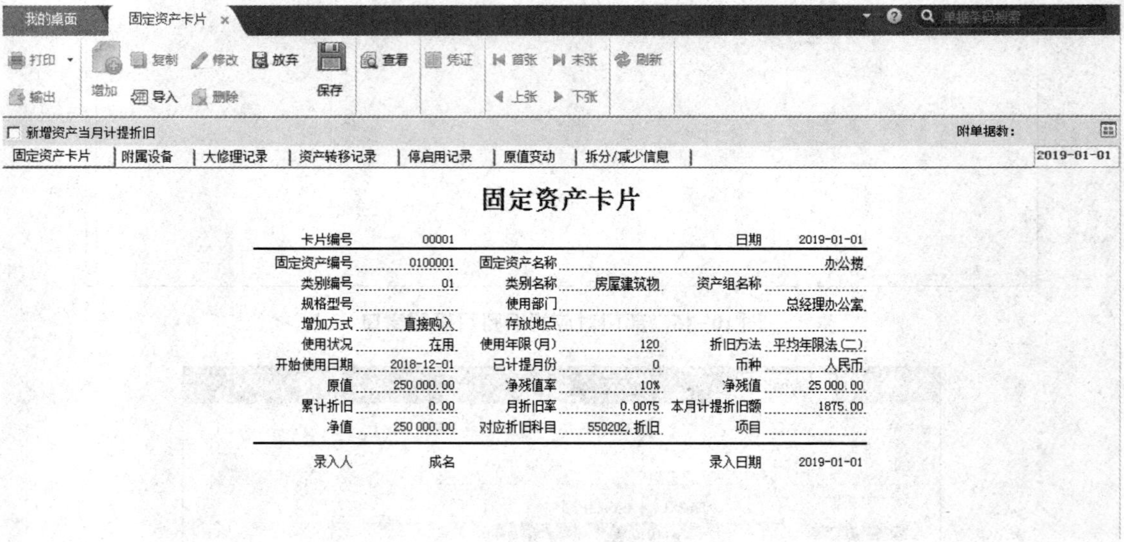


**图 10-18　固定资产卡片**

8. 单击“保存”按钮，系统提示“数据成功保存!”信息，单击“确定”按钮（见图 10-19）。

**图 10-19　数据成功保存提示信息**

9. 依此方法继续录入其他的原始卡片。

### 任务小贴士

1. 在启动固定资产系统前应先在系统管理中设置相应的账套。

2. 在启动固定资产系统前应在建立账套后或在“企业门户”中启用“固定资产”系统，并且将启用日期确定在“2019 年 1 月 31 日”之前。

3. 在“固定资产初始化向导——折旧信息”窗口中，“本账套计提折旧”选项需要选定本账套是否计提折旧。按照制度规定，行政事业单位的固定资产不计提折旧，而企业的固定资产则应计提折旧，一旦选择了不计提折旧，账套内所有与折旧有关的功能均不能操作，该选项在初始化设置完成后不能修改。

4. 当“月初已计提月份 = 可使用月份 - 1”时，将剩余的折旧全部提足（工作量法除外)，如果选中该项，则除工作量法外，只要上述条件满足，该月月折旧额 = 净值 - 净残值，并且不能手工修改；如果不选该项，则该月不提足折旧并且可以手工修改。但是，如果以后各月按照公式计算的月折旧额是负数时，认为公式无效，令月折旧率 = 0，月折旧额 = 净值 - 净残值。

5. 建账完成后，当需要对账套中的某些参数进行修改时，可以在“设置”的“选项”中重新设置；当发现某些设置错误又不允许修改（如本账套是否计提折旧)，但必须纠正，则只能通过“重新初始化”功能实现，应注意重新初始化将清空对该账套所做的一切工作。

6. 只有在系统启用时和以后年度年初建账时可以增加资产类别，月末结账后不能增加。

7. 资产类别编码不能重复，同级资产的类别名称不能相同。

8. 类别编码、名称、计提属性、卡片样式不能为空。

9. 其他各项内容的输入是为了输入卡片时缺省，可以为空。

10. 非明细类别编码不能修改和删除，明细类别编码修改时只能修改本级的编码。

11. 使用过的类别计提属性不允许删除或增加下级类别。

12. 在使用部门对应折旧科目功能前，必须已建立好部门档案。

13. 设置上级部门的折旧科目，则下级部门可以自动继承；下级部门也可以选择与上级部门不同的会计科目。

## 任务三　固定资产日常业务处理

### 任务情景资料

日常及期末业务如下：

1. 21 日，财务部现金支票（票号：xp098）购买扫描仪一台，价值 1 500 元，净残值率 4%，预计使用年限 5 年。

2. 23 日，对小汽车进行资产评估，评估结果为原值“200 000”，累计折旧“45 000”。

## 任务操作指导

# 一、资产增加

1. 点击“固定资产→卡片→资产增加”，进入“固定资产类别档案”窗口。

2. 在“固定资产类别档案”界面，双击选择“电子设备”，进入“固定资产卡片”界面，输入相关信息（见图 10-20）。

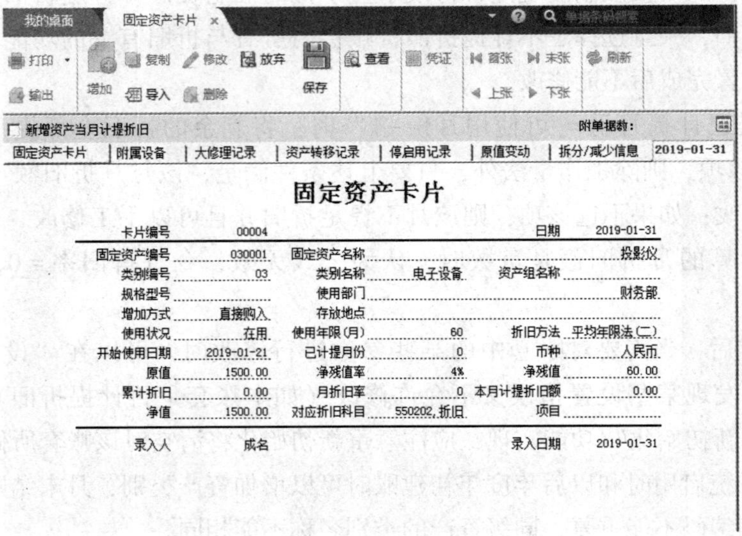


图 10-20　新增固定资产卡片

3. 点击“保存”，弹出生成增加固定资产的记账凭证，根据实际情况，选择“付款凭证”（见图 10-21），点击保存后退出。

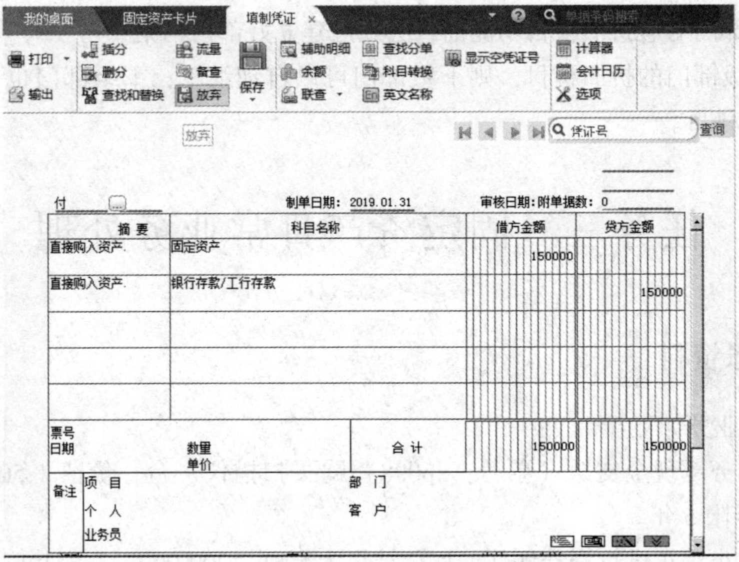


图 10-21　自动生成增加固定资产的记账凭证

## 二、资产评估增值

1. 点击“固定资产→卡片→ 变动单→资产评估”，进入“资产评估”。

2. 在资产评估管理界面中点击“增加”按钮，进入“评估资产选择”窗口，在左侧的“可评估项目”列表中选择要评估的项目（见图 10-22）。

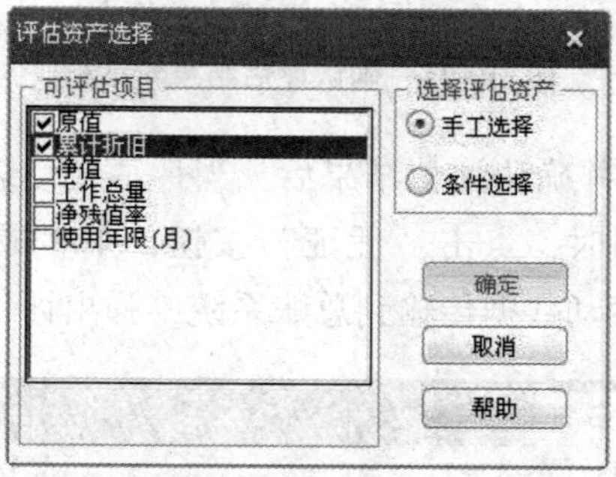


图 10-22　选择评估项目对话框

3. 选择要评估的资产“卡片编号 00002，资产编号 0200001”，单击“确定”（见图 10-23）。

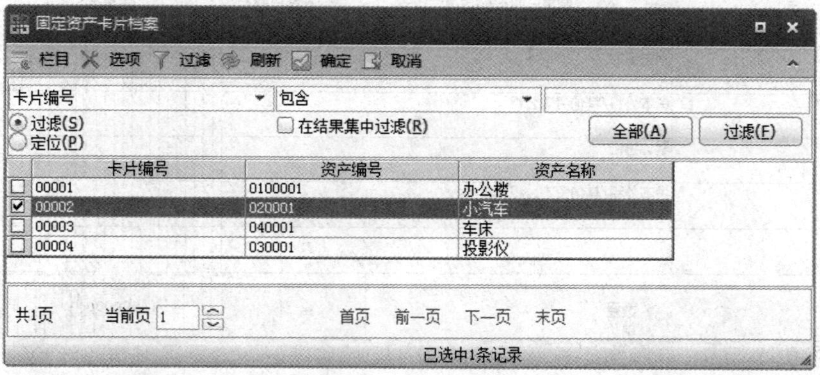


图 10-23　选定评估对象界面

4. 将光标定位在要输入数据的单元格，双击该单元格后输入“评估后原值 200 000、评估后累计折旧 45 000”（见图 10-24）。

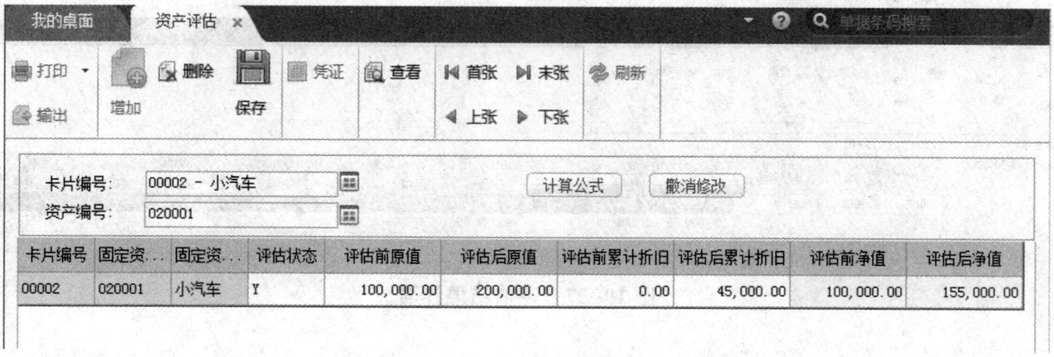


图 10-24　评估状态界面

5. 评估完成后，点击“保存”，提示“是否确认要进行资产评估?”对话框，点“否”，不确认本次资产评估结果（见图 10-25）。

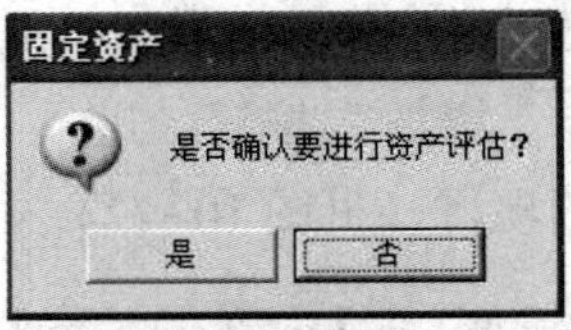


**图 10-25　确认评估结果对话框**

6. 点“是”，则完成评估并确认评估结果后，当评估变动表中评估后的原值和累计折旧的合计数与评估前的数据不同时，点击“凭证”按钮，则生成资产评估相应的凭证（见图 10-26），并通过记账凭证将变动数据传输到总账系统，弹出评估结果界面（见图 10-27）。

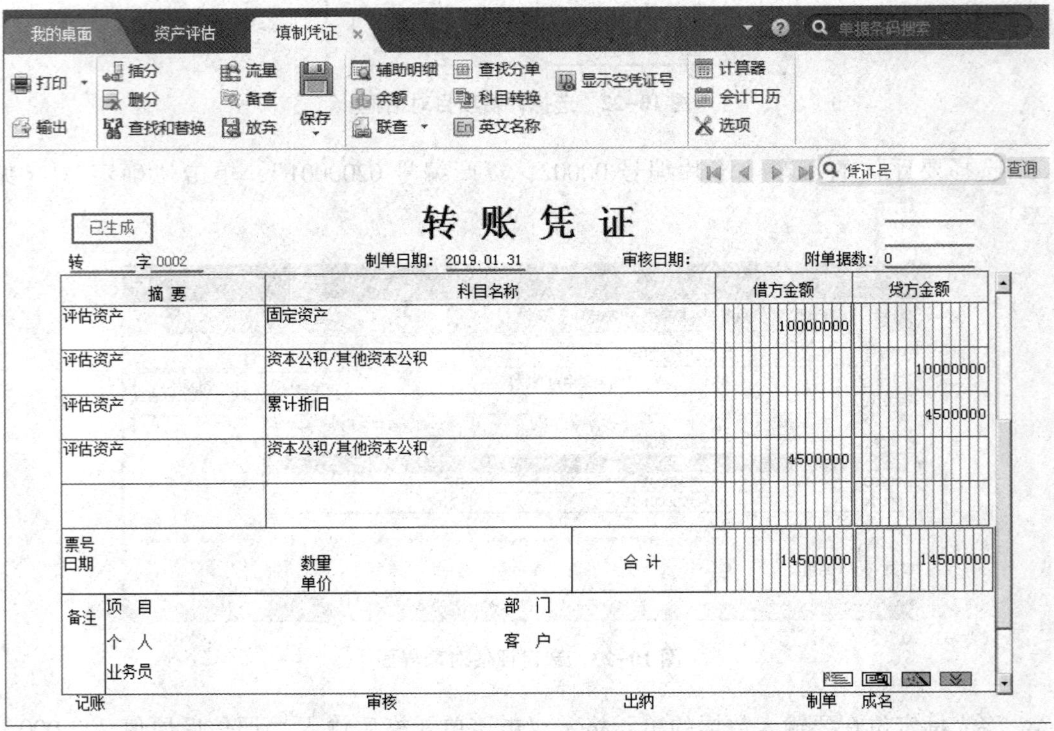


**图 10-26　自动生成资产评估记账凭证**

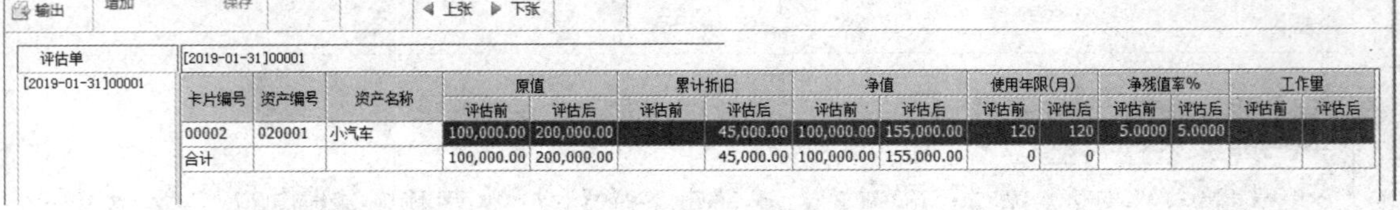


**图 10-27　评估结果界面**

## 任务小贴士

1. 只有当月制作的评估单才可以删除。

2. 任一资产既做过变动单又做过评估单，必须先删除后边的操作。

3. 原值、累计折旧和净值三个中只能而且必须选择两个，另一个通过公式“原值-累计折旧=净值”推算得到。

4. 评估后的数据必须满足以下公式：原值-净值=累计折旧≥0；净值≥净残值率×原值；工作总量≥累计工作量。

# 任务四　期末处理

## 任务情景资料

1. 31 日，计提本月折旧费用。

2. 31 日，生成当月有关凭证。

3. 对账与结账。

## 任务操作指导

1. 计提折旧

（1）执行“折旧计提→计提本月折旧”命令，提示“是否查看折旧清单？”对话框（见图 10-28）。

（2）单击“是”，提示“本操作将计提本月折旧，并花费一定时间，是否要继续？”对话框（见图 10-29）。

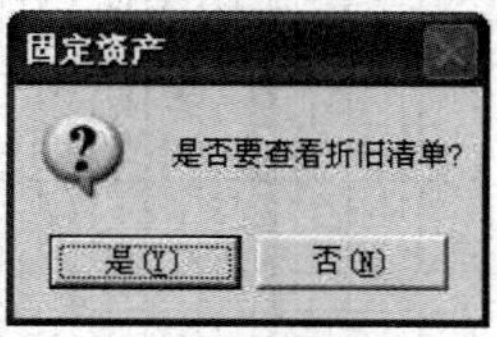


图 10-28　是否查看折旧清单对话框

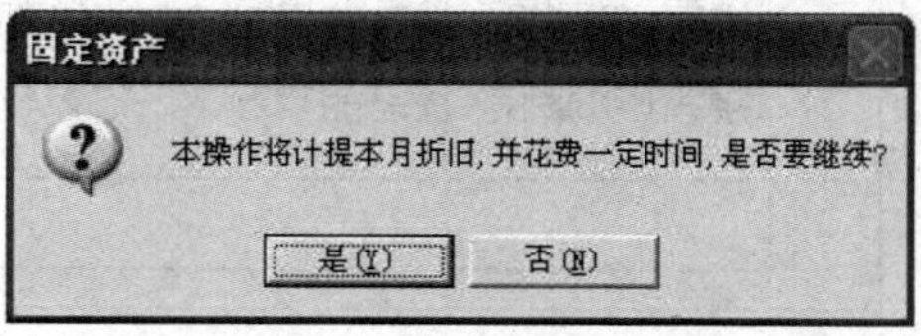


图 10-29　是否要继续操作对话框

（3）单击“是”，查看折旧清单（见图 10-30）。

| 卡片编号 | 资产编号 | 资产名称 | 原值 | 计提原值 | 本月计... | 累计折旧 | 本年计... | 减值准 |
|---|---|---|---|---|---|---|---|---|
| 00001 | 0100001 | 办公楼 | 250,000.00 | 250,000.00 | 1875.00 | 1,875.00 | 1,875.00 | 0 |
| 00002 | 020001 | 小汽车 | 200,000.00 | 100,000.00 | 791.67 | 45,791.67 | 791.67 | 0 |
| 00003 | 040001 | 车床 | 400,000.00 | 400,000.00 | 18461.54 | 138,461.54 | 18,461.54 | 0 |
| 合计 | | | 850,000.00 | 750,000.00 | 21128.21 | 186,128.21 | 21,128.21 | |

图 10-30　折旧清单

（4）查阅完毕，单击“退出”按钮，提示“计提折旧完成”窗口（见图 10-31）。

2. 生成当月有关凭证

（1）执行“折旧计提→折旧分配表”命令，弹出“折旧分配表”（见图 10-32）。

图 10-31　完成折旧计提对话框

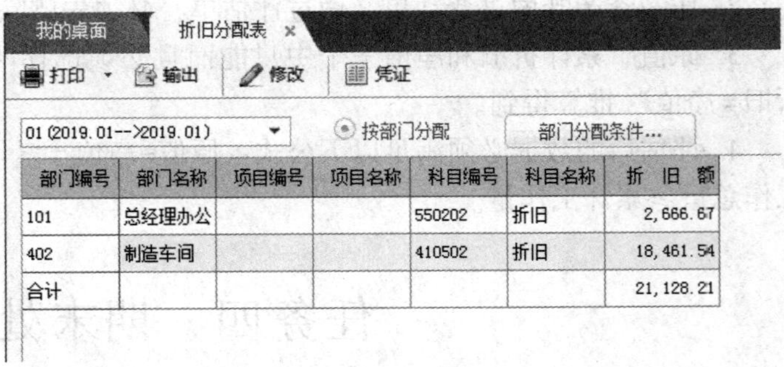


图 10-32　折旧分配表

（2）单击“凭证”按钮，生成一张计提折旧的记账凭证，选择凭证种类为“转账凭证”，单击最后一条分录的科目名称栏参照按钮，选择“累计折旧”，再单击“保存”按钮，保存计提折旧的记账凭证（见图 10-33）。

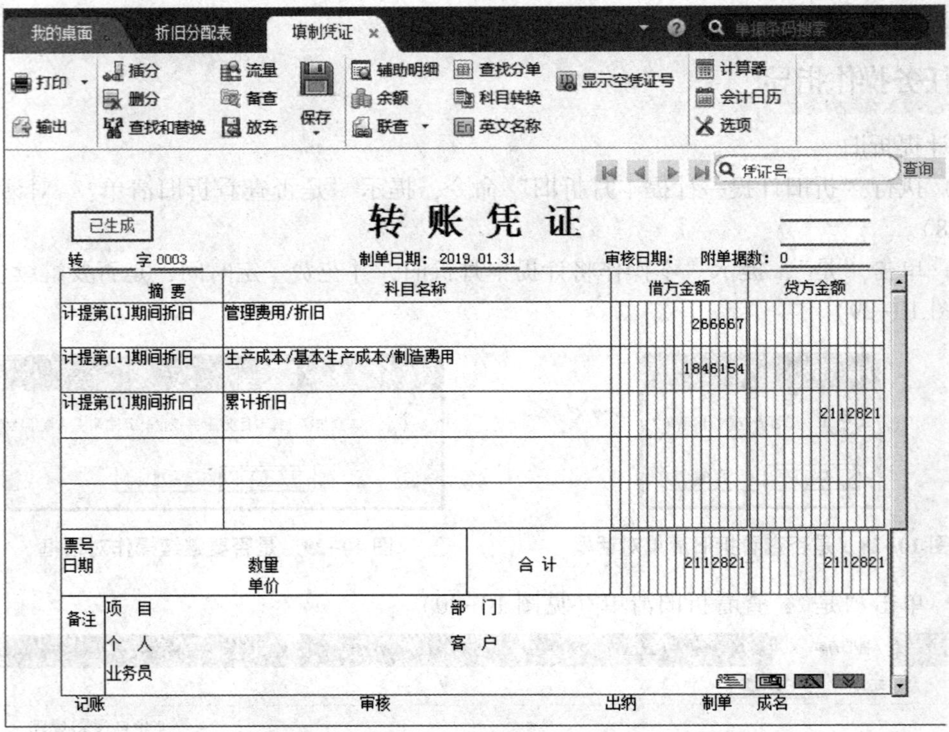


图 10-33　生成当月有关凭证

（3）单击“退出”按钮，退出。

3. 月末对账

（1）单击“资产对账→对账”，弹出对账条件对话框（见图 10-34）。

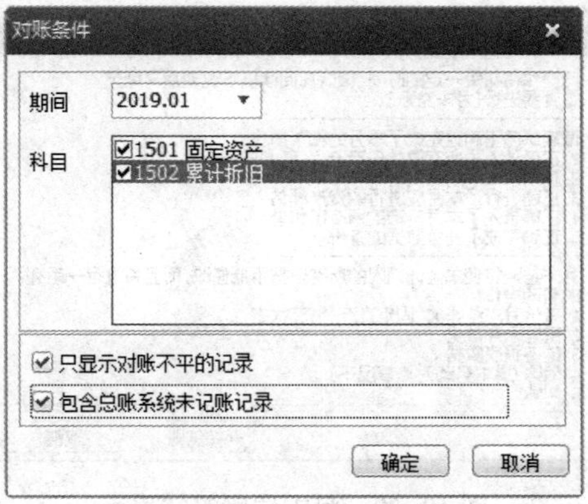


图 10-34　对账条件对话框

（2）条件选择完成后，单击“确认”按钮，显示与总账对账结果（见图 10-35）。

与总账对账结果

| 科目 | | 固定资产 | | | 总账 | | | 对账差异 | | |
|---|---|---|---|---|---|---|---|---|---|---|
| 科目编码 | 科目名称 | 借方金额 | 贷方金额 | 期末余额 | 借方金额 | 贷方金额 | 期末余额 | 借方金额 | 贷方金额 | 期末余额 |
| 1501 | 固定资产 | 851500.00 | 0.00 | 851500.00 | 101500.00 | 0.00 | 101500.00 | 750000.00 | 0.00 | 750000.00 |
| 1502 | 累计折旧 | 0.00 | 186128.21 | 186128.21 | 0.00 | 66128.21 | 66128.21 | 0.00 | 120000.00 | 120000.00 |

图 10-35　与总账对账结果

（3）根据选择列示出与总账的对账结果，如果存在不平记录，将光标定位于不平记录上，单击工具栏上的“明细”或双击此行记录，将显示对应此记录的“对账不平明细记录表”（见图 10-36）。

与总账对账明细

| 固定资产 | | | | | | | | | | 总账 | | | | | | 对账差异 | | 不平 |
|---|---|---|---|---|---|---|---|---|---|---|---|---|---|---|---|---|---|---|
| 日期 | 业务单号 | 资产编号 | 资产名称 | 凭证号 | 科目 | 摘要 | 规格型号 | 资产类别 | 借方金额 | 凭证日期 | 凭证号 | 记账人 | 凭证来源 | 借方金额 | 贷方金额 | 借方金额 | 贷方金额 | |
| 2019-01-01 | 00001 | 0100001 | 办公楼 | | 1501 | 录入原始卡片 | | 01 | 250000.00 | | | | | | | 250000.00 | 0.00 | 此业务未做 |
| 2019-01-01 | 00002 | 020001 | 小汽车 | | 1501 | 录入原始卡片 | | 02 | 100000.00 | | | | | | | 100000.00 | 0.00 | 此业务未做 |
| 2019-01-01 | 00003 | 040001 | 车床 | | 1501 | 录入原始卡片 | | 04 | 400000.00 | | | | | | | 400000.00 | 0.00 | 此业务未做 |

图 10-36　对账不平明细记录表

（4）根据对账结果对不平原因进行相应处理后，再次对账。直到与总账对账明细结果平衡为止。

4. 月末结账

单击“期末处理→月末结账”，系统自动进行结账（见图 10-37、图 10-38、图 10-39）。

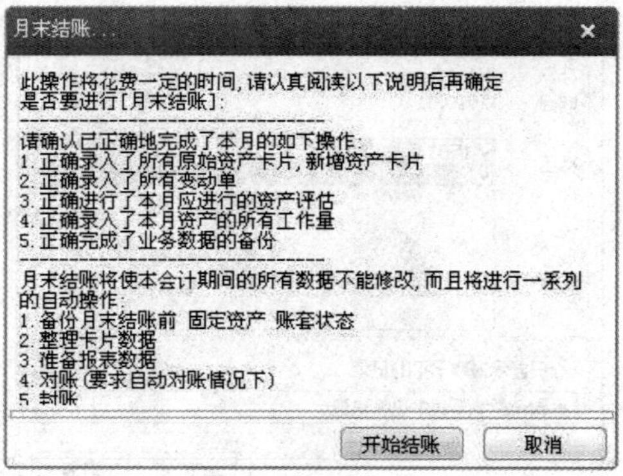
月末结账...
此操作将花费一定的时间，请认真阅读以下说明后再确定
是否要进行[月末结账]：
请确认已正确地完成了本月的如下操作：
1.正确录入了所有原始资产卡片，新增资产卡片
2.正确录入了所有变动单
3.正确进行了本月应进行的资产评估
4.正确录入了本月资产的所有工作量
5.正确完成了业务数据的备份
月末结账将使本会计期间的所有数据不能修改，而且将进行一系列
的自动操作：
1.备份月末结账前 固定资产 账套状态
2.整理卡片数据
3.准备报表数据
4.对账（要求自动对账情况下）
开始结账
取消

**图 10-37　月末结账等待界面**

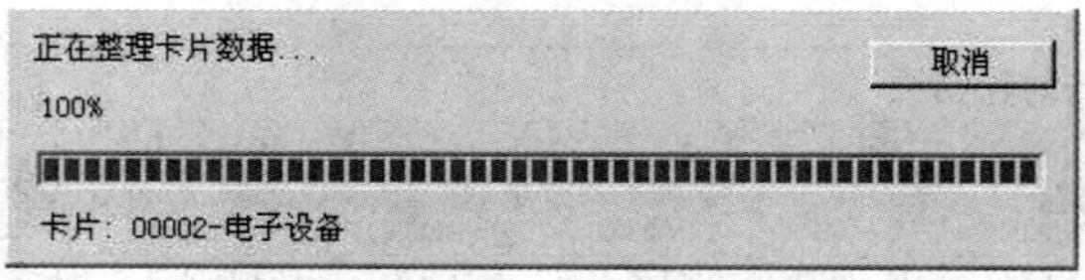
正在整理卡片数据...
取消
100%
卡片：00002-电子设备

**图 10-38　月末结账中整理卡片数据界面**

固定资产
月末结账成功完成!
开始时间:15:56:33, 01-31-2019
结束时间:15:56:33, 01-31-2019
确定

**图 10-39　月末结账完成对话框**

## 任务小贴士

1. 本系统在一个期间内可以多次计提折旧，每次计提折旧后，只是将计提的折旧累加到月初的累计折旧，不会重复累计。

2. 如果上次计提折旧已制单，把数据传递到了账务系统，则必须删除该凭证才能重新计提折旧。

3. 计提折旧后又对账套进行了影响折旧计算或分配的操作，必须重新计提折旧，否则系统不允许结账。

4. 如果自定义的折旧方法月折旧率或月折旧额出现负数，自动终止计提。如果对账不平，需要根据初始化时是否选中“在对账不平情况下允许固定资产月末结账”来判断是否可以进行结账处理。

5. 本期不结账，将不能处理下期的数据；结账前一定要进行数据备份。

6. 不能跨年度恢复数据，即本系统年末结账后不能利用本功能恢复。

7. 结账后如果发现有本月未处理的业务或需要修改的事项，可以通过系统提供的“恢复月末结账前状态”功能进行反结账。

# 下篇

## 综合实训

# 项目十一　综合实训一

## 一、建立新账套

账套号：001（或自定义其他号码）
账套名称：庆阳市欣欣有限公司
账套语言：中文
账套路径：D：\ 实训账套 \ 姓名 \
账套启用会计期间：2019 年 1 月 1 日
不建立专家财务评估数据库
单位名称：庆阳市欣欣有限公司
机构代码：745000
简称：欣欣公司
单位域名：gansuxinxin@ com. cn
单位地址：庆阳市东城宏发工业区
法人代表：方俊
联系电话：0934-8866999
电子邮件：gsfj@ yahoo. com
邮政编码：745000
税号：GSTAX745000934
备注一：董事长为方俊
备注二：工贸一体化的企业
本币代码：￥
本币名称：人民币
企业类型：工业
行业性质：新会计制度科目
不选按行业性质预置科目
存货、客户、供应商均有分类核算及外币业务核算
分类码设置：默认
数据精度：默认

## 二、增加操作员

操作员信息见表 11-1。

**表 11-1 操作员信息**

| 编码 | 操作员姓名 | 权限 |
| --- | --- | --- |
| 001 | 张三 | 账套主管 |
| 002 | 李四 | 除填制凭证外所有权限 |
| 003 | 王五 | 出纳所有权限 |

## 三、基础信息设置

1. 分类编码方案
科目编码级次：42222
客户分类编码级次：223
部门编码级次：122
地区分类编码级次：122
存货分类编码级次：1223
货位编码级次：11111111
收发类别编码级次：122
结算方式编码级次：12
供应商分类编码级次：122
2. 凭证类别设置（见表 11-2）

**表 11-2 凭证类别设置**

| 类别字 | 类别名称 | 限制类型 | 限制科目 |
| --- | --- | --- | --- |
| 收 | 收款凭证 | 借方必有 | 库存现金，银行存款 |
| 付 | 付款凭证 | 贷方必有 | 库存现金，银行存款 |
| 转 | 转账凭证 | 凭证必无 | 库存现金，银行存款 |

3. 结算方式设置（见表 11-3）

**表 11-3 结算方式设置**

| 结算方式编码 | 结算方式名称 | 票据管理标志 |
| --- | --- | --- |
| 1 | 支票 | 是 |
| 101 | 库存现金支票 | 是 |
| 102 | 转账支票 | 是 |
| 2 | 其他 | 否 |

4. 币种设置
本币：人民币　　　外币：＄美元　　　汇率：7. 50

5. 部门档案设置（见表 11-4）

**表 11-4　部门档案设置**

| 部门编码 | 部门名称 | 负责人 | 部门属性 |
|---|---|---|---|
| 1 | 办公室 | 方俊 | 综合管理 |
| 2 | 财务部 | 王瑾 | 财务部门 |
| 3 | 销售部 | 缪叆 | 销售部门 |
| 4 | 采购部 | 靳曦 | 采购部门 |

6. 职员档案设置（见表 11-5）

**表 11-5　职员档案设置**

| 职员编码 | 职员名称 | 所属部门 | 职员属性 |
|---|---|---|---|
| 101 | 方俊 | 办公室 | 总经理 |
| 201 | 王瑾 | 财务部 | 财务主管 |
| 202 | 王珂 | 财务部 | 会计 |
| 203 | 秦友德 | 财务部 | 出纳 |
| 301 | 缪叆 | 销售部 | 销售部经理 |
| 302 | 吴迪 | 销售部 | 售货员 |
| 401 | 靳曦 | 采购部 | 采购经理 |
| 402 | 翟聪聪 | 采购部 | 采购员 |

7. 客户分类设置（见表 11-6）

**表 11-6　客户分类设置**

| 分类编码 | 分类名称 |
|---|---|
| 01 | 华南地区客户 |
| 02 | 华北地区客户 |
| 03 | 华东地区客户 |

8. 客户档案设置（见表 11-7）

**表 11-7　客户档案设置**

| 客户编号 | 客户名称 | 简称 | 所属分类 | 开户银行 | 开户账号 | 电话 |
|---|---|---|---|---|---|---|
| 1001 | 好德有限公司 | 好德 | 01 | 建行 | 6686644 | 023-81234568 |
| 2002 | 汉唐有限公司 | 汉唐 | 02 | 工行 | 6698466 | 025-89876548 |

9. 供应商分类设置（见表 11-8）

**表 11-8　供应商分类设置**

| 分类编码 | 分类名称 |
|---|---|
| 1 | 工业 |
| 2 | 商业 |

10. 供应商档案设置（见表 11-9）

**表 11-9 供应商档案设置**

| 供应商编号 | 供应商名称 | 简称 | 所属分类 | 开户银行 | 开户账号 | 电话 |
|---|---|---|---|---|---|---|
| 101 | 永兴制造厂 | 永兴 | 1 | 农行 | 9976669 | 022-67893456 |
| 302 | 大中五金厂 | 大中 | 1 | 建行 | 9983339 | 021-34567890 |

11. 应收账款期初余额明细（会计科目：1131 应收账款，见表 11-10）

**表 11-10 应收账款期初余额明细**

| 日期 | 凭证号 | 客户 | 摘要 | 方向 | 金额 | 业务员 | 票号 |
|---|---|---|---|---|---|---|---|
| 2018-11-30 | 转—9 | 好德 | 销售商品 | 借 | 100 000 | 吴迪 | HD001 |
| 2018-12-5 | 转—12 | 汉唐 | 销售商品 | 借 | 200 000 | 缪叆 | HT003 |

12. 应付账款期初余额明细（会计科目：2212 应付账款，见表 11-11）

**表 11-11 应付账款期初余额明细**

| 日期 | 凭证号 | 客户 | 摘要 | 方向 | 金额 | 业务员 | 票号 |
|---|---|---|---|---|---|---|---|
| 2018-9-25 | 转—8 | 永兴 | 购买材料 | 贷 | 68 000 | 翟聪聪 | YX088 |
| 2018-11-20 | 转—11 | 大中 | 购买材料 | 贷 | 54 000 | 靳曦 | DZ008 |

13. 其他应收款期初余额明细（会计科目：1191 其他应收账款，见表 11-12）

**表 11-12 其他应收款期初余额明细**

| 日期 | 凭证号 | 部门 | 业务员 | 摘要 | 方向 | 金额 |
|---|---|---|---|---|---|---|
| 2018-11-30 | 付—19 | 销售部 | 吴迪 | 预支差旅费 | 借 | 3 500 |

## 四、会计科目及期初余额

指定“库存现金”为现金科目，指定“银行存款”为银行科目，指定“库存现金”“银行存款”为现金流量科目，并录入期初余额（见表 11-13）。

**表 11-13 会计科目及期初余额**

| 科目名称 | 币别/单位 | 辅助核算 | 余额方向 | 年初余额 |
|---|---|---|---|---|
| 库存现金（1001） | | 指定科目 | 借 | 48 000 |
| 银行存款（1002） | | 指定科目 | 借 | 285 600 |
| 工行人民币（100201） | | 指定科目 | 借 | 260 775 |
| 中行美元（100202） | | 指定科目 | 借 | 24 825 |
| | 美元 | | | 3 310 |
| 交易性金融资产（1105） | | | 借 | 120 000 |
| 应收账款（1131） | | 客户往来 | 借 | 300 000 |
| 坏账准备（1141） | | | 贷 | 900 |

续表

| 科目名称 | 币别/单位 | 辅助核算 | 余额方向 | 年初余额 |
|---|---|---|---|---|
| 其他应收款（1191） | | 个人往来 | 借 | 3 500 |
| 原材料（1151） | | 数量核算 | 借 | 340 100 |
| | 公斤 | | | 68 042 |
| 甲材料（115101） | | 数量核算 | 借 | 185 210 |
| | 公斤 | | | 35 042 |
| 乙材料（115102） | | 数量核算 | 借 | 154 890 |
| | 公斤 | | | 33 000 |
| 低值易耗品（1161） | | | 借 | 84 000 |
| 库存商品（1171） | | | 借 | 518 000 |
| 甲产品（117101） | | | 借 | 159 600 |
| 乙产品（117102） | | | 借 | 358 400 |
| 长期股权投资（1191） | | | 借 | 300 000 |
| 固定资产（1201） | | | 借 | 1 338 200 |
| 累计折旧（1205） | | | 贷 | 100 000 |
| 在建工程（1211） | | | 借 | 106 000 |
| 无形资产（1213） | | | 借 | 190 000 |
| 短期借款（2102） | | | 贷 | 100 000 |
| 应付账款（2212） | | 供应商往来 | 贷 | 122 000 |
| 其他应付款（2215） | | | 贷 | 5 000 |
| 应付职工薪酬（2219） | | | 贷 | 17 900 |
| 应付福利费（2221） | | | 贷 | 6 000 |
| 应交税费（2315） | | | 贷 | 25 000 |
| 应交所得税（231501） | | | 贷 | 25 000 |
| 其他应交款（2411） | | | 贷 | 6 600 |
| 长期借款（2418） | | | 贷 | 250 000 |
| 实收资本（3101） | | | 贷 | 2 800 000 |
| 盈余公积（3105） | | | 贷 | 144 000 |

## 五、业务操作

1. 2019 年 1 月份发生经济业务及会计分录

（1）1 月 5 日，提取库存现金 8 000 元，备发工资及福利费（库存现金支票：XJ001 号）。

借：库存现金　8 000

　　贷：银行存款——工行人民币　8 000

（2）1 月 6 日，财务部王瑾预支差旅费 4 000 元。

借：其他应收款　4 000

　　贷：库存现金　4 000

（3）1月8日，接到银行通知，收到投资者方俊以库存现金 300 000 元投入的资本。

借：银行存款——工行　300 000
　　贷：实收资本（或股本）　100 000
　　　　资本公积——资本（或股本）溢价　200 000

（4）1月10日，向海外某公司销售甲产品，收到 10 000 美元，固定汇率 7.5，当天存入中国银行。

借：银行存款——中行——美元存款　75 000
　　贷：主营业务收入　65 250
　　　　应交税费——应交增值税——销项税额　9 750
借：主营业务成本　30 000
　　贷：库存商品——甲产品　30 000

（5）1月12日，开出支票，从工商银行提取库存现金 5 000 元（库存现金支票：XJ002 号）。

借：库存现金　5 000
　　贷：银行存款——工行　5 000

（6）1月13日，销售部吴迪归还前欠款 3 500 元（业务号：001）。

借：库存现金　3 500
　　贷：其他应收款　3 500

（7）1月14日，向大中五金厂购入乙材料一批（4 元/公斤，2 000 公斤），已经收到进货发票，其中货款 8 000 元，进项税额 1 040 元。款项尚未支付（业务员：翟聪聪）。

借：原材料——乙材料　8 000
　　应交税费——应交增值税——进项税额　1 040
　　贷：应付账款　9 040

（8）1月15日，计提本月固定资产折旧，其中总经理办公室 4 500 元，全部计入管理费用。

借：管理费用　4 500
　　贷：累计折旧　4 500

（9）1月17日，销售给好德有限公司甲产品一批，价款 113 000 元尚未收到，其中销项税额 13 000 元，实际成本 40 000 元（业务员：缪叆）。

借：应收账款　113 000
　　贷：主营业务收入　100 000
　　　　应交税费——应交增值税——销项税额　13 000
借：主营业务成本　40 000
　　贷：库存商品——甲产品　40 000

（10）1月19日，计算生产工人工资，其中甲产品工人工资 8 000 元，乙产品工人工资 22 000 元。

借：生产成本——甲产品　8 000
　　生产成本——乙产品　22 000
　　贷：应付职工薪酬　30 000

（11）1月20日，收到甲产品零星销售收入款 2 000 美元，存入中行，固定汇率 7.5。销售成本 8 500 元。

借：银行存款——中行美元　15 000
　　贷：主营业务收入　15 000
借：主营业务成本　8 500
　　贷：库存商品——甲产品　8 500

(12) 1月22日，向永兴制造厂购入甲材料一批（4.8元/公斤，10 000公斤），已经收到进货发票，其中货款48 000元，进项税额6 240元，款项尚未支付，材料尚未收到（业务员：靳曦）。

借：原材料——甲材料　48 000
　　应交税费——应交增值税——进项税额　6 240
　　贷：应付账款　54 240

(13) 1月23日，基本生产车间生产领用甲材料15 000元（5元/公斤，3 000公斤），用于生产甲产品。

借：生产成本——甲产品　15 000
　　贷：原材料——甲材料　15 000

(14) 1月24日，在建工程验收，决算总值106 000元。

借：固定资产　106 000
　　贷：在建工程　106 000

(15) 1月26日，用工行存款归还短期借款100 000元，利息5 000元（转账支票：ZP008号）。

借：短期借款　100 000
　　财务费用　5 000
　　贷：银行存款——工行人民币　105 000

(16) 1月27日，用银行存款支付产品展览费5 000元（转账支票：ZP088号）。

借：营业费用　5 000
　　贷：银行存款——工行人民币　5 000

(17) 1月28日，收回客户好德公司的应收账款100 000元（转账支票：007号；业务员：吴迪；票号：F001）。

借：银行存款　100 000
　　贷：应收账款　100 000

(18) 1月29日，用库存现金支付财务部本月办公费用2 000元。

借：管理费用——办公费用　2 000
　　贷：库存现金　2 000

(19) 1月29日，财务部王瑾报销差旅费1 800元。

借：管理费用——差旅费　1 800
　　贷：1133其他应收款　1 800

(20) 1月30日，收到本公司员工罚款收入300元。

借：库存现金　300
　　贷：营业外收入　300

(21) 1月31日，本月发生税金及附加4 500元。

借：税金及附加　4 500

贷：其他应付款　4 500

（22）1 月 31 日，财务主管王瑾审核业务 1-21 并记账。

（23）1 月 31 日，会计王珂执行期末损益自动转账，由财务主管王瑾审核并记账。

（24）1 月 31 日，会计王珂自动结转本年利润余额至利润分配——未分配利润账户，由财务主管王瑾审核并记账。

2. 银行对账数据

庆阳市欣欣有限公司的启用日期为 2019 年 1 月 1 日，工行人民币日记账调整前余额为 300 775 元。银行对账单调整前余额为 320 775 元。未达账项一笔，系银行已收企业未收款 20 000 元。欣欣公司本年 1 月份银行对账单见表 11-14。

**表 11-14　银行对账单**

| 日期 | 结算方式 | 票号 | 借方金额 | 贷方金额 |
|---|---|---|---|---|
| 2019-01-05 | 101 | 001 | | 10 000 |
| 2019-01-26 | 102 | 008 | | 105 000 |

## 六、操作要求

根据以上资料完成以下实训任务内容：

1. 建立账套，进行初始设置（会计科目、凭证分类、结算方式、外币种类、部门档案、职员档案、客户分类、客户档案、供应商分类、供应商档案等）。
2. 录入期初余额并进行试算平衡。
3. 录入凭证、审核凭证并进行记账。
4. 进行账簿查询。
5. 期末结账及银行对账。
6. 编制损益表、资产负债表。

# 项目十二　综合实训二

## 一、账套信息

### （一）建立账套

1. 登录系统

以系统管理员 admin 身份登录“系统管理”，增加操作员（见表 12-1）。

**表 12-1　操作员**

| 编号 | 姓名 | 所属部门 | 角色 |
|---|---|---|---|
| 001 | 赵敏 | 财务部 | 账套主管 |
| 002 | 钱江 | 财务部 | 总账会计、应收会计、应付会计 |
| 003 | 孙磊 | 财务部 | 存货核算员、资产管理、工资管理员 |
| 004 | 李英 | 财务部 | 出纳 |
| 005 | 周密 | 采购部 | 采购主管 |
| 006 | 吴健 | 销售部 | 销售主管 |
| 007 | 郑伟 | 仓管部 | 仓库主管 |

2. 建立账套

（1）账套信息

账套号：002；账套名称：辰龙商贸股份有限公司；账套路径：由任课教师指定；启用会计期：2019 年 1 月。

（2）单位信息

单位名称：辰龙商贸股份有限公司；单位简称：辰龙商贸；单位地址：河海市龙王路 888 号；法人代表：徐平；邮政编码：345678；联系电话及传真：5656161；电子邮件：CLSM@DHCL. COM；税号：354323400533221。

（3）核算类型

本币代码：RMB；本币名称：人民币；企业类型：商业；行业性质：2007 新会计制度科目；账套主管：赵敏；按行业性质预置会计科目。

（4）基础信息

存货、客户、供应商分类核算，无外币业务。

（5）分类编码方案

科目编码级次：4-2-2-2-2；客户权限组级次：2-2-3；客户分类编码级次：2-2-3；部门编码级次：2-2；收发类别编码级次：1-2；供应商权限组级次：2-2-3；供应商分类编

码级次：2-2-3；数据精度定义均按默认值。

3. 系统启用

2019 年 1 月 1 日，系统管理员启用固定资产、总账、工资管理等系统。

4. 操作员权限设置（见表 12-2）

**表 12-2　操作员权限**

| 编号 | 姓名 | 权限 |
|---|---|---|
| 002 | 钱江 | 公用目录设置、除出纳外的总账权限 |
| 003 | 孙磊 | 公用目录设置、固定资产、工资管理 |
| 004 | 李英 | 公用目录设置、总账之出纳、出纳签字 |

### （二）模块参数设置

以赵敏身份登录“企业门户”，设置各模块参数。

1. 总账

制单权限控制到科目；出纳凭证必须经由出纳签字；凭证必须经由主管会计签字；数量、单价小数位保留 2 位；部门、个人、项目排序方式均按编码排序；城市维护建设税 7%，教育费附加 3%。

2. 工资管理

工资类别个数：单个；从工资中代扣个人所得税；不扣零；人员编码长度：5 位。

3. 固定资产

本账套计提折旧；折旧汇总分配周期：1 个月；当“月初已计提月份 = 可使用月份 -1”时将剩余折旧全部提足；资产类别编码规则：2-1-1-2；固定资产编码方式：自动编码，部门编码+类别编码+序号；序号长度：3；与账务系统进行对账；固定资产对账科目：1501；累计折旧对账科目：1502；对账不平情况下不允许固定资产月末结账。

## 二、基础档案

以账套主管赵敏的身份登陆“企业门户”，设置基础档案。

1. 部门档案（见表 12-3）

**表 12-3　部门档案**

| 部门编码 | 部门名称 |
|---|---|
| 01 | 办公室 |
| 02 | 财务部 |
| 03 | 采购部 |
| 04 | 销售部 |
| 0401 | 销售一部 |
| 0402 | 销售二部 |
| 0403 | 销售三部 |
| 05 | 仓管部 |

2. 职员档案（见表 12-4）

**表 12-4　职员档案**

| 职员编码 | 职员姓名 | 部门名称 | 职员属性 |
|---|---|---|---|
| 01001 | 敖广 | 办公室 | 总经理 |
| 01002 | 张立 | 办公室 | 副总经理 |
| 01003 | 刘小璐 | 办公室 | 管理人员 |
| 02001 | 赵敏 | 财务部 | 财务经理 |
| 02002 | 钱江 | 财务部 | 会计 |
| 02003 | 孙磊 | 财务部 | 会计 |
| 02004 | 李英 | 财务部 | 出纳 |
| 03001 | 江上舟 | 采购部 | 部门经理 |
| 03002 | 梁瑜 | 采购部 | 业务人员 |
| 03003 | 周密 | 采购部 | 业务人员 |
| 04001 | 余凡 | 销售一部 | 部门经理 |
| 04002 | 朱明宇 | 销售一部 | 业务人员 |
| 04003 | 陈文斌 | 销售一部 | 业务人员 |
| 04004 | 王春 | 销售二部 | 业务人员 |
| 04005 | 徐咏梅 | 销售二部 | 业务人员 |
| 04006 | 胡晓慧 | 销售三部 | 业务人员 |
| 04007 | 曾一平 | 销售三部 | 业务人员 |
| 04008 | 吴健 | 销售三部 | 业务人员 |
| 05001 | 何春红 | 仓管部 | 部门经理 |
| 05002 | 郑伟 | 仓管部 | 业务人员 |

3. 客户分类（见表 12-5）

**表 12-5　客户分类**

| 客户分类编码 | 客户分类名称 |
|---|---|
| 01 | 本地 |
| 02 | 外地 |
| 0201 | 北方 |
| 0202 | 南方 |
| 0203 | 西北 |
| 0204 | 西南 |

4. 客户档案（见表 12-6）

**表 12-6　客户档案**

| 客户编码 | 客户名称 | 客户简称 | 所属分类 | 开户银行 | 账号 | 税号 | 业务员 | 部门 |
|---|---|---|---|---|---|---|---|---|
| 01001 | 红光股份有限公司 | 红光公司 | 本地 | 工商银行 | 1234 | 123456789011111 | 朱明宇 | 销售一部 |
| 01002 | 晨星股份有限公司 | 晨星公司 | 本地 | 工商银行 | 2345 | 234567890122222 | 余凡 | 销售一部 |
| 02001 | 黄河股份有限公司 | 黄河公司 | 北方 | 工商银行 | 3456 | 345678901233333 | 陈文斌 | 销售一部 |
| 02002 | 绿谷股份有限公司 | 绿谷公司 | 南方 | 工商银行 | 4567 | 456789012344444 | 王春 | 销售二部 |
| 02003 | 青梅股份有限公司 | 青梅公司 | 南方 | 工商银行 | 5678 | 567890123455555 | 徐咏梅 | 销售二部 |
| 02004 | 蓝带股份有限公司 | 蓝带公司 | 西北 | 工商银行 | 6789 | 678901234566666 | 胡晓慧 | 销售三部 |
| 02005 | 紫微股份有限公司 | 紫微公司 | 西南 | 工商银行 | 7890 | 789012345677777 | 曾一平 | 销售三部 |

5. 供应商分类（见表 12-7）

**表 12-7　供应商分类**

| 类别编码 | 类别名称 |
|---|---|
| 01 | 生产商 |
| 02 | 批发商 |

6. 供应商档案（见表 12-8）

**表 12-8　供应商档案**

| 供应商编码 | 供应商名称 | 供应商简称 | 所属分类 | 开户银行 | 账号 | 税号 | 业务员 | 部门 |
|---|---|---|---|---|---|---|---|---|
| 01001 | 贝贝股份有限公司 | 贝贝公司 | 生产商 | 工商银行 | 9876 | 999888777666555 | 江上舟 | 采购部 |
| 01002 | 晶晶股份有限公司 | 晶晶公司 | 生产商 | 工商银行 | 8765 | 888777666555444 | 梁瑜 | 采购部 |
| 02001 | 欢欢股份有限公司 | 欢欢公司 | 批发商 | 工商银行 | 7654 | 777666555444333 | 梁瑜 | 采购部 |
| 02002 | 迎迎股份有限公司 | 迎迎公司 | 批发商 | 工商银行 | 6543 | 666555444333222 | 周密 | 采购部 |
| 02003 | 妮妮股份有限公司 | 妮妮公司 | 批发商 | 工商银行 | 5432 | 555444333222111 | 周密 | 采购部 |

7. 存货分类（见表 12-9）

**表 12-9　存货分类**

| 存货分类编码 | 存货分类名称 |
|---|---|
| 01 | 甲类商品 |
| 02 | 乙类商品 |
| 03 | 丙类商品 |
| 04 | 应税劳务 |

8. 存货计量单位（见表 12-10）

**表 12-10　存货计量单位**

| 编码 | 名称 | 计量单位组名称 | 计量单位组类别 | 主计量单位标志 | 换算率 |
|---|---|---|---|---|---|
| 001 | 台 | A 组 | 无换算 | 否 | |
| 002 | 件 | A 组 | 无换算 | 否 | |
| 003 | 元 | A 组 | 无换算 | 否 | |
| 004 | 双 | B 组 | 固定换算 | 是 | 1 |
| 005 | 箱 | B 组 | 固定换算 | 否 | 10 |

9. 存货档案（见表 12-11）

**表 12-11　存货档案**

| 存货编码 | 存货代码 | 存货名称 | 存货大类 | 单位 | 主要供货单位 | 存货属性 |
|---|---|---|---|---|---|---|
| 01001 | A1 | 101 商品 | 01 | 件 | 贝贝公司 | 外购、销售 |
| 01002 | A2 | 102 商品 | 01 | 件 | 贝贝公司 | 外购、销售 |
| 01003 | A3 | 103 商品 | 01 | 件 | 贝贝公司 | 外购、销售 |
| 02001 | B1 | 201 商品 | 02 | 台 | 晶晶公司 | 外购、销售 |
| 02002 | B2 | 202 商品 | 02 | 台 | 晶晶公司 | 外购、销售 |
| 02003 | B3 | 203 商品 | 02 | 台 | 欢欢公司 | 外购、销售 |
| 03001 | C1 | 301 商品 | 03 | 双 | 迎迎公司 | 外购、销售 |
| 03002 | C2 | 302 商品 | 03 | 双 | 妮妮公司 | 外购、销售 |
| 03003 | C3 | 303 商品 | 03 | 双 | 妮妮公司 | 外购、销售 |

10. 会计科目（见表 12-12、表 12-13）

**表 12-12　修改会计科目**

| 科目编码 | 科目名称 | 辅助核算 |
|---|---|---|
| 1111 | 应收票据 | 客户往来 |
| 1131 | 应收账款 | 客户往来 |
| 1133 | 其他应收款 | 个人往来 |
| 1151 | 预付账款 | 供应商往来 |
| 1501 | 固定资产 | 部门核算 |
| 2111 | 应付票据 | 供应商往来 |
| 2121 | 应付账款 | 供应商往来 |
| 2131 | 预收账款 | 客户往来 |

**表 12-13 增加会计科目**

| 科目编码 | 科目名称 | 科目类型 | 核算账类 |
|---|---|---|---|
| 100201 | 工行存款 | 资产 | 日记账、银行账 |
| 100202 | 建行存款 | 资产 | 日记账、银行账 |
| 550101 | 运杂费 | 损益 | |
| 550102 | 广告费 | 损益 | |
| 550103 | 工资及福利费 | 损益 | |
| 550199 | 其他费用 | 损益 | |
| 550201 | 办公费 | 损益 | |
| 550202 | 差旅费 | 损益 | 部门核算 |
| 550203 | 折旧费 | 损益 | 部门核算 |
| 550204 | 工资及福利费 | 损益 | |
| 550205 | 业务招待费 | 损益 | |
| 550206 | 税金 | 损益 | |
| 550207 | 汽车费 | 损益 | |
| 550208 | 计提的坏账准备 | 损益 | |
| 550209 | 工会经费 | 损益 | |
| 550210 | 职工教育经费 | 损益 | |
| 550211 | 养老保险 | 损益 | |
| 550299 | 其他费用 | 损益 | |

将“现金”指定为现金总账科目，将“银行存款”指定为银行总账科目，将“现金”“银行存款”“其他货币资金”指定为现金流量科目。

11. 凭证类别（见表 12-14）

**表 12-14 凭证类别**

| 类别字 | 类别名称 | 限制类型 | 限制科目 |
|---|---|---|---|
| 收 | 收款凭证 | 借方必有 | 1001，100201，100202 |
| 付 | 付款凭证 | 贷方必有 | 1001，100201，100202 |
| 转 | 转账凭证 | 凭证必无 | 1001，100201，100202 |

12. 结算方式（见表 12-15）

**表 12-15 结算方式**

| 结算方式编码 | 结算方式名称 | 票据管理标志 |
|---|---|---|
| 1 | 现金 | 否 |
| 2 | 支票 | 是 |
| 201 | 现金支票 | 是 |
| 202 | 转账支票 | 是 |
| 3 | 电汇 | 否 |

续表

| 结算方式编码 | 结算方式名称 | 票据管理标志 |
|---|---|---|
| 4 | 银行汇票 | 否 |
| 5 | 其他 | 否 |

13. 开户银行（见表 12-16）

**表 12-16　开户银行**

| 编码 | 开户银行名称 | 账号 | 暂封标志 |
|---|---|---|---|
| 001 | 中国工商银行 | 23242500789 | 否 |
| 002 | 中国建设银行 | 37383965432 | 否 |

# 三、期初设置

## （一）总账系统初始设置

1. 期初余额（见表 12-17）

**表 12-17　期初余额**

| 科目编码 | 科目名称 | 余额方向 | 期初余额 |
|---|---|---|---|
| 1001 | 库存现金 | 借 | 1 573. 00 |
| 1002 | 银行存款 | 借 | 1 426 805. 23 |
| 100201 | 工行存款 | 借 | 1 326 805. 23 |
| 100202 | 建行存款 | 借 | 100 000. 00 |
| 1009 | 其他货币资金 | 借 | 56 000. 00 |
| 100906 | 存出投资款 | 借 | 56 000. 00 |
| 1101 | 交易性金融资产 | 借 | 285 000. 00 |
| 110101 | 股票 | 借 | 105 000. 00 |
| 110103 | 基金 | 借 | 180 000. 00 |
| 1111 | 应收票据 | 借 | 120 000. 00 |
| 1131 | 应收账款 | 借 | 77 805. 00 |
| 1133 | 其他应收款 | 借 | 1 500. 00 |
| 1141 | 坏账准备 | 贷 | 396. 53 |
| 1151 | 预付账款 | 借 | 556 000. 00 |
| 1243 | 库存商品 | 借 | 265 770. 00 |
| 1402 | 长期股权投资 | 借 | 300 000. 00 |
| 140201 | 债券投资 | 借 | 300 000. 00 |
| 1501 | 固定资产 | 借 | 6 021 000. 00 |
| 1502 | 累计折旧 | 贷 | 1 774 366. 84 |
| 1801 | 无形资产 | 借 | 334 123. 84 |

续表

| 科目编码 | 科目名称 | 余额方向 | 期初余额 |
|---|---|---|---|
| 1901 | 长期待摊费用 | 借 | 78 000.00 |
| 2101 | 短期借款 | 贷 | 500 000.00 |
| 2121 | 应付账款 | 贷 | 20 124.00 |
| 2131 | 预收账款 | 贷 | 60 000.00 |
| 2153 | 应付福利费 | 贷 | 63 250.00 |
| 2171 | 应交税费 | 贷 | 73 117.70 |
| 217102 | 未交增值税 | 贷 | 38 250.00 |
| 217106 | 应交所得税 | 贷 | 29 700.00 |
| 217108 | 应交城市维护建设税 | 贷 | 2 677.50 |
| 217112 | 应交个人所得税 | 贷 | 2 490.20 |
| 2176 | 应交教育费附加 | 贷 | 1 530.00 |
| 2181 | 其他应付款 | 贷 | 53 848.00 |
| 2301 | 长期借款 | 贷 | 400 000.00 |
| 3101 | 实收资本（或股本） | 贷 | 5 000 000.00 |
| 3111 | 资本公积 | 贷 | 613 600.00 |
| 311101 | 资本（或股本）溢价 | 贷 | 600 000.00 |
| 311107 | 其他资本公积 | 贷 | 13 600.00 |
| 3121 | 盈余公积 | 贷 | 760 544.00 |
| 312101 | 法定盈余公积 | 贷 | 507 028.00 |
| 312103 | 法定公益金 | 贷 | 253 516.00 |
| 3141 | 利润分配 | 贷 | 202 800.00 |
| 314115 | 未分配利润 | 贷 | 202 800.00 |

2. 辅助账期初余额

（1）应收票据辅助账期初余额（见表 12-18）

**表 12-18　应收票据辅助账期初余额**

| 日期 | 凭证号 | 客户 | 摘要 | 方向 | 金额 |
|---|---|---|---|---|---|
| 2018-12-16 | 转-21 | 紫薇公司 | 销货款 | 借 | 120 000 |

（2）应收账款辅助账期初余额（见表 12-19）

**表 12-19　应收账款辅助账期初余额**

| 日期 | 凭证号 | 客户 | 摘要 | 方向 | 金额 |
|---|---|---|---|---|---|
| 2018-12-26 | 转-52 | 红光公司 | 销货款 | 借 | 60 021 |
| 2018-12-28 | 转-56 | 绿谷公司 | 销货款 | 借 | 17 784 |

（3）其他应收款辅助账期初余额（见表 12-20）

**表 12-20　其他应收款辅助账期初余额**

| 日期 | 凭证号 | 部门 | 个人 | 摘要 | 方向 | 金额 |
|---|---|---|---|---|---|---|
| 2018-12-29 | 付-28 | 办公室 | 张立 | 出差借款 | 借 | 1 500 |

(4) 预付账款辅助账期初余额（见表 12-21）

**表 12-21　预付账款辅助账期初余额**

| 日期 | 凭证号 | 供应商 | 摘要 | 方向 | 金额 |
|---|---|---|---|---|---|
| 2018-12-29 | 付-29 | 欢欢 | 预付款 | 借 | 50 000 |
| 2018-12-29 | 付-30 | 邮政局 | 报刊费 | 借 | 5 600 |

(5) 固定资产辅助账期初余额（见表 12-22）

**表 12-22　固定资产辅助账期初余额**

| 部门名称 | 固定资产原值 |
|---|---|
| 办公室 | 432 500 |
| 财务部 | 453 500 |
| 采购部 | 692 500 |
| 销售一部 | 1 432 000 |
| 销售二部 | 1 006 500 |
| 销售三部 | 1 024 000 |
| 仓管部 | 980 000 |
| 合计 | 6 021 000 |

(6) 库存商品辅助账期初余额（见表 12-23）

**表 12-23　库存商品辅助账期初余额**

| 存货编码 | 存货名称 | 计量单位 | 数量 | 单价 | 金额 |
|---|---|---|---|---|---|
| 01001 | 101 商品 | 件 | 20 | 700 | 14 000 |
| 01002 | 102 商品 | 件 | 35 | 600 | 21 000 |
| 01003 | 103 商品 | 件 | 48 | 500 | 29 000 |
| 02001 | 201 商品 | 台 | 12 | 2 750 | 33 000 |
| 02002 | 202 商品 | 台 | 25 | 2 160 | 54 000 |
| 02003 | 203 商品 | 台 | 19 | 1 530 | 29 070 |
| 03001 | 301 商品 | 双 | 190 | 280 | 53 200 |
| 03002 | 302 商品 | 双 | 70 | 310 | 21 700 |
| 03003 | 303 商品 | 双 | 100 | 158 | 15 800 |

(7) 应付账款辅助账期初余额（见表 12-24）

**表 12-24　应付账款辅助账期初余额**

| 日期 | 凭证号 | 供应商 | 摘要 | 方向 | 金额 |
|---|---|---|---|---|---|
| 2018-12-29 | 转-58 | 妮妮公司 | 购货款 | 贷 | 20 124 |

（8）预收账款辅助账期初余额（见表 12-25）

**表 12-25　预收账款辅助账期初余额**

| 日期 | 凭证号 | 客户 | 摘要 | 方向 | 金额 |
|---|---|---|---|---|---|
| 2018-12-30 | 收-16 | 青梅公司 | 预收款 | 贷 | 60 000 |

3. 数据权限（见表 12-26）

**表 12-26　数据权限**

| 用户 | 科目权限 | 部门权限 | 工资权限 | 用户 | 仓库 |
|---|---|---|---|---|---|
| 002 钱江 | 全选 | 全选 | | 全选 | 全选 |
| 003 孙磊 | 全选 | 全选 | 工资类别主管 | 全选 | 全选 |
| 004 李英 | 全选 | 全选 | | 全选 | 全选 |
| 005 周密 | 所有科目查询 | 全选 | | 全选 | 全选 |
| 006 吴健 | 所有科目查询 | 全选 | | 全选 | 全选 |
| 007 郑伟 | 所有科目查询 | 全选 | | 全选 | 全选 |

4. 对应结转设置（见表 12-27）

**表 12-27　对应结转设置**

| 编号 | 凭证类别 | 摘要 | 转出科目 | 转入科目 |
|---|---|---|---|---|
| 0001 | 转账凭证 | 进项税额结转 | 21710101 进项税额 | 21710109 转出多交增值税 |
| 0002 | 转账凭证 | 已交税金结转 | 21710102 已交税金 | 21710109 转出多交增值税 |
| 0003 | 转账凭证 | 销项税额结转 | 21710105 销项税额 | 21710103 转出未交增值税 |
| 0004 | 转账凭证 | 多交增值税结转 | 21710109 转出多交增值税 | 217102 未交增值税 |
| 0005 | 转账凭证 | 未交增值税结转 | 21710103 转出未交增值税 | 217102 未交增值税 |

5. 期间损益结转设置

凭证类别：转账凭证；本年利润科目：3131。

## （二）工资管理系统初始设置（操作员：孙磊）

1. 设置人员类别

经理人员、管理人员、业务人员。

2. 设置银行名称

银行名称：中国工商银行；账号长度：11 位（录入时自动带出的账号长度：8 位）。

3. 人员档案（全部为中方人员、计税、工资不停发，见表 12-28）

**表 12-28　人员档案**

| 部门名称 | 人员编码 | 人员姓名 | 人员类别 | 银行账号 |
|---|---|---|---|---|
| 办公室 | 01001 | 敖广 | 经理人员 | 87654301001 |
| 办公室 | 01002 | 张立 | 经理人员 | 87654301002 |
| 办公室 | 01003 | 刘小璐 | 管理人员 | 87654301003 |

续表

| 部门名称 | 人员编码 | 人员姓名 | 人员类别 | 银行账号 |
|---|---|---|---|---|
| 财务部 | 02001 | 赵敏 | 经理人员 | 87654302001 |
| 财务部 | 02002 | 钱江 | 管理人员 | 87654302002 |
| 财务部 | 02003 | 孙磊 | 管理人员 | 87654302003 |
| 财务部 | 02004 | 李英 | 管理人员 | 87654302004 |
| 采购部 | 03001 | 江上舟 | 经理人员 | 87654303001 |
| 采购部 | 03002 | 梁瑜 | 业务人员 | 87654303002 |
| 采购部 | 03003 | 周密 | 业务人员 | 87654303003 |
| 销售一部 | 04001 | 余凡 | 经理人员 | 87654304001 |
| 销售一部 | 04002 | 朱明宇 | 业务人员 | 87654304002 |
| 销售一部 | 04003 | 陈文斌 | 业务人员 | 87654304003 |
| 销售二部 | 04004 | 王春 | 管理人员 | 87654304004 |
| 销售二部 | 04005 | 徐咏梅 | 业务人员 | 87654304005 |
| 销售三部 | 04006 | 胡晓慧 | 管理人员 | 87654304006 |
| 销售三部 | 04007 | 曾一平 | 业务人员 | 87654304007 |
| 销售三部 | 04008 | 吴健 | 业务人员 | 87654304008 |
| 仓管部 | 05001 | 何春红 | 经理人员 | 87654305001 |
| 仓管部 | 05002 | 郑伟 | 业务人员 | 87654305002 |

4. 设置工资项目（见表 12-29）

**表 12-29　工资项目设置**

| 工资项目名称 | 类型 | 长度 | 小数 | 增减项 |
|---|---|---|---|---|
| 基本工资 | 数字 | 8 | 2 | 增项 |
| 岗位工资 | 数字 | 8 | 2 | 增项 |
| 津贴 | 数字 | 8 | 2 | 增项 |
| 奖金 | 数字 | 8 | 2 | 增项 |
| 交补 | 数字 | 8 | 2 | 增项 |
| 应发工资 | 数字 | 8 | 2 | 增项 |
| 事假天数 | 数字 | 2 | 0 | 其他 |
| 事假扣款 | 数字 | 8 | 2 | 减项 |
| 病假天数 | 数字 | 2 | 0 | 其他 |
| 病假扣款 | 数字 | 8 | 2 | 减项 |
| 养老保险 | 数字 | 8 | 2 | 减项 |
| 代扣税 | 数字 | 8 | 2 | 减项 |
| 扣款合计 | 数字 | 8 | 2 | 减项 |
| 实发工资 | 数字 | 8 | 2 | 增项 |
| 计税基数 | 数字 | 8 | 2 | 其他 |
| 工资分摊基数 | 数字 | 8 | 2 | 其他 |

工资计算公式：

（1）岗位工资=iff（人员类别=“经理人员”，600，iff（人员类别=“管理人员”，400，300））

（2）交补=80；津贴=1 500

（3）事假扣款=（基本工资/30）×事假天数

（4）病假扣款=（基本工资/30）×病假天数×0.3

（5）养老保险=（基本工资+岗位工资）×0.07

（6）计税基数=基本工资+岗位工资+奖金+交补-事假扣款-病假扣款-养老保险

（7）工资分摊基数=基本工资+岗位工资+津贴+奖金+交补-事假扣款-病假扣款

5. 扣缴所得税设置

所得项目：工资；对应工资项目：计税基数；计税基数：5 000 元。

6. 银行代发设置

单位编号：8650203106。

7. 工资分摊设置

先进入工资变动功能进行工资汇总计算，才能进行工资分摊设置。

（1）计提费用类型（见表 12-30）

**表 12-30　计提费用类型**

| 计提费用类型 | 计提分摊比例 |
|---|---|
| 工资分摊 | 100% |
| 应付福利费 | 14% |
| 工会经费 | 2% |
| 职工教育经费 | 1.5% |
| 养老保险 | 19% |

（2）工资分摊设置（见表 12-31）

**表 12-31　工资分摊设置**

| 部门 | 人员类别 | 项目 | 工资分摊 | | 应付福利费 | | 工会经费、职工教育经费、养老保险 | |
|---|---|---|---|---|---|---|---|---|
| | | | 借方科目 | 贷方科目 | 借方科目 | 贷方科目 | 借方科目 | 贷方科目 |
| 全部部门 | 经理人员 | 工资分摊基数 | 550204 | 2151 | 550204 | 2153 | 550209<br>550210<br>550211 | 2181 |
| 办公室、财务部、销售部 | 管理人员 | 工资分摊基数 | 550204 | 2151 | 550204 | 2153 | 550209<br>550210<br>550211 | 2181 |
| 采购部、销售部、仓管部 | 业务人员 | 工资分摊基数 | 550103 | 2151 | 550103 | 2153 | 550209<br>550210<br>550211 | 2181 |

## （三）固定资产系统初始设置（操作员：孙磊）

1. 部门对应折旧科目（见表12-32）

**表12-32　部门对应折旧科目**

| 部门编码 | 部门名称 | 折旧科目 |
|---|---|---|
| 01 | 办公室 | 550203　折旧费 |
| 02 | 财务部 | 550203　折旧费 |
| 03 | 采购部 | 550203　折旧费 |
| 04 | 销售部 | 550203　折旧费 |
| 0401 | 销售一部 | 550203　折旧费 |
| 0402 | 销售二部 | 550203　折旧费 |
| 0403 | 销售三部 | 550203　折旧费 |
| 05 | 仓管部 | 550203　折旧费 |

2. 设置资产类别（见表12-33）

**表12-33　资产类别设置**

| 类别编码 | 类别名称 | 使用年限 | 净残值率 | 计提属性 | 方法 |
|---|---|---|---|---|---|
| 01 | 房屋 | 30 | 5% | 总提折旧 | 平均年限法（一） |
| 02 | 营业设备 | 10 | 5% | 正常计提 | 平均年限法（一） |
| 03 | 办公设备 | | 5% | 正常计提 | 平均年限法（一） |
| 04 | 运输设备 | 10 | 5% | 正常计提 | 平均年限法（一） |

3. 录入原始卡片（见表12-34）

**表12-34　原始卡片**

| 资产名称 | 类别号 | 增加方式 | 原值 | 使用年限 | 使用部门 | 累计折旧 | 开始使用时间 |
|---|---|---|---|---|---|---|---|
| 办公楼 | 01 | 在建工程转入 | 1 680 000 | 30 | 办公室、财务部、采购部、仓管部各25% | 403 433. 03 | 2011-05-28 |
| 营业楼 | 01 | 在建工程转入 | 3 000 000 | 30 | 销售一部40%，销售二部30%、销售三部30% | 601 666. 92 | 2012-08-12 |
| 仓库 | 01 | 在建工程转入 | 560 000 | 30 | 仓管部 | 119 700. 18 | 2012-03-22 |
| 5吨卡车 | 04 | 直接购入 | 85 000 | 10 | 销售一部 | 61 908. 64 | 2011-04-02 |
| 10吨卡车 | 04 | 直接购入 | 260 000 | 10 | 采购部 | 246 999. 60 | 2003-04-02 |
| 营业设备甲 | 02 | 直接购入 | 280 000 | 10 | 销售一部40%，销售二部30%、销售三部30% | 219 450. 33 | 2010-09-10 |
| 营业设备乙 | 02 | 直接购入 | 45 000 | 10 | 销售一部50%，销售二部50% | 34 912. 50 | 2010-10-08 |
| 营业设备丙 | 02 | 直接购入 | 40 000 | 10 | 销售三部 | 30 400. 32 | 2010-12-05 |
| 计算机8台 | 03 | 直接购入 | 38 000 | 5 | 办公室、财务部、销售一部、采购部25% | 36 100. 20 | 2010-09-25 |

续表

| 资产名称 | 类别号 | 增加方式 | 原值 | 使用年限 | 使用部门 | 累计折旧 | 开始使用时间 |
|---|---|---|---|---|---|---|---|
| 保险柜 | 03 | 直接购入 | 21 000 | 20 | 财务部 | 8 395.12 | 2010-07-13 |
| 打印机 4 台 | 03 | 直接购入 | 12 000 | 5 | 办公室、财务部、采购部、销售一部各 25% | 11 400.00 | 2009-09-25 |

使用状况：均为在用。

### （四）期初应收单据

（1）2018 年 12 月 16 日，收到紫薇公司开出的由工商银行承兑的银行承兑汇票一份，票面金额 120 000 元，票据号 25006，2018 年 12 月 16 日签发，2019 年 1 月 16 日到期。

（2）2018 年 12 月 26 日，销售给红光公司 102 商品 20 件，无税单价 780 元，201 商品 10 台，无税单价 3 570 元，共计货款 51 300 元，税款 8 108 元，价税合计 59 508 元。

（3）2018 年 12 月 28 日，销售给绿谷公司 301 商品 20 双，无税单价 360 元，302 商品 20 双，无税单价 400 元，共计货款 15 200 元，税款 2 432 元，价税合计 17 632 元。

（4）2018 年 12 月 30 日，收到青梅公司预付款 60 000 元。

（5）2018 年 12 月 29 日，向妮妮公司购进 302 商品 30 双，单价 310 元，303 商品 50 双，单价 158 元，共计货款 17 200 元，税款 2 752 元，价税合计 19 952 元。

（6）2018 年 12 月 29 日，预付欢欢公司货款 50 000 元。

## 四、日常业务

1. 2 日，根据月初在用固定资产原值计提本月折旧，附单据 1 张。

借：管理费用——累计折旧　　5 977.04

　　销售费用——累计折旧　　12 115.32

　　财务费用——累计折旧　　84.96

　　贷：累计折旧　　18 177.32

2. 2 日，绿谷公司汇来前欠货款 17 784 元，票号 2201，附件 1 张。

借：银行存款——工商银行　　17 784.00

　　贷：应收账款（绿谷公司）　　17 784.00

3. 2 日，青梅公司订购 202 商品 20 台，协议价格 2 780 元/台，301 商品 80 双，协议价格 350 元/双。

4. 3 日，向欢欢公司订购 203 商品 50 台，单价 1 500 元，要求 6 日到货（注：本实训题中的单价均指不含税单价）。

5. 4 日，仓库发出青梅公司 2 日所订商品，并开出专用发票，价款 83 600 元，税款 13 376 元，价税合计 96 976 元。

借：应收账款（青梅公司）　　96 976.00

　　贷：主营业务收入　　83 600.00

　　　　应交税费——应交增值税——销项税额　　13 376.00

6.4 日，向贝贝公司订购 101 商品 100 件，单价 680 元，102 商品 100 件，单价 590 元，103 商品 80 件，单价 500 元。

7.5 日，张立出差归来，报销差旅费 1 820 元，原预借 1 500 元，差额以现金付给，附单据 2 张。

借：管理费用——差旅费　1 820.00
　贷：其他应收款（张立）　1 500.00
　　库存现金　320.00

8.5 日，电汇给妮妮公司 20 124 元，支付前欠货款，票号 4561，附单据 1 张。

借：应付账款（妮妮公司）　20 124.00
　贷：银行存款——工商银行　20 124.00

9.6 日，交上月应交增值税 38 250 元，应交所得税 29 700 元，应交城市维护建设税 2 677.5 元，应交个人所得税 2 490.2 元，应交教育费附加 1 530 元，共计 74 647.7 元。结算方式：其他；附单据 3 张。

借：应交税费——未交增值税　38 250.00
　应交税费——应交所得税　29 700.00
　应交税费——应交城市维护建设税　2 677.50
　应交税费——应交个人所得税　2 490.20
　应交税费——应交教育费附加　1 530.00
　贷：银行存款——工商银行　74 647.70

10.6 日，向妮妮公司订购 302 商品 200 双，单价 300 元，303 商品 150 双，单价 160 元，13 日自备车辆提货。

11.6 日，晨星公司订购 101 商品 50 件，单价 910 元，102 商品 30 件，单价 780 元，103 商品 40 件，单价 650 元，商品自提；黄河公司订购 203 商品 30 台，单价 1 980 元，302 商品 30 双，单价 400 元，要求 12 日发货。

12.6 日，收到欢欢公司开来的专用发票，列 203 商品 50 台，单价 1 500 元，货款 75 000 元，税款 12 000 元，共计 87 000 元。

借：在途物资　75 000.00
　应交税费——应交增值税——进项税额　12 000.00
　贷：应付账款（欢欢公司）　87 000.00

13.6 日，收到欢欢公司发来 203 商品 50 台，验收入 2#库。

借：库存商品　75 000.00
　贷：在途物资　75 000.00

14.6 日，收到贝贝公司发来 101 商品 100 件，102 商品 100 件，103 商品 80 件，验收入 1#库。

借：库存商品　167 000.00
　贷：在途物资　167 000.00

15.9 日，仓库发出晨星公司 6 日订购商品，开出专用发票，计货款 94 900 元，税款 15 184 元，共计 110 084 元，收到转账支票送存工商银行，票据号：4562，银行账号：2233。

借：银行存款——工商银行　　110 084. 00

　　贷：主营业务收入　　94 900. 00

　　　　应交税费——应交增值税——销项税额　　15 184. 00

16. 9 日，以库存现金支付汽油费 900 元，附单据 1 张。

借：管理费用——汽车费　　900. 00

　　贷：库存现金　　900. 00

17. 10 日，收到贝贝公司开来专用发票，101 商品 100 件，单价 680 元，102 商品 100 件，单价 590 元，103 商品 80 件，单价 500 元，共计货款 167 000 元，税款 26 720 元，价税合计 193 720 元。

借：在途物资　　167 000. 00

　　应交税费——应交增值税——进项税额　　26 720. 00

　　贷：应付账款（欢欢公司）　　193 720. 00

18. 10 日，发放本月工资，据统计，上月职工王春事假 1 天，徐咏梅病假 2 天，本月工资见表 12-35。

**表 12-35　工资表**

| 人员编号 | 姓名 | 基本工资 | 岗位工资 | 津贴 | 奖金 | 交补 | 应发合计 | 事假扣款 | 病假扣款 | 养老保险 | 代扣税 | 扣款合计 | 实发合计 |
|---|---|---|---|---|---|---|---|---|---|---|---|---|---|
| 01001 | 敖广 | 2 900 | 600 | 1 500 | 500 | 80 | 5 580 | | | 238 | 196. 3 | 434. 3 | 5 145. 7 |
| 01002 | 张立 | 2 800 | 600 | 1 500 | 500 | 80 | 5 480 | | | 217 | 161. 3 | 378. 3 | 5 101. 7 |
| 01003 | 刘小璐 | 1 500 | 400 | 1 500 | 300 | 80 | 3 780 | | | 133 | 29. 7 | 162. 7 | 3 617. 3 |
| 02001 | 赵敏 | 2 000 | 600 | 1 500 | 350 | 80 | 4 530 | | | 182 | 99. 8 | 281. 8 | 4 248. 2 |
| 02002 | 钱江 | 1 500 | 400 | 1 500 | 300 | 80 | 3 780 | | | 133 | 29. 7 | 162. 7 | 3 617. 3 |
| 02003 | 孙磊 | 1 800 | 400 | 1500 | 300 | 80 | 4 080 | | | 154 | 57. 6 | 211. 6 | 3 868. 4 |
| 02004 | 李英 | 1 500 | 400 | 1500 | 300 | 80 | 3 780 | | | 133 | 29. 7 | 162. 7 | 3 617. 3 |
| 03001 | 江上舟 | 2 000 | 600 | 1 500 | 350 | 80 | 4 530 | | | 182 | 99. 8 | 281. 8 | 4 248. 2 |
| 03002 | 梁瑜 | 1 500 | 300 | 1 500 | 300 | 80 | 3 680 | | | 126 | 22. 7 | 148. 7 | 3 531. 3 |
| 03003 | 周密 | 1 800 | 300 | 1 500 | 300 | 80 | 3 980 | | | 147 | 48. 3 | 195. 3 | 3 784. 7 |
| 04001 | 余凡 | 2 000 | 600 | 1 500 | 350 | 80 | 4 530 | | | 182 | 99. 8 | 281. 8 | 4 248. 2 |
| 04002 | 朱明宇 | 1 800 | 300 | 1 500 | 300 | 80 | 3 980 | | | 147 | 48. 3 | 195. 3 | 3 784. 7 |
| 04003 | 陈文斌 | 1 500 | 300 | 1 500 | 270 | 80 | 3 650 | | | 126 | 21. 2 | 147. 2 | 3 502. 8 |
| 04004 | 王春 | 1 500 | 400 | 1 500 | 300 | 80 | 3 780 | 50 | | 133 | 24. 85 | 207. 85 | 3 572. 15 |
| 04005 | 徐咏梅 | 2 100 | 300 | 1 500 | 280 | 80 | 4 260 | | 42 | 168 | 70 | 280 | 3 980 |
| 04006 | 胡晓慧 | 1 800 | 400 | 1 500 | 300 | 80 | 4 080 | | | 154 | 57. 6 | 211. 6 | 3 868. 4 |
| 04007 | 曾一平 | 1 500 | 300 | 1 500 | 270 | 80 | 3 650 | | | 126 | 21. 2 | 147. 2 | 3 502. 8 |
| 04008 | 吴健 | 1 800 | 300 | 1 500 | 270 | 80 | 3 950 | | | 147 | 45. 3 | 192. 3 | 3 757. 7 |
| 05001 | 何春红 | 2 000 | 600 | 1 500 | 350 | 80 | 4 530 | | | 182 | 99. 8 | 281. 8 | 4 248. 2 |
| 05002 | 郑伟 | 1 500 | 300 | 1 500 | 270 | 80 | 3 650 | | | 126 | 21. 2 | 147. 2 | 3 502. 8 |
| 合计 | | 36 400 | 8 400 | 30 000 | 6 460 | 1 600 | 83 260 | 50 | 42 | 3 136 | 1 284. 15 | 4 512. 15 | 78 747. 85 |

(1) 孙磊进入工资管理系统，进行工资变动操作，生成工资表，银行代发清单。

(2) 钱江进入总账系统，根据工资表生成付 0005 号凭证。

借：应付职工薪酬　52 768.00

　　贷：其他应付款——养老保险　3 136.00

　　　　应交税费——应交个人所得税　1 284.15

　　　　银行存款——工商银行　48 347.85

• 出纳李英对上旬收付款凭证进行出纳签字，会计主管赵敏对上旬凭证进行审核、签章、记账。

19. 11 日，收到红光公司 2187#转账支票，系上月货款 60 021 元。

借：银行存款——工商银行　60 021.00

　　贷：应收账款（红光公司）　60 021.00

20. 11 日，开出库存现金支票 2368#，提现 3 000 元备用，附单据 1 张。

借：库存现金　3 000.00

　　贷：银行存款——工商银行　3 000.00

21. 11 日，办公室购进传真机一台，价款 2 600 元，开出 2188#转账支票付讫，当即交付使用，使用年限为 5 年。

孙磊进入固定资产管理系统，进行资产增加操作。

借：固定资产（办公室）　2 600.00

　　贷：银行存款——工商银行　2 600.00

22. 12 日，开出银行承兑汇票 195 390 元，抵付贝贝公司货款，票据号 06001，期限一个月，中国工商银行承兑。

借：应付账款（贝贝公司）　195 390.00

　　贷：应付票据（贝贝公司）　195 390.00

23. 12 日，收到青梅公司汇来前欠货款 37 812 元，并以预收款 60 000 元冲应收该公司账款，票据号 3276。

借：银行存款——工商银行　37 812.00

　　贷：应收账款（青梅公司）　37 812.00

借：预收账款（青梅公司）　60 000.00

　　贷：应收账款（青梅公司）　60 000.00

24. 12 日，仓库发出黄河公司 6 日订购 203 商品 30 台，302 商品 30 双；以现金代垫运费 600 元，开出销售专用发票，货款 71 400 元，税款 11 424 元，价税合计 82 824 元。

借：应收账款（黄河公司）　82 824.00

　　贷：主营业务收入　71 400.00

　　　　应交税费——应交增值税——销项税额　11 424.00

借：应收账款（黄河公司）　600.00

　　贷：库存现金　600.00

25. 13 日，收到仓库通知，向妮妮公司订购的 302 商品 200 双，303 商品 150 双，已到货验收入库。收到专用发票，货款 84 000 元，税款 13 440 元，共计 97 440 元，当即开出银行汇票付讫，票据号 7403；账号 6549。

借：库存商品　84 000.00

　　贷：在途物资　84 000.00

借：在途物资　　84 000. 00
　应交税费——应交增值税——进项税额　　13 440. 00
　贷：应付账款（妮妮公司）　　97 440. 00

26. 13 日，办公室购买办公用品 360 元，以现金支付，附单据 1 张。

借：管理费用——办公费　　360. 00
　贷：库存现金　　360. 00

27. 13 日，向晶晶公司订购 201 商品 20 台，单价 2 750 元；202 商品 30 台，单价 2 160 元。

28. 16 日，紫薇公司 2012 年 12 月 16 日签发的应收票据到期，款项收存银行。结算方式：其他。

借：银行存款——工商银行　　120 000. 00
　贷：应收票据（紫薇公司）　　120 000. 00

29. 16 日，红光公司订购 101 商品 40 件，单价 910 元；102 商品 50 件，单价 780 元；103 商品 30 件，单价 650 元。

30. 17 日，销售一部余凡报销业务招待 780 元，以现金支付。

借：管理费用——业务招待费　　780. 00
　贷：现金　　780. 00

31. 17 日，收到晶晶公司发来的 201 商品 20 台，202 商品 30 台，验收入 2#库。

借：库存商品　　119 800. 00
　贷：在途物资　　119 800. 00

32. 17 日，收到晶晶公司专用发票：201 商品 20 台，单价 2 750 元，价款 55 000 元，税款 7 150 元；202 商品 30 台，单价 2 160 元，价款 64 800 元，税款 8 424 元。

借：在途物资　　119 800. 00
　应交税费——应交增值税——进项税额　　19 168. 00
　贷：应付账款（晶晶公司）　　138 968. 00

33. 18 日，仓库发出红光公司 16 日订购 101 商品 40 件，102 商品 50 件，103 商品 30 件，开出专用发票，计价款 94 900 元，税款 15 184 元，价税合计 110 084 元。

借：应收账款（红光公司）　　110 084. 00
　贷：主营业务收入　　94 900. 00
　　应交税费——应交增值税——销项税额　　15 184. 00

34. 18 日，汇给欢欢公司 37 750 元，并冲预付款 50 000 元，结清前欠购货款，票据号 4562。

借：应付账款（欢欢公司）　　37 750. 00
　贷：银行存款——工商银行　　37 750. 00

进行预付冲应付操作，生成转 0014 号凭证。

借：应付账款（欢欢公司）　　50 000. 00
　贷：预付账款（欢欢公司）　　50 000. 00

35. 19 日，收到红光公司转账支票一张，31 033 元，二个月期限的银行承兑汇票一张，面值 80 000 元，结清前欠货款，票据编号 06002。结算方式：转账支票；承兑银行：工商银行。

借：银行存款——工商银行　　31 033. 00
　贷：应收账款（红光公司）　　31 033. 00

借：应收票据（红光公司）　　80 000. 00
　贷：应收账款（红光公司）　　80 000. 00

36. 19 日，向迎迎公司订购 301 商品 150 双，单价 280 元。

37. 20 日，蓝带公司业务员持 100 000 元银行汇票前来购货，订购 301 商品 60 双，单价 360 元；302 商品 100 双，单价 400 元；303 商品 100 双，单价 200 元，计价款 81 600 元，税款 13 056 元，价税合计 94 656 元。开出专用发票，填写进账单将银行汇票送存银行，实际结算 95 472 元，票据号 5782，账号 6789。商品已发出。

借：银行存款——工商银行 94 656.00
　　贷：主营业务收入 81 600.00
　　　　应交税费——应交增值税——销项税额 13 056.00

38. 20 日，短期借款 200 000 元今日到期，开出 2189#转账支票归还。

借：短期借款 200 000.00
　　贷：银行存款——工商银行 200 000.00

- 出纳李英对中旬收付款凭证进行出纳签字，会计主管赵敏对中旬凭证进行审核、签章、记账。

39. 23 日，紫薇公司订购 301 商品 70 双，单价 350 元；302 商品 70 双，单价 390 元；303 商品 70 双，单价 200 元。

40. 23 日，19 日向迎迎公司购进的 150 双 301 商品验收入库，同时收到专用发票，价款 42 000 元，税款 6 720 元，价税合计 48 720 元。

借：库存商品 42 000.00
　　贷：在途物资 42 000.00
借：在途物资 42 000.00
　　应交税费——应交增值税——进项税额 6 720.00
　　贷：应付账款（迎迎公司） 48 720.00

41. 24 日，售出持有的股票，收入 138 600 元，购入成本 105 000 元，获利 33 600 元，附单据 1 张。

借：其他货币资金——存出保证金 138 600.00
　　贷：交易性金融资产——股票 105 000.00
　　　　投资收益 33 600.00

42. 24 日，仓库发出紫薇公司 23 日订购的商品，销售部开出专用发票，价款 65 800 元，税款 10 528 元，价税合计 76 328 元。

借：应收账款（紫薇公司） 76 328.00
　　贷：主营业务收入 65 800.00
　　　　应交税费——应交增值税——销项税额 10 528.00

43. 25 日，绿谷公司订购 201 商品 20 台，单价 3 560 元；202 商品 20 台，单价 2 750 元；203 商品 20 台，单价 1 950 元。

44. 26 日，仓库发出绿谷公司 25 日订购的商品，销售部开出专用发票，价款 165 200 元，税款 26 432 元，价税合计 191 632 元。

借：应收账款（绿谷公司） 191 632.00
　　贷：主营业务收入 165 200.00
　　　　应交税费——应交增值税——销项税额 26 432.00

45. 26 日，计提本月短期借款利息 2 500 元，附单据 1 张。

借：财务费用　2 500. 00

　贷：应付利息　2 500. 00

46. 27 日，从工商银行账户预交增值税 25 000 元，结算方式：其他，附单据 1 张。

借：应交税费——应交增值税——已交税金　25 000. 00

　贷：银行存款——工商银行　25 000. 00

47. 27 日，摊销本月应分摊费用：预付报刊费 800 元，长期待摊费用 2 000 元，无形资产 1 250 元。

借：管理费用——其他费用　4 050. 00

　贷：预付账款　800. 00

　　无形资产　1 250. 00

　　长期待摊费用　2 000. 00

48. 27 日，自定义计提本月应交城市维护建设税，应交教育费附加。

借：税金及附加

　贷：应交税费——应交城市维护建设税

　　应交税费——应交教育费附加

## 五、期末处理

期末处理产生凭证的日期均为 1 月 31 日。

### （一）工资管理系统期末处理

1. 工资分摊

孙磊进入工资管理系统，进行工资分摊操作。

（1）分摊工资

借：营业费用——工资及福利费

　管理费用——工资及福利费

　贷：应付职工薪酬——应付工资

　　计提福利费

借：营业费用——工资及福利费

　管理费用——工资及福利费

　贷：应付职工薪酬——应付福利费

　　计提工会经费

借：管理费用——工会经费　1 055. 36

　贷：其他应付款　1 055. 36

（2）计提职工教育经费

借：管理费用——职工教育经费　791. 52

　贷：其他应付款　791. 52

（3）计提养老保险

借：管理费用——养老保险　10 025. 92

　贷：其他应付款　10 025. 92

2. 月末处理

（1）将本月工资明细表设置为不可修改状态。

（2）自动生成下月工资明细表。

（3）查询当月工资凭证及部门工资表。

## （二）固定资产管理系统期末处理

1. 对账

孙磊进入固定资产管理系统，办理对账，固定资产月末余额 6 023 600 元，累计折旧月末余额 1 109 950 元。

2. 结账

总账期末处理前出纳李英对收付款凭证进行出纳签字，会计主管赵敏对未记账凭证进行审核、签章、记账。

## （三）总账系统期末处理

1. 结转销售成本

借：主营业务成本　507 101. 90

　贷：库存商品　507 101. 90

2. 银行对账

（1）银行对账期初：银行存款日记账（工商银行）月初余额为 1 426 805. 23 元，银行对账单（工商银行）月初余额为 1 444 589. 23 元。2018 年 12 月 31 日电汇（2201）收款 17 784 元，银行已收，企业未收。

（2）银行对账单见表 12-36。

**表 12-36　银行对账单（工商银行）**

| 日期 | 结算方式 | 票号 | 借方 | 贷方 | 余额 |
|---|---|---|---|---|---|
| 2019-01-05 | 电汇 | 4561 | | 20 124. 00 | 1 424 465. 23 |
| 2019-01-06 | 其他 | | | 74 647. 70 | 1 349 817. 53 |
| 2019-01-09 | 转账支票 | 4562 | 111 033. 00 | | 1 460 850. 53 |
| 2019-01-10 | 其他 | | | 48 347. 85 | 1 412 502. 68 |
| 2019-01-11 | 转账支票 | 2187 | 60 021. 00 | | 1 472 523. 68 |
| 2019-01-11 | 现金支票 | 2368 | | 3 000. 00 | 1 469 523. 68 |
| 2019-01-12 | 转账支票 | 2188 | | 2 600. 00 | 1 466 923. 68 |
| 2019-01-12 | 电汇 | | 37 812. 00 | | 1 504 735. 68 |
| 2019-01-13 | 银行汇票 | 7403 | | 98 280. 00 | 1 406 455. 68 |
| 2019-01-16 | 其他 | | 120 000. 00 | | 1 526 455. 68 |
| 2019-01-18 | 电汇 | 4562 | | 37 750. 00 | 1 488 705. 68 |
| 2019-01-19 | 转账支票 | 7410 | 31 033. 00 | | 1 519 738. 68 |
| 2019-01-20 | 银行汇票 | 5782 | 95 472. 00 | | 1 615 210. 68 |
| 2019-01-20 | 转账支票 | 2189 | | 200 000. 00 | 1 415 210. 68 |
| 2019-01-27 | 其他 | | | 25 000. 00 | 1 390 210. 68 |

3. 计提本月应交所得税

收入合计 691 000 元，支出合计 612 818.74 元，利润 78 181.26 元，应交所得税 25 799.82 元，附单据 1 张。

借：所得税　25 799.82

　贷：应交税费——应交所得税　25 799.82

4. 执行对应结转，结转进项税额、已交税金、销项税额

(1) 借：应交税费——应交增值税——进项税额

　　贷：应交税费——应交增值税——转出多交增值税

(2) 借：应交税费——应交增值税——已交税金

　　贷：应交税费——应交增值税——转出多交增值税

(3) 借：应交税费——应交增值税——销项税额

　　贷：应交税费——应交增值税——转出未交增值税

- 会计主管赵敏对上述凭证进行审核、签章、记账。

5. 执行对应结转，结转多交、未交增值税

借：应交税费——应交增值税——转出多交增值税

　贷：应交税费——应交增值税——未交增值税

借：应交税费——应交增值税——转出多交增值税

　贷：应交税费——应交增值税——未交增值税

- 会计主管赵敏对上述凭证进行审核、签章、记账。

6. 结转损益账户

(1) 钱江进入总账系统，执行期间损益结转。

(2) 选择全部支出类科目，执行期间损益结转。

- 会计主管赵敏对上述凭证进行审核、签章、记账。

7. 输出保存

输出全月科目汇总表，保存到“科目汇总表.xls”文件。

## 六、报表制作

1. 资产负债表制作

定义资产负债表格式及计算公式，保存为“资产负债表.rep”文件。

2. 利润表制作

定义利润表格式及计算公式，保存为“利润表.rep”文件。

3. 现金流量表制作

定义现金流量表格式及计算公式，保存为“现金流量表.rep”文件。

# 主要参考文献

[1] 李迎. 会计电算化[M]. 西安：西安交通大学出版社，2012.
[2] 李怀宝. 初级会计电算化实用教程（用友 ERP-u8.72）[M]. 北京：高等教育出版社，2014.
[3] 王新玲，赵彦龙，蒋晓燕. 新编用友 ERP 财务管理系统实验教程[M]. 北京：清华大学出版社，2009.
[4] 汪刚，沈银萱. 会计信息系统[M]. 北京：高等教育出版社，2004.
[5] 武迎春. 新编会计电算化与实训（上）[M]. 北京：北京邮电大学出版社. 2012.
[6] 武迎春. 新编会计电算化与实训（下）[M]. 北京：北京邮电大学出版社. 2012.